Erlebniswelten

Herausgegeben von
W. Gebhardt, Koblenz-Landau
R. Hitzler, Dortmund
F. Liebl, Berlin

In allen Gesellschaften (zu allen Zeit und allerorten) werden irgendwelche kulturellen Rahmenbedingungen des Erlebens vorproduziert und vororganisiert, die den Menschen außergewöhnliche Erlebnisse bzw. außeralltägliche Erlebnisqualitäten in Aussicht stellen: ritualisierte Erlebnisprogramme in bedeutungsträchtigen Erlebnisräumen zu sinngeladenen Erlebniszeiten für symbolische Erlebnisgemeinschaften. Der Eintritt in dergestalt zugleich ‚besonderte' und sozial approbierte Erlebniswelten soll die Relevanzstrukturen der alltäglichen Wirklichkeit – zumindest partiell und in der Regel vorübergehend – aufheben, zur mentalen (Neu-)Orientierung und sozialen (Selbst-)Verortung veranlassen und dergestalt typischerweise mittelbar dazu beitragen, gesellschaftliche Vollzugs-und Verkehrsformen zu erproben oder zu bestätigen.

Erlebniswelten können also sowohl der ‚Zerstreuung' dienen als auch ‚Fluchtmöglichkeiten' bereitstellen. Sie können aber auch ‚Visionen' eröffnen. Und sie können ebenso ‚(Um-)Erziehung' bezwecken. Ihre empirischen Erscheinungsweisen und Ausdrucksformen sind dementsprechend vielfältig: Sie reichen von ‚unterhaltsamen' Medienformaten über Shopping Malls und Erlebnisparks bis zu Extremsport- und Abenteuerreise-Angeboten, von alternativen und exklusiven Lebensformen wie Kloster- und Geheimgesellschaften über Science Centers, Schützenclubs, Gesangsvereine, Jugendszenen und Hoch-, Avantgarde- und Trivialkultur-Ereignisse bis hin zu ‚Zwangserlebniswelten' wie Gefängnisse, Pflegeheime und psychiatrische Anstalten.

Die Reihe ‚Erlebniswelten' versammelt – sowohl gegenwartsbezogene als auch historische – materiale Studien, die sich der Beschreibung und Analyse solcher ‚herausgehobener' sozialer Konstruktionen widmen.

Herausgegeben von
Winfried Gebhardt
Universität Koblenz-Landau
gebhardt@uni-koblenz.de

Franz Liebl
Univ. der Künste Berlin
franzL@udk-berlin.de

Ronald Hitzler
TU Dortmund
ronald@hitzler-soziologie.de

Nicole Burzan · Ronald Hitzler
(Hrsg.)

Auf den Hund gekommen

Interdisziplinäre Annäherung an ein Verhältnis

Herausgeber
Prof. Dr. Nicole Burzan
Technische Universität Dortmund
Deutschland

Prof. Dr. Ronald Hitzler
Technische Universität Dortmund
Deutschland

Erlebniswelten
ISBN 978-3-658-13739-7   ISBN 978-3-658-13740-3 (eBook)
DOI 10.1007/978-3-658-13740-3

Die Deutsche Nationalbibliothek verzeichnet diese Publikation in der Deutschen National-
bibliografie; detaillierte bibliografische Daten sind im Internet über http://dnb.d-nb.de abrufbar.

Springer VS
© Springer Fachmedien Wiesbaden 2017
Das Werk einschließlich aller seiner Teile ist urheberrechtlich geschützt. Jede Verwertung, die
nicht ausdrücklich vom Urheberrechtsgesetz zugelassen ist, bedarf der vorherigen Zustimmung
des Verlags. Das gilt insbesondere für Vervielfältigungen, Bearbeitungen, Übersetzungen,
Mikroverfilmungen und die Einspeicherung und Verarbeitung in elektronischen Systemen.
Die Wiedergabe von Gebrauchsnamen, Handelsnamen, Warenbezeichnungen usw. in diesem
Werk berechtigt auch ohne besondere Kennzeichnung nicht zu der Annahme, dass solche
Namen im Sinne der Warenzeichen- und Markenschutz-Gesetzgebung als frei zu betrachten
wären und daher von jedermann benutzt werden dürften.
Der Verlag, die Autoren und die Herausgeber gehen davon aus, dass die Angaben und Informa-
tionen in diesem Werk zum Zeitpunkt der Veröffentlichung vollständig und korrekt sind.
Weder der Verlag noch die Autoren oder die Herausgeber übernehmen, ausdrücklich oder
implizit, Gewähr für den Inhalt des Werkes, etwaige Fehler oder Äußerungen.

Lektorat: Katrin Emmerich, Katharina Gonsior

Gedruckt auf säurefreiem und chlorfrei gebleichtem Papier

Springer VS ist Teil von Springer Nature
Die eingetragene Gesellschaft ist Springer Fachmedien Wiesbaden GmbH

Inhalt

Eine soziologische Perspektive auf Hunde. Zur Einleitung 1
Nicole Burzan

Teil I Mythos und Geschichte

Zwischen Natur und Kultur: Der Grenzgänger Hund.
Zur Symbolik der Gattung *Canis* unter besonderer Berücksichtigung
des Haushundes *(Canis familiaris)* 17
Muna Nabhan

„What will you do to keep away the black dog that worries you at home?"
Versuch über das semantische Potenzial des Hundes 33
Maren Lehmann

Von Kötern, Jägern und Statussymbolen. Zur sozialen Funktion des
Hundes im Mittelalter 47
Heiko Schnickmann

Einige mögen Hunde (essen), andere nicht. Kynophagie versus
Nahrungstabu 63
Britta Ramminger

Riskante Kameradschaft. Der Hund als Hygienedefizit und Kulturgefahr ... 81
Thorsten Benkel

Teil II Funktionen und Relationen

Brauchen Hunde einen Kinderfahrschein? Zwei Schichten,
zwei Umgangsweisen 101
Jo Reichertz

Wohlwollende Zuhörer. Lesehunde in Schulen als Quasi-Akteure 121
Tobias Röhl

Stigmatisierungen in Mensch-Führhund-Triaden. Ursachen,
Verwirklichung und Management 139
Natalie Geese

Hundehaltung in der zweiten Lebenshälfte 157
Harald Künemund, Julia Hahmann und Katja Rackow

Hunde, wollt ihr ewig leben? Der tote Vierbeiner – ein Krisentier 175
Matthias Meitzler

Teil III Hermeneutik und Phänomenologie

Wirklichkeitsflucht und mögliche Welterweiterung. Hunde als Objekte
im Modus des Als-Ob 203
Thomas Loer

Der Hund zwischen Mensch und Mensch: Vermittler, Dritter, Kyniker 229
Joachim Landkammer

Hunde als Korrelate des Erlebens. Einige phänomenologiebasierte
Überlegungen 251
Ronald Hitzler

Der Dackelblick. Phänomenologie einer besonderen Hund-Mensch-
Vergemeinschaftung 265
Robert Gugutzer und Natascha Holterman

Das Tier, das also ich *nicht* bin. Kultursoziologische und
kulturhistorische Annotationen zu einer sozialen Archäologie
über das ‚Idyll von Herr und Hund' 285
Ehrhardt Cremers

Autorinnen und Autoren 303

Eine soziologische Perspektive auf Hunde
Zur Einleitung

Nicole Burzan

1 Hunde als Thema in der Soziologie

Wenn jemand ‚auf den Hund gekommen' ist, ist damit in den meisten Fällen eine negative Konnotation verknüpft. Wagner (2012: 31) zufolge bedeutet die Redewendung, dass jemand wirtschaftlich ruiniert ist, und sie rührt möglicherweise daher, dass im Mittelalter in den Boden einer Geldtruhe das Bild eines Hundes geschnitzt wurde, der symbolisch die Reichtümer bewachen sollte. War nun so wenig Geld vorhanden, dass der geschnitzte Hund sichtbar wurde, war es um die Ressourcen nicht gut bestellt. Eine alternative Erklärung besteht darin, dass Bauern, die sich einen Ochsen oder Esel als Zug- bzw. Tragtier nicht leisten konnten, einen Hund einsetzten, wodurch ebenfalls ihre prekäre materielle Lage deutlich wurde. Wenn wir – oder Sie als Leserin oder Leser – hier ‚auf den Hund kommen', so bedeutet dies jedoch keineswegs etwas Negatives. Es zeigt vielmehr an, sich auf Themen rund um den Hund aus soziologischer und teilweise multidisziplinärer Perspektive einlassen zu wollen und ihnen auf den Grund zu gehen.

Hunde als Thema soziologischer Forschung könnten auf den ersten Blick eine gewisse Verwunderung hervorrufen, geht es doch in der Soziologie um das Zusammenleben von Menschen in Gesellschaften. Und tatsächlich schlägt einem – neben vielfältigem Interesse, dies sei nicht unterschlagen – von Fachkolleginnen und -kollegen zeitweise eine fast schon emotional gefärbte Ablehnung entgegen, wenn man Pläne verkündet, sich z. B. im Rahmen von Fachkonferenzen oder Forschungsprojekten mit Hunden beschäftigen zu wollen. Solche persönlichen Erfahrungen werden flankiert durch Aussagen z. B. bei Gutjahr/Sebastian (2013) oder Wiedenmann (2015) über den Stellenwert von Tieren in der Soziologie. Letzterer etwa konstatiert eine „humansoziologische Tiervergessenheit" (2015: 257), die auch durch die zunehmend populärer werdenden Human-Animal Studies nicht wesentlich aufgehoben werde. Als Gründe für diese relative Indifferenz nennt

Wiedenmann (2015: 262ff.) eine „industrialistische Schlagseite" der Disziplin und zudem grundbegriffliche Annahmen und Vorentscheidungen über die Grenzen und Ränder von Sozialität. Denn die Thematisierung von Haustieren wie Hunden führt mit hoher Wahrscheinlichkeit dazu, Annahmen z. B. über handelnde Akteure oder Zuordnungen zu Natur oder Kultur usw. in unbequemer Weise in Frage zu stellen.

Auf der anderen Seite sind Hunde im Alltag kein Spezialthema lediglich für eine interessierte Minderheit. „Hunde und Kinder gehen immer", sagte mir eine Journalistin über das von ihr vermutete Interesse von Zeitungsleserinnen und -lesern. Dies liegt möglicherweise daran, dass Hunde in Gesellschaften wie der unseren die einzigen Haustiere sind, die in der Regel mehrmals täglich in der Öffentlichkeit – in Wohngebieten, Parks, auf Einkaufsstraßen usw. – ausgeführt werden. Dies liefert Anlässe für kontroverse Diskussionen. Auch Menschen, die Hunden eher indifferent oder ablehnend gegenüberstehen, sind gelegentlich von ihnen ‚betroffen', z. B. als Joggerin oder Spaziergänger, als Gast im Hundehalter-Haushalt, beim lästigen Treten in oder Umgehen von Hundekot auf Gehwegen usw. Seltenere, aber durch die mediale Berichterstattung bekannte negative Ereignisse bestehen beispielsweise darin, dass ein Hund jemanden gebissen oder einen Unfall verursacht hat, oder auch darin, dass Hunde Opfer von vergifteten Ködern, Vernachlässigung usw. wurden. Aber natürlich finden sich auch viele und vielfältige Belege für positive Funktionen und Konnotationen von Hunden: z. B. als Begleit- und Therapiehund, als Retter in der Not, als ‚Alarmanlage' gegen Einbrecher, als Familienelement, als ‚(bester) Freund' des Menschen oder einfach als treu, verlässlich, anhänglich usw. Zeitungen und Illustrierte thematisieren auch dieses Verhältnis immer wieder, z. B. als Titelstory „Bester Freund" (Focus 27/2014) oder „Tierische Liebe" (Stern 12/2015). Und auch in der sozialwissenschaftlichen Literatur sind zumindest Tiere generell nicht vollständig unthematisiert (vgl. z. B. Pfau-Effinger/Buschka 2013; Brucker et al. 2015).

Darüber hinaus gibt es im Alltag häufige Gelegenheiten, Hunden zumindest beiläufig zu begegnen, denn immerhin gab es einer Studie des Industrieverbands Heimtierbedarf (IVH) und des Zentralverbands Zoologischer Fachbetriebe (ZZF) zufolge im Jahr 2015 knapp acht Millionen Hunde in Deutschland (mit gegenüber den Vorjahren leicht steigender Tendenz). Die Arbeitsgemeinschaft Verbrauchs- und Medienanalyse (VuMA) ermittelte 9,3 Millionen Hundebesitzende und das IfD Allensbach 11,6 Millionen Personen ab 14 Jahren mit mindestens einem Hund im Haushalt (beide mit geringfügig fallender Tendenz gegenüber den Vorjahren).[1]

---

1 Quellen: http://de.statista.com/statistik/daten/studie/30157/umfrage/anzahl-der-haustiere-in-deutschen-haushalten-seit-2008/; http://de.statista.com/statistik/daten/studie/

Hinzu kommt ein weiterer Aspekt: Menschen mit Hund sind sozialstrukturell nicht spezifischen Gruppierungen zuzuordnen, sondern in der Bevölkerung weit verbreitet. Eine etwas ältere Studie (Habig/Flaig 2005) ermöglicht die Zuordnung von (Rasse-)Hundebesitz zu verschiedenen (Sinus-)Milieus (in die Befragte anhand ihrer sozialen Lage und ihrer Wertorientierungen eingeordnet wurden). In nur zwei von zehn Milieus wird dort ein unterdurchschnittlicher Hundebesitz konstatiert, in beiden Fällen in unteren sozialen Lagen.[2] Rassehundebesitzer[3] sind tendenziell etwas häufiger in gehobenen sozialen Lagen anzutreffen. Präferenzen für bestimmte Rassen lassen sich hingegen nur teilweise milieuspezifisch zuordnen, z.b. sind deutsche Jagdhunde-Rassen vor allem in Milieus mit traditionelleren Werthaltungen zu finden. Allenfalls schwache Zusammenhänge werden beim Vergleich von Einstellungen von Befragten mit und ohne Hund im Haushalt konstatiert. Die beiden Gruppen unterschieden sich z.b. nicht signifikant danach, wie leicht es ihnen falle, neue Menschen kennenzulernen. In einer anderen Untersuchung (Töpfer/Beeger-Naroska 2013) wird ergänzt, dass z.B. auch das Merkmal Geschlecht nur bedingt erklärungskräftig für Einstellungsunterschiede gegenüber Haustieren sei. Zusammengefasst lässt sich Künemund et al. (in diesem Band) zustimmen, die feststellen, dass Menschen mit Hunden „im Großen und Ganzen Menschen wie alle anderen auch zu sein [scheinen]".

Die Anzahl und die Verbreitung von Hunden wie auch der damit verbundene umfassende Markt für hundeaffine Konsumartikel und Dienstleistungen – bei näherem Hinsehen gibt es fast nichts, was es für Hunde nicht gibt: von der Kleidung über Wellnessangebote bis zum Hunde-TV – weisen somit darauf hin, dass es sich bei Hunden nicht um ein Spezialthema handelt, das nur wenige Fans und darüber hinaus Disziplinen wie z.B. die Ökonomie[4] oder die Tiermedizin beschäftigt. Auf der Suche nach einer soziologischen Perspektive auf Hunde oder generell auf

---

182518/umfrage/besitzer-von-haustieren-nach-haustierart/; http://de.statista.com/statistik/daten/studie/170901/umfrage/haustiere-im-haushalt/ (Zugriff 16.05.2016).

2 Quelle für die Studienergebnisse: http://www.vdh.de/fileadmin/media/presse/daten/cs_Hundehalter_bericht.pdf (Zugriff 16.05.2016).

3 Laut VDH (Verband für das deutsche Hundewesen) gab es 2011 in Deutschland 69% Rassehunde und entsprechend 31% Mischlinge (Quelle: http://de.statista.com/statistik/daten/studie/30116/umfrage/verhaeltnis-rassehund---mischling-in-deutschland/; Zugriff 16.05.2016).

4 Ohr (2014) konstatiert einen jährlichen Umsatz von 9,1 Mrd. Euro durch die Heimtierhaltung in Deutschland, darunter nicht unbeträchtliche ca. 4,6 Mrd. Euro durch Hundehaltung. Sie bezieht verschiedene Kategorien ein, neben Gütern wie Futter, Zubehör, Gesundheitsartikeln, Ratgebern und Zeitschriften u.a. Dienstleistungen wie z.B. Versicherungen, Hundeschulen und -pensionen oder Bestattungen.

Tiere stößt man allerdings insbesondere auf die interdisziplinären Human-Animal Studies, die darauf abheben, das Gebiet des Sozialen nicht auf Menschen zu begrenzen, und die teilweise enge Bezüge zu Tierethikdebatten aufweisen. Buschka et al. (2012) identifizieren vier Schwerpunkte dieser Forschungsrichtung: die soziale Konstruktion des Tieres, Tiere in sozialen Interaktionen, Herrschaft und Gewalt im Mensch-Tier-Verhältnis sowie den Wandel gesellschaftlicher Mensch-Tier-Verhältnisse (u. a. im Kontext von Tierschutz und Tierrechten). In Teilen sind diese Forschungen mit der Forderung verknüpft, Tiere nicht zu unterdrücken und ihnen einen ethisch ‚angemessenen' (Akteur-/Subjekt-)Status zuzugestehen. Aufgrund von solchen normativen Orientierungen und der oben genannten „Tiervergessenheit" der Soziologie verwundert es nun nicht mehr, dass insbesondere empirisch gut fundierte soziologische Beiträge zum Thema „Hunde" entweder fehlen (so ist mir etwa nicht bekannt, dass es z. B. eine neuere bevölkerungsrepräsentative Studie zum Zusammenhang von Hundebesitz und sozialstrukturellen und weiteren Merkmalen von Hundehaltern gäbe) oder dass sie im Kontext spezieller Thematiken (z. B. tiergestützte Therapien im Krankenhaus, vgl. Pohlheim 2012) für eine soziologische Perspektive auf Hunde meist wenig sichtbar sind.

Mit der Tagung „Auf den Hund gekommen", die Ronald Hitzler und ich im April 2015 in Kooperation mit der Sektion Wissenssoziologie der Deutschen Gesellschaft für Soziologie an der Technischen Universität Dortmund veranstaltet haben und auf der dieses Buch fußt, haben wir daher intendiert, soziologische und soziologieaffine Beiträge und Diskussionen über Hunde zusammenzuführen. Im Call for Papers hatten wir folglich dazu eingeladen, das Phänomen ‚Hund' – diesseits moralisierender Sollens- und Wollensdebatten – u. a. im Hinblick auf bislang vernachlässigte Dimensionen der Erlebensqualität (s. Hitzler in diesem Band) und Distinktionsmarkierung in den analytischen Blick zu nehmen.

Der Begriff der Distinktionsmarkierung verweist dabei auf die Option, die im Alltag (zumindest am Rande) nahezu omnipräsenten Hunde aus einer etablierten soziologischen Perspektive heraus zu untersuchen, und zwar aus der Sicht der sozialen Ungleichheitsforschung, die einen meiner Arbeitsschwerpunkte darstellt (vgl. Burzan 2011). Es geht mir darum, mit diesem Beispiel zumindest anzudeuten, inwiefern es sich lohnt, soziologische Konzepte durch eine Thematisierung von Mensch-Hunde-Relationen und insbesondere auch von hundevermittelten Mensch-Mensch-Relationen zu irritieren bzw. zu bereichern, und inwiefern es somit bei einer soziologischen Befassung mit Hunden ganz eindeutig um das Zusammenleben von Menschen geht.

2 Eine soziologische Perspektive auf Hunde am Beispiel der Ungleichheitsforschung

Grundsätzlich lassen sich aus ungleichheitssoziologischer Perspektive zwei auf Hunde gerichtete Blickrichtungen unterscheiden. Die eine ist makrosoziologisch. Dabei geht es um den Blick auf Hunde u. a. als Zeichen von Lebensstilen und damit darauf, welche sozialstrukturell typischen Orientierungen auf Hunde identifizierbar sind. Die andere Blickrichtung setzt mikrosoziologisch an. Dabei wird z. B. untersucht, wie Distinktionslinien im Interaktionskontext zum Ausdruck kommen und sich wandeln oder in Diskursen verhandelt werden.

Wenn man Hunde als *Ausdruck von Lebensstilen* ansieht, ist damit die Annahme verknüpft, dass Hunde etwas über den dazugehörigen Menschen anzeigen. Den kleinen Chihuahua etwa würden die meisten Zeitgenossen im Alltag typischerweise einer anderen Halterin zuordnen (nicht erst seit Paris Hilton einen Vertreter dieser Rasse in eine Talkshow mitnahm) als den Pitbull-Terrier; und sie wären auch weniger überrascht, wenn der Chihuahua „Conchita" hieße, als wenn er „Horst" gerufen würde. Selbst Ratgeber im Stil von ‚Welcher Hund passt zu Ihnen?' verweisen auf die Vorstellung, es gebe (soziale) ‚Schubladen' von Hundehaltern. Wenngleich die oben angesprochene Milieustudie keine strengen Trennlinien sozialstruktureller Prägung der Hundehaltung aufgezeigt hat, finden sich doch immer wieder Anzeichen dafür, dass Hunde als expressiver Ausdruck von Lebensstilen angesehen werden (so schon Veblen 1997: 141). In einem Bildband mit dem Titel „Wohnen mit Hund" etwa wird Gräfin Charlotte von Bismarck zitiert, die lachend gesagt habe: „Ich habe zuerst den Hund gehabt und dann die Einrichtung auf ihn abgestimmt" (von Perfall/Hölper 2011: 136). Eine nicht nur fallbezogene, sondern in gewisser Weise typische Verknüpfung von Lebenslagen mit Lebensstilen und deren Reproduktion (vgl. Bourdieu 1997) liegt hier nahe. Der Hund wird in eine Statussymbolik integriert. Die Besonderheit von Hunden im Vergleich zu anderen Haustieren oder anderen Geschmack anzeigenden Präferenzen besteht nun darin, dass der Hund seinen Halter oder seine Halterin oft in öffentliche Räume begleitet und daher dessen bzw. deren Geschmack auch im flüchtigen Kontakt sichtbarer wird als z. B. der Geschmack in Bezug auf Musik oder Möbel. Auch im Zeitvergleich kann der Wandel von Ideen, die mit der Hundehaltung verbunden sind, für die Ungleichheitsforschung aufschlussreich sein. So zeigt etwa Buchner (1991), dass um 1900 der emotionalisierte (Luxus-)Hund, für den ohnehin die Wohlhabenden am ehesten Ressourcen hatten, in der Aristokratie und im aufstrebenden Bürgertum an Bedeutung gewann, nicht zuletzt als Schoßhündchen für die Dame. Es geht also nicht allein um das Aussehen von Hunden und den Umgang mit ihnen oder die Kommunikation über sie, sondern auch um die dadurch transportierten Ideen über

Funktionen und um Zuschreibungen. Wenn in Medien der Umgang von Menschen mit Hunden thematisiert wird, dann häufig mit einem gesellschaftskritischen Tenor, z. B. zur Frage, welcher Umgang mit Hunden oder Haustieren ‚normal' sei. Und wenn in einem Zeitungsartikel berichtet wird, dass ein Hund seinen Herrn keineswegs alleinlassen wollte, als dieser ins Krankenhaus musste, wird dem Hund hier ein zu berücksichtigender Wille zugeschrieben, und zwar in Verbindung mit spezifischen sozialstrukturellen Merkmalen seines Besitzers, in diesem Fall eines älteren, alleinlebenden Mannes.

Welche sozialen Lagen im weiteren Sinne mit welchen Ideen und expressiven Formen der Hundehaltung verbunden sind und in welchem Ursache-Wirkungs-Zusammenhang diese Elemente möglicherweise zueinander stehen (können Hunde z. B. Einsamkeit mindern, oder haben sozial aufgeschlossene Menschen eher einen Hund als andere?), kann mit vorhandenen empirischen Daten jedoch kaum solide fundiert werden. In großen Mehrthemenumfragen können relevante Dimensionen dieser Fragestellung offenbar nicht hinreichend differenziert berücksichtigt werden. So lassen sich möglicherweise sogenannte ‚Kampfhunde' nicht eindeutig einem bestimmten Milieu zuordnen, aber ggf. sind bessere sozialstrukturelle Zuordnungen im weiteren Sinne möglich, wenn man Hundehalterinnen und -halter unterscheidet, die *wegen* oder *trotz* des Images bestimmter Hunderassen einen solchen Hund besitzen. Eine umfassender angelegte – im Idealfall methodenplural (vgl. Burzan 2016) vorgehende – Primärforschung scheitert jedoch bislang an der mangelnden Aufmerksamkeit der Ungleichheitsforschung z. B. für die Markierung von Zugehörigkeiten und Abgrenzungen, für die Eröffnung von Teilhabeoptionen oder auch ihr Obsoletwerden gerade durch einen Hund.

Zu *Distinktionslinien (und ihrem Wandel) im Interaktionskontext*: Lebensstile und Handlungsorientierungen bedürfen einer Ausdrucksform in konkreten Situationen. Man kann auch z. B. über Hunde sprechen oder für sie Dinge kaufen, aber am deutlichsten werden hundeinduzierte Orientierungen in Interaktionssituationen zwischen Menschen in Anwesenheit von Hunden. Zwar mag es sein, dass Menschen unterschiedlicher Milieus mit ihrem Hund andere Orte und Interaktionssituationen aufsuchen (schon durch segregierte Wohnorte oder durch das Profil und den Preis einer Hundeschule etc.), aber es bleiben (zumindest oberflächliche) Begegnungs- und Kommunikationsgelegenheiten, die zunächst einmal durch den Hund und nicht durch andere (z. B. Milieu-)Gemeinsamkeiten mitgeprägt sind. Bei wiederholter Begegnung bei der morgendlichen Hunderunde ist es fast unmöglich, nicht gelegentlich einmal ein Wort miteinander zu wechseln. Anders ausgedrückt: Der Hund ist eine Ressource für gewünschte Kommunikation mit anderen. Die Marketingexpertin und der Anstreicher, deren Hunde sich gut verstehen, haben hierdurch ein gemeinsames Thema. (Bergmann wies bereits 1988 darauf hin, dass

Haustiere sich auch in geselligen Runden gut als kommunikative Ressource eignen, die Themen liefern, durch deren Ansprache man sich anbahnende Konflikte umlenken kann usw.)

Hundevermittelte Zugehörigkeitsmarkierung oder Abgrenzung/Konflikt sind mögliche Ausprägungen, bei denen Linien nicht nur zwischen Hundefreunden und -gegnern verlaufen müssen. Auch innerhalb der Hundehaltergruppe können die Ansichten sehr dezidert sein dazu, ob der Hund z. B. ohne Leine laufen darf/sollte oder nicht, welches Futter am besten ist, ob der Hund einen Wintermantel benötigt usw. Man ‚erkennt' sich so möglicherweise recht schnell als ähnlich oder anders. Robins et al. (1991) etwa stellten bei der Beobachtung von Menschen mit Hunden in einem öffentlichen Park nicht nur fest, dass die Hunde Kontakte erleichterten (u. a. sprachen manche den Hund statt den Menschen an: „triangling"), sondern auch, dass Hundehalter ihre Vertrauenswürdigkeit in den Augen der anderen ausdrücken konnten, dadurch dass ihre Reaktion darauf beobachtet wurde, wenn sich ihr Hund nicht regelkonform verhielt (was bei Hunden notorisch der Fall ist, sodass solche Situationen immer wieder vorkamen).

Aus der Perspektive der soziologischen Ungleichheitsforschung wäre interessant, ob und wie in diesen Begegnungen mit Hunden auch ein vertikales ‚doing inequality' betrieben wird. Denn damit aus Unterschieden soziale Ungleichheiten werden, müssen sie ja bekanntlich als sozial ungleich bewertet werden, müssen sie Folgen für die Positionierung im sozialen Raum nach sich ziehen. Das populäre Interesse an Hunden fokussiert diese Perspektive meist nicht. Oft geht es um den Hund (seine Bedürfnisse usw.) oder um das Verhältnis vom Hundehalter zum Hund (wie erzieht man ihn, wie deutet man sein Verhalten usw.), ggf. noch um das Verhalten von Hunden ihren Artgenossen gegenüber, weniger systematisch jedoch um die Begegnungen mehrerer Menschen mit Hund und damit verbundene Prozesse des Auf- und Abwertens. Dabei würde man empirisch vermutlich nicht ausschließlich an der Interaktionssituation ansetzen, sondern z. B. auch bei der Untersuchung von Vorkehrungen, die „richtigen" Leute zu treffen, z. B. durch gezielte Werbung oder durch einen Blog, in dem man Wanderwege für eine bestimmte Hunderasse beschreibt. Aber man würde selbstverständlich *auch* Interaktionssituationen beobachten und analysieren. Untersuchungsdimensionen wären dann beispielsweise, unter welchen Umständen welche Zugehörigkeits- oder Abgrenzungsmarkierungen zwischen Hundehaltern oder zwischen hundeaffinen und hundeaversen Personen zum Tragen kommen. Unterscheidet sich das Verhalten auf der täglichen Gassistrecke von dem auf dem sonntäglichen Volkswanderweg? Hängt dies auch von der Größe und von offensivem oder defensivem Verhalten des Hundes ab? Lassen Differenzen in Bezug auf Hundehaltung andere milieuspezifische Gemeinsamkeiten weniger bedeutsam erscheinen? Die Bandbreite von „der ist aber süß" über „das hat er noch nie gemacht" bis zu „wer geht hier eigentlich mit wem spazieren?" ist, so die Vermutung, nicht nur eine deskriptive Unterscheidung, sondern mit sozialen und möglicherweise eben auch sozialstrukturellen Kontexten verknüpft. Anhand der Analyse von Interaktionen lässt sich in diesem Zusammenhang ein dynamisches Moment der Ungleichheitsperspektive auf das Mensch-Hund-Mensch-Verhältnis erfassen.

Diese ungleichheitsorientierten Fragestellungen illustrieren, wie man aus einer soziologischen oder jedenfalls sozialwissenschaftlichen Perspektive ‚auf den Hund kommen' kann, wenn z. B. keine normative oder evaluative Intention im Vordergrund steht, sondern wenn man neugierig darauf ist, welche Funktionen und Eigenschaften Hunden unter welchen Bedingungen zugeschrieben werden (u. a. was sie wohl ‚denken', ‚wollen', ‚fühlen' etc.) und welche Folgen solche Zuschreibungen in mehr oder weniger spezifischen sozialen Kontexten haben. Nochmals: Es geht also nicht darum, ob und was Hunde ‚wirklich' denken (wie sollte man das auch wissenschaftlich herausfinden?) und welche Rechte sich daraus ggf. für sie schlussfolgern lassen, sondern darum, welche Implikationen und Folgen es in sozialen Kontexten hat, wenn Menschen Hunden spezifische Funktionen, Gedanken und Eigenschaften zuschreiben, wenn sie z. b. ihren Zeitrhythmus auf den Hund abstimmen oder wenn das Tier (kompensatorische) Funktionen für ‚seinen' Menschen erfüllt. Damit befassen sich – ohne Anspruch auf eine systematische ‚Vollständigkeit' – die Beiträge in diesem Buch.

3 Die Beiträge in diesem Buch

Die vorliegenden Beiträge haben wir drei Blöcken zugeordnet. Im ersten – *„Mythos und Geschichte"* – sind Texte zusammengefasst, die Überlegungen zum Verhältnis von Menschen und Hunden rahmen in dem Sinne, dass etwa – typischerweise ambivalente – kulturelle Vorstellungen von Hunden (auch im historischen Wandel) mit allgemeineren und spezielleren Bezügen (z. B. auf Hunde als Nahrungsmittel oder als Hygienedefizit) thematisiert werden. Die im zweiten Teil – *„Funktionen und Relationen"* – versammelten Autorinnen und Autoren greifen spezifische Beispiele heraus, die sie empirisch daraufhin untersuchen, welche Implikationen es hat, wenn Hunden bestimmte Funktionen zugeschrieben werden (z. B. als Leseoder als Blindenführhund) oder wenn sie in bestimmten (öffentlichen) Situationen auftreten (z. B. als ‚Fahrgast' in der Straßenbahn). Im dritten Teil schließlich – *„Hermeneutik und Phänomenologie"* – geht es im Wesentlichen um die Frage, als was Hunde angesehen werden. Auf unterschiedlicher theoretischer Grundlage und mittels unterschiedlicher Herangehensweisen werden – z. B. anhand von Hunden in der Literatur oder dem „Dackelblick" – Konzepte wie Hunde als Objekte im Modus des Als-Ob, als Dritter oder als Korrelate des Erlebens herausgearbeitet.

3.1 Mythos und Geschichte

Der *erste Teil* beginnt mit dem Beitrag von *Muna Nabhan*, die die Ambivalenz der Symbolik von Hunden betont. Sie setzt bei Jäger- und Sammlergesellschaften und danach an Beispielen aus unterschiedlichen Epochen an, um kulturelle Vorstellungen von Hunden als Grenzgänger zwischen Eigen- und Fremdwelt zu erläutern. U. a. ist der Hund unrein und rein zugleich, wild und auch zahm und gilt vielfach als Jenseitsbote oder Seelenbegleiter ins Jenseits. Auch mit den monotheistischen Religionen, in denen Hunde oft als unrein galten, verschwand die Ambivalenz nicht vollständig. Und in der gegenwärtigen westlichen Welt gibt es ebenfalls Indizien, die diese Zugehörigkeit von Hunden zur Endo- und Exosphäre anzeigen.

Maren Lehmann nimmt die Thematik einer ambivalenten Symbolik in Bezug auf Hunde auf und fragt im Hinblick auf semantische Potenziale, wovon (noch) die Rede ist, wenn vom Hund die Rede ist. Ihre Ausgangsüberlegung lautet, dass Hund und Mensch komplementäre, einander ergänzende Beobachter seien, wobei der Hund das andere, aber nicht das Gegenteil des Menschen bezeichne. Diese Überlegung diskutiert Lehmann im Weiteren am Hund als ‚zoon politikon', als Dämon und als Melancholie des Menschen.

Heiko Schnickmann gibt anschließend einen konzisen Überblick über soziale Funktionen von Hunden im Mittelalter. Sozialstrukturelle Faktoren kommen hier deutlich zum Tragen, insofern Hunde z. B. im Adel eine andere Funktion hatten als für den Klerus oder für Bauern oder gar als Straßenhunde. Waren beispielsweise Jagdhunde ein Statussymbol für Adlige, war der Wachhund des Bauern zu deutlich mehr Passivität verdammt, was der sozialen Stellung ihrer Besitzer durchaus entsprach. Auch weitere Beispiele zeigen, dass man nicht von ‚dem' Hundebild im Mittelalter sprechen kann, sondern Hunde bereits zu dieser Zeit mit differenzierten sozialen Funktionen versehen wurden.

Eine andere Art von Ambivalenz dessen, was Hunde symbolisieren, richtet sich auf die Frage, ob man Hunde essen darf bzw. sollte. *Britta Ramminger* ist diesem heutzutage in Westeuropa als fast selbstverständlich geltenden Nahrungstabu auf der Spur. Sie führt Erklärungsansätze für dieses Tabu auf (z. B. durch Religion, Gesundheit oder kollektive Identitätsstärkung begründet), zeigt allerdings auch an Beispielen für Kynophagie aus unterschiedlichen Epochen, dass in manchen

Kulturen der Verzehr von Hunden keineswegs abwegig war, sondern Hunde z. B. als Delikatesse angesehen oder im Rahmen von Ritualen gegessen wurden bzw. werden. Auch *Thorsten Benkel* untersucht ein im Zusammenhang mit Hundehaltung ambivalentes Phänomen, nämlich Hunde als potenzielles Hygienedefizit. Durch die regelmäßige Konfrontation von Hundehaltern mit Hundekot ergibt sich eine zwiespältige Gleichzeitigkeit von (para-)sozialer Kameradschaft bzw. Fürsorgekultur auf der einen und internalisierten Ekelgefühlen auf der anderen Seite. Dadurch, dass in Bezug auf die Hygiene der animalische Charakter des Hundes deutlich zum Ausdruck kommt, spitzt das Thema die Dialektik von Nähe und Ferne von Menschen zu Hunden nachdrücklich zu. Zudem ist das ‚Geschäft' insofern eine Komponente in sozialen Interaktionen, als nicht die Hunde, sondern ihre Besitzer für die (rasche) Entfernung von Hundehaufen verantwortlich gemacht werden.

3.2 Funktionen und Relationen

Im *zweiten Teil* des Bandes untersuchen die Autorinnen und Autoren an empirischen Beispielen konkrete Funktionen von Hunden und mit Hunden verknüpfte soziale Relationen in spezifischen Situationen.

Jo Reichertz diskutiert die im Zusammenhang mit Hunden in der Öffentlichkeit nicht selten auftauchende Frage nach Legalität und Legitimität. In einer per Videoanalyse ausgewerteten Fernsehreportage geht es darum, ob für Hunde in der Straßenbahn ein Kinderfahrschein zu kaufen ist. Während in der Sendung zunächst eine Hundehalterin gezeigt wird, die sich gegenüber einem Kontrolleur uneinsichtig zeigt und eine Strafe zahlen muss, packt eine andere ihren kleinen Hund kurzzeitig in eine Tasche, was bei der Kontrolle als legitime Strategie anerkannt wird. Durch einen Vergleich der Merkmale der Frauen und ihrer Hunde sowie der Kameraführung arbeitet Reichertz heraus, dass in der Fernsehsendung eine vordergründige Erfüllung von Vorschriften ohne Konfrontation als ‚gute' Lösung beim Mitführen von Hunden favorisiert wird.

Tobias Röhl thematisiert Hunde als Lesehunde in Grundschulen. Die pädagogische Funktion besteht darin, den Schülerinnen und Schülern durch einen nicht wertenden Zuhörer Hemmungen beim Vorlesen zu nehmen. Röhl zeigt nun, gestützt auf Ratgeberliteratur und Experteninterviews, welche Zuschreibungen (eines Akteursstatus) und welche Bedingungen des Settings mit dieser Lesehundefunktion verbunden sind. U. a. werden Hunde mit bestimmten Merkmalen ausgewählt, und Verhaltensregeln für die Situation gelten sowohl für den (möglichst vorbildlichen) Hund als auch für die Kinder, dadurch, dass z. B. dem Hund zugeschriebene Bedürfnisse expliziert werden (etwa dass er Ruhezonen benötige). Nötig sind nichtsdestoweniger auch

Hundeführer, die als ‚Übersetzer' und ‚Fürsprecher' für den Hund agieren, was den zugeschriebenen Status des Tieres als „Quasi-Akteur" untermauert.

Eine weitere spezifische Funktion von Hunden ist die des Führhundes für blinde Menschen, die den Forschungsgegenstand für *Natalie Geeses* Analyse bildet. Den theoretischen Rahmen bilden (im Anschluss an Goffman) Stigmatisierungen, die in Interaktionssituationen von blinden Menschen mit Führhunden und anderen Menschen zum Tragen kommen können. So kann der Führhund in einer Situation zum stigmatisierenden Attribut einer Führhundhalterin werden (insbesondere im Falle tierischen Fehlverhaltens). Dies lässt im Weiteren aber auch nach Strategien des Stigmamanagements fragen, was im Beitrag am Fallbeispiel eines Spaziergangs konkretisiert wird, bei dem sich die (menschlichen) Beteiligten bemühen, durch Strategien der positiven Imagewahrung mögliche Stigmatisierungen vorzubeugen.

Harald Künemund, Julia Hahmann und Katja Rackow widmen sich der Funktion von Hunden nicht in einer spezifischen Situation, sondern in einer Lebensphase: der „zweiten Lebenshälfte". Oftmals werden in der Literatur positive Effekte von Hundehaltung für ältere Menschen unterstellt. Die suboptimale Datenlage reflektierend, zeigt das Autorenteam mit Daten des Sozioökonomischen Panels und des Alterssurveys, dass die Befunde zu Kausalzusammenhängen zwischen dem Hundebesitz als Ursache und besserer Gesundheit oder zufriedenstellenden Sozialkontakten als Wirkung bei älteren Menschen weniger eindeutig belegt werden können, als man es der Literatur gemäß annehmen konnte. Weiterer Forschungsbedarf wird hier als dringend notwendig angesehen.

In den meisten Fällen sind Hundebesitzer schließlich irgendwann mit der Krisensituation konfrontiert, dass ihr Hund stirbt. *Matthias Meitzler* setzt den Fokus auf Umgangsweisen mit der Trauer durch die Besitzer, die teilweise auch im öffentlichen Raum einen Ausdruck findet. Im Rahmen eines Forschungsprojekts über den Wandel von Bestattungskulturen analysiert er u. a. zunehmend individuell gestaltete Hundegräber auf Tierfriedhöfen und zeigt auch, inwiefern sich als legitim angesehene Formen der Trauer bei menschlichen vs. tierischen Verstorbenen unterscheiden oder umgekehrt eine Anthropomorphisierung stattfindet und welche Trends beobachtbar sind (z. B. Infantilisierung, Mediatisierung). Am Beispiel des Umgangs mit Trauer arbeitet Meitzler somit heraus, welche Merkmale und welchen Status Menschen Hunden zuschreiben.

3.3 Hermeneutik und Phänomenologie

Im *dritten Teil* des Bandes verschiebt sich der Fokus von ganz konkreten Funktionen von und Situationen mit Hunden tendenziell auf hermeneutische und phänomenologische Zugänge z. B. zur Thematik, als was Hunde angesehen werden.

Thomas Loer zeigt dazu an zwei Passagen aus einem Gespräch mit einer Hundehalterin, die ihre Hunde mit Familienmitgliedern vergleicht, welche Rolle Hunde im Leben von Hundehaltern spielen. Beiläufig demonstriert er mit der Darstellung seines Vorgehens in transparenter Weise, wie Objektive Hermeneutik funktioniert. Inhaltlich formuliert er als vorläufige Strukturgeneralisierung, dass Hunde als Objekte im Modus des Als-Ob ein fingiertes Leben ermöglichen, ohne dass das Deutungsmuster von Hunden als Tieren damit getilgt wäre. Im Weiteren diskutiert er u. a., warum Hunde für diese Rolle geeignet sind und ob es sich bei den herausgestellten Deutungsmustern eher um eine Wirklichkeitsflucht oder eine Welterweiterung handelt.

Joachim Landkammer nimmt in seinem Beitrag Systematisierungen zur Rolle von Hunden vor, die heutzutage eher als Begleithund denn als Nutztier angesehen werden. Dies macht den Hund aber wiederum zum Vermittler, etwa im Zuge sozialer Kontaktanbahnung: Er ist eine Art organische Sozialprothese durch sein dem erwachsenen Menschen nicht ohne weiteres mögliches räumliches „Herumstromern". Aber das Tier erweitert den Radius auch zeitlich, insofern der schneller alternde Hund Menschen einen anderen Wahrnehmungshorizont vermittelt. Die Ausführungen zur Ambivalenz einer klar begrenzten Selbstbestimmtheit von Hunden, die damit dem Menschen durch hundetypische Eskapaden kompensatorisch ein bürgerlich gezähmtes Leben erleichtern, orientieren sich dabei u. a. an Plessners Konzept der Exzentrizität und der Theoriefigur des „Dritten".

Ronald Hitzler nimmt eine phänomenologische bzw. lebensweltanalytische Perspektive ein, wenn er Hunde als Korrelate des Erlebens thematisiert. Neben Überlegungen zu konkreten Vergewisserungen darüber, wann ein konkretes Etwas ein Hund ist, wird hier hinterfragt, als was man dieses Tier erlebt: als Freund – als sozialmoralisch relevanten Anderen – als verhaltensvariables Lebewesen – als Anlass für Vergnügen, Entspannung oder Peinlichkeiten – oder gar als Gefahr? In jedem Fall lässt sich ein Hund, mit dem man konfrontiert ist, nicht schlicht ignorieren, er verändert die Relevanzsetzungen des erlebenden Subjekts, wie nicht zuletzt der Rekurs auf Texte u. a. von Comte, von Uexküll, Schütz, Luckmann und Sartre zeigt. Hitzler schließt seinen Beitrag mit Forschungsfragen, die sich aus dieser theoretischen Perspektive ergeben.

Robert Gugutzer und Natascha Holterman wenden sich, ebenfalls aus einer phänomenologischen Perspektive, einem auf den ersten Blick sehr spezifischen

Phänomen zu, nämlich dem Dackelblick. Auch sie beabsichtigen allerdings zu zeigen, anhand welcher Indikatoren Menschen Hunden spezifische Motive zuschreiben (und sich ggf. zu entsprechenden Reaktionen „genötigt" fühlen), und zwar in drei Ausprägungen: dem treuherzig-durchtriebenen, dem arglos-schuldbewussten und dem verzweifelt-theatralischen Dackelblick. Zugleich begründen sie (u. a. im Rückgriff auf Simmel und Schmitz), inwiefern sich durch den Blickkontakt Sozialität konstituiert. Die Analyse ergänzen die Autoren im Fazit auf dieser Basis um ein Plädoyer für eine transhumane Soziologie.

An verschiedenen Stellen im Buch wird immer wieder einmal auf Wissenschaftler oder Literaten verwiesen, die über ihre eigenen Hunde schreiben (z. B. Karl Otto Hondrich über „Charly", Alfred Schütz über „Rover" oder Thomas Mann über „Bauschan"). Bei *Ehrhard Cremers* erhält die Literatur einen zentralen Stellenwert als soziales Medium der Selbst- und Fremdbeobachtung von Sozialität. Er zieht u. a. Texte von Homer, Marie von Ebner-Eschenbach und Thomas Mann heran, um zwei Zuschreibungen von Menschen an Hunde als kulturelle Ressource – Ur-Passibilität und Ur-Soziabilität – zu erläutern und in ihren jeweils zeitgebundenen Kontext zu stellen.

Dieses Buch ist in Anknüpfung an die von Ronald Hitzler und mir veranstaltete Tagung mit dem Titel „Auf den Hund gekommen" im April 2015 in Dortmund entstanden. Wir danken den Referentinnen und Referenten für ihre Beiträge, den anderen Teilnehmenden für Ihre Diskussionsbereitschaft, Sonja Rack (TU Dortmund) dafür, dass sie einmal mehr Sorge dafür getragen hat, die Texte in eine einheitliche, verlagskompatible Form zu bringen, Katrin Emmerich und Katharina Gonsior (Springer VS) für ihre freundliche Betreuung der verlagstechnischen Produktion sowie schließlich – in etwas anderer Weise – Eddy (eigentlich: Bero vom Robinienhof), dem Deutschen Pinscher, der unverhofft auch Ronald Hitzler in gewisser Weise auf den Hund gebracht hat.

Literatur

Bergmann, Jörg R. (1988): Haustiere als kommunikative Ressourcen. In: Soeffner, Hans-Georg (Hrsg.): Kultur und Alltag. Soziale Welt (Sonderband 6). Göttingen: Schwartz, 299–312.
Bourdieu, Pierre (1997 [1979]): Die feinen Unterschiede. Kritik der gesellschaftlichen Urteilskraft. Frankfurt a. M.: Suhrkamp.
Brucker, Renate/Bujok, Melanie/Mütherich, Birgit/Seeliger, Martin/Thieme, Frank (Hrsg.) (2015): Das Mensch-Tier-Verhältnis. Eine sozialwissenschaftliche Einführung. Wiesbaden: Springer VS.

Buchner, Jutta (1991): "Im Wagen saßen zwei Damen mit einem Bologneserhündchen". Zur städtischen Hundehaltung in der wilhelminischen Klassengesellschaft um 1900. In: Hessische Blätter für Volks- und Kulturforschung, Bd. 27 (Mensch und Tier). Marburg: Jonas, 119–138.

Burzan, Nicole (2011): Soziale Ungleichheit. Eine Einführung in die zentralen Theorien. Wiesbaden: VS.

Burzan, Nicole (2016): Methodenplurale Forschung. Chancen und Probleme von Mixed Methods. Weinheim/Basel: Beltz Juventa (im Erscheinen).

Buschka, Sonja/Gutjahr, Julia/Sebastian, Marcel (2012): Gesellschaft und Tiere – Grundlagen und Perspektiven der Human-Animal Studies. In: Aus Politik und Zeitgeschichte 8-9/2012, 20–27.

Gutjahr, Julia/Sebastian, Marcel (2013): Die vergessenen 'Anderen' der Gesellschaft – zur (Nicht-)Anwesenheit der Mensch-Tier-Beziehung in der Soziologie. In: Pfau-Effinger, Birgit/Buschka, Sonja (Hrsg.): Gesellschaft und Tiere. Soziologische Analysen zu einem ambivalenten Verhältnis. Wiesbaden: Springer VS, 57–72.

Habig, Christofer/Flaig, Bodo (2005): Die Lebenswelt der deutschen Hundehalter. Ergebnisse einer Repräsentativstudie. In: Unser Rassehund 6/2005, 6–9.

Ohr, Renate (2014): Heimtierstudie „Wirtschaftsfaktor Heimtierhaltung". Göttingen. https://www.uni-goettingen.de/de/...wirtschaftsfaktor-heimtierhaltung/425385.html (Zugriff: 16.05.2016).

Pfau-Effinger, Birgit/Buschka, Sonja (Hrsg.) (2013): Gesellschaft und Tiere. Soziologische Analysen zu einem ambivalenten Verhältnis. Wiesbaden: Springer VS.

Pohlheim, Katja (2012): Zwischen Improvisation und Professionalität. Tiergestützte Therapien im Krankenhaus. In: Buchner-Fuhs, Jutta/Rose, Lotte (Hrsg.): Tierische Sozialarbeit. Ein Lesebuch für die Profession zum Leben und Arbeiten mit Tieren. Wiesbaden: Springer VS, 341–352.

Robins, Douglas M./Sanders, Clinton R./Cahill, Spencer E. (1991): Dogs and Their People. Pet-Faciliated Interaction in a Public Setting. In: Journal of Contemporary Ethnography 20(1), 3–25.

Töpfer, Tom/Beeger-Naroska, Anne (2013): Geschlecht als Prädiktor für Einstellungsunterschiede gegenüber eigenen Haustieren. In: Pfau-Effinger, Birgit/Buschka, Sonja (Hrsg.): Gesellschaft und Tiere. Soziologische Analysen zu einem ambivalenten Verhältnis. Wiesbaden: Springer VS, 193–218.

Veblen, Thorstein (1997 [1899]): Theorie der feinen Leute. Frankfurt a. M.: Fischer.

Von Perfall, Manuela/Hölper, Anja (2011): Wohnen mit Hund. Besondere Menschen und ihre besten Freunde. 2. Aufl. München: Callwey.

Wagner, Gerhard (2012): Schwein gehabt! Redewendungen des Mittelalters, 14. Aufl. Rheinbach: Regionalia.

Wiedenmann, Rainer E. (2015): Soziologie. Humansoziologische Tiervergessenheit oder das Unbehagen an der Mensch-Tier-Sozialität. In: Spannring, Reingard/Schachinger, Karin/Kompatscher, Gabriela/Boucabeille, Alejandro (Hrsg.): Disziplinierte Tiere? Perspektiven der Human-Animal-Studies für die wissenschaftlichen Disziplinen. Bielefeld: transcript, 257–286.

Teil I
Mythos und Geschichte

Zwischen Natur und Kultur: Der Grenzgänger Hund
Zur Symbolik der Gattung *Canis* unter besonderer Berücksichtigung des Haushundes *(Canis familiaris)*

Muna Nabhan

1 Einleitung

Im vorliegenden Beitrag wird sich der Frage gewidmet, wie kulturelle Vorstellungen die Mensch-Hund-Beziehung entscheidend prägen. Es gilt mittlerweile als gesichert, dass Menschen universal biophil sind (Wilson 1984). Allerdings werde der Umgang mit Tieren im Laufe der Erziehung durch kulturelle Einstellungen maßgeblich bestimmt (Amiot/Bastian 2014). Kulturelle Vorstellungen basieren auf Verallgemeinerungen und Gesetzmäßigkeiten, die sich in Klassifizierungen offenbaren. Diese definieren nicht nur die Beziehung der Menschen zueinander, sondern auch die zu Tieren sowie zu Pflanzen. Sie manifestieren sich in damit in Verbindung stehenden Tötungs- und Verzehrtabus ebenso wie in Reziprozitätsverpflichtungen. Letztere sind häufig vom Grad einer festgelegten Verwandtschaftszugehörigkeit abhängig (Müller 2010). Dieses allumfassende „Verbundsystem", welches sowohl eine Verhaltensorientierung als auch ein Naturverständnis definiert, nennen Ethnologen *Totemismus*. In pragmatischer Hinsicht handelt es sich dabei um ein „magisches Kooperationssystem" (Malinowski 1954) oder, „kognitiv" betrachtet, um eine Art „Naturphilosophie" (Frazer 1935). In erster Linie stellt es aber ein Klassifikationssystem dar, das es erlaubt, die Natur zu „denken" und „das natürliche und soziale Universum in der Form einer organisierten Totalität" zu verstehen (Lévi-Strauss 1962). Dabei sind die Zuschreibungen der Eigenschaften dieser Klassen meist Projektionen menschlicher Werte und Normen (Müller 2010).

> Indem wir Ideen, Geistesprodukte („Mentefakte') in materielle Objekte ‚da draußen' umsetzen, verleihen wir ihnen eine (relative) Dauerhaftigkeit, und in dieser dauerhaften Gestalt können wir mit ihnen technische Operationen vornehmen, für die rein innergeistige Gebilde nicht beständig genug sind (Leach 1978: 49f.).

Das elementare Merkmal jeglichen Mentefaktes ist zunächst seine Zuordnung in die Endosphäre, also in die eigene Kultur, oder in die Exosphäre, in den Raum und die Zeit, die all das umfassen, was nicht der Eigenwelt zugeordnet wird. Prämoderner Vorstellung zufolge besteht die Exosphäre dabei nicht nur aus der „Wildnis" oder aus fremden Kulturen, sondern auch aus einer transzendent gedachten Jenseitswelt, die letztlich dieser Anschauung nach immer ein Spiegel der Endo- und Exosphäre ist und Geister umfasst, die dem Menschen gegenüber stets entweder „gut" oder „böse" gesinnt sind. Nach universaler kultureller Vorstellung besteht die Welt somit aus zwei Sphären: aus der eigenen „reinen", also positivwertigen Endosphäre und der „unreinen", negativwertigen Exosphäre. Der Mensch könne so letztlich nur zwischen *sich und seiner Negation* wählen (Müller 1987: 373). Konkret erfolge dies durch eine innere Matrix, anhand welcher die Übereinstimmungen mit sowie die Differenzen zur Eigenwelt abgeglichen werden. Manifest und tradiert werden die jeweiligen Klassifikationen z. B. in Redewendungen, Metaphern, Legenden, Sagen und Mythen (Leach 1978; Lévi-Strauss 1967; Müller 2010). Ob etwas der Endo- oder Exosphäre zugerechnet wird und somit als „rein" oder „unrein", als „gut" oder „böse" gilt, ist kontextabhängig. Diese Mehrdeutigkeiten und Ambivalenzen können entschlüsselt und verstanden werden, wenn ein Symbol in dem Kontext, in dem es auftritt, interpretiert wird. Am Beispiel Hund könnte dieses Vorgehen etwa im ersten Schritt so aussehen: Hunde sind wie Menschen, da sie wie diese Säugetiere und Warmblüter sind und nicht Vögel oder Kaltblüter. Sie erhalten oft, wie Menschen, einen Namen und gelten damit als Individuen. Hunde unterscheiden sich aber u. a. insofern vom Menschen, als dass sie ein Fell haben und auf vier Beinen laufen (Hugh-Jones/Laidlaw 2000).

Der vorliegende Beitrag stellt einen Versuch dar, das Symbol „Hund" weitergehend zu deuten und dessen Mehrdeutigkeiten in einen kulturübergreifenden historischen Zusammenhang zu setzen. Als Erstes soll hierfür erörtert werden, auf welche Ursache die universal gegebene symbolische Ambivalenz des Hundes ursächlich zurückzuführen ist. Beispiele beschränken sich dabei nicht auf den Haushund, sondern beziehen andere Vertreter der Gattung *Canis* ein. Mittlerweile gilt es als gesichert, dass der nächste noch lebende Verwandte des Haushundes der Wolf ist. Lange Zeit aber wurden auch Schakale und Koyoten als Vorfahren in Betracht gezogen (vgl. z. B. Zimen 1992). Von Interesse ist hierbei auch die Tatsache, dass sowohl die Familie der Caniden als auch die Gattung selbst ihren Namen vom domestizierten und wohl jüngsten Mitglied, dem Haushund, erhielt (Miklósi 2011). Die wissenschaftliche Klassifizierung scheint damit einer volkstümlichen, kulturellen gefolgt zu sein.

2 Grundlagen der Ambivalenz des Symbols „Hund"

Hunde gelten kulturübergreifend als unrein, dennoch werden sie in den meisten Kulturen der Eigenwelt zugerechnet. Claude Lévi-Strauss (1967) zufolge liegt der ambivalenten Klassifikation des Hundes folgende Überlegung zugrunde: Als Aasfresser – und dazu gehören alle Caniden – ernähren sich Hunde wie die vom Raub lebenden Tiere: Sie fressen tierische Nahrung. Gleichzeitig ähneln sie in ihrem Essverhalten wiederum auch den Nutzern pflanzlicher Nahrung, denn sie töten nicht zwangsläufig, was sie essen. Aas zu fressen, ist wiederum häufig mit Unreinheit assoziiert, da universaler prämoderner Vorstellung zufolge Leichen eine zerstörerische und zersetzende Kraft anhaftet (Müller 2010). Dies scheint auch die Ursache dafür zu sein, dass Hunde sowohl im Judentum als auch im Islam als unrein gelten. Indem Hunde Aas fressen, nehmen sie Blut zu sich. Muslimen und Juden ist der Konsum von Blut untersagt. Beide Religionsgruppen erlauben deshalb nur den Verzehr von geschächteten Tieren. Blut ist aus symbolisch-religiöser Perspektive heraus betrachtet oftmals ein Opfer für die Jenseitsmächte (vgl. Nabhan 1994). Weil Hunde dieses Verzehrtabu nicht einhalten, gelten sie als unrein.

Unrein erscheinen Hunde aber wohl auch deshalb, weil sie einen weiteren als schädlich klassifizierten Stoff ohne Scheu zu sich nehmen: Kot (Müller 2010). Aus diesem Grund wurden Hunde in einigen Kulturen in enger Nähe zum Menschen gehalten. Hunde hatten nicht selten die Funktion, in der Pflege von Kleinkindern und Alten Fäkalien effizient zu entsorgen, indem sie diese verzehrten (z. B. Ojoade 1994; Zimen 1992). Hunde verrichteten damit niedere Dienste der menschlichen Körperhygiene. Hier wie im Genuss von Aas stehen sie somit gleichzeitig für reine wie unreine Aspekte. Einerseits bereinigen sie der Vorstellung nach zwar die Endosphäre von schädlichen, verwesenden Stoffen wie Aas und Fäkalien, andererseits verunreinigen sich Hunde in dem Prozess der Reinigung zwangsläufig selbst. Diese doppelte Klassifikation bildet die wesentliche Ursache dafür, dass der Hund in der Symbolik ein liminales Wesen ist (Douglas 1966; Leach 1978). Die Qualität seiner Liminalität beschränkt sich allerdings nicht darauf, dass er symbolisch kontextgebunden bestimmten Kategorien zugeordnet wird. Vielmehr werden Hunden aufgrund ihres liminalen Charakters darüber hinaus Fähigkeiten zugeschrieben, die sie als dem Menschen überlegen erscheinen lassen. Hunde überschreiten prämoderner Vorstellung nach nämlich nicht nur die Grenzen zwischen den Klassifikationen, sondern ihnen wird wegen ihrer Eigenschaften auch die Fähigkeit zugeschrieben, in die Jenseitswelt transzendieren zu können. Hunde sind in der Symbolik damit Grenzgänger, die, anders als der Mensch, zwischen Endo- und Exosphäre unbeschadet hin und her wechseln können. In der Vorstellungswelt der meisten prämodernen Kulturen gilt das Verlassen der Endosphäre für Menschen als überaus gefährlich.

Es wird davon ausgegangen, dass ein sicherer Übergang überhaupt nur wenigen Menschen möglich ist, z. B. Schamanen (Müller 2010). Nicht nur Menschen, auch die Mehrheit der Jenseitsmächte wechselt der Vorstellung nach selten die Klassifikationskategorien: Sie sind meist entweder „gut" oder „böse". Es gibt allerdings auch hier Ausnahmen: Jenseitsmächte, deren wesentliche Eigenschaft es ist, in beiden Sphären gleichermaßen beheimatet zu sein, beispielsweise der Trickster. Der literaturnotorisch wohl bekannteste Trickster treibt sein Unwesen in der Gestalt eines Caniden, eines Koyoten (z. B. Lévi-Strauss 1967). Hunde und ihre Verwandten sind also – symbolisch betrachtet – in vielen Kulturen zugleich rein und unrein, zahm und wild. Sie besitzen sogenannte „Schwellenattribute" (vgl. van Gennep 1999). Das mag auf den ersten Blick verwirrend erscheinen, unter den Gesichtspunkten einer „Mytho-Logik" ist es hingegen vollkommen konsistent (Leach 1978). Wo der Hund in der Klassifikation innerhalb einer Kultur überwiegend verortet wird – ob in der Eigen- oder in der Fremdwelt – hängt im Wesentlichen vom Kontext der jeweiligen Glaubensvorstellungen einer gegebenen Kultur ab.

3   Geschichte der Mensch-Hund-Beziehung

Etwa 99 Prozent seines Daseins lebte der Mensch als Jäger und Sammler (Wilson 1984) und damit als Totemist. Jäger und Sammler bilden egalitäre Gruppen, die typischerweise die spirituelle Überzeugung haben, dass Menschen Vertretern anderer Spezies nicht überlegen sind. Das lag schon darin begründet, dass der Mensch, wenn er überleben wollte, von Beutetieren abhängig war. Tierahnen wurden deshalb verehrt, und zum Zeichen der Sühne bat man um Entschuldigung, wenn man ein Tier tötete (Serpell 1996; Müller 2010). Dies ist ein Brauchtum, das auch in Deutschland noch heute von Jägern gepflegt wird.

Zwar ist die Quellenlage über die frühe Mensch-Hund-Beziehung spärlich, aber ausgehend von dem sogenannten Konzept des *Environment of Evolutionary Adptedness* (EEA) (vgl. Gaskins 2013) kann ein Blick auf die Vorstellungswelt von Menschen, die heute noch unter ähnlichen Bedingungen leben wie unsere Vorfahren, Aufschluss über das frühe Mensch-Tier-Verhältnis geben. In Jäger- und Sammlergesellschaften leben Tiere – auch wilde, nicht domestizierte, die als Jungtiere gezähmt werden – in der häuslichen Gemeinschaft. Sie erhalten Kosenamen, man sieht sie als ebenbürtig an und unterhält quasi-geschwisterliche Beziehungen zu ihnen. Das heißt: Man begegnet ihnen formlos. Tiere werden als Quasiverwandte klassifiziert (Erikson 2000; Müller 1987; Serpell 1996). Man leidet mit ihnen, wenn sie Schmerzen haben, und ist davon überzeugt, dass man mit ihnen kommunizieren kann. Es ist verbreitet, Tiere wie eigene Kinder zu stillen und aufzuziehen. Tötet man sie, um sie zu verspeisen, dann geschieht dies stets in ritueller Art und Weise: in Form einer Entschuldigung oder als Opfergabe (Müller 2010).

Der Haushund ist bei weitem das älteste Haustier des Menschen. Während einige Quellen seine Domestizierung als zeitgleich mit der Sesshaftwerdung des Menschen datieren (z. B. Marshall-Pescini/Kaminski 2014), also auf etwa 14.000 v. Chr., haben u. a. jüngere DNA-Analysen eines 33.000 Jahre alten Hundeskelettes ergeben, dass die Abspaltung vom Wolf deutlich früher anzusetzen ist (z. B. Druzhkova et al. 2013; Larson/Bradley 2014). Falls die Domestikation des Hundes jedoch tatsächlich so früh stattgefunden hat, wie diese Funde nahelegen, dann muss die über viele Jahre hinweg vertretene These, dass ein Zusammenhang zwischen der Domestikation des Hundes und der veränderten Lebensweise des Menschen vom Jäger und Sammler hin zum Ackerbauern vorliegt, aufgegeben werden (Marshall-Pescini/Kaminski 2014).

Mehrheitlich gehen Forscher heutzutage davon aus, dass Hunde oder Wolfshybriden sich Menschen, lange bevor sie Ackerbau betrieben, anschlossen und gemeinsam mit diesen Beute erjagten. Beide Seiten hätten aus dieser Gemeinschaft profitiert (Shipman 2011). Die Hypothese, dass Menschen erfolgreicher in Begleitung von Hunden Tiere erbeuten, konnte in rezenten Jäger- und Sammlerkulturen verifiziert werden (Koster 2013; Lupo 2011). Nach derzeitigem Erkenntnisstand ist es plausibel, den Zusammenschluss zum erfolgreichen Jagdteam als Beginn dieser Beziehung anzunehmen (vgl. Zimen 1992). Als Nahrungsmittel wurden Hunde jedenfalls gewiss nicht domestiziert, auch wenn sie bis heute gegessen werden. Dies stellt aber wohl eher die Ausnahme dar und geschah in traditionellen Kulturen in einem rituellen Kontext (Frank 1965; vgl. auch Ramminger in diesem Band). Überdies wurden Tiere in prämodernen Gesellschaften überwiegend als Gefährten oder Nutztiere gehalten. Auch auf Hunde trifft dies zu, denn sie waren zu allen Zeiten, und so ist es noch, nicht nur Gefährten, sondern immer wichtige und überaus versatile Werkzeuge des Menschen: als Spürhunde und Treiber auf der Jagd oder als Wach- und Arbeitshunde, wo sie in ihrer Funktion als Hüte-, Transport-, Rettungs-, Therapie-, Kriegs- oder Polizeihunde zum Einsatz kommen (Oeser 2004; Wechsung 2008; Zimen 1992).

Während die Mehrheit der Forscher derzeit von einer konvergenten Mensch-Hund-Evolution ausgeht (vgl. z. B. Marshall-Pescini/Kaminski 2014), glaubt eine Minderheit, dass dieser Prozess im Grunde als Koevolution gewertet werden muss (Oeser 2004; Shipman 2011; Schleidt/Shalter 2003). Kritiker der Koevolutionstheorie bemängeln, dass es keine Belege für die Annahme gebe, dass Hunde einen entscheidenden Einfluss auf die Entwicklung von Menschen gehabt haben. Es sei von ihnen kein selektiver Druck auf Menschen ausgegangen. Vertreter der Koevolutionsthese halten dem entgegen, dass der selektive Druck in der Kooperation und in den kommunikativen Fähigkeiten bestehe, die jeder Domestikation zugrunde liege. Menschen, die in der Lage gewesen seien, bestmöglich mit anderen Spezies zu kommunizieren, seien gegenüber Personen, die diese kommunikativen Fähigkeiten nicht beherrschten, im Vorteil gewesen.

Obgleich Hunde die ersten Haustiere waren, finden sich in prähistorischen Höhlenmalereien vergleichsweise selten Darstellungen von ihnen, ebenso wenig wie von den Menschen, die diese Bilder malten (anders aber Zimen 1992). Paläontologen halten dies für ein Indiz dafür, dass frühe Menschen Hunde als ihresgleichen klassifizierten, was naheliegt, wenn man von einem totemistisch-spirituellen Hintergrund früher Jäger- und Sammlerkulturen ausgeht. Möglicherweise waren Darstellungen von Menschen und Hunden aus spirituellen Gründen tabuisiert (Shipman 2011). Auf jeden Fall dürfte es eine enge spirituelle Bindung zu Hunden gegeben haben. Davon zeugen weltweit verbreitete Grabstätten, in denen Vertreter beider Spezies Seite an Seite bestattet wurden. Häufig wurden die Körper der Hunde dabei so gebettet, dass sie nach Westen ausgerichtet waren, also in die Richtung, in der man sich die Tore zum Jenseits dachte (Morey 2010). Hunde wurden weltweit auch in großer Zahl als Schwellenopfer bestattet etwa unter Türschwellen, also an Orten, die ebenfalls als Übergänge der Endo- in die Exosphäre verstanden wurden (vgl. van Gennep 1999; Morey 2010). Generell wird auch heute in Jäger- und Sammlerkulturen geglaubt, dass Tiere eine Seele haben und auch wiedergeboren werden (Erikson 2000; Müller 1987). Grabbeigaben in Form von Tieren waren weit verbreitet. Allerdings hing die Auswahl der Spezies dabei meist mit lokalen Traditionen zusammen. Einzig der Hund findet sich *universal* als Grabbeilage, und zwar nicht erst seit der Sesshaftwerdung des Menschen, sondern in allen Gebieten der Erde auch zu einer Zeit, in welcher Menschen noch als Prädatoren lebten (Morey 2010).

Prämoderner Vorstellung zufolge haben Tiere spirituelle Fähigkeiten, die sie als dem Menschen überlegen erscheinen lassen (Müller 2010). Demnach soll es ihnen leichter fallen, Kontakte zur Jenseitswelt aufzunehmen und zu unterhalten. Außerdem sollen sie sich mit Leichtigkeit in diese Sphäre begeben können. Hunden wird z. B. nachgesagt, dass sie aufgrund ihrer anderen Wahrnehmung Gefahren beim Betreten der Exosphäre der „Wildnis" besser einschätzen können als Menschen und dass sie diese auch vor etwaigen Bedrohungen warnen können (Birr et al. 2000). Es ist denkbar, dass Hunde aufgrund dieser Zuschreibungen und der bereits erwähnten fehlenden Scheu vor Totem sehr früh als Seelenbegleiter (Psychopompus) in das Jenseits fungieren konnten. Indizien hierfür finden sich insbesondere in Mythen aus Lateinamerika, Afrika, dem Mittelmeerraum und China (Leach 1961). Der Vorstellung nach fungierte der Hund als Jenseitsbote und wurde mit Feuer assoziiert. Eine Reminiszenz an alte Mythologien findet sich noch heute,

z. B. im Sternbild *Canis Major*, dem Großen Hund. Der hellste Stern am Himmel ist Sirius, der Hundsstern. Antiker Vorstellung zufolge war es der schakalsköpfige Gott Anubis, der mit einer riesigen Feuerfackel am Himmel entlangzog und so die jährliche Nilflut im August auslöste. Während der *Hundstage* standen nach der Anschauung der alten Mittelmeerkulturen die Tore zum Jenseits weit offen und die Übergänge zwischen Dies- und Jenseits waren durchlässig.

Aber nicht nur in der Alten Welt, auch in Nordamerika – etwa bei den Cherokee – sah man im Stern Sirius einen Hund oder Wolf, der die Tore zum Jenseits bewacht. In China gilt Sirius als Himmelswolf und ist ebenfalls mit Feuer assoziiert (Holberg 2007). Dies stellt einen weiteren Hinweis für die mythologische Bedeutung von Hunden dar. Das Wissen um die Herstellung von Feuer ist nämlich gemeinhin die symbolische Bruchstelle in Schöpfungsmythen, welche die Umwandlung einer Gemeinschaft von der Natur in die Kultur markiert. Der Besitz von Feuer scheidet traditioneller Vorstellung nach die Zivilisierten von den Wilden. Der Ursprung des Feuers, so glaubte man, lag im Jenseits und gelangte von dort in das Diesseits (Müller 2010). Vielen Mythen zufolge wurde es Gott durch ein Tier entwendet und den Menschen überbracht (Müller 2010). Ein solcher Kulturstifter ist in den unterschiedlichsten Regionen der Erde eben der Hund (White 1991). Die Schöpfungsmythen erzählen also, dass der Beginn menschlicher Kultur zeitlich an den Moment gekoppelt ist, in dem der Hund in die Gemeinschaft mit Menschen getreten ist (Leach 1961) und damit daran, dass Menschen damit begannen, Tiere zu domestizieren. Als ältestes domestiziertes Tier nimmt der Hund in Schöpfungsmythen häufig die Stellung eines Kulturheroen ein (Leach 1961). Archäologische Funde, die auf die bedeutende Rolle von Caniden in Glaubensvorstellungen hinweisen, finden sich auch in der ältesten bekannten Tempelanlage der Welt, dem Göbekli Tepe in der Türkei. Die Anlage wurde von Jägern und Sammlern erbaut und ist eine monumentale Stätte des Todeskults (Schmidt 2006). Errichtet wurde der Tempel vermutlich u. a. zu Ehren des Hundssterns Sirius, der wohl schon zu dieser Zeit in einem engen Zusammenhang mit Jenseitsvorstellungen gestanden hat (Magli 2013).

In weiten Teilen der Erde fungierten Haushunde und andere Caniden über viele Tausende von Jahren hinweg in der Vorstellung unterschiedlicher Kulturen als Seelenbegleiter des Menschen (White 1991). So wie Hunde wichtige Gefährten bei Unternehmungen in die vermeintliche Wildnis waren, etwa bei der Jagd, galten sie wohl auch als treue Begleiter auf der letzten Reise in die „ewigen Jagdgründe". Im Alten Ägypten war es der Annahme nach Anubis, der in der Gestalt eines Schakals Menschen in das Jenseits überführte. In der indogermanischen Mythologie knabberte der wolfsartige Hund der Göttin Holla an Leichen. Im Alten Griechenland glaubten die Menschen, dass Kerberus die Toten am Eingang der Jenseitswelt Hades empfing (Kretschmar 1938). Im christlichen Volksglauben schließlich geleitete der

Heilige Christophorus die Toten in die Jenseitswelt. Christophorus ist in der frühen christlichen Ikonographie hundsköpfig dargestellt. Erzählungen von Kynokephalen, von hundsköpfigen Menschen – oft als Nachfahren aus Ehen zwischen Mensch und Hund gedacht – finden sich ebenfalls universal (White 1991; zu Vorstellungen über Hochzeiten zwischen Menschen und nichtmenschlichen Wesen vgl. Müller 2010). Im frühen Christentum finden sich zahlreiche Mythen, die von der Christianisierung der hundsköpfigen Bewohner der Exosphäre erzählen. Die Hundsköpfigen soll Jesus der Legende nach sogar selbst missioniert haben (White 1991). Die Ambivalenz, die das Symbol „Hund" über die Zeiten und die Kulturen hinweg aufweist und die bis heute im „kulturellen Gedächtnis" (Assmann 1992) präsent sind, fasst White in seiner Studie zum Hund in der Mythologie folgendermaßen zusammen:

> Ultimately, the dog with its ambiguous roles and cultural values, its constant presence in human experience coupled with its nearness to the feral world, is the alter ego of man himself, a reflection of both human culture and human savagery. Symbolically, the dog is the animal pivot of the human universe, lurking at the threshold between wilderness and domestication and all the valences that these two ideal poles of experience hold. There is much of man in his dogs, much of the dog in us, and behind this much of the wolf in both the dog and man. And, there is some of the Dog-Man in god (White 1991: 15).

Als Grenzgänger sind Hunde der Vorstellung nach somit in allen Polen der Endo-und der Exosphäre im Diesseits wie im Jenseits beheimatet und stellen in einer sehr komplexen Symbolik Gefährten des Menschen über alle genannten Sphären hinweg dar. Davon zeugen, wie dargelegt wurde, diverse Mythen aus unterschiedlichsten Regionen der Erde, in denen der Hund als Kulturheroe, Feuerbringer, Trickster und Seelenbegleiter dargestellt wird.

Mit Einzug der Hochreligionen wandelte sich das Bild jedoch gravierend. Einhergehend mit dem monotheistischen Dogma der Herrschaft des Menschen über die Schöpfung schlug dem Hund im Judentum, Islam und Christentum gleichermaßen Abscheu entgegen, wie die israelische Historikerin Menache (1997 u. 1998) belegt (vgl. auch Serpell 1996). Zwar betraf der Aufruf der monotheistischen Religionen, die Menschen sollten die Herrschaft „über die Fische im Meer und über die Vögel unter dem Himmel und über alles Getier, das auf Erden kriecht" antreten (Genesis, 1:27-28), nicht nur Hunde (vgl. Kotschral 2013; Serpell 1996). Gleichwohl muss der Glaube an den Psychopompus Hund, den Seelengefährten des Menschen, den neuen monotheistischen Vorstellungen nach als besonders verwerflich erschienen sein. Schließlich ist ein Hauptmerkmal des Monotheismus, dass er nur den Glauben an *eine* Jenseitsmacht duldet. Menache (1998: 73) fasst dies treffend zusammen: „One god – no dogs".

Allerdings zeigte sich, dass die Mensch-Hund-Bindung zu stark war, als dass diese normative Vorstellung sich in allen Bevölkerungsschichten oder im Volksglauben leicht hätte durchsetzen können. Normativ mag der Hund mehr und mehr als unrein gegolten und als Projektionsfläche für sämtliche menschlichen Sünden und Unzulänglichkeiten hergehalten haben, aber das hielt Menschen nicht davon ab, weiter mit Hunden in enger Gemeinschaft zu leben (Kotschral 2013; Menache 1997 u. 1998; Oeser 2004; Smith/Abdel Haleem 1978). Hunde wurden fortan zwar vorwiegend als niedere Wesen kategorisiert, wovon auch zahlreiche Schimpfwörter zeugen (Leach 1989), gleichwohl galten sie stets auch als tugendhafte und treue Diener ihrer Herren. Seit dem Altertum ist dies durchgängig belegbar. So finden sich z. B. bei Smith und Abdel Haleem (1978) eindrucksvolle Beispiele von Gedichten aus dem arabischen Mittelalter, in denen die Tugendhaftigkeit und Treue des besten Freundes des Menschen gepriesen wird. Diese Gedichte stammen aus einem Kulturkreis, in dem, wie oben dargestellt, Hunde gemeinhin als unrein klassifiziert werden. Die Vorstellung prämoderner Menschen, dass Tiere fühlen, denken und ein Bewusstsein haben, ist in monotheistisch geprägten Kulturen größtenteils verdrängt worden, war jedoch in Form von Symbolen, Legenden und persönlichen Erfahrungen mit Tieren unter der Oberfläche stets präsent. Stellenweise brachen diese anderen Vorstellungen auch in die Normativität durch, so etwa in der Lehre des Heiligen Franziskus (Menache 1998).

Das Dilemma, das sich daraus ergab, den Herrschaftsanspruch der Menschen durchsetzen zu wollen und dafür altbewährte spirituelle Vorstellungen aufgeben zu müssen, löste man im Christentum, indem man den Hund einer ideologischen Transformation unterzog, die ihn scheinbar nahtlos in die neue normative Ordnung integrierte und ihn zu einem verlängerten Arm der Obrigkeit umfunktionierte. Er wurde, wie in den Mythen der Hundsköpfigen dargestellt wird, missioniert (White 1991). Dass Hunde im Christentum eher als im Islam oder Judentum in normative Vorstellungen integriert werden konnten, mag größtenteils dem Umstand geschuldet sein, dass das Christentum sich historisch betrachtet aus den sogenannten „Korngottreligionen" des Mittelmeerraumes entwickelt hat. Zahlreiche Parallelen in den Vorstellungen von Isis/Maria und Osiris/Jesus zeugen hiervon (Müller 1987). Eine positive Integration der symbolischen Zuordnung von Hunden in den neuen Glauben mag da naheliegend gewesen sein. Schließlich kam Anubis im Alten Ägypten in den Glaubensvorstellungen eine wesentliche Rolle als Seelenbegleiter zu. Dafür spricht, dass in der christlichen Symbolik aus dem Seelenbegleiter Hund ein treuer Diener seines Herrn wurde. Neben dem hundsköpfigen Christophorus finden sich noch zahlreiche weitere Belege für diese Interpretation der Symbolik. So soll einer Legende zufolge die Mutter des Heiligen Dominik geträumt haben, sie gehe mit einem Hund schwanger, der im Maul eine Fackel trägt. Der Traum soll von ihr dahingehend gedeutet worden sein, dass der ihr auf diesen Traum hin geborene Sohn Dominik die Botschaft seines Herrn, Jesus Christus, wie ein Feuer in der Welt verbreiten werde. Der Name der Dominikaner, also des Ordens, den Dominik gründete, lautete ursprünglich: *domini canis*, übersetzt: die Hunde des Herrn. Der Gedenktag des katholischen Heiligen ist der 4. August, ein Datum, das den Beginn der *Hundstage* einläutet, an denen altägyptischer Vorstellung nach Anubis über den Himmel zog. In diesem Zusammenhang vermag auch die Tatsache nicht zu irritieren, dass es im Mittelalter den christlichen Klöstern oblag, Hundelager zu unterhalten, denen es erst 1126 vom Papst untersagt wurde, die Tiere weiter „im Namen des Vaters, des Sohnes und des Heiligen Geistes" zu füttern (Oeser 2004: 79). Trotz solcher Verbote wurde im christlichen Volksglauben Frankreichs noch bis Anfang des letzten Jahrhunderts ein für heilig gehaltener Hund, St. Guinefort, in einer Wallfahrtskirche verehrt (Schmitt 1982).

Hunde wurden als Diener der neuen Ordnung überdies als verlängerter Arm der Obrigkeit im Kampf gegen eine stets bedrohlich erscheinende Exosphäre eingesetzt. Offenbar hielt man sie weiterhin für besonders befähigt, es mit den unterschiedlichsten Bewohnern der Exosphäre aufzunehmen. Sie rotteten für die spanischen Eroberer in der Neuen Welt nicht nur ganze Indianervölker aus, sondern auch andere Bewohner der Exosphäre, beispielsweise Bären und ihren eigenen Ahnvater, den Wolf (Oeser 2004). Der Hund wurde so zu einer verlässlichen Waffe in der nostrozentristischen Bekämpfung der Exosphäre. Schon in der Antike wurden Hunde als Kriegswaffe eingesetzt. Diese Tradition hat sich bis heute gehalten.

4 Der Hund in der Postmoderne

Wie gezeigt werden konnte, ist das Symbol Hund vielschichtig und eng an religiöse gesellschaftliche Vorstellungen gekoppelt. In der westlichen Welt verlieren monotheistisch geprägte Vorstellungen zusehends an Bedeutung. Gleichzeitig bröckelt im Zuge dieser Entwicklung auch der Mythos einer menschlichen Überlegenheit gegenüber nichtmenschlichen Tieren (Perlo 2009; Serpell 1996). Dies führt bei einer Vielzahl von Menschen zu einer Veränderung der Einstellung gegenüber Tieren. Erkennbar wird dies z. B. in der steigenden Anzahl von Vegetariern und Veganern oder der immer lauter werdenden Forderung einschlägiger Gruppierungen, auch nichtmenschlichen Tieren Personenrechte zuzugestehen. Letzteres ist ein Anliegen, das mittlerweile weltweit auch Gerichte beschäftigt (ein Überblick über aktuelle Gerichtsfälle und Petitionen findet sich auf der Internetseite www.nonhumanrights.org; Zugriff: 13.05.2016).

Trotz der symbolischen Ambivalenz, die Hunden und anderen Tieren im „kulturellen Gedächtnis" immer noch anhaftet (vgl. Perlo 2009), sind grundsätzliche Veränderungen im Umgang mit und in der Haltung gegenüber nichtmenschlichen Tieren zu verzeichnen. In einer Deklaration der International Association for Human and Animal Interaction Organisations (www.iahaio.org; Zugriff: 13.05.2016) aus dem Jahr 2007 wird die Natur als Teil der menschlichen Umwelt klassifiziert also, wenn man so will, als Teil der Endosphäre. Mit zunehmendem Wegfall des Glaubens an normativ-monotheistische Werte breitet sich in der westlichen Welt derzeit ein Denken aus, das durchaus als *neototemistisch* zu bezeichnen ist (Willis 1994). Bis vor kurzem wurde der Mensch noch als von der Natur durch Kultur getrennt betrachtet. Sein Lebensraum war – überspitzt formuliert – nicht die Wildnis, sondern die Zivilisation. Zunehmend werden jedoch Theorien favorisiert, die den Menschen als einen Teil der Natur begreifen und in Bezug zu seiner Umwelt setzen, und zwar eben durch das Klassifikationssystem des *Totemismus* (Willis 1994). Klassifikationssysteme zu bilden, scheint damit eine dem Menschen ureigene Eigenschaft und nicht etwa bloß eine prämoderne Denkweise zu sein. Allerdings stellt das Klassifikationssystem des postmodernen Menschen, der *Neototemismus*, eher eine individuelle Auslegungssache dar und beruht sehr viel weniger als in prämodernen Kulturen auf einem kollektiven Konsens (Willis 1994; vgl. Müller 2014). Das hängt damit zusammen, dass die Postmoderne im Gegensatz zur prämodernen Gesellschaft kein geschlossenes System darstellt. Es gibt keine verbindliche Tradition mehr, die bestimmte Vorstellungen diktiert. Individuelle Einstellungen und ontogenetische Erfahrungen dürften das Verhältnis von Menschen zu Tieren im Allgemeinen und zu Hunden im Speziellen heute weitaus mehr prägen als kulturelle Konventionen. Symbolische Zuschreibungen und damit verbundene Beurteilungen bilden heute eine Orientierungsbasis, die Einstellungen und Vorstellungen prägt. Es fehlt jedoch an Verbindlichkeit. Die Rolle und der Stellenwert, den Individuen ihrem Haustier in westlichen Kulturen beimessen, variiert beachtlich (Wechsung 2008). Dies ist selbstredend keine Besonderheit der interspezifischen Beziehungsbildung. Auch die zwischenmenschliche Beziehungsbildung dürfte mittlerweile eher individuellen Präferenzen folgen, als dass sie (ausschließlich) normativen Vorstellungen unterläge (vgl. Wechsung 2008).

Trotz aller individuellen Neigungen hat der „postmoderne Mensch" im Umgang mit Tieren eine und zwar eine *wesentliche* Eigenschaft mit totemistischen Jägern und Sammlern gemein: Er integriert Tiere als Teil seiner Familie (Bonas et al. 2000). Tiere, die auf engem Raum mit Menschen leben, stellen wie bei Jägern und Sammlern Quasiverwandte dar. In den USA äußerten bei einer Umfrage 90 Prozent der Befragten, ihre Haustiere seien in ihren Augen vollwertige Familienmitglieder (Amiot/Bastian 2014). Dies ist wohl weniger einem dekadenten, einem nicht artgerechten Umgang mit Haustieren oder einer aus Mangel menschlicher Gefährten an Tieren vollzogenen Ersatzhandlung geschuldet (Wechsung 2008), sondern eher Ausdruck der universalen menschlichen Eigenheit, Tiere über Reziprozitätsverpflichtungen als Quasiverwandte in die Endosphäre zu integrieren. Trotz aller Liminalität, die dem Hund anhaftet, liegt Lévi-Strauss (1967) mit seinem Urteil wohl richtig, dass der Hund im Rahmen einer Klassifizierung letztlich überwiegend der menschlichen Gesellschaft zuzurechnen sei. So ist der Hund das einzige Tier, das sich an menschliche Etikette und an Gesetze halten soll. Hierfür wurden im westlichen Kulturkreis sogar eigens Schulen geschaffen, die das Ziel verfolgen, aus Hunden Begleiter zu machen, die sich der menschlichen Gesellschaft optimal anpassen. Hunde sind wohl die einzigen Tiere, von denen Menschen erwarten, dass sie lernen können, was sich menschlichen Maßstäben zufolge gehört und was nicht. Auch dies ist kein Novum. Im Mittelalter etwa wurden Haustiere, also Wesen, die der Endosphäre zugerechnet wurden, wenn man sie eines Vergehens gegen die Ordnung beschuldigte, vor Gericht gestellt und für ihr normwidriges Verhalten zur Verantwortung gezogen (Oeser 2004). Heute müssen in Deutschland Hunde, die die normativen Erwartungen an ihr Verhalten nicht erfüllen, einem Wesenstest unterzogen werden. Vielleicht stellt das Unterfangen, Hunden die menschliche Ordnung näherzubringen, letztlich einen Versuch dar, ihre symbolische Ambivalenz dahingehend aufzulösen, dass das mit ihnen assoziierte Unreine, Ordnungswidrige und Exosphärische gebannt werden kann und damit als kontrollierbar erscheint. Jedenfalls dürften wohl kaum biologische Eigenschaften für diese kulturellen Erwartungen sprechen.

Das Interesse am Hund erlebt derzeit eine Renaissance in der Wissenschaft (vgl. Horowitz/Hecht 2014). Selten werden dabei aktuelle Ergebnisse in einen historischen Bezug zu älteren Studien etwa aus der Psychologie gesetzt, in denen sich eine lange Tradition zeigt, am Modell Hund allgemeine Theorien über das menschliche Verhalten zu entwickeln, beispielsweise zum Lernverhalten oder zur Entstehung von psychischen Störungen. Das Bemerkenswerte an diesen älteren Studien ist vor allem, dass Analogien im Verhalten von Menschen und Hunden vorausgesetzt wurden, ohne dabei den geringsten Hinweis dafür zu geben, worin diese Gemeinsamkeiten ursprünglich bestehen sollen. Dies kann als Indiz dafür gewertet werden, dass einige Wissenschaftler Hunde deshalb als Probanden wählten, weil sie Hunde ihrer Endosphäre zurechneten und nicht, weil sich Hunde dafür etwa aufgrund ihrer biologischen Eigenschaften tatsächlich mehr geeignet hätten als andere nichtmenschliche Tiere. In der Theoriebildung von Pavlov (1927) über Seligman, Maier und Geer (1965) bis hin zu Lynch und Gantt (1968), um nur einige Beispiele zu nennen, waren es Hunde, mittels derer Schlussfolgerungen über die Beschaffenheit der menschlichen Psyche gezogen wurden (eine Übersicht zur psychologischen Forschung am Hund findet sich bei Feuerbacher/Wynne 2011). Dennoch wurden Hunde als Forschungsobjekt lange Zeit wohl gerade auch deshalb gemieden, weil man sie der Endosphäre zurechnete. Bekoff (2014) und Miklósi (2011) führen aus, dass Hunde als domestizierte Tiere von einigen Wissenschaftlern lange Zeit als „künstliche" Lebewesen betrachtet worden seien. Es sei argumentiert worden, dass der Mensch den Hund als sein Ebenbild durch die Domestikation erschaffen habe. Etwaige Verhaltensanalogien seien allein auf diesen Umstand zurückzuführen. Damit stelle der Hund ein Produkt der Kultur und eben nicht der Natur dar, was wiederum impliziert, dass die menschliche Kultur nicht Teil der Natur sei. Dies ist, wissenschaftlich betrachtet, sicherlich eine fragwürdige Schlussfolgerung.

Die Renaissance der Erforschung des Hundes in den Kognitionswissenschaften wird u. a. damit begründet, dass dem Hund nunmehr eine „natürliche Umwelt" zugeschrieben wird. Diese sei die Gemeinschaft mit Menschen (vgl. Miklósi 2011). Hier ist kritisch anzumerken, dass 83 Prozent der Welthundepopulation, also die überwiegende Mehrheit der Hunde, nicht in engerem Kontakt mit Menschen leben (Lord et al. 2013). Die „natürliche" Umgebung des Hundes ist also ganz offenbar nicht zwingend die menschliche. Allgemein gelten anthropozentristische Überlegungen mithin als Ursache dafür, dass die Mensch-Tier-Beziehung sowohl in den Geistes- als auch in den Naturwissenschaften erst seit Kurzem im Fokus des Interesses steht und lange vermieden wurde (Amiot/Bastian 2014). Ob seiner Zuordnung in die Endosphäre mag es am Hund gelungen sein, diese Klassifikation zu unterwandern, da er ja als nichtmenschliches Tier zwar kein Mensch ist, als Gefährte in der Symbolik jedoch als „besserer" Mensch dargestellt wird. In der kognitiven Ethologie findet sich ein wissenschaftlicher Ansatz, tierisches Bewusstsein, tierische Gefühle und Formen der Kommunikation jenseits menschlicher Klassifikationssysteme möglichst wertfrei zu untersuchen und zu begreifen – also Anthropozentrismus zu überwinden (Bekoff 2007; Horowitz/Hecht 2014). Dies ist kein einfaches Unterfangen. Die Abwehr dagegen, Tieren Gefühle und Bewusstsein zuzugestehen, mag zwar heute rational längst nicht mehr haltbar sein (Cambridge Declaration of Consciousness 2012), jedoch müssen Wissenschaftler, die sich öffentlich von solchen anachronistischen Vorstellungen abwenden, häufig immer noch damit rechnen, hierfür kritisiert oder gar verspottet und gemieden zu werden (Bekoff 2007; Müller 2014). Ein Denken jenseits kultureller Normen ist nicht immer erwünscht, auch nicht in der Postmoderne.

Es mag als kein Zufall angesehen werden, dass neben Primaten, die als nächste biologische Verwandte des Menschen gelten, ein weiterer Quasiverwandter, der Hund, der symbolisch seit Jahrtausenden der menschlichen Kultur zugerechnet wird, zunächst das beliebteste tierische Forschungsobjekt wurde, um nichtmenschliche Gefühle und Kognitionen zu untersuchen. Hierin ist der Mensch wohl letztlich seiner Tradition treu geblieben, im Hund einen Grenzgänger zu sehen, mittels dessen er seine eigenen Grenzen im Denken verschieben konnte. Mittlerweile aber erforschen Wissenschaftler an vielen weiteren Spezies Kognitionen, Emotionen und Sozialverhalten. Es gilt nunmehr als gesichert, dass das „soziale Netzwerk" in allen Wirbeltieren vergleichbare Strukturen aufweist (Goodson 2005). Damit dürften Kognitionswissenschaftler mit Jägern und Sammlern wohl darin übereinstimmen, dass nicht nur die Tiere, die wir über kulturelle Klassifizierungen zu Quasiverwandten erhoben haben, in der Lage sind, auf ihre Art zu fühlen, zu denken und zu kommunizieren.

Literatur

Amiot, Catherine E./Bastian, Brock (2014): Toward a Psychology of Human-Animal Relations. In: Psychological Bulletin 14(1), 6–47.
Assmann, Jan (1992): Das kulturelle Gedächtnis. Schrift, Erinnerung und politische Identität in frühen Hochkulturen. München: C. H. Beck.
Bekoff, Marc (2007): The Emotional Lives of Animals. A leading scientist explores animals joy, sorrow and empathy – and why they matter. Novato: New World Library.
Bekoff, Marc (2014): The significance of ethological studies: playing and peeing. In: Horowitz, Alexandra (Hrsg.): Domestic Dog. Cognition and Behavior. The Scientific Study of *Canis familiaris*. New York: Springer, 59–79.
Birr, Ursula/Krakauer, Gerald/Osiander, Daniela (2000): Abenteuer Hund. Reisen zu den Wurzeln einer Partnerschaft. Köln: VGS.
Bonas, Sheila/McNicholas, June/Collis, Glyn M. (2000): Companion animals and us. Exploring the relationship between people and pets. New York: Cambridge University Press.
Douglas, Mary (1966): Purity and Danger. An Analysis of the Concepts of Pollution and Taboo. London: Routledge.
Druzhkova, Anna/Thalmann, Olaf/Trifonov, Vladimir A./Leonard, Jennifer A./Vorobiera, Nadezhda, V./Ovodov, Nikolai. D./Graphodatsky, Alexander S./Wayne, Robert K. (2013): Ancient DNA Analysis Affirms the Canid from Altai as a Primitive Dog. In: PloS ONE 8(3). DOI: 101371/journal.pone.0057754 (Zugriff: 14.09.2015).
Erikson, Philippe (2000): The social significance of pet-keeping among Amazonian Indians. In: Podberscek, Anthony/Paul, Elizabeth/Serpell, James A. (Hrsg.): Companion Animals and us. Exploring the relationship between people and pets. Cambridge: Cambridge University Press, 7–26.
Feuerbacher, Erica N./Wynne, Clive D. C. (2011): A history of dogs as subjects in North American psychological research. In: Comparative Cognition & Behavior Reviews 6, 46–71.
Frank, Barbara (1965): Die Rolle des Hundes in afrikanischen Kulturen. Unter besonderer Berücksichtigung seiner religiösen Bedeutung. Studien zur Kulturkunde. Stuttgart: Steiner.
Frazer, James G. (1935): Totemism and Exogamy. A treatsie on certain early forms of superstition and society. 4 Bde. London: MacMillan & Co.

Gaskins, Suzanne (2013): The Puzzle of Attachment. Unscrambling Maturational and Cultural Contributions to the Development of Early Emotions. In: Quinn, Naomi/Mageo, Jeanette M. (Hrsg.): Attachment Reconsidered. Cultural Perspectives on a Western Theory. New York: Palgrave Macmillan, 33–66.

Goodson, James L. (2005): The vertebrata social behavior network: Evolutionary themes and variations. In: Hormones and Behaviour 48(1), 11–22.

Holberg, Jay B. (2007): Sirius. Brightest Diamond in the Sky. New York: Springer.

Horowitz, Alexandra/Hecht, Julie (2014): Moving from Anthroprocentrism to Canid Umwelt. In: Horowitz, Alexandra (Hrsg.): Domestic Dog. Cognition and Behavior. The Scientific Study of Canis familiaris. New York: Springer, 201–219.

Hugh-Jones, Stephen/Laidlaw, James (2000): The essential Edmund Leach. Anthropology and Society. New Haven: Yale University Press.

Koster, Jeremy M. (2008): Hunting with dogs in Nicaragua. An optimal foraging approach. In: Current Anthropology 49(5), 935–944.

Kotschral, Kurt (2013): Wolf, Hund und Mensch. Die Geschichte einer jahrtausendelangen Beziehung. Wien: Brandtstätter.

Kretschmar, Freda (1938): Hundestammvater und Kerberos. 2 Bde. Frankfurt a. M.: Studien zur Kulturkunde.

Larson, Greger/Bradley, Daniel G. (2014): How much is that in dog years? The advent of canine population genomics. In: PLOS Genetics. DOI: 10.1371/ journal.pgen.1004093 (Zugriff: 14.09.2015).

Leach, Edmund (1978): Kultur und Kommunikation. Zur Logik symbolischer Zusammenhänge. Frankfurt a. M.: Suhrkamp.

Leach, Edmund (1989): Anthropological Aspects of Language. Animal Categories and Verbal Abuse. In: Anthrozoös 2(3), 151–165.

Leach, Maria (1961). God had a dog. Folklore of the dog. Brunswick: Rutgers University Press.

Lévi-Strauss, Claude (1962): Le totémisme aujourd'hui. Paris: Presses Universitaires de France.

Lévi-Strauss, Claude (1967): Strukturale Anthropologie I. Frankfurt a. M.: Suhrkamp.

Lord, Kathryn/Feinstein, Mark/Smith, Bradley/Coppinger, Raymond (2013): Variation in reproductive traits of members of the genus Canis with special attention to the domestic dog (Canis familiaris). In: Behavioural Processes 92, 131–142.

Lupo, Karen D. (2011): A dog is for hunting. In: Albarella, Umberto/Trentacoste Angela (Hrsg.): Ethnozooarchaeology: The present and past of human-animal relationships. Oxford: Oxbow Books, 4–12.

Lynch, James J./Gantt, W. Horsley (1968): The heart rate of the social reflex in dogs: The conditional effects of petting and person. In: Conditional Reflex 3(2), 69–80.

Magli, Guilio (2013). Possible astrononomical references in the project of the megalithic enclosures of Göbekli Tepe. http//arxiv.org/abs/1307.8397 (Zugriff: 14.09.2015).

Malinowski, Bronislaw (1954): Magic, science, religion and other essays. New York: Doubleday.

Marshall-Pescini, Sarah/Kaminski, Juliane (2014): The Social Dog. History and Evolution. In: Marshall-Pescini, Sarah/Kaminski, Juliane (Hrsg): The Social Dog. Behaviour and Cognition. Amsterdam: Academic Press, 3–33.

Menache, Sophia (1997): Dogs: God's worst enemies? Society and Animals 5(1), 23–44.

Menache, Sophia (1998): Dogs and Human Beings. A Story of Friendship. Society and Animals 6(1), 67–86.

Miklósi, Ádam (2011): Hunde. Evolution, Kognition und Verhalten. Stuttgart: Kosmos.

Morey, Darcey F. (2010): Dogs. Domestication and the Development of a Social Bond. Cambridge: Cambridge University Press.
Müller, Klaus E. (1987): Das magische Universum der Identität: Elementarformen des sozialen Verhaltens. Ein ethnologischer Grundriß. Frankfurt a. M.: Campus.
Müller, Klaus E. (2010): Die Siedlungsgemeinschaft. Grundriß der essentialistischen Ethnologie. Göttingen. V&R Unipress.
Müller, Klaus E. (2014): Im Schatten der Aufklärung. Grundzüge einer Theorie der Atopologie. Perspektiven der Anomalität, Bd. 3. Berlin: LIT.
Nabhan, Muna (1994): Der Zar-Kult in Ägypten. Ein Beispiel komplementärer Gläubigkeit. Frankfurt a. M.: Peter Lang.
Oeser, Erhard (2004): Hund und Mensch. Die Geschichte einer Beziehung. Darmstadt: Wissenschaftliche Buchgesellschaft.
Ojoade, Olowo J. (1994 [1990]): Nigerian Cultural Attitudes to the Dog. In: Willis, Roy (Hrsg.): Signifying Animals. Human Meaning in the Natural World. London: Routledge, 204–210.
Pavlov, Ivan P. (1927): Conditioned Reflexes. Oxford: Oxford University Press.
Perlo, Katherine W. (2009): Kinship and Killing. The Animal in World Religions. New York/ West Sussex: Columbia University Press.
Schleidt, Wolfgang M./Shalter, Michael D. (2003): Co-evolution of human and canids. An alternative view of dog domestication. HOMO HOMINI LUPUS? In: Evolution and Cognition 9(1), 57–72.
Schmidt, Klaus (2006): Sie bauten die ersten Tempel. Das rätselhafte Heiligtum der Steinzeitjäger. Die archäologischen Entdeckungen am Göbekli Tepe. München: C. H. Beck.
Schmitt, Jean-Claude (1982): Der heilige Windhund. Die Geschichte eines unheiligen Kults. Stuttgart: Klett-Cotta.
Seligman, Martin E.P./Maier, Steven F./Geer, James H. (1968): Alleviation of learned helplessness in the dog. In: Journal of Abnormal Psychology 73(3), 256–262.
Serpell, James A. (1996): In the Company of Animals. A Study of Human-Animal Relationships. Cambridge: Cambridge University Press.
Shipman, Pat (2011): The Animal Connection. A New Perspective on What Makes us Human. New York/London. W. W. Norton & Company.
Smith, G. R./Abdel Haleem, Muhammad A. S. (1978): The superiority of dogs over many of those who wear clothes. Ten stories and poems on the dog. Warminster: Axis and Philips.
Van Gennep, Arnold (1999): Übergangsriten. Frankfurt a. M.: Campus.
Wechsung, Silke (2008): Mensch und Hund. Beziehungsqualität und Beziehungsverhalten. In: Bergler, Reinhold/Hoff, Tanja (Hrsg.): Psychologie der Mensch-Tier-Beziehung, Bd. 4. Regensburg: S. Roederer Verlag.
White, David G. (1991): Myths of the Dog-Man. Chicago: The University of Chicago Press.
Willis, Roy (1994): Introduction. In: Willis, Roy (Hrsg.): Signifying Animals. Human Meaning in the Natural World. London: Routledge, 1–24.
Wilson, Edward O. (1984): Biophilia. Cambridge: Harvard University Press.
Zimen, Erik (1992): Der Hund. Abstammung – Verhalten – Mensch und Hund. München: Goldmann.

„What will you do to keep away the black dog that worries you at home?"
Versuch über das semantische Potenzial des Hundes

Maren Lehmann

> „Haben Sie Tiere?"
> „Nein. Wir haben nur einen Hund."[1]

Die folgenden Überlegungen stehen unter dem Vorbehalt der Ahnungslosigkeit, denn die Autorin hat keinerlei Erfahrung mit dem, worüber sie spricht: dem Hund; sie verbindet keine angenehmen und keine unangenehmen Erinnerungen oder Erwartungen mit ihm, keine Sehnsucht und keine Angst. Vielleicht sind ihre Erfahrungen aber auch nur von zahllosen Texten verschüttet, weil und seit sie liest und schreibt, statt Erfahrungen zu machen. Entsprechend steht der vorliegende Text (der sich dieser Zahllosigkeit zuordnet) unter dem Vorbehalt der freien, das heißt: der wilden, überfließenden und überflüssigen Assoziation, die Sigmund Freud bekanntlich im Falle pathogenen Vergessens empfahl; das Überflüssige kann eben doch eine Ressource sein, weil zumindest nicht ganz ausgeschlossen werden kann, dass es mit dem Vergessenen und Verlorenen verwandt ist. Wenn Schreiben die Bewirtschaftung angelesener Ressourcen ist, dann erwartet den Leser hier nichts als bildungsbeflissene Geschwätzigkeit in ökonomischem Interesse. Neurotische Koketterien, „harmlose Prahlereien", nennt es Freud (1952: 566), der an anderer Stelle ergänzt, dass der Mensch sich zur Vermeidung solcher Bodenlosigkeit vielleicht doch – wie ein Hund – stärker auf das Olfaktorische anstelle des Optischen und Akustischen besinnen (,einen Riecher' haben) und nebenher ein entspannteres Verhältnis zu Reinlichkeitsgeboten (bzw., im vorliegenden Fall, zur theoretisch-staubtrockenen Sobrietas des Elfenbeinturms) entwickeln sollte:

---

1 Carey Mulligan im Interview mit der F.A.S. (,Leben' vom 21. Juni 2015). Das Zitat im Aufsatztitel stammt aus einem Brief Samuel Johnsons an James Boswell aus dem Oktober 1779 (vgl. Boswell 1859: 277; vgl. auch Boswell 1981). Den Ausdruck „semantisches Potenzial" verwendet Schneider (2007: 164).

Ganz allgemein möchte ich die Frage aufwerfen, ob nicht die mit der Abkehr des Menschen vom Erdboden unvermeidlich gewordene Verkümmerung des Geruchsinnes und die so hergestellte organische Verdrängung der Riechlust einen guten Anteil an seiner Befähigung zu neurotischen Erkrankungen haben kann (Freud 1941: 462).

Es ginge also darum, ‚mit der Nase' zu denken, denn nur so käme man wirklich ‚auf den Hund', ins Freie und sowohl ‚auf den Boden' als auch über den (Teller)Rand[2]: „Es wäre auch unverständlich, dass der Mensch den Namen seines treuesten Freundes in der Tierwelt als Schimpfwort verwendet, wenn der Hund nicht [da]durch [...] die Verachtung des Menschen auf sich zöge, dass er ein Geruchstier ist" und – in sinnreicher Ergänzung der Nase durch einen weiteren Körperteil – „dass er sich seiner sexuellen Funktionen nicht schämt", merkt Freud (1948: 459), seinerseits einigermaßen verschämt, in den Fußnoten an.

Ich beginne mit diesem Umweg, weil Freud markiert, worauf es mir ankommt: Der Hund zieht offenbar Zurechnungen auf sich, die der Mensch von sich fernhalten möchte, und dies nicht obwohl, sondern weil dem Hund Verhaltensformen erlaubt oder abverlangt werden können, die dem Menschen verboten sind oder schwerfallen und die er sich selbst vielleicht um so eher verbieten, die er um so leichter unterlassen oder von denen er sich um so einfacher entlasten kann, je näher ihm ein Hund ist. Was der Mensch dem Hund erlaubt, verbietet er sich, was er ihm abverlangt, davon entledigt er sich – aber nur auf den ersten Blick. Auf den zweiten Blick erlaubt er sich, was er dem Hund erlaubt, weil er es seinem *alter ego* erlaubt, und er verbietet entsprechend seinem Hund auch, was er sich verbietet; auf den zweiten Blick also nobilitiert er sich auch mit den Leistungen seines Hundes und geniert sich für dessen Versagen. Meine Ausgangsüberlegung lautet also: Der Hund ist eigener Anderer des Menschen, und der Mensch ist eigener Anderer des Hundes (und wahrscheinlich wissen und reflektieren das beide). Den Hund einen Freund oder Gesellen oder Begleiter des Menschen zu nennen, geht insofern am Problem vorbei (und schon gar nicht ist er ein bloßes Accessoire oder ein Spielzeug): Hund und Mensch sind komplementäre, einander ergänzende Beobachter, *ego* und *alter ego* ein und desselben Beobachters, der mit gleichem Recht *Hund* oder *Mensch* genannt werden könnte und der im Folgenden aus bloßer Konvention *Mensch* genannt werden soll (weniger konventionell wäre es, Freuds Hinweis zu folgen und diesen

---

2   Vgl. Stäheli (2007: 71) zur Bevorzugung von visuellen gegenüber akustischen und erst recht gegenüber olfaktorischen Wahrnehmungen (und den entsprechenden Metaphern in der Wissenschaftssprache): „Man könnte [...] erproben, welche Effekte ein geruchsbasiertes Vokabular auf die Theorielogik hätte: Gerade der Geruch wird deshalb als störend empfunden, weil er sich an keine Grenzen hält, weil er zur permanenten Grenzverletzung wird: Stinkende Systeme befänden sich immer schon jenseits ihrer eigenen Grenzen."

Beobachter *Hund* zu nennen, weil er den Menschen zu dem grenzüberschreitend *riechenden Tier* macht, der er ist). Als komplementäre Beobachter sind sie stets einander ebenbürtige Beobachter, so sehr ihr Verhältnis auch asymmetrisch-hierarchisch bestimmt sein mag – immer ist klar, dass nur der regiert werden kann, der sich regieren lässt, und dass nur der regieren kann, der den Eigensinn des Anderen respektiert und nicht bricht. Ein Indiz für diese Komplementarität ist es daher, dass eine spezifische Rahmung, z. B. als Spiel, zwar erforderlich, aber eben auch möglich ist, um Mensch und Hund ‚ausgelassen' verwechseln zu können (vgl. Goffman 1972: 96ff.; dazu Lehmann 2011: 179ff.). Ein weiteres, weniger heiteres Indiz ist es, dass die Bezeichnung als Mensch zwar ebenso leicht einem *alter ego* entzogen wie zugestanden werden kann, dass aber der Entzug von Menschenrechten üblicherweise nicht mit der Bezeichnung als Hund markiert wird, sondern dann von *Ratten, Schlangen* oder *Ungeziefer* die perfide Rede ist: wer *Hund* oder *Hündin* genannt wird, wird – übrigens kaum je im Kollektiv, sondern als Individuum, eben als Person – erzogen, ggf. bestraft, vielleicht (siehe oben) auch verachtet, aber nicht vernichtet; und schließlich ist es auch ein Indiz für die Komplementarität von Hund und Mensch, dass intervenierende Dritte stets prekär sind – es geht um eine *face-to-face*-Interaktion, um *face-work* (Goffman 1967), die aus beiden, aus Hund *und* Mensch, *personae* macht.

Insofern lässt sich hier sämtliches soziologisches Wissen einsetzen, das zum Verständnis von Problemen der Erwartungsbildung, der Rollenkonstitution, der Ritualisierung, der doppelten Kontingenz, der Individualisierung usw. erarbeitet worden ist. Wenn ein Soziologe, um den Menschen als stets eigensinnigen, also auch stets ungewissen Anderen zu respektieren, vom Menschen „zunächst lieber schweigen" möge (so Luhmann 1995a: 274), so gilt das auch für die soziologische Betrachtung des Hundes. Dieses ‚zunächst' heißt vielleicht einfach, sich zunächst einmal und immer wieder zu fragen, „worüber [wir] sprechen, wenn wir vom [Hund] sprechen" (mit Macho 1987: 23). Was bezeichnet dieser Ausdruck? Welche Grenze stabilisiert, welche überbrückt oder unterläuft er? Welchen Sinn aktualisiert er, welchen Horizont öffnet er? Wie eng oder wie weit ist das Bedeutungsspektrum, das durch seine Verwendung adressiert wird? Wie leicht verständlich (also auch: wie missverständlich) ist er? Als Ausgangsüberlegung halte ich, wie erwähnt, nur fest, dass der Ausdruck „Hund" eine Beziehung adressiert, eine Beobachterrelation, eine Komplementarität, und zwar die Relation von Hund und Mensch. Die soziologische Pointe liegt im ‚und', denn der Ausdruck „Hund" bezeichnet zwar das Andere, nicht aber das Gegenteil des Menschen; die Relation ist eine Umgebung, eine Ökologie, in der beide – Mensch wie Hund – residieren. Das Sprechen vom Hund reflektiert diese ökologische Residenz des Menschen. Das semantische Potenzial des Hundes (genauer: des Ausdrucks „Hund"), könnte man daher versuchsweise sagen, ist das soziale Potenzial des Menschen.

1 Zum Menschen hin: Der Hund als zoon politikon

Dass lebende Wesen, ja: dass selbst dingliche Wesen, dass also Individuen schlechthin gesellig sind, ist inzwischen genauso zum Gemeinplatz geworden wie der Umstand, dass diese Geselligkeit wahrscheinlich ungesellig ist. Zum Konzept der Gesellschaft gehört, als deren Voraussetzung so sehr wie als deren Hindernis, das Konzept der Individualität. Gesellschaft ermöglicht Individualität, Individualität verunmöglicht Gesellschaft, beides kann man sagen; Gesellschaft verunmöglicht Individualität, Individualität ermöglicht Gesellschaft, beides kann man ebenso sagen. In die Unterscheidung von Natur und Kultur oder in die Unterscheidung von Instinkt und Vernunft übersetzt, wird die Seite der Gesellschaft zur Seite der Natur und des Instinkts, zu einem blinden Zusammenhang, einer klebrigen und doch zugleich eruptiven Menge, einer „mechanische[n] Anordnung": zur Seite „thierischen Daseins" (Kant 1968: 19). Diese Seite muss das Individuum, wenn es Mensch sein will, aus sich „auszuwickeln" versuchen (Kant 1968: 18) – und ob es dabei erfolgreich ist oder nicht: es wird außerhalb seiner selbst zahllose andere bemerken, die erfolglos oder erfolgreich dasselbe versuchen; es wird also rivalisieren, es wird aggressiv und depressiv zugleich werden. Und es wird versuchen zu kooperieren, zu differenzieren, zu spezialisieren, also sich zu „organischer Solidarität" (Durkheim 1996) und „Kraftersparnis" (Simmel 1989: 258ff.) zu entschließen, und trotzdem wird es auch davon aggressiv und depressiv zugleich werden, weil das organisch Solidarische weit mehr als das mechanisch Solidarische „aus Thorheit, kindischer Eitelkeit, oft auch aus kindischer Bosheit und Zerstörungssucht zusammengewebt" ist (Kant 1968: 18), und zwar: aus Vernunftgründen.

Kurz: Das Individuum ist, im Unterschied zur Gesellschaft, ungesellig. Denn die Vernunft ist frei vom Instinkt des Geselligen, sie bringt alles Klebrig-Anhängliche als „verdächtig" „zwecklos spielende Natur" entschlossen „aus sich selbst heraus", sie „verschafft sich" Respekt (Kant 1968: 18f.), auch wenn der Mensch dadurch nur „Selbstschätzung", nicht aber „Wohlbefinden" erreicht (Kant 1968: 20). ,Kindisch' ist es daher, sich im Erfolg, im Triumph über andere und sich selbst, zu sonnen und Selbstschätzung mit Wohlbefinden zu verwechseln. Das Individuum, das außerhalb seiner selbst zahllose andere sieht, die ebenfalls ihr Wohlbefinden aus sich heraus- und sich selbst in eine Selbstschätzung hineinzuarbeiten bemüht sind, wird dieses Wohlbefinden vielmehr für Abfall halten, für Arbeits- und Anstrengungs-

und Übungsmüll (vgl. Bardmann 1994; Goetz 1999), für eine Ausscheidung der Kultur, an der – wir haben es bereits bemerkt – nur Psychoanalytiker und eben: Hunde herumschnüffeln (und vor beiden fürchtet oder ekelt sich das arbeitende Individuum dann wie vor seinen Exkrementen): nicht gierig, nicht „getrieben durch Ehrsucht, Herrschsucht oder Habsucht" (Kant 1968: 21), sondern nur schläfrig, unentschlossen, spielerisch.

Die Gesellschaft also ist das, was übrig bleibt, wenn Individuen „alles aus sich selbst herausbringen" (Kant 1968: 19). Alles heißt: alles. Dass das Individuum also selbst zu diesem Abfall seiner Anstrengungen gehört, ist seit Hegel und Marx kein Geheimnis mehr. Zugleich wird aber, auch hier heißt alles: alles, die Gesellschaft selbst zu dem Ort, an dem gearbeitet wird; sie wird zum aufgeräumten, „vollkommnen" Staat, der „wie ein Automat sich selbst erhalten kann" (Kant 1968: 24f.) und als Dritter der Differenz von organischer und mechanischer Solidarität seinen eigenen Abfall ‚recycelt'. Alles, was ist, ist zugleich Baustein, Ressource und Produkt dieses Automaten; schon Kant (1968: 22) nennt dies „das größte Problem", und nicht erst seit Simmel (1992) ist es „das Problem der Soziologie". Aber erst Niklas Luhmann schreibt endlich den Inklusionsanspruch der Gesellschaft – „Es ist zum Mitlaufen!" (1997: 1131) – in einen Exklusionsanspruch bzw. eine „Placierung der Menschen in der Umwelt des Gesellschaftssystems (und erst recht: aller anderen sozialen Systeme)" um: Es „ist nicht einzusehen", weshalb das „ein so schlechter Platz sein sollte. Ich jedenfalls würde nicht tauschen wollen" (Luhmann 1995b: 167). Inklusion findet eben tatsächlich durch Exklusion statt (und nicht, wie zu hoffen gewesen war, durch Exklusivität): Der Mensch residiert draußen, und dort draußen, im „arkadischen Schäferleben" (Kant 1968: 21) genauso wie im Müll seiner Anstrengungen, lebt der Mensch inmitten der Gesellschaft mit dem Hund und wie ein Hund. Wir werden noch sehen, dass es eine Version dieses Arkanums gibt, die Melancholie, in der der Hund eben nicht weiß ist wie ein Schaf, sondern schwarz wie die Nacht und wie die Tinte; aber alle Fragen nach dem Verhältnis von Mensch und Hund sind Variationen dieser Inklusion durch Exklusion. Zwar ist der Mensch „ein Thier, das, wenn es unter andern seiner Gattung lebt, einen Herrn nöthig hat" (Kant 1968: 23). Unter ‚andern seiner Gattung' ist der Mensch aber nur in den geordneten, funktionsspezifischen Systemen der Gesellschaft; in der Umwelt der Gesellschaft dagegen ist diese Zuordnung wie jede andere Ordnung ungewiss, kontingent – weder notwendig noch unmöglich ist es also, dass in dieser Umwelt der Mensch ein Hund ist oder (und) der Hund ein Mensch. Das mag ein „trostlose[s] Ungefähr" sein (Kant 1968: 18), weil dort nichts vorangeht und nichts ‚herausentwickelt' wird; aber ein Raum, in dem Unmögliches möglich ist (also eine Form des Sozialen, eine gesellige Gesellschaft), ist es auch – und wahrhaft trostlos ist ohnehin nicht das Schäferspiel schläfriger Gesellen, sondern nur der alles fressende Inklusionsanspruch der operativ geordneten Welt (der klassische Text zu dieser Möglichkeit ist natürlich Bulgakow 1925, in dem aus der Differenz Mensch/Hund durch chirurgischen Eingriff ein dezidiert ungeselliges Wesen ‚herausgearbeitet' wird).

Dieser Inklusionsanspruch definiert das gesamte Spektrum der Bedeutungen der Tiere im Allgemeinen und des Hundes im Besonderen für den Menschen. Das semantische Potenzial der Mensch/Hund-Differenz liegt, wie bereits gesehen, in der Sozialität dieser Differenz. Diese Sozialität bringt oder zwingt die ganze Differenz zunächst unter die Herrschaft des Menschen, der (differenztheoretisch formuliert) die Einheit der Differenz verkörpert, sich den Hund als seine eigene andere Seite einverleibt und dergestalt die Differenz repräsentiert. Das bringt den Hund zunächst zum Menschen hin und macht ihn an dessen Seite zum *zoon politikon*. Gilles Deleuze und Félix Guattari (2002: 328) unterscheiden entsprechend die Tiere allgemein in „vereinzelte, gefühlsmäßig besetzte Haustiere", „Gattungs-, Klassifikations- oder Staats-Tiere" und „Tiere, die vor allem dämonisch sind, Tiere in Meuten". Die Hunde nennen sie vor allem in der ersten, häuslichen Variante der „Wohn- und Familientiere", die geliebt und beschützt werden wie ein Besitz, der sich besitzen lässt; diese Tiere werden daher als eigensinnige Individuen auch personalisiert, sie sind „Einfühlungstiere" und „hüten die Schwelle des Intimen und Privaten" (von der Heiden/Vogl 2007: 11). Sie sind, wenn man das in Kants Gesellschaftsentwurf interpretieren kann, tatsächlich Staatsbürger, Individuen nämlich, die sich aus sich heraus zum Menschen hin entwickeln (und dabei durchaus, namentlich gegenüber Fremden, etwa gegenüber Briefträgern, ungesellig werden können und sollen; daran erkennt sie der Bürger als sein *alter ego*). Als ordentliche bürgerliche Individuen lassen sich solche Hunde gesellschaftlich in Dienst nehmen; sie dienen in den Institutionen des Staates vom Privathaus über die Polizei bis zum Militär, sie stellen sich der Wissenschaft zur Verfügung, sie retten Menschenleben und machen – wir haben schon bemerkt: mit der Nase eher als mit den Augen – Blinde sehend, und sie dienen sogar, wenn sie nichts taugen: sei es leibhaftig-sinnlich als *bitches,* sei es bürokratisch-asketisch als *Luschen,* also zu wegen ihrer unbedruckten Rückseite zu Registerkarten verwendete und entfremdete Spielkarten (vgl. Krajewski 2002: 43f.). Hunde machen wie der Mensch alles mit, verlangen sich alles Menschenmögliche ab, sie sind tatsächlich, wenn nicht „human", so doch „lively capital" (Haraway 2008: 45ff.), *high potentials* um so eher, je besser sie erzogen und diszipliniert werden. Aber sie sind, denn das wäre ein Kannibalismus, keine Nutztiere, die man melkt und isst und deren Fell man gerbt (und für je unwahrscheinlicher der Staatsbürger es hält, dass er selbst im Militär dient oder medizinische Experimente an seinem Leib vornehmen lässt, für desto unerträglicher hält er auch die Vorstellung, dass dies seinem Hund zugemutet werden kann).

Auch in der zweiten, aristokratischen Variante der emblematischen Tiere kommen Hunde vor (vgl. Schneider 2007). Sie sind eher symbolische als empirische Tiere, sie bezeichnen nicht nur den exklusiven Platz, an den ein Mensch gehört, sondern sie können sogar die Platzhalter dieses Menschen – genauer: sie können wie dieser Mensch die Statthalter eines in der Regel präzise definierten, der höchstpersönlichen Kreativität unverfügbaren Platzes sein. Letzteres dürfte der Grund dafür sein, dass Hunde zwar auch in der bürgerlichen Welt als Distinktionsmerkmal eingesetzt werden können, etwa im Sinne einer *vorzeigbaren* Frau, aber als solche den Platz definieren, den sie einnehmen wollen oder sollen und eben gerade nicht, wie die emblematischen Hunde, durch diesen Platz definiert werden; man könnte, Thackeray (2011) und Hofmann (2005) folgend, von ‚snobistischen' Hunden sprechen. In ihnen zeigt sich die Macht nicht mehr, sondern sie werden von der Macht gezeigt (vgl. Schneider 2007: 176). Den säkularisierenden Bilderstürmen der verschiedenen antiaristokratischen Revolutionen haben die Hunde insoweit zwar trotzen können, doch bezahlen sie dieses Überleben mit einer verblödenden Cliché-Existenz im Grenzbereich zwischen Reklame und Repräsentation; emblematische Hundesnobs finden sich bei Kiezbossen auch der höheren Etagen (bekannt geworden ist Putin) ebenso wie bei Bordsteinschwalben auch der höheren, cabriobewehrten Milieus. Aber immer noch demonstriert der Hund, den ein Mensch mit sich führt, bzw. das Bild von einem Hund, das dem Image eines Menschen beigegeben wird, einen „mystischen Grund der Macht" (Schneider 2007: 150) oder jedenfalls der Vorrangstellung und der Unanfechtbarkeit; Hunde eignen sich also durchaus als politische Säkularisate des Heiligen. Wer einen emblematischen Hund mit sich führt, lebt gewissermaßen in einem inversen, abgründigen Coelibat; „diese Mensch-Tier-Ehen sind nicht im Himmel geschlossen", meint Schneider (2007: 151), „sondern in der kryptischen Tiefe der Emblematik". Aber sie gehen, müsste man gegen Luhmann (1982: 42) sagen, im Auto dafür nicht auseinander.

2 Vom Menschen weg: Der Hund als Dämon

Schließlich sind auch die Tiere der dritten Variante, die dämonischen Tiere, oft genug Hunde. Deleuze und Guattari verstehen darunter vor allem „Tiere in Meuten" (2002: 328), die bedrohlich sind, weil sie viele sind, ein komplexer, vielgestaltiger, doch kompakt und insofern einheitlich auftretender Körper. Insofern ist das *zoon politikon* selbst dämonisch. Doch ist die Menge selbst nichts Dämonisches. Sie könnte vielmehr wie ein statistisch ausrechenbares Substrat oder ‚Medium' verstanden werden und würde dann eine Ressource im bereits erwähnten kantischen Sinne einer variantenreichen Gattung sein. Das Dämonische wurzelt in einem Unbekannten, Ungewissen, Unberechenbaren und daher auch Unbeherrschbaren, das vermutlich durch einen Ordnungs- oder Einhegungsversuch als dessen Kehr- und Schattenseite erst erzeugt wird. Das Dämonische lässt sich auch nicht emblematisch einsetzen, so sehr die Machtembleme auch Zugang zum Abgründigen symbolisieren sollen; denn dieses Symbol gilt wiederum der Beherrschung des Abgrunds, keineswegs weist es die Abkunft aus dem Abgrund aus (und selbstredend wäre eine snobistische Variante solcher Inszenierungen allenfalls, mit einem Ausdruck Karl Kraus', *dämondän*, nicht dämonisch). Dämonische Hunde, heißt das, sind nie wilde Tiere, nie Wölfe, sondern immer Haustiere, Hunde – aber sie sind Grenzgänger, die die andere Seite der Mensch/Hund-Differenz präsent halten (*wach* halten, müsste man sagen, weil hier der Grund für die Mahnung liegt, *schlafende Hunde* nicht zu *wecken*) und in denen die Tatsache lebendig ist, dass die Domestikation und die Disziplinierung erforderlich – also: unwahrscheinlich – war und bleibt. Man kann Rationalität durchsetzen, aber gerade dadurch wird die Irrationalität immer am Leben gehalten. Anders gesagt: Die Gesellschaft hat für die Unwahrscheinlichkeit ihrer Ordnung ein sensibles Gedächtnis, sie vergisst ihr „größtes Problem" (Kant 1968: 22) nie. Dieses Gedächtnis ist ihr Dämon (vgl. Luhmann 1997: 578, Anm. 291).

Dämonisch sind also nicht nur Hundemeuten, auch wenn Ausdrücke wie *vor die Hunde gehen* dieses Ausgeliefertsein an eine Meute bezeichnen (vgl. dazu Gehweiler 2006), sondern dämonisch ist jeder einzelne Hund, sobald auffällt, dass er ein Hund und eben kein Mensch ist. Denn dann fällt auf, dass der Mensch sich ihn zu eigen gemacht hat, ohne über ihn verfügen zu können. Genauso hatte die pietistische Pädagogik vom *Teufel Kind* sprechen können und sich vornehmen müssen, diesen „Teufel" zu zähmen und seinen Eigenwillen zu brechen (vgl. Gestrich 2004), was durchaus als *sanftes Erwecken* gemeint und häufig ja auch so praktiziert worden war. Man hatte dann vom Kind als einem *weißen, unbeschriebenen Blatt* sprechen können, das durch Erziehung allmählich ein geschriebenes Leben, eine Biographie, bekommt – wenn es (darauf kommen wir zurück) die *schwarze Galle* seiner Leidenschaften niederzuhalten und den *schwarzen Hund* seines Zorns und seiner Unruhe an die Leine zu legen vermag. Und genauso hatte in Hexenprozessen behauptet werden können, dass blasphemische Individuen sich nachts in unscharfe, aber bissige Wesen verwandeln, in reißende, schwarze, unzähmbare Hunde. Diesen Verdacht kann kein Mensch von sich weisen; er ist Grundlage der disziplinierenden Ordnung selbst. Es fällt also, wenn der Hund als Nichtmensch bemerkt wird, auf, wie unwahrscheinlich das Sichauswickeln und Herausarbeiten des Hundes zum Menschen hin war und bleibt und wie wahrscheinlich stattdessen eine Bewegung des Hundes „vom Menschen weg" ist (von der Heiden/Vogl 2007: 11), eine Subversion der vermeintlich sicher im Menschen als ihrer Einheit etablierten Differenz. Auch der Hund könnte Einheit dieser Differenz sein, auch der Hund könnte den Platz des Menschen in der Differenz einnehmen, der sie beide, Mensch und Hund, sich als komplementäres *ego* und *alter ego* verdanken. Wir hatten schon bemerkt, dass die Pointe dieser Differenz im *und* liegt. Jetzt wird deutlich, dass der Mensch, der den Bürger aus sich herausarbeiten und dazu dieses *und* zu einem *oder* machen muss, dem *faulen Hund* oder auch dem nicht zielstrebigen *streunenden Hund* einfach deswegen unterlegen ist, weil der Hund mit der Ambivalenz leben kann. Die Annahme, dass der Hund gezähmt ist, ist falsch – er ist ein alle Grenzen übertretender, keine Domestizierung respektierender Dämon (Bulgakows chirurgischer Transfer von ‚Bello' zu ‚Bellow', diesem ‚neuen Menschen' aus Herz, Hirn und Hoden, verspottet daher die biologischen und pädagogischen Experimente der Stalinzeit ebenso wie deren Gesellschaftskonzept).

Vielleicht kann man sagen, dass die Mensch/Hund-Differenz im *zoon politikon* eine innengerichtete, geschlossene Ökologie etabliert – eine Ordnung –, im Dämon jedoch eine außengerichtete, offene Ökologie – eine Unordnung. Während die Ordnung als Komplementarität bürgerlicher Rollen verstanden werden kann, die auch den Hund in Dienst nimmt, kann die Unordnung nur als „trostloses Ungefähr" (Kant 1968: 18) erscheinen. Während die Ordnung also als positive, identifizierende Bestimmung attraktiv ist und akzeptiert werden kann, ist die Unordnung als negative Bezeichnung eines ungewiss bleibenden Möglichen so erschreckend wie faszinierend und muss daher abgelehnt werden. Mit dem *weißen Blatt* kommt die Gesellschaft zurecht, mit dem *schwarzen Hund* nicht.

3 Mitmensch: Der Hund als Melancholie

Wenn ich den Hund selbst als Melancholie bezeichne, nicht nur als Metapher der Melancholie (wie sie sie vor allem Winston Churchill gebraucht hat, der längst davon ausgehen konnte, dass die Metapher allseits geläufig war und nicht eigens erläutert werden musste, und der James Boswells Edition von Samuel Johnsons Tagebüchern kannte, die die Metapher vielleicht öffentlich etablierte), so versuche ich damit die Differenz, die den Hund bestimmt – Mensch/Hund –, als Ambivalenz ernst zu nehmen. Sie fällt einem Beobachter auf und quält diesen Beobachter auch, weil er die Ambivalenz durch Beobachtung nicht lösen, also nicht zugunsten einer ihrer Seiten entscheiden, das Problem aber auch nicht abschütteln kann („I got my black dog barking", singt Bob Dylan 1966, „outside my yard"). Die Differenz führt jetzt einen Dritten mit, den sie zwar ausschließen soll (um exklusiv zu sein, das haben wir gesehen, wird sie ja etabliert), aber nicht ausschließen kann; sie führt ihn also als Auszuschließenden mit, und das heißt: sie führt sich selbst, jedenfalls ihre eigene Intention, als unerledigte Aufgabe mit, als unerfüllte Norm, noch Herauszuarbeitendes bzw. noch Auszuwickelndes. Dieser *black dog* ist nicht träge *(idle)*; er ist gelähmt (bzw. er lähmt den, dem er im Nacken sitzt, also den, von dem er beobachtet wird), und er ist immer allein *(solitary)*, weil er in einer Differenz residiert, in der für ihn kein Platz vorgesehen ist. Schwarz ist er nur, weil das die Metapher aussichtslosen Nichtwissens ist (während weiß für aussichtsreiches, allmählich zu beschreibendes Nichtwissen steht, für die *tabula* rasa). Metaphern ermöglichen die Rede von etwas, wovon anders nicht zu reden wäre, von einer unpräzisen, gleichwohl evidenten Erfahrung – und damit ermöglichen sie etwas, was im Zustand der Melancholie unmöglich ist. Die Aussichtslosigkeit macht aus dem Noch-Nicht der unerledigten Aufgabe ein Nie-Mehr der Unmöglichkeit, und genau dieses gleichzeitige Noch-Nicht und Nie-Mehr tritt im Rahmen der Differenz als Unentschiedenheit, als Zögern, als Trägheit auf; als zugleich schwebende und lähmende Ambivalenz („fiveteen jugglers[3] / five believers", klagt Dylan, „all dressed like men / Tell yo' mama not to worry because / They're just my friends […] Yes, I could make it without you / If I just did not feel so all alone"). Wenn Johnson 1782 notiert: „I spent the time idly. Mens turbata. In the afternoon it snowed" (zit. n. Watkins 1960: 59), dann zeigt der Hinweis auf den Schnee, anders vielleicht als Watkins schreibt, präzise an, welcher Gemütszustand gemeint ist, anders gesagt: wie unerträglich langsam, wie lahm, wie schleppend, das heißt ja: wie lastend man sich die Unruhe des Geistes vorzustellen hat. Genau das (Dürers *Melencolia* zeigt es präzise), dieser schwerfällige, d. h. dieser lastend fallende, mit offenen Augen schauende, schlaflos hockende, lautlos bellende schwarze Hund ist die Melancholie. Die Schnee-am-Nachmittag-Metapher Johnsons zeigt, welches Temperament und welche Farbe die Melancholie vermutlich hat (denn schwarz ist nur das leere Nichts, vor dem Mensch wie Hund im Kontext ihrer Differenz eigentlich gewarnt werden sollen, und nur dieser Alarmismus lässt den Hund so leidenschaftlich auftreten): sie ist kalt, sie ist leise, und sie ist ein *blues*, sie „ist blau" (vgl. Gass 1976).

Unter dem Namen der Melancholie entfaltet sich, könnte man in unserem Zusammenhang vielleicht sagen, in der Umgebung der Mensch/Hund-Differenz nicht der Mensch, sondern der Hund; aber der hat in dieser Differenz keinen oder nur

---

3 Man könnte fragen, ob nicht der vielfach dem höfischen Narren emblematisch mitgegebene Hund (ein Hinweis, den ich Joachim Landkammer verdanke) auf dieses Moment des Gauklers und Jongleurs verweist. Im Unterschied zu Dürer stellt denn auch Cranach d. Ä. die Melancholie als schaukelndes Kind dar.

als Ausgeschlossener Platz, als nichtmenschlicher Mitmensch.[4] Denn diese Umgebung ist nicht die Gesellschaft, jedenfalls insofern nicht, als die Gesellschaft als organisierte Ordnung aktiver, progressiver Individuen konzipiert ist, als funktional differenziertes System. Sondern diese Umgebung ist die Sozialität dieser Gesellschaft, ihr eigenes Anderes, ihre ungeordnete Seite (als „a man disordered" beschreibt sich Johnson in Boswell 1859: 277) – etwa in dem Sinne, wie das Verhalten als andere Seite des Handelns, die Kommunikation als andere Seite der Entscheidung, die „Unindividualität" (Simmel 1992: 712) als andere Seite der Individualität oder die „Unperson" (Luhmann 1995c: 148) als andere Seite der Person verstanden werden kann. Die Verfügung über Differenzen und Grenzen nobilitiert so sehr, wie sie stigmatisiert; schon das prädestiniert den Hund zur Melancholie (vgl. Krämer 1994). Dass aus der Melancholie eine so scharf diskreditierte Krankheit werden konnte, hat sicher damit zu tun, dass die sie bezeichnende Unordnung nie behoben werden kann, weil sie nicht auf Zukunft angelegt ist und keine Entwicklung vor sich hat; sie ist keine Ressource. Man hält sie daher für einen negativen Affekt (vgl. Lehmann 2011: 197ff.), und damit liegt wiederum die Identifikation mit dem Hund nahe als dem, der in der Mensch/Hund-Differenz nicht den Menschen, also nicht die Anstrengung, nicht die Ordnung bzw. nichts Positives bezeichnet und der sich trotzdem in der Differenz aufhält. Er verschmutzt diese Differenz irgendwie, schmarotzt irgendwie an ihr (vgl. Serres 1987), jedenfalls wühlt er (wir haben das bereits bemerkt) mit der Nase in ihren Abfällen herum und kann, erneute Ambivalenz, von diesem Abfall im Grunde gar nicht unterschieden werden. „What shall exclude the black dog from an habitation like this?", fragt Johnson (zit. n. Watkins 1960: 72).

Vielleicht kann daher jeder Mensch, der einen Hund bei sich hat, nachvollziehen, was Johnson (zit. n. Boswell 1859) denen empfiehlt, die einen solchen *schwarzen* Hund bei sich haben: Robert Burton, der große Anatom der Melancholie des frühen 17. Jahrhunderts, habe den Rat „be not solitary; be not idle" gegeben, „which I would thus modify; – If you are idle, be not solitary; if you are solitary, be not idle."

---

4   „Ich habe meinem Schmerz einen Namen gegeben und rufe ihn ‚Hund' – er ist ebenso treu, ebenso zudringlich und schamlos, ebenso unterhaltend, ebenso klug wie jeder andere Hund – und ich kann ihn anherrschen und meine bösen Launen an ihm auslassen: wie es andere mit ihren Hunden, Dienern und Frauen machen" (Nietzsche, 1999: 547f.).

Literatur

Bardmann, Theodor M. (1994): Wenn aus Arbeit Abfall wird. Aufbau und Abbau organisatorischer Realitäten. Frankfurt a. M.: Suhrkamp.
Boswell, James (1859): Boswell's Life of Johnson. London: Routledge.
Boswell, James (1981): Dr. Samuel Johnson: Leben und Meinungen. Mit dem Tagebuch einer Reise nach den Hebriden. Zürich: Diogenes.
Bulgakow, Michail (1994 [1925]): Hundeherz. In: Bulgakow, Michail: Teufeliaden. Erzählungen, 4. Aufl. München: Luchterhand, 185–296.
Deleuze, Gilles/Guattari, Félix (2002): Tausend Plateaus. Berlin: Merve.
Durkheim, Emile (1996 [1893]): Über soziale Arbeitsteilung. Studie über die Organisation höherer Gesellschaften. Frankfurt a. M.: Suhrkamp.
Freud, Sigmund (1941): Bemerkungen über einen Fall von Zwangsneurose. In: Freud, Sigmund: Gesammelte Werke, chronologisch geordnet, Bd. VII (Werke aus den Jahren 1906-1909). London: Imago, 379–463.
Freud, Sigmund (1948): Das Unbehagen in der Kultur. In: Freud, Sigmund: Gesammelte Werke, chronologisch geordnet, Bd. XIV (Werke aus den Jahren 1925-31). London: Imago, 419–506.
Freud, Sigmund (1952): Die sittliche Verantwortung für den Inhalt der Träume. In: Freud, Sigmund: Gesammelte Werke, chronologisch geordnet, Bd. I (Werke aus den Jahren 1892-99, Zusätze). London: Imago, 565–568.
Gass, William (1976): On Being Blue. A Philosophical Inquiry. Boston: David R. Grodine.
Gehweiler, Elke (2006): Going to the Dogs? A Contrastive Analysis of the *S.th. Is Going to the Dogs* / *Jmd./Etw. geht vor die Hunde*. In: International Journal of Lexicography 19(4), 419–438; doi:10.1093/ijl/ecl026.
Gestrich, Andreas (2004): Ehe, Familie, Kinder im Pietismus. Der „gezähmte Teufel". In: Hartmut Lehmann (Hrsg.): Geschichte des Pietismus. Bd. 4: Glaubenswelt und Lebenswelten. Göttingen: Vandenhoeck & Ruprecht, 498–521.
Goetz, Rainald (1999): Abfall für alle. Roman eines Jahres. Frankfurt a. M.: Suhrkamp.
Goffman, Erving (1967): On Face-Work. An Analysis of Ritual Elements in Social Interaction. In: Goffman, Erving: Interaction Ritual. Essays on Face-to-Face Behaviour. Harmondsworth: Penguin Books, 5–45.
Goffman, Erving (1972): Encounters. Two Studies in the Sociology of Interaction. Harmondsworth: Penguin Books.
Haraway, Donna (2008): When Species Meet. Minneapolis: University of Minnesota Press.
Hofmann, Gert (2005): Leben aus zweiter Hand. Zur Phänomenologie des Snobs. In: Hofmann, Gert: Zur Phänomenologie des Snobs. Erzählungen. München: Hanser, 58–85.
Kant, Immanuel (1968 [1784]): Idee zu einer allgemeinen Geschichte in weltbürgerlicher Absicht. In: Kants Werke. Akademie Textausgabe, Bd. VIII (Abhandlungen nach 1781). Berlin/New York: de Gruyter, 17–31.
Krämer, Sybille (1994): Melancholie – Skizze zur epistemologischen Deutung eines Topos. In: Zeitschrift für philosophische Forschung 49(3), 397–419.
Krajewski, Markus (2002): Zettelwirtschaft. Die Geburt der Kartei aus dem Geiste der Bibliothek. Berlin: Kadmos.
Lehmann, Maren (2011): Negative Distanz. In: Lehmann, Maren: Theorie in Skizzen. Berlin: Merve, 173–207.

Luhmann, Niklas (1982): Liebe als Passion. Zur Codierung von Intimität. Frankfurt a. M.: Suhrkamp.
Luhmann, Niklas (1995a): Die Soziologie und der Mensch. In: Luhmann, Niklas: Soziologische Aufklärung 6. Opladen: Westdeutscher Verlag, 265–274.
Luhmann, Niklas (1995b): Die Tücke des Subjekts und die Frage nach dem Menschen. In: Luhmann, Niklas: Soziologische Aufklärung 6. Opladen: Westdeutscher Verlag, 155–168.
Luhmann, Niklas (1995c): Die Form „Person". In: Luhmann, Niklas: Soziologische Aufklärung 6. Opladen: Westdeutscher Verlag, 142–154.
Luhmann, Niklas (1997): Die Gesellschaft der Gesellschaft. Frankfurt a. M.: Suhrkamp.
Macho, Thomas (1987): Todesmetaphern. Zur Logik der Grenzerfahrung. Frankfurt a. M.: Suhrkamp.
Nietzsche, Friedrich (1999 [1980]): Die fröhliche Wissenschaft. In: Nietzsche, Friedrich: KSA 3. München: dtv/de Gruyter, 343–651.
Schneider, Manfred (2007): Der Hund als Emblem. In: von der Heiden, Anne/Vogl, Joseph (Hrsg.): Politische Zoologie. Zürich/Berlin: diaphanes, 149–176.
Serres, Michel (1987): Der Parasit. Frankfurt a. M.: Suhrkamp.
Simmel, Georg (1989 [1890]): Über sociale Differenzierung. Sociologische und psychologische Untersuchungen. In: Simmel, Georg: Aufsätze 1887-1890. Gesamtausgabe, Bd. 2. Frankfurt a. M.: Suhrkamp, 109–295.
Simmel, Georg (1992 [1908]): Das Problem der Soziologie. In: Simmel, Georg: Soziologie. Untersuchungen über die Formen der Vergesellschaftung. Gesamtausgabe, Bd. 11. Frankfurt a. M.: Suhrkamp, 13–62.
Stäheli, Urs (2007): Die Sichtbarkeit sozialer Systeme: Zur Visualität von Selbst- und Fremdbeschreibungen. In: Soziale Systeme 13(1/2), 70–85.
Thackeray, William Makepeace (2011 [1848]): Das Buch der Snobs. Zürich: Manesse.
Von der Heiden, Anne/Vogl, Joseph (2007): Vorwort. In: von der Heiden, Anne/Vogl, Joseph (Hrsg.): Politische Zoologie. Zürich/Berlin: diaphanes, 7–12.
Watkins, Walter Barker Critz (1960 [1939]): Perilous Balance. The Tragic Genius of Swift, Johnson, and Sterne. Cambridge, MA: Walker-de Berry (Reprint Michigan 1976).

Von Kötern, Jägern und Statussymbolen
Zur sozialen Funktion des Hundes im Mittelalter

Heiko Schnickmann

1 Einleitung: Lange Tradition und differenzierte Deutungen

Ohne Zweifel ist der Hund das älteste Haustier des Menschen. Die Ursprünge seiner Domestikation liegen noch vor der neolithischen Revolution vor 10.000 Jahren. Er wurde daher bereits vor dem Ende der vorgeschichtlichen Wanderungsbewegungen Teil der gesamten menschlichen Kultur, sodass der Hund, anders als Kühe, Pferde oder Schweine, auf allen von Menschen besiedelten Kontinenten lebt und sich genau wie der Mensch an die dortigen Bedingungen angepasst hat bzw. angepasst wurde.

Wo genau der Hund domestiziert wurde, ist dabei relativ unklar. Es ist aber davon auszugehen, dass dieser Vorgang an verschiedenen Orten unabhängig voneinander stattgefunden haben muss. Neben dem fruchtbaren Halbmond, der sich von der Ostküste des Mittelmeers über Anatolien bis in das Zweistromland erstreckt, ist auch von einer Domestizierung in Europa und in Südostasien auszugehen. Von dort aus wurde der Hund nach Australien, Polynesien und Amerika mitgenommen, was ihn in Nordamerika zum einzigen Haustier der indigenen Bevölkerung Nordamerikas machte.

Der Grund für die Domestizierung des Wolfes zum Hund liegt wahrscheinlich darin, dass Mensch und Wolf in ähnlicher Weise jagten. Beide bedienten sich des Rudels bzw. der Gruppe und griffen dabei wesentlich größere Tiere an. Eine Kooperation wäre demnach möglich. Diese muss dabei nicht von langer Hand geplant stattgefunden haben. Der erste Kontakt zwischen Mensch und Wolf hat wohl vielmehr mit dem Müll zu tun, den der Mensch hinterließ, was vereinzelte Wölfe oder Rudel dazu brachte, dem Menschen zu folgen, um so eine bequeme Mahlzeit zu erhalten. Es ist daher vorstellbar, dass der Wolf sich selbst domestizierte, was der Mensch dann nachher für sich und seine Jagdpraxis nutzen konnte.

Mit der neolithischen Revolution war die Fähigkeit des Hundes zur Jagd zwar noch immer gewünscht, aber nicht mehr alleine ausschlaggebend. Seine Aufgabe bestand zu diesem Zeitpunkt hauptsächlich darin, Hof und Ernte zu bewachen. Dafür war es aber nötig, dass er eine entscheidende Fähigkeit hinzubekam, die dem Wolf fehlte: Der Hund musste beginnen zu bellen. Diese Fähigkeit wurde angezüchtet und damit begann der Wandlungsprozess des Hundes. Natürlich wurde der Rassebegriff dafür noch nicht benutzt. Vielmehr waren Formen und Funktionen für das Zuchtziel des Hundes ausschlaggebend. Diese wiederum waren abhängig vom kulturellen Umfeld und dem sozialen Status, den der Züchter innehatte.

Wenn etwa Pharao Antef auf einer Grabstelle drei unterschiedliche Hunde zeigt, von denen einer den Namen Gazelle trägt, dann ist das ein Hinweis, dass schnelle Hunde für die führende Schicht im alten Ägypten eine besondere Rolle gespielt haben dürften, vor allem dann, wenn sich auch bei anderen Pharaonen Hinweise auf schnelle, schlanke Hunde finden lassen. Dabei ist der Einsatz solcher Hunde für die Jagd vorstellbar, da Tutenchamun neben dem dargestellten Hund auf einem Streitwagen und mit Pfeil und Bogen erscheint. Aber auch ein kriegerischer Einsatz der Tiere ist nicht ausgeschlossen (Schnickmann 2009: 10f.).

Auf der anderen Seite finden sich Hunde, über deren Status man sich keine Illusionen machen sollte. Während in Ägypten und später auch im römischen Kaiserreich zahlreiche Hunde durch Stelen, Gedichte und eigene Grabanlagen geehrt wurden, sind die Hunde, die am Anfang von Homers Ilias an den Leichen der getöteten Trojaner nagen (Homer, Ilias, I, V. 4) oder von denen im Alten Testament der Bibel nur im Fluch gesprochen wird, Pariahunde und streunende Köter.

Aus diesen Beispielen ergibt sich bereits, dass der Hund innerhalb des gesellschaftlichen Miteinanders eine besondere Rolle als Symbol spielt. Das Problem bei der Deutung dieses Symbols ist die Ambivalenz der Aussage. Wenn etwa in der Offenbarung des Johannes (22, 15) steht, dass vor den Toren des himmlischen Jerusalems „die Hunde und die Zauberer und die Unzüchtigen und die Mörder und die Götzendiener und alle, die die Lüge lieben und tun" stehen werden, dann ist die negative Wertung, die von diesem Tier ausgeht offensichtlich; wenn aber auf der anderen Seite der Prophet Jesaja (66, 3) davon spricht, dass „wer ein Schaf opfert, ist als der einem Hund den Hals bräche", während er allerlei Freveltaten aufführt, die ein Mensch während eines Gottesdienstes begehen kann, erscheint der Tod des Hundes hier als negativ belegt, was das Tier wiederum positiv erscheinen lässt.

Wenn auf der einen Seite der Hund als so negativ gilt, dass er als einziges Tier aufgeführt wird, das nicht ins himmlische Jerusalem hineingelassen wird, aber gleichzeitig sein Tod gleichgesetzt wird mit einem falsch verrichteten Gottesdienst, dann bewegt sich das Symbol, für das der Hund steht, zwischen den beiden nahezu extremsten gegenteiligen Bedeutungsunterschieden, die vorstellbar sind. Unter diesen

Bedingungen kann es nicht verwundern, wenn seine Bedeutung für das Mittelalter (und auch für die Zeit danach) facettenreicher ist als andere tierische Symbole.

Zu Beginn der frühen Neuzeit versucht der britische Arzt John Caius, einen Abriss über die englischen Hunde zu geben, und sortiert diese nach Nützlichkeit. Dabei unterscheidet er „a gentle kinde", „a homly kinde" und schließlich „a currishe kinde" (Caius 1576: 2). Während die erste Art der Hunde der Jagd gilt, einem im Mittelalter dem Adel zustehenden Sport, und die zweite Art den Bauern, die damit ihr Hab und Gut bewachen, steht die letzte für die Art von Hunden, die, weil sie enorm bissig sind, weder zum Jagen noch zum Hüten gemacht sind. Hunde, die bissig sind, gehören daher in die Kategorie der Straßenhunde und stehen somit im Nutzen unter den beiden anderen.

Caius' Einteilung, obwohl aus der frühen Neuzeit, spiegelt so ein auf die Hunde übertragenes Gesellschaftsbild wieder. In Ansätzen lässt sich dieses Bild auch auf das Mittelalter übertragen, auch wenn Caius etwa den Klerus vollkommen außen vor gelassen hat. Im Folgenden soll daher zunächst vom Jagdhund und seiner Bedeutung für den Adel, dann vom Hütehund des Bauern, dann von der generellen Bedeutung der Straßenhunde und schließlich von den Hunden im Bereich von Klerus und Kirche die Rede sein.

2 Viel Hund, viel Ehr: Jagdhunde des mittelalterlichen Adels

Die mittelalterlichen Quellen stammen zu einem großen Teil aus einem höfischen Kontext. Das heißt, in ihnen wird, egal ob Urkunde, Epos oder Altargemälde, oftmals die Sicht der mittelalterlichen Oberschicht wiedergegeben. Es verwundert daher nicht, dass es so scheint, als ob es im Mittelalter, folgt man den Quellen, von Jagdhunden gewimmelt hat, während andere Hunde kaum vorhanden waren.

2.1 Hunde als Geschenk

Das Züchten von Hunden, um für das jeweilige Jagdvorhaben einen nützlichen Begleiter zu haben, war im Mittelalter in Adelskreisen durchaus üblich. So gibt Gaston Phoebus, Graf von Foix, in seinem wegen der Illustrationen bekannten Jagdbuch im 16. Kapitel Hinweise zur Läufigkeit von Hündinnen, Verlängerung und Kürzung derselben sowie eine Anleitung zur Abtreibung ungewollter Jungen (Phoebus 1994: 30f.). Auch die Ausbildung der Hunde ist wichtig. Der Codex *Con-*

cordantiae cariatis des 14. Jahrhunderts zeigt die Übung des „Mach Männchen", zu der ein Hund durch Fingerzeig gebracht wird (Pascua 2007: 101). Dass bei der Idee von Zucht und Aufzucht von Hunden natürlich auch die eigene Herkunft des Adels mit ins Spiel kam, liegt auf der Hand (Teuscher 1998: 350ff.). Wer auf die Zucht und die Aufzucht der Hunde großen Wert legt, für den ist mit dem Hund ein gewisser Wert vorgegeben. Das zeigt sich besonders in der Kultur des Schenkens. Ein Geschenk hatte auch im Mittelalter immer drei Ebenen. Es sagte etwas über den Beschenkten aus, über den Schenker und auch über die Beziehung zwischen beiden. Wenn sich Kurfürst Albrecht von Brandenburg in aller Deutlichkeit beim Bischof von Lebus darüber beschwerte, dass dieser ihm Ende des 15. Jahrhunderts nur einen minderwertigen Hund zukommen ließ und daher als Ersatz zwei Windhunde forderte, dann zeigt sich auf Seiten des Bischofs mangelndes Verständnis für die Feinheiten der Geschenkeübergabe unter gleichberechtigten Fürsten. Wäre der Bischof ein Ritter gewesen, so wäre der von ihm geschenkte „vogelhund" sicherlich anders bewertet worden. Kleinere Adelige, die Geschenke an Fürsten machten, schenkten in der Regel Hunde, die unterhalb der Windhunde standen, aber dennoch für die Jagd nützlich waren (Teuscher 1998: 360).

Das Schenken eines Hundes entsprach nicht nur dem status quo innerhalb der Beziehung zwischen Beschenktem und Schenkendem, sondern hatte auch zur Folge, dass damit Bedingungen an die Zukunft geknüpft wurden. Aufgrund des Verhaltens, das Hunde oftmals an den Tag legen und das von manchen Menschen als treu gedeutet wird, war dieses Geschenk in einer Gesellschaft, die im Kern auf Treueeiden beruhte, eine Bestätigung genau dieses bestehenden Treueverhältnisses. Zwischen zwei gleichberechtigten Fürsten konnte es zu einer Verschiebung dieses Verhältnisses kommen, wenn der eine wusste, welcher Wert den Hunden von der anderen Seite entgegengebracht wurde. War dieser in der Tat ein hoher, war die mit der Annahme des Hundes eingegangene Verpflichtung eventuell zu hoch für den Beschenkten. Graf Ulrich von Württemberg verzichtete daher auf zwei weiße Windhunde, von denen er erfahren hatte, dass sie der liebste Besitz der Kurfürstin von Brandenburg waren (Teuscher 1998: 361).

2.2 Viele Hunde bei der Jagd

Dass Hunde, die in dem erwähnten Sinne wertgeschätzt wurden, tatsächlich für den ursprünglichen Zweck der Jagd eingesetzt wurden, ist äußerst zweifelhaft. Wenn etwa im Herzogtum Kleve-Mark zu Beginn des 15. Jahrhunderts Jagd auf Wölfe gemacht wurde und Hunde dabei in keinster Weise Erwähnung finden (Landesarchiv NRW 1419, Lfd.-Nr 442), dann darf hier vermutet werden, bei der potenziellen Beute dieser Jagd, bei denen es sich wohl um ernst zu nehmende Gegner handelte, schützte man die lieb gewonnenen Hunde vor möglichen Blessuren bzw. dem möglichen Tod.

Während eine Jagd auf Wölfe tatsächlich einem praktischen Nutzen entsprang, nämlich dem Schutz der Viehbestände vor einem Fressfeind, war die Jagd normalerweise ein vergnüglicher Sport, der darüber hinaus ein Akt höchster Symbolik war. Wenn der Landesherr seinem Recht der Jagd in einem Waldgebiet nachging, in dem einzig ihm das Jagdrecht zustand, dann war die Jagd als solche eine symbolische Inbesitznahme des Waldes und des dazugehörigen Rechtes, das bis dahin zwar sein Eigentum war, das aber ungenutzt blieb. Wenn eine solche Inbesitznahme in Form einer Jagd passierte, nützte es wenig, wenn diese still und heimlich vor sich ging. Vielmehr war eine gewisse Lautstärke unumgänglich, auch wenn diese dem eigentlichen Ziel der Jagd eher hinderlich war (Morsel 1998: 272f.). Eine Lautstärke, die auch außerhalb des Waldes zu hören war, musste durch zahlreiche Hunde gewährleistet werden. Im Kaiserlichen Rüdenhaus zu Erberg in Österreich wurden Mitte des 16. Jahrhunderts saisonbedingt 200 Hunde gehalten (Laichmann 2000: 14). Der schottische König Jakob V. soll zum selben Zeitpunkt Jagden mit bis 8000 Teilnehmern durchgeführt haben, von denen einzelne Teilnehmer mit 1000 Hunden auftraten (Klever 1966: 25). Die Unterbringung solcher Hundemassen wälzten die Fürsten oftmals auf die ihnen unterstehenden Gemeinden ab. Entweder wurde ein „Hundegeld" als eine Art Steuer erhoben, mit dem Zweck, die Hunde zu halten, oder die Hunde selber wurden auf Höfen oder Klöstern untergebracht, in denen dann die dortigen Besitzer die Hunde verpflegen mussten. Gegen Zahlung einer Gebühr, dem sogenannten „Hundekorn", konnte man sich jedoch der Aufgabe auch entziehen (Morsel 1998: 275; Oeser 2007: 80).

2.3 Liebe, Laster, Literatur – Vom Jagd- zum Schoßhund

Es kann nicht verwundern, dass bei dieser sozialen Funktion der Jagdhunde im Mittelalter diese Art der Hunde auch im literarischen Kontext auftaucht. Die Jagd nach einer Beute, die der Jäger nicht erwischt, wird zur Allegorie der höfischen Minne, in der der Dichter zwar eine angebetete (Ehe-)Frau besingt, liebt und dazu überreden möchte, sich mit ihm einzulassen, es aber nicht dazu kommen wird. Dennoch probiert der Dichter alles, um diesem Traum näher zu kommen. Diese Verbindung zwischen Jagd und Minnedichtung war dermaßen offensichtlich, dass es nur eine Frage der Zeit war, bis ein mittelalterlicher Dichter sie aufgriff und verarbeitete. Hadamar von Laber war durch seine adelige Herkunft mit der Jagd vertraut und konzipierte ein Gedicht mit nahezu 4000 Versen, in denen die Hunde seiner Meute

Namen tragen, die deutlich machen, welchen Sinn und welchen Zweck sie haben. So heißt der Leithund „Herz", dem Hunde wie „Fröude, Will und Wonne, Trôst, Stæte und Triuwe" (Strophen 9 u. 17) nacheilen, um den Hirsch zu jagen, hinter dem sich die Angebetete versteckt. Die Namen der Hunde spiegeln so Attribute wieder, die der Jäger, der Dichter und vor allem der Adelige verkörpern soll. Beständigkeit in seinen Zielen (Stæte), Treue zu seiner Aufgabe (Triuwe) oder auch Trost und Rat in schlechten Zeiten sind Ideale, denen der Adelige idealerweise verpflichtet war.

Wenn Jagdhund und Adeliger in einer ideellen Weise miteinander verknüpft sind, dann kann der Hund auch den Adeligen repräsentieren. Das passierte nicht nur auf Bildern, sondern wohl auch bei realen Begebenheiten. War der adelige Herr des Hauses unterwegs, konnte er sich nie ganz sicher sein, ob seine Ehefrau dem Drängen des Minnesängers oder anderer Nebenbuhler nicht doch nachgab. Zu seiner Repräsentanz schenkte er ihr oftmals einen kleinen Jagdhund, der seine Stellung einnehmen sollte. Klein wie die Hunde waren, hatten sie Platz auf dem Schoß der Frau, den die Hunde zu verteidigen hatten. Das Wort „Anstandswauwau" lässt sich wohl auf diese Aufgabe zurückführen. Der Codex Manesse zeigt zahlreiche Bilder von Edelfrauen, denen ein kleiner Jagdhund im Schoß sitzt (Bildtafeln 34, 37, 114, 122.). Auch John Caius berichtet von diesen Schoßhunden, die er „comforter" nennt und deren Aufgabe darin besteht, den Damen bei Bauchschmerzen ebendiesen zu wärmen (Caius 1576: 21).

Auch im Tristan-Epos Gottfrieds von Straßburg kommt ein solcher Schoßhund, den Tristan unter großen Bemühungen für seine Isolde erringen muss, vor. Das Hündchen Petitcreiu wird von Isolde verwöhnt, worin sich die Liebe zum Schenker ausdrückt, mit dem sie nachher fliehen muss (V. 16265 – 16340). Bei dieser Flucht aber bleibt der Schoßhund zurück, denn dieser lieb gewonnene Luxusartikel verliert beim Leben in der Wildnis seinen Nutzen. An seine Stelle tritt die Jagdhündin Hüdan, die zusammen mit Tristan für Nahrung sorgt (V. 16659 – 16660).

Der Jagdhund repräsentiert so in seiner Funktion als Jäger und als Schoßhund den adeligen Mann, der entweder seinen ideellen Werten nacheifert, den Schoß seiner Frau beschützt oder von ebendieser verwöhnt wird. Jagdhund und (männlicher) Adeliger stehen daher füreinander und erhalten so eine symbiotische Bedeutung, die sich bis heute in der Bildmotivik hält. Nicht umsonst beginnt der Vorspann der britischen Fernsehserie *Downton Abbey* mit dem zentralen Blick auf die Hündin von Lord Grantham, die an der Seite ihres Herren auf das Schloss zugeht.

3 Zur Passivität verbannt: Der Wachhund

Zu Beginn des Mittelalters hatte der Wachhund noch eine besondere Stellung inne. Im Wiener Hundesegen aus dem 10. Jahrhundert sollen Jesus Christus und der heilige Martin dafür sorgen, „daz in uuolf noh uulpa za scedin uuerden" (Österreichische Nationalbibliothek, Wien, Cod.552: 107r). Die Wichtigkeit des Wachhundes wird daran deutlich, dass neben dem Heiland selber der wohl wichtigste Heilige des frühen Mittelalters, Martin, den Hund vor Schaden durch Wölfe schützen soll. Mit dem Hochmittelalter ändert sich diese herausgehobene Stellung des Wachhundes und bleibt bis in die frühe Neuzeit bestehen.

Am deutlichsten wird das im Traktat von John Caius, der lange über alle Arten von Jagdhunden schreibt, dem Wachhund aber lediglich ein Kapitel widmet, in dem er lieber von den Wölfen Großbritanniens erzählt, als Informationen über Wachhunde zu geben (Caius 1579: 23f.). Aber auch der Humanist Ulrich von Hutten lässt an den Wachhunden kein gutes Haar, als er sich schriftlich darüber beschwert, dass ihr Bellen ihn bei seiner Arbeit störe (Meier 2008: 112).

Wenn auch die schriftlichen Quellen des Hoch- und Spätmittelalters nur wenig über den Wachhund zu erzählen haben, so finden sich doch andere Spuren. In mittelalterlichen Siedlungen sind vermehrt Skelette großer Hunde gefunden worden, die mit großer Sicherheit als Wach- und Schutzhunde für Haus, Hof und Viehbestände gedient haben dürften (Benecke 1994: 225). Neben diesen Knochenfunden sind es vor allem Bilder, die Wachhunde zeigen. Die Darstellung eines Wachturms aus dem 15. Jahrhundert zeigt etwa zwei große, angeleinte Hunde, die vor ebendiesem Turm Wache halten. Wachhunde hatten damit auch eine Funktion im spätmittelalterlichen Polizeidienst (Monestier 1996: 33).

Diese Zeichnung indes ist eine auffällige Ausnahme, denn sie zeigt Wachhunde in Bewegung. Normalerweise zeigen sich diese Tiere innerhalb der mittelalterlichen Kunst in ganz anderer Pose. In vielen anderen Fällen finden sich die Hunde eher in ruhender, bewegungsloser Pose wieder. In einem Bild, das die Verkündigung an die Hirten zeigt, zeigt der Bildschnitzer Hans Multscher im 15. Jahrhundert einen Wachhund in sitzender Position, der auf die Schafe sieht, während sich die Hirten dem Engel zuwenden (Meyer/Meyer 1998: 41). Eine Buchminiatur zeigt einen Wachhund, der regungslos mit offenen Augen, aber mit geschlossenem Mund einen Wolf auf die Herde zukommen sieht. Er bellt nicht und bleibt regungslos liegen (Grossman 1993: 112).

Das Fehlen in den schriftlichen Quellen, die vor allem innerhalb eines adeligen-klerikalen Kontextes entstehen, lässt sich meines Erachtens nicht dadurch erklären, dass Wachhunde „wie ihre Herren zur unbeachteten Plebs" (Klever 1966: 136) zählten, sondern mit der in den beschriebenen Bildern gezeigten Symbolik.

Ich vermute, dass der Wachhund als passives Tier wahrgenommen wurde. Anders als der Jagdhund, der agiert, wenn die Jagd beginnt, der das Wild aufscheucht, es jagt und zu seinem Herren trägt, besteht die Aufgabe des Wachhundes darin, aufzupassen und, wenn etwas passiert, zu reagieren. Zum Ideal eines Adeligen passt das nicht. Wenn dieser sich treiben lässt und nicht selber treibt, verspielt er seinen politischen und sozialen Kredit.

Eine besonders interessante Wendung erhält diese These, wenn man bedenkt, dass Bauern ihre Hunde durchaus auch für die (oftmals illegale) Jagd nutzten. Bereits im frühen Mittelalter wurden den Hunden von Bauern daher auch einzelne Zehen abgeschnitten oder die Knie gebrochen, damit sie für diese Tätigkeit unbrauchbar waren (Brackert/von Kleffens 1989: 69ff.). Der Wachhund des Bauern, der jagen wollte, wurde so zur Passivität verbannt.

Will man die auf jeden Fall gegebene Parallele zwischen Adeligem und Jagdhund auf Bauer und Wachhund übertragen, so ergäbe sich hier sicherlich eine interessante Vorstellung zur passiven Rolle des Bauern in der mittelalterlichen Gesellschaft. Andere Quellen indes lassen solche Überlegungen nicht zu. Ein passiver Bauer würde nicht nur sich selbst, sondern auch seinem Hof und in letzter Instanz seinem Landesherren, der von den Feldfrüchten des Bauern lebt, Schaden zufügen. Es kann daher nicht im Interesse des Adeligen sein, den Bauern als passiven Untertanen sehen zu wollen. Bei der beschriebenen Handlung gegenüber den Hunden ging es daher lediglich darum, ihre Jagdfertigkeiten zu begrenzen, denn dieses Privileg stand den Bauern nicht zu – schon gar nicht in den königlichen Wäldern.

4 Bissig, dreckig und zu 'was nütze – Straßenköter im Mittelalter

Im Gegensatz zur Darstellung von Wachhunden ist das Aufspüren von halterlosen Hunden im Mittelalter kein besonderes Problem. Vor allem im Spätmittelalter häufen sich innerhalb von Akten und anderen Dokumenten Hinweise auf ganze Rudel von Straßenkötern, die die Städte tyrannisieren. Sogar in Märchen hinterlassen Streuner und ausgesetzte Hunde ihre Fußabdrücke. Daneben findet sich mit dem Schimpfwort „Hund" auch ein Bezug zu dieser Art von Hund, denn wohl kaum dürfte damit ein wertvoller Jagdhund oder ein nützlicher Wachhund gemeint sein. Auch in Prozessakten und Beschreibungen von Strafen finden sich diese Tiere wieder.

4.1 Der Henker und die Köter

In dem Märchen „Die drei Sprachen" wird der Protagonist von seinem Vater dreimal zu Lehrern geschickt, um eine fremde Sprache zu lernen. Dreimal kommt er mit Sprachen zurück, die in den Augen des Vaters unsinnig sind. Nach dem dritten Mal setzt der Vater ihn vor die Tür. Die Logik des Märchens will es, dass der Held des Märchens die drei gelernten Sprachen so einsetzen kann, dass er es am Schluss zum Papst schafft. Die erste der gelernten Sprachen ist die Sprache der Hunde. Sie kommt zum Einsatz, als er um ein Nachtasyl bittet und der Burgherr im mitteilt, dass

> wenn du da unten in dem alten Turm übernachten willst, so gehe hin, aber ich warne dich, es ist lebensgefährlich, denn er ist voll wilder Hunde, die bellen und heulen in einem fort, und zu gewissen Stunden müssen sie einen Menschen ausgeliefert haben, den sie auch gleich verzehren.

Der Protagonist überlebt und befreit die Stadt, die in Furcht lebt, zudem von der Meute, die einen Schatz bewachen musste (Grimm/Grimm 2002: 126). So seltsam diese Erzählungen auch anmuten, bergen sie doch oftmals einige interessante Vorstellungen jenseits des Wunderbaren in sich. In der Geschichte von den drei Sprachen ist dies sicher das Hunderudel, vor dem die Menschen in Angst leben. Auch in anderen Märchen werden sie erwähnt, oder man erfährt, dass Haustiere ausgesetzt werden, wie das bei den Bremer Stadtmusikanten der Fall ist.

Auch ein Blick in die Kunstgeschichte zeigt kaum Bilder aus dem späten Mittelalter oder der frühen Neuzeit, in der nicht Hunde frei und ungehindert herumlaufen. Sie gehörten zum Stadtbild jener Zeit. Ein Grund dafür ist das Fehlen von wirksamen Mitteln der Kastration. Ungewollte Schwangerschaften von Hündinnen führten oftmals dazu, dass die Jungtiere ausgesetzt wurden. Archäozoologische Spuren zeigen, dass solche jungen Hunde oftmals genutzt wurden, um ihnen das Fell abzuziehen (Spahn 1986: 66). Belege für das Wissen um eine Kastration der Tiere sind erst im 18. Jahrhundert zu finden (von der Driesch/Peters 2003: 109).

Ausgesetzte Hunde, die sich in Gruppen zusammentaten, konnten für Stadtbewohner zu einer Plage werden. Im Jahr 1444 wurden in Wien über 850 freilaufende Hunde eingefangen und getötet. Diese Aufgabe oblag dem Hundeschlachter, der eigentlich der städtische Henker war, der von der Stadt stückweise mit 20 Pfennig entlohnt wurde (Wacha 1977: 240).

4.2 Die Strafe hängt am Fuße – Hunde als Objekt des Strafvollzugs

Die Tatsache, dass die Hunde ohne Herren waren, machte sie nicht automatisch nutzlos. Im Gegenteil war die Besitzerlosigkeit der Tiere für gewisse Vorhaben von Vorteil. Innerhalb des Strafvollzugs sind zwei Arten bekannt, wie Hunde eingesetzt wurden. Die erste ist eine ehrenrührige Strafe für Adelige.

Einen ersten Hinweis auf eine dieser Strafen findet sich im Jahre 1110 in Prag. Dort war es zu einer handfesten Auseinandersetzung um das Herzogtum Böhmen gekommen. Herzog Wladizlaus nahm einzelne Rebellen fest und unterzog ihre Anführer einem recht merkwürdigen Schauspiel. Nachdem man einen großen, räudigen Hund mit verdorbener Brühe überfüttert hatte, band man diesen einem der Rädelsführer auf die Schultern. Dieser hatte nun mit dem Hund, der sich übergab und auf Grund der Situation sicherlich alles andere als freundlich zu demjenigen war, der ihm um den Hals trug, durch die Stadt Prag zu gehen, während er von den Prager Bürgern zusätzlich noch beschimpft wurde (Schwenk 1990: 299). Bei diesem Schauspiel handelt es sich nicht um einen Einzelfall. Auch im Jahre 1155 auf dem Hoftag in Worms wurde dieser Rechtsbrauch praktiziert, als Kaiser Friedrich Barbarossa den Pfalzgrafen Herman von Stahleck und andere Adelige eine deutsche Meile in Büßergewändern und mit Asche auf dem Haupt Hunde durch die Stadt tragen ließ, um für einen Streit mit einem Bischof zu sühnen (Schwenk 1990: 289). Es lässt sich leicht ausmalen, dass solche Strafen, die vor den Augen der Öffentlichkeit vollzogen wurden, dazu dienten, den Bestraften lächerlich zu machen.

Auch die zweite Strafe ist ehrenrührig, bezieht sich aber nicht auf Adelige, sondern auf Juden. Dabei wird eine symbolische Gleichheit von Juden mit Straßen- und Pariahunden in die Tat umgesetzt. Diese Gleichheit hat ihren Ursprung wohl in dem Ausspruch Jesu am Kreuz, der bei Markus (15, 34) und Matthäus (27, 46) überliefert ist: „Mein Gott, mein Gott, warum hast Du mich verlassen?" Dieser Vers aber entstammt wiederum den Psalmen des Alten Testaments und geht weiter mit den Worten: „Viele Hunde umlagern mich, eine Rotte von Bösen umkreist mich. Sie durchbohren mir Hände und Füße" (Ps. 22, 2). Für die mittelalterlichen Exegeten war damit klar, dass Psalm und der Ausspruch des gekreuzigten Jesus austauschbar waren (Frey 2007: 122). Diejenigen, die die Kreuzigung in die Wege geleitet hatten, waren die Juden. Der Psalm spricht von den Hunden, vor denen sich der Flehende fürchtet. Damit waren Juden und Hunde gleichzusetzen. Da die Hunde der Bibel aber in allen dort auftretenden Fällen Paria- oder streunende Hunde waren, war der Griff zu einem solchen Hund immer dann möglich, wenn ein Jude bestraft werden sollte.

Konkret sah die Strafe so aus, dass man Juden, die beim Diebstahl erwischt worden waren, aufhängte. Dieses Hängen erfolgte jedoch am Fuß. Neben dem Delinquenten wurden zeitgleich zwei Hunde an den Füßen aufgehängt, die in ihrer misslichen Lage um sich bissen und dabei den mit gehangenen Juden auch erwischten. Der Vollzug einer solchen Strafe ist aus Basel im Jahr 1374 und 1435, 1444 aus Frankfurt und 1476 aus Dortmund belegt. Der dortige Chronist schreibt dann auch davon, dass „die 3 hunde tosamen am galgen" hingen und lässt so keinen Zweifel daran, dass Jude und Hund gleichzusetzen sind (Frey 2007: 130).

In meinen Augen kann es keinen Zweifel daran geben, dass in den beiden aufgeführten Strafvollzugsmaßnahmen auf herrenlose Hunde zurückgegriffen wurde. Beim Hundetragen in Prag wird extra erwähnt, dass der Hund ein „maxima cane scabioso" (Cosmas, lib. III, 118), also ein großer, räudiger Hund war; bei den jüdischen Dieben legt der Verweis auf die biblische Tradition der herrenlosen Hunde dies nahe.

5 Die Zunge des Priesters: Hunde und Kleriker

Obwohl Hunde in der Bibel an nahezu allen Stellen negative Bedeutung haben, probiert bereits Augustinus in einer Exegese diese Konnotation anders zu deuten, scheint doch das biblische Bild mit seiner spätantiken Wahrnehmung nicht übereinzustimmen. Die Argumente des bedeutenden Kirchenvaters scheitern aber kläglich an der Differenz der Bedeutungen (Augustinus, *Epist. Class.* 3, 149, PL 33. 634). Augustinus begründet damit quasi die mittelalterliche Tradition der theologischen (Um-)Deutung von Hunden, denn anders als viele andere Tiere kommt der Hund im Physiologus, einem spätantiken Werk, in dem Tiere auf ihre heilsgeschichtliche Bedeutung hin überprüft werden, nicht vor.

5.1 Die heilende Zunge des Hundes

Der heilige Rochus besuchte zusammen mit seinem Hund der Legende nach die im 13. Jahrhundert von der Pest befallenen Städte Südfrankreichs und kam bis Rom. Dort ging sein Hund zu den Pestinfizierten und leckte deren Wunden, Rochus selber legte ihnen die Hand auf. Auf seinem Weg heilte er einen Ort nach dem nächsten. Der Heilige aber steckte sich auch selber an und verzog sich mit seinem Hund, um andere nicht anzustecken, in eine kleine Hütte. Darin leckte der Hund die Wunden seines Herren und stahl ihm zur Versorgung Brot. Rochus erholte sich von der Pest, Narben blieben keine (Coren 2006: 30f.).

An diesem Beispiel wird deutlich, dass die Zunge des Hundes heilende Wirkung hat. Diese Eigenschaft schrie geradezu nach exegetischer Deutung. Vom Priester als Hirte seiner Gemeinde war es nur ein kleiner Schritt hin zur Gleichsetzung des Priesters mit dem Hirtenhund und dessen Bellen gegen Wölfe. Die Predigt des Priesters wehrte den Teufel so ab, wie es der Hund mit dem Wolf tat (Schumacher 2003: 17ff.).

Dieses Bild war bereits zu Beginn des Hochmittelalters so gängig, dass Wilhelm von St. Thierry es in die Vita des heiligen Bernhard von Clairvaux einbaute. Darin ist zu lesen, dass Bernhards Mutter Aleth, als sie mit ihm schwanger war, davon träumte, ein bellendes, schneeweißes Hündchen zu gebären. Voller Angst machte sie sich auf den Weg zu einem Ordensmann, der ihr versicherte, sie werde die Mutter eines vortrefflichen Hundes sein, eines Wächters im Hause des Herrn, der ein gewaltiges Bellen gegen die Feinde des Glaubens erheben werde (Sinz, vita prima, lib. I. 2). Bedenkt man, dass Bernhard später als „doctor mellifluus" bekannt wurde, als Doktor mit der Honigzunge, dann darf davon ausgegangen werden, dass dieses Bild des leckenden und bellenden Hundes bereits bekannt war. Denn der Priester möchte auf der einen Seite die bösen Feinde verbellen, konnte mit seiner Zunge bzw. Sprache gleichzeitig die durch sie zugeführten Wunden heilen (Schumacher 2003: 40).

5.2 Die Hunde des Herrn

Eine ganz besondere Symbolik haben Hunde für den Orden der Dominikaner. Dieser Orden des Spätmittelalters tat sich besonders bei der Inquisition hervor. Da sie in den Augen vieler die Ketzer jagten wie Jagdhunde ihre Beute, verwundert es nicht, dass man mit dem Namen der Mitglieder des Bettelordens zu spielen begann. So wurden aus den Dominikanern die *domini canes*, also die Hunde des Herrn. Dieser Volksetymologie waren die Mitglieder des Ordens keineswegs abgeneigt. Im Kapitelsaal des Domikanerkonvents in Florenz, der so genannten Spanischen Kapelle, findet sich ein Wandfresko, das diese Idee aufnimmt. Auf ihm sind neben einzelnen Dominikanern in ihren typischen schwarz-weißen Kutten auch zahlreiche schwarz-weiße Hunde zu sehen, die sich auf Tiere stürzen, die die Schafherde angegriffen haben (Schumacher 2003: 53).

Und auch in der Vita des Ordensgründers Dominicus wird der Vergleich aufgenommen. Ganz ähnlich wie bei Bernhard von Clairvaux träumt auch Dominicus' Mutter von einem Hund, den sie zur Welt bringen wird. Dieser aber trägt eine Fackel im Maul, ein Hinweis darauf, einen großen Prediger zum Sohn zu bekommen, der die Welt aufwecken soll und Wölfe vertreibt (Schumacher 2003: 50).

Die Identifizierung der Dominikaner mit den Jagdhunden sollte keinesfalls dahin übertrieben werden, dass diese Dominikaner sich nun auch mit den Adeligen gleichsetzten. Vielmehr ist die Verwendung des Hundes als Symbol für die Dominikaner eine Weiterentwicklung der bereits vorher vorhandenen Übereinstimmung mit Prediger und Hund.

6   Zusammenfassung

Welche Stellung innerhalb des sozialen Gefüges hatte der Hund im Mittelalter? Deutlich hervorgetreten ist die semantische Ambivalenz, mit der der Hund in der mittelalterlichen Welt thematisiert wurde. Während sich ein adeliger Mann mit Jagdhunden identifizieren konnte oder sie nutzte, um sich und seinen Status hervorzuheben, sei es durch Menge, Qualität oder Lautstärke, war der Wachhund des Bauern dazu verdammt, in Passivität zu verweilen, da ihm das Jagen verboten war. Auch in der Vorstellungswelt der mittelalterlichen Menschen, deren Schriften und Bilder überliefert sind, tritt diese passive Verhaltensweise an den Tag. Ein Wachhund mag nützlich gewesen sein, aber eine besondere Beziehung zu ihm scheint es nicht gegeben zu haben. Das zeigte sich auch dann, wenn der Hund seinen Nutzen verlor. Als herrenloser Hund trieb er mit anderen Artgenossen auf den Straßen der Städte sein Unwesen, woraufhin er gefangen und getötet wurde oder als unsauberes, verachtenswertes Tier für Strafen genutzt wurde, die einem Menschen die Würde nehmen sollten, was nur ging, wenn diese Hunde eben, anders als Jagdhunde, nicht mit einem hohen Status verbunden waren. Auch einzelne Mitglieder kirchlicher Institutionen bedienten sich der Hunde und identifizierten sich mit ihnen, obwohl die biblische Textgrundlage diese Tiere eher verdammte als sie zu nützlichen oder gar edlen Tieren zu erklären. Der Hund des Mittelalters, so lässt sich wohl festhalten, besaß innerhalb eines bestimmten sozialen Kontextes eine bestimmte, definierte Bedeutung, die von einem frommen Beller über einen treuen Jagdbegleiter bis hin zum unsauberen Straßenköter reichte. Wer also in einem Text des Mittelalters das Wort Hund liest oder einen solchen auf einem Bild erblickt, der möge sich nicht wundern, wenn das Bild mit seiner Idee vom Hund im Mittelalter nicht zusammenpasst. Nur im Kontext wird es verständlich.

Literatur

Augustinus Hipponensis (1844): Epistolae (hgg. v. J. P. Migne). Paris: Sirou.
Benecke, Norbert (1994): Der Mensch und seine Haustiere. Stuttgart: Theiss.
Brackert, Helmut/von Kleffens, Cora (1989): Von Hunden und Menschen. Geschichte einer Lebensgemeinschaft. München: C. H. Beck.
Cosmas von Prag (1923): Chronica Boemorum (hgg. v. B. Bretzholz). Berlin: Weidmann.
Coren, Stanley (2006): Hunde, die Geschichte schrieben. Stuttgart: Kosmos.
Caius, John (1576): Of Englisch Dogges. London: Richard Johnes (Reprint von 1969).
Deutsche Bibelgesellschaft (Hrsg.) (2011): Die Bibel. Nach der Übersetzung Martin Luthers. Stuttgart: Deutsche Bibelgesellschaft.
Frey, Winfried (2007): Wölt Gott man hing sie wie die Hund. Vergleiche von Juden und Hunden in deutschen Texten des Mittelalters und der frühen Neuzeit. In: Das Mittelalter 12(2), 119–134.
Gottfried von Straßburg (2005): Tristan (hgg. v. R. Krohn), Bd. 2. Stuttgart: Reclam.
Grimm, Wilhelm/Grimm, Jakob (2002): Kinder- und Hausmärchen (hgg. v. M. Fiederer), Bd. 1. Augsburg: Weltbild.
Grossman, Loyd (1993): Der beste Freund des Menschen. Mürlenbach: Kynos.
Hadamar von Laber (1850): Die Jagd (hgg. v. J. A. Schmeller). Stuttgart: Literarischer Verein.
Homer (2003): Ilias. In: Homer: Odyssee. Ilias (übersetzt v. Johann Heinrich Voß). Düsseldorf: Albatros.
Klever, Ulrich (1966): Die dickste Freundschaft der Welt. 5000 Jahre Hund und Mensch. München: Heyne.
Laichmann, Michaela (2000): Die kaiserlichen Hunde. Das Rüdenhaus zu Erdberg in der Organisation der kaiserlichen Jägerei in Niederösterreich. 16. bis 18. Jahrhundert. Wien: Franz Deuticke.
Meier, Frank (2008): Mensch und Tier im Mittelalter. Ostfieldern: Thorbecke.
Meyer, Gudrun/Meyer Helmut (1998): 25 Hundeporträts. Berlin: Parey.
Monestier, Martin (1996): Les animaux-soldats. Histoire militaire des animaux des origines à nos jours. Paris: Le Cherche-midi.
Morsel, Joseph (1998): Jagd und Raum. Überlegungen über den sozialen Sinn der Jagdpraxis am Beispiel des spätmittelalterlichen Franken. In: Rösener, Werner (Hrsg.): Jagd und höfische Kultur im Mittelalter. Göttingen: Vandenhoeck & Ruprecht.
Oeser, Erhard (2007): Hund und Mensch. Die Geschichte einer Beziehung. Darmstadt: Wissenschaftliche Buchgesellschaft.
Pascua, Esther (2007): From Forrest to Farm and Town: Domestic Animals from 1000 to ca. 1450. In: Resl, Brigitte (Hrsg.): A Cultural History of Animals. Oxford/New York: Bloomsbury, 81–102.
Phoebus, Gaston (1994): Das Jagdbuch des Mittelalters (hgg. v. W. Schlag u. M. Thomas). Darmstadt: Wissenschaftliche Buchgesellschaft.
Schnickmann, Heiko (2009): Der Hund im Hoch- und Spätmittelalter. Status – Prestige – Symbolik. München: Grin.
Schumacher, Meinolf (2003): Ärzte mit der Zunge. Leckende Hunde in der europäischen Literatur. Bielefeld: Aisthesis.
Schwenk, Bernd (1990): Das Hundetragen. Ein Rechtsbrauch im Mittelalter. In: Historisches Jahrbuch, Bd. 110, 289–308.

Sinz, Paul (Hrsg.) (1962): Das Leben des heiligen Bernhard von Clairvaux (Vita prima). Düsseldorf: Patmos.
Spahn, Norbert (1986): Ausgrabungen in Schleswig. Untersuchungen an Skelettresten von Hunden und Katzen. Neumünster: Wachholz.
Teuscher, Simon (1998): Hunde am Fürstenhof. Köter und „edle wind" als Medien sozialer Beziehungen vom 14. bis 16. Jahrhundert. In: Historische Anthropologie, Bd. 6, 347–369.
von der Driesch, Angela/Peters, Joris (2003): Geschichte der Tiermedizin. 5000 Jahre Tierheilkunde. Stuttgart: Schattauer.
Wacha, Georg (1977): Tiere und Tierhaltung in der Stadt. In: Das Leben in der Stadt des Spätmittelalters. Wien: Verlag der österreichischen Akademie der Wissenschaften.

Archivalien

Österreichische Nationalbibliothek, Wien, Cod. 552.
Landesarchiv NRW, 1419, Lfd.-Nr 442.

Einige mögen Hunde (essen), andere nicht
Kynophagie versus Nahrungstabu

Britta Ramminger

Die nahrungswirtschaftliche Bedeutung von Hunden ist ein Thema, das in Diskussionen zu Mensch-Hund-Beziehungen nur selten Erwähnung findet. Anders als der Fleischkonsum von sogenannten Nutztieren wird der Verzehr von Hundefleisch auch von ausgesprochenen Wurst- und Steakliebhabern heute in der Regel für schier unmöglich erachtet. Allerdings zeigen ethnographische und archäozoologische Untersuchungen ebenso wie Beiträge in aktuellen Medien, dass der Verzehr von Hunden keinesfalls so abwegig ist, wie er auf den ersten Blick erscheint. Auch hierzulande ist die Schlachtung von Hunden erst seit 1986 im westdeutschen Fleischhygienegesetz verboten und wurde noch bis in die erste Hälfte des 20. Jahrhunderts vielerorts praktiziert. Bereits aus der Antike, insbesondere jedoch ab dem Mittelalter und für die Neuzeit sind schriftliche Überlieferungen für den Verzehr von Hundefleisch in Europa belegt, die nicht ausschließlich auf nachgewiesene extreme Notzeiten beschränkt sind. In einigen Kulturen gilt Hundefleisch auch heute noch geradezu als Delikatesse, in anderen wurde es insbesondere zu medizinischen Zwecken oder zu bestimmten festlichen Anlässen konsumiert, wobei genderspezifische Ernährungsunterschiede eine Rolle spielen können.

In diesem Beitrag werden aus archäologischer und ethnographischer Perspektive exemplarisch Beispiele aus verschiedenen Epochen der Menschheitsgeschichte für den Verzehr von Hundefleisch aufgezeigt und mögliche Erklärungsansätze für entsprechende Nahrungstabus vorgestellt.

1 Einleitung

Seitdem der Mensch Fleisch isst, wählt er, sofern er dazu in der Lage ist, aus, welche Tiere für den Verzehr geeignet sind und welche ihm als nicht essbar erscheinen. Hierbei spielen religiöse/ethische, kulturelle, ökonomische, philosophische und gesundheitliche/medizinische Aspekte eine mindestens ebenso große Rolle wie persönliche Vorlieben und Geschmack. In nahezu allen Kulturen ist der Verzehr bestimmter Speisen aufgrund kultureller Regeln verpönt, verboten, nur speziellen Gruppen oder an speziellen Tagen oder Anlässen erlaubt, wobei jeder Kultur eigene Vorstellungen von mit dem Verzehr bestimmter Nahrung einhergehenden Risiken und Problemen inhärent sind.

In der modernen westlichen Industriewelt mit ihrem reichen Nahrungsangebot rufen das Schlachten und der Verzehr von Hunden starke negative Reaktionen hervor. Die häufig sehr enge Bindung zwischen Mensch und Hund lässt dies geradezu als den letzten Schritt vor dem Kannibalismus erscheinen, entsprechend wird Kynophagie mit kultureller Verrohung gleichgesetzt. In einer bayerischen Chronik des 14. Jahrhunderts werden beispielsweise Tartaren genannt, deren besondere Abscheulichkeit mit ihrem Verzehr von Hunden und Katzen begründet wird (vgl. Janotta 1994: 26, Anm. 72). Bereits in antiken Quellen finden sich widersprüchliche Angaben über Kynophagie. So schrieb etwa der Neuplatoniker Porphyrios (233-301 n. Chr.), möglicherweise um die kulturelle Überlegenheit der Griechen zu betonen, dass diese niemals Hundefleisch gegessen hätten (De Abstinentia 1.14), wogegen nach Sextus Empiricus (frühes 3. Jahrhundert) nicht nur einige Völker Thrakiens, sondern ursprünglich auch die Griechen Hundefleisch nicht verachteten. Einerseits galten Hunde häufig als unrein, weshalb ihr Verzehr generell verpönt war und verspottet wurde, andererseits wurden junge Hunde als besonders reine Speisen angesehen, die man verschiedenen chthonischen Göttern als Opfer darbrachte. Antike Schriftquellen geben zu diesem Thema sonst nicht sehr viel Auskunft, weshalb davon auszugehen ist, dass Hundefleisch kein Bestandteil der regulären griechischen und römischen Küche war (Greenewalt 1978: 31, Anm. 1). Unter den überlieferten römischen Küchenrezepten ist jedenfalls keines zur Zubereitung von Hundefleisch vorhanden (vgl. z. B. André 1998). Anhand von Grabinschriften und anderen Textquellen lassen sich zudem für die griechische und römische Antike teilweise ähnlich enge Mensch-Hund-Beziehungen ablesen (zusammenfassend vgl. Ramminger 2014: 160ff.), wie sie heute vielfach zu beobachten sind, sodass eine Ablehnung des Verzehrs von Hundefleisch nicht weiter verwundern. Die gefühlte Nähe oder Ähnlichkeit ist jedoch keinesfalls in allen Gesellschaften ein Grund dafür, bestimmte Tiere nicht zu essen. Beispielsweise geben die am Amazonas lebenden Kalapalo an, dass Affen verzehrt würden, gerade *weil* sie den Menschen ähnlich sind. Als Nahrung gelten in diesem System Tiere, die wie die Kalapalo selbst friedfertig sind, wogegen andere, aggressivere Tiere gemieden werden (vgl. Eder 1988: 123 u. 143ff.). Hier ist der Parameter „Nähe zum oder Ähnlichkeit mit dem Menschen" also unter umgekehrten Vorzeichen zu sehen.

Eventuell aufgrund des in unserer eigenen Kultur inzwischen tradierten Tabus hinsichtlich des Verzehrs von Hundefleisch und der Tatsache, dass nicht einmal die Möglichkeit der Schlachtung von Hunden von weiten Teilen der Bevölkerung erwogen wird (vgl. Geppert 1990: 1), scheinen einige Autoren, die sich mit der Bedeutung des Hundes in der Vor- und Frühgeschichte beschäftigten, die Möglichkeit, dass Hunde (auch) gegessen wurden, offenbar auch für die Vergangenheit völlig zu ignorieren. H. Sprankel stellte hierzu fest, dass „über den Verzehr des Hundes in unserem Kulturkreis grundsätzlich der Deckmantel des Schweigens" (Sprankel 1987: 163) gebreitet werde. Auch P. Danner (2003) weist darauf hin, dass die Tabuisierung der Kynophagie in der westlichen Welt sich lange Zeit auf die Erforschung dieses Ernährungsverhaltens ausgewirkt habe, weshalb wohl auch im umfangreichen Beitrag zum Thema „Hund" in Paulys Realenzyklopädie der klassischen Altertumswissenschaft aus dem Jahr 1913 kein Hinweis zu diesem Aspekt zu finden ist. Im 1998 erschienenen „Neuen Pauly" heißt es dazu kurz und knapp: „In historischer Zeit wurde er (im Gegensatz zu Ostasien) nirgendwo mehr gegessen" (Hünemörder 1998: 157). Hiergegen sprechen verschiedene Quellen, die belegen, dass auch in Europa Hundefleisch verzehrt wurde und dass es in einigen Kulturen bis heute als Delikatesse gilt. Im Folgenden sollen einige Erklärungsansätze von Nahrungstabus im Zusammenhang mit Hundefleisch Umständen bzw. Motiven von Kynophagie gegenübergestellt und ein Blick auf die Bedeutung des Hundes als Nahrungslieferanten in vor- und frühgeschichtlicher Zeit geworfen werden.

2   Erklärungsansätze für Nahrungstabus

In nahezu keiner Kultur zählen sämtliche prinzipiell verfüg- und genießbaren Tiere und Pflanzen zur regulären Nahrung, sodass entsprechende Nahrungsregeln ein weites Feld für Kultur- und Sozialwissenschaftler sind. Die Erklärungen für Nahrungstabus divergieren entsprechend von kulturübergreifenden, rationalistischen bis zu relativen, auf kulturimmanenten Ordnungssystemen basierenden Ansätzen, die hier am Beispiel des Verzehrs von Hunden skizziert werden sollen.

2.1 Religiös bedingte Nahrungstabus

Bei der Beschäftigung mit religiös bedingten Nahrungstabus stoßen wir auf Reinheits- und Unreinheitsvorstellungen als Grundelementen religiösen Denkens. Der Nichtverzehr von Hunden und anderen Tieren wird unter diesem Aspekt mit ihren Eigenschaften als Aas- oder Unratverzehrer in Zusammenhang gebracht oder damit, dass sie ihr Erbrochenes oder den Kot anderer Tiere fräßen (vgl. Schumacher 2003: 11) und selbst vor menschlichen Kadavern oder den Überresten der eigenen Artgenossen nicht Halt machten (vgl. Simoons 1994). Möglicherweise resultiert hieraus die weit verbreitete Vorstellung, wonach der Hund zu den unreinen Tieren zählt. Von der Vorstellung der Unreinheit ausgeschlossen waren meist neugeborene bzw. Jungtiere. Insbesondere noch gesäugte Welpen galten in der Antike häufig als besonders „rein". In den Vorstellungen von Reinheit und Unreinheit und damit verbundenen potenziellen Nahrungstabus kann somit auch das Alter der Tiere von Bedeutung sein. Andererseits wird der Hund häufig als engster Gefährte des Menschen gesehen und sein Verzehr deshalb als unmöglich und schändlich bzw. unrein empfunden. Beispielsweise gehört in den alt-indischen Nahrungsregeln Apastamba Dharma-sūtra (ca. 500 v. Chr.-200 n. Chr.) und Vasishta Dharma-sūtra (100 v. Chr.-500 n. Chr.) Hundefleisch zu den unreinsten und deshalb verbotenen Fleischsorten. Auch nach der Rig Veda ist der Konsum von Hundefleisch eine der unreinsten Taten, die ein Mensch vollbringen kann (vgl. Prakash 1961: 39f.; Doniger O'Flaherty 1981: 145). Im Symbolismus der post-vedischen Sanskrit-Literatur ist der Hund das Gegenteil der reinen und heiligen Kuh (vgl. Simoons 1994: 214f.). Beide sind vom Verzehr ausgeschlossen, sodass der Zusammenhang des Nahrungstabus mit den angeführten Eigenschaften des Hundes nicht unmittelbar plausibel erscheint. Auch bei den Ägyptern ergab sich die Tabuisierung des Verzehrs verschiedener Tierarten aus positiver Konnotation, weshalb die in einem Heiligtum, einer Stadt oder einem Gau als Verkörperung, Attribut oder Besitz einer wichtigen Gottheit geltenden Tiere nicht gegessen wurden (vgl. Lorenz 2000: 159ff.). Religiös bedingte Nahrungstabus lassen sich demnach keinesfalls ausschließlich für Tiere erfassen, denen bestimmte negative Merkmale zugewiesen werden, sondern umgekehrt können auch religiös besonders positiv konnotierte Lebewesen hierunter fallen.

Im Zusammenhang mit religiösen Nahrungstabus geht M. Douglas insbesondere der Frage nach, weshalb im dritten Buch Mose einige Tiere als unrein bezeichnet werden, andere dagegen als rein. Nach einer Zusammenfassung verschiedener Erklärungsansätze, ausgehend von der mittelalterlichen Betrachtung des im 12. Jahrhundert wirkenden jüdischen Philosophen und Arztes Moses Maimonides bis hin zu zeitgenössischen Interpreten der alttestamentarischen Nahrungsregeln, konstatiert sie:

Alle Interpretationsversuche, die die Verbote des Alten Testaments einzeln und unabhängig voneinander betrachten, müssen fehlschlagen. Die einzig vernünftige Methode ist die, Hygiene, Ästhetik, Moral und instinktiven Abscheu, ja sogar die kanaanäischen und zoroastrischen Magier zu vergessen und sich den Texten zuzuwenden, da jedem der Unterlassungsgebote das Gebot, heilig zu sein, vorausgeht. Zwischen der Heiligkeit und den Greueln muss es eine Unvereinbarkeit geben, die den verschiedenen Einzelvorschriften einen übergreifenden Sinn verleiht (Douglas 1988: 68f.).

Zwar entbehren ihre Interpretationen der Reinheitsvorschriften, denen zufolge „die Speisegesetze wie Zeichen [waren], die in jedem Moment zum Nachdenken über die Einheit, Reinheit und Vollkommenheit Gottes anregten" (Douglas 1988: 78), nicht einer nachvollziehbaren Logik und betonen die kultur- bzw. religionsimmanenten Klassifikationsschemata; als Erklärungsansatz für das Verbot von Kynophagie helfen sie jedoch nur bedingt weiter.

2.2 Gesundheitlich begründete Nahrungstabus

Zum Teil eng mit der Vorstellung der Unreinheit von Tieren verbunden ist das Argument, wonach etwa der Verzehr von Schweine- und Hundefleisch gesundheitsschädigende Folgen haben könne. Bereits Hildegard von Bingen warnte, dass Hundefleisch nicht für den Menschen zu gebrauchen, sondern sogar schädlich sei. Leber und Eingeweide des Hundes seien giftig und selbst etwas, wovon er gefressen hat, „soll ein Mensch nicht mehr genießen, weil er sonst von dem Gift des Hundes mit aufnähme, das der Hund in die Überreste speit" (zit. n. Riethe 1989: 121). In jüngerer Zeit war es wie beim Schweinefleisch vor allem die Angst vor im Fleisch vorhandenen Trichinen. Die durch diesen Erreger bei Verzehr von nicht ausreichend gekochtem Fleisch entstehende Trichinose galt wie die Tollwut im 19./20. Jahrhundert als Argument gegen die Einfuhr von Hundefleisch. Anders hatten das noch antike Autoren wie Hippokrates, Plutarch oder Plinius der Ältere gesehen, die den Verzehr von Hundefleisch als Heilmittel gegen diverse Krankheiten hervorhoben, und auch das Mittelalter und die frühe Neuzeit kennen Rezepte für Arzneien, die aus Teilen des Hundes erzeugt werden (vgl. Brehm 1876: 592; zusammenfassend auch Ramminger 2014: 493ff.). Als Grund für ein generelles Hundeschlachtungsverbot konnte das neuzeitliche Argument der Krankheitsübertragung jedenfalls nicht überzeugen, da prinzipiell sämtliche Tiere Seuchen übertragen können.

2.3 Identitätsbegründete Nahrungstabus

Funktionalistischen Ansätzen zufolge sind Speisetabunormen generell Mechanismen der Identitätsstiftung und dienen der Herstellung sozialer Solidarität. In Abgrenzung zu Nahrungsregeln einer anderen Gruppe wird dieser Erklärung nach auf bestimmte Speisen verzichtet, weil bestimmte Tierarten „gut zum Verbieten und damit Kommunikationsmedium für normative Regelungen sind, die die Aufrechterhaltung einer sozialen Ordnung in Raum und Zeit sicherstellt" (Eder 1988: 107f.). Nahrungstabus dienen demnach in erster Linie als Grenzmarkierungen zwischen ethnischen oder anderen kulturellen Einheiten bzw. zur Abgrenzung der eigenen Gruppe gegenüber der sozialen Umwelt. Häufig sind diese Identitäten eher von außen zugeschrieben, was sich in Bezeichnungen wie „Krauts", „Spaghettifresser", „Rohfleisch-" oder „Froschesser" ausdrückt. Hierbei bleibt allerdings zu hinterfragen, ob der Verzehr von Hundefleisch, ebenso wie beispielsweise der von Menschenfleisch, nicht gerüchteweise dem „anderen Dorf" oder der „anderen Gruppe" nachgesagt wird. Die eigene Gruppe gilt bekanntlich weltweit als die „gute Norm", wogegen mit der Definition des „anderen" häufig eine Abwertung und Ablehnung verbunden ist. Als Erklärungsansatz für das alttestamentarische Nahrungstabu von Hundefleisch ist Identitätsstiftung, wie P. Danner (2003) sicher zu Recht bemerkt, ohnehin nicht einleuchtend, da auch für die Nachbarn der frühen Juden im Nahen Osten keine Kynophagie nachweisbar ist.

2.4 Durch Effizienz begründete Nahrungstabus

Der Kulturmaterialist M. Harris als wohl prominentester Vertreter dieses Erklärungsansatzes sieht Carnivoren insbesondere deshalb häufig vom Speiseplan verbannt, weil sie sich selbst von Fleisch ernähren und deshalb eine ineffektive Fleischquelle darstellen (vgl. Harris 1991: 193). Anders ausgedrückt weisen „Hunde einfach eine zu ungünstige Relation zwischen Protein-Input und Protein-Output auf" (Eder 1988: 139). Außerdem würden andere Funktionen des Hundes, wie die als Prestigeobjekt, Unterhalter, Wächter oder Jagdgehilfe, schwerer wiegen (vgl. Harris 1991: 188ff.). Der ökonomische Vorteil von Nahrungstabus besteht in dieser Logik darin, die Proteinzufuhr einer Population auf Tiere zu beschränken, die eine ökonomisch optimale Versorgung unter gegebenen natürlichen Bedingungen erlauben. Für Gruppen, deren Habitat an fischreichen Gewässern liegt, ergeben sich daraus Nahrungstabus von an Land lebenden Tieren, wogegen solche Gruppen, die in Entfernung von Gewässern siedeln, Landtiere jagen oder züchten müssen, um an die notwendigen Proteine zu gelangen (vgl. Eder 1988:

117). Dieser ökonomisch-rationalistische Erklärungsansatz, der Esstabus aus dem Nutzen heraus erklärt, den ein Verzicht auf Fleisch eines bestimmten Tieres für eine definierte Gemeinschaft hat, trifft allerdings allein deshalb nicht voll zu, weil Hunde bekanntlich als Omnivoren auch rein vegetarisch ernährt oder mit Abfällen der Menschen gefüttert werden können, sodass die Effizienzrechnung hier „des Pudels Kern" nicht treffen kann. Nahrungswirtschaftlich betrachtet lässt der hohe Protein- und Wassergehalt von Hunde- im Vergleich etwa zum Rindfleisch den Verzehr dieser Tiere insbesondere in den Sommermonaten sogar als bekömmlicher erscheinen, wenngleich in der chinesischen Heiß-Kalt-Klassifikation Hundefleisch zu den stärkenden Nahrungsmitteln zählt, die vornehmlich im Winter empfohlen werden. Auch in Taiwan wird Hundefleisch eine so stark wärmende Funktion zugemessen, dass man nach dem Verzehr selbst im Winter ohne Decke schlafen könne (vgl. Simoons 1994: 205 u. 212).

Gelegentlich wird die im Vergleich zu anderen Schlachttieren geringere Größe von Hunden als Argument dafür angeführt, dass diese Tiere für die Ernährung nur eine marginale Rolle spielen (vgl. z. B. Geppert 1990: 193). Betrachtet man die Größe von Hunden jedoch neben der von Geflügel, Hasen oder Kaninchen, so ist auch dieses Argument wenig stichhaltig. Vergleicht man die Energiegehalte von Hundefleisch mit dem anderer Tiere, so erscheint die Haltung von Hunden auch unter diesen Effizienzaspekten als Nahrungsquelle nicht mehr so abwegig wie auf den ersten Blick. Das Fleisch moderner Haushunde enthält mit durchschnittlich 23,5 g je 100 g roher Portion beispielsweise einen höheren Fettanteil als das moderner Hausrinder mit 22,1 g je 100 g (vgl. Leung et al. 1972; Geppert 1990: 13ff.). Rationalistisch-ökonomische Gründe gegen den Verzehr von Hundefleisch sind somit nicht stichhaltig. Auch die angeführten Energiegehalte von Hundefleisch dürften vorhandene oder nicht-vorhandene Nahrungstabus nicht näher beeinflussen. Ob eine Speise als Delikatesse oder als nicht-essbar erachtet wird, hängt keinesfalls von den jeweiligen Brennwerten ab, wie etwa Kaviar, Froschschenkel oder Heuschrecken zeigen.

2.5 Auf kulturimmanenten Ordnungssystemen basierende Nahrungstabus

K. Eder (1988: 127ff.) fasst rationalistische, funktionalistische und strukturalistische Erklärungen zu Nahrungstabus zusammen. Insbesondere erstere können, wie am Beispiel von Hundefleisch gezeigt, als wenig plausibel erachtet werden. In seiner historisch-vergleichenden Analyse von Naturverständnissen und damit verbundenen Ernährungsgewohnheiten weist Eder auf einen Gesichtspunkt hin, den er als „ökologische Moral" bezeichnet (vgl. Eder 1988: 9 u. 150ff.). Durch eben jene „ökologische Moral" werde der praktische Umgang mit der Natur geregelt und damit auch, was dem Menschen als essbar erscheint und was nicht. Essregeln und Essverbote drücken demnach ein kollektives moralisches Gefühl oder moralisches Empfinden aus und definieren als „kulinarische Moral" einen Großteil sozialen Verhaltens (vgl. Eder 1988: 103f.). Eine strukturalistische Erklärung von Essverboten müsse, so argumentiert Eder, den kognitiven Aspekt dahingehend berücksichtigen, dass Tiere in kulturspezifische Ordnungs- bzw. Welterklärungssysteme integriert sind. Erst wenn die Struktur einer kognitiven Weltordnung bekannt ist, kann demnach auch die Bedeutung des Einzelelementes bestimmt werden. Nahrungstabus struktural zu analysieren heißt somit, den Platz zu definieren, den ein tabuisiertes Tier in einem kulturell immanenten Klassifikationssystem der Tierwelt einnimmt.

Diesen unterschiedlichen Erklärungsansätzen für Nahrungstabus im Zusammenhang von Kynophagie lassen sich verschiedene Umstände und Motive für den Verzehr von Hundefleisch gegenüberstellen, die belegen, dass keinesfalls eine universelle Begründung für oder gegen Kynophagie vorliegt, sondern dass die damit verbundenen Nahrungsregeln kulturimmanente Traditionen sind, die auch durch Ver- oder Gebote nicht zwangsläufig und unmittelbar aufgegeben werden.

3 Beispiele für den Verzehr von Hundefleisch

Außereuropäische Beispiele für Kynophagie sind aus verschiedenen Regionen der Welt überliefert. F. Simoons (1994: 200ff.) und J. Serpell (1995: 248) führen Beispiele aus Südostasien und Indochina, Nord- und Mittelamerika, Afrika und von Inseln des Pazifischen Ozeans an. Simoons stellt heraus, dass Kynophagie bei verschiedenen indigenen Gruppen Amerikas, in Ost- und Südost-Asien und den Pazifischen Inseln sowie in Afrika verbreitet war und sich auch gegen Restriktionen politischer Machthaber gehalten habe (vgl. Simoons 1994: 207 u. 221). Recht bekannt ist der Verzehr von Hunden in Ostasien, insbesondere in China und Korea, wo Hunde, wenngleich heute illegal (Korea Animal Protection Society 2003), ebenso wie in Westafrika und auf den Philippinen, wie andere Haustiere auch speziell zu diesem Zweck gezüchtet und geschlachtet werden, da ihr Fleisch als besondere Delikatesse gilt. Andererseits werden Hunde in Korea als Haustiere gehalten und im Todesfall auf die gleiche Art und Weise behandelt wie ein Mensch:

> The funeral procedures are not different from those of a human funeral. The dog is dressed in ramie burial clothes and laid in a small coffin made of paulownia wood.

After the body is cremated in a special pet crematorium, the ashes are laid to rest in a dog charnel (Korea Herald 2000, zit. n. Morey 2010: 87f.).

Entsprechend wird dort ein Unterschied zwischen dem eigenen Hund und solchen gemacht, die beim Schlachter für den Verzehr erworben werden (vgl. Simoons 1994: 209).

Schriftquellen über Kynophagie in Afrika sind bereits aus dem Mittelalter in Form von arabischen Reiseberichten vorhanden (vgl. Lewicki 1974: 89ff.; Frank 1965). Hunde wurden demnach von Berbergruppen in Marokko, Tunesien, Nigeria sowie im Sudan geschlachtet. Die Tiere wurden zu diesem Zwecke gemästet und von Privathändlern oder in Metzgereien verkauft (vgl. Simoons 1994: 227). Mit dem Aufkommen des Islam nahm diese Praxis zwar ab (vgl. Linseele 2004: 324), sie hielt sich in Nordafrika trotz massiver Repression durch den Islam und Kolonialherren aus Frankreich und Italien jedoch insbesondere bei Berbergruppen bis in das 20. Jahrhundert (vgl. Simoons 1994: 227f.). So berichtet etwa L. C. Briggs (1960) von Hundeschlachtungen zu rituellen, magischen und medizinischen Zwecken, die Mitte des 20. Jahrhunderts in Oasen der Zentralsahara stattgefunden hätten. Simoons (1994: 221f.) erwähnt den Verzehr von Hundefleisch aus medizinischen Gründen auf den Philippinen, wo es außerdem bei Übergangsfeiern wie Beerdigungen und Hochzeiten gegessen worden sei.

Für das moderne Afrika hat B. Frank 1965 eine Übersicht über unterschiedliche Nahrungsge- und -verbote im Zusammenhang mit Hundefleisch zusammengestellt. Darin sind das Kongobecken und Westafrika als Kerngebiete für Kynophagie aufgeführt. Hunde wurden dort in der Regel nicht im Alltagskontext verzehrt, sondern waren Bestandteil besonderer zeremonieller Speisen und teilweise nur Männern oder nur Frauen vorbehalten.

Aus Süd- und Mesoamerika zitiert E. Wing (1978: 39) einen historischen Beobachter einer Marktszene des klassisch-aztekischen Zentrums in Mexiko. Dieser erwähnt, dass 1539 auf dem Marktplatz in Alcoman 400 Hunde zum Verkauf angeboten worden seien, zu einem höheren Preis als das Fleisch anderer Tiere. Die extra hierfür gezüchteten kleinen Hunde wurden speziell gemästet und ausschließlich im Rahmen bestimmter Festlichkeiten verzehrt. Wenngleich solche frühen Reiseberichte nicht selten Übertreibungen, Verzerrungen oder völlige Fehlmeldungen enthielten, um die neu entdeckten Völker in einem bestimmten Licht erscheinen zu lassen, bestätigen Untersuchungen von Tierknocheninventaren prähistorischer Siedlungen in Veracruz, Mexiko, dass „dogs may be considered the basic animal protein, supplemented by snook, a seasonally available aquatic resource" (Wing 1978: 39). Wing schätzt auf Basis der Tierknochen, dass Hundefleisch je nach Siedlung durchschnittlich 11 bis 53 % der Nahrung ausmachte.

Ethnohistorische Berichte der Missionare John Dunbar und Samuel Allis aus dem Jahr 1880 geben Zeugnis davon, dass bei den in Nebraska lebenden Pawnee „a fattened dog also constituted a most delicious repast" (Dunbar 1880: 323). Archäozoologische Untersuchungen bestätigen den Verzehr von Hunden in verschiedenen Pawnee-Siedlungen (vgl. Snyder 1991). Aus ethnographischen Berichten sind zudem unterschiedliche Motive für die Haltung von Hunden in ein und derselben Gruppe überliefert. Bei den nordamerikanischen Sioux wurde beispielsweise ein Unterschied gemacht zwischen Hunden, die einen Namen erhielten und eng mit den Menschen zusammenlebten und solchen ohne eigenen Namen, deren Fleisch verzehrt wurde (vgl. Serpell 1995: 249).

Diese Schriftquellen entnommenen Beispiele lassen sich durch archäozoologische Funde ergänzen, die belegen, dass auch in der europäischen Vorgeschichte und Antike der Verzehr von Hunden keinesfalls ausgeschlossen war. Anthropogene Spuren an Knochen lassen auf Schlachttechniken schließen und liefern damit eine Methode, Erkenntnisse über die ernährungswirtschaftliche Nutzung einer bestimmten Tierart in ihrem kulturellen Kontext zu gewinnen. Archäozoologisch ist der Verzehr von Hunden am eindeutigsten durch entsprechende Schnitt- und Hackspuren auf Knochen abzuleiten (vgl. z. B. Ewersen/Ramminger 2010; Ewersen 2012; Ewersen/Ramminger 2013). Brandspuren können ebenfalls auf einen Konsum von Hundefleisch hindeuten, ebenso wie der Fragmentierungsgrad und die Verteilung der Knochen innerhalb einer Siedlung oder die Altersstruktur der Tiere. Weisen die Hundeknochen eine vergleichbare Fragmentierungsstruktur auf, wie die der übrigen Nutztiere, und kommen sie wie diese als Einzelknochen in den Nahrungsabfällen vor, so ist auch in Fällen, in denen keine dezidierte Spurenanalyse Hinweise auf Zerlegung liefert, an Schlachtung und Verzehr zu denken. D. F. Morey (2010: 91, Tab. 5.1) publizierte jüngst eine Zusammenstellung archäologischer Befunde, für die der Verzehr von Hundefleisch nachgewiesen ist. Diese überregionale Sammlung, die Beispiele aus Europa, Asien, Nord- und Mittelamerika enthält, lässt sich durch weitere Fälle aus verschiedenen Epochen der Vor- und Frühgeschichte im deutschsprachigen Raum ergänzen (vgl. Ramminger 2014). Sie zeigt, ebenso wie die ethnographischen und historischen Beispiele, dass der Verzehr von Hunden keinesfalls als singuläres Phänomen zu betrachten ist, sondern weltweit zu verschiedenen Zeiten praktiziert wurde. Bei dem Versuch, aus archäologischen Hinterlassenschaften kulturdeterminierte kognitive Bedeutungs- bzw. Ordnungssysteme als Hintergrund für oder gegen den Verzehr bestimmter Speisen zu rekonstruieren, stößt man allerdings schnell an Grenzen. Durch die Kontextualisierung der Einzelfunde und Fundplätze sowie durch zeitlich und räumlich vergleichende Studien lassen sich jedoch Indizien für bestimmte Motive eruieren. In den letzten Jahrzehnten mehren sich archäozoologische Nachweise für die Konsumption von Hundefleisch durch häufiger werdende Untersuchungen von Zerlegungsspuren an Knochen. Entsprechende Belege liegen mit unterschiedlicher Intensität und lokalen und kulturellen Varianten aus nahezu sämtlichen Epochen vor. So konnte ein von der Deutschen Forschungsgemeinschaft gefördertes Projekt zur Untersuchung der wirtschaftlichen Bedeutung von Haushunden in jungsteinzeitlichen Siedlungen (Ewersen/Ramminger 2010 u. 2013) zeigen, dass für das Neolithikum mit regionalen und kulturellen Unterschieden in der Nutzung von Hunden zu rechnen ist. Während P. Danner (2003: 83f.) noch davon ausging, dass im mitteleuropäischen, anders als etwa im griechischen Neolithikum Hundefleisch kein nennenswertes Nahrungsmittel war, muss dies zumindest für küstennahe Siedlungen Norddeutschlands und Skandinaviens sowie für einige jungneolithische Seeufersiedlungen der Schweiz doch angenommen werden (vgl. Ewersen/Ramminger 2010; Ewersen/Schmölcke 2013). Hunde wurden beispielsweise in Siedlungen der Trichterbecherkultur der norddeutschen Küstenregionen generell häufiger gegessen als weiter im Binnenland. Auf einigen dieser Fundplätze weisen mehr als ein Drittel der Hundeknochen entsprechende anthropogene Spuren auf. In verschiedenen Inventaren der Trichterbecherkultur Dänemarks haben Hundeknochen zudem vergleichsweise hohe Anteile von mehr als 5 % am Säugetierknocheninventar, und auch in mehreren polnischen Siedlungen dieser Kultur sind Hunde mit 14 bzw. 7 % vergleichsweise stark in den Faunenspektren repräsentiert (vgl. Steffens 2007: 474ff.; zusammenfassend Ramminger 2014: 77ff.). Durchschnittlich machen Knochen vom Hund, die insbesondere auf den frühen Fundstellen der Trichterbecherkultur häufig nahezu die einzigen Reste domestizierter Tiere sind, etwa 4 % der Säugetierknochen aus. Die überwiegend einzeln überlieferten Knochen sind wie die der anderen Tiere über die Fundplätze verstreut. Die höhere Frequenz der Schnittspuren an Hundeknochen auf den küstennahen Plätzen lässt – ebenso wie das regelmäßige Vorkommen, die vergleichsweise hohen Anteile und die Überlieferung von Einzelknochen – eher auf Alltagsnahrung als auf Notrationen in Krisenzeiten schließen. Hierbei kann es sich um ältere regionale Nahrungstraditionen handeln, denn auch auf mesolithischen Stationen in Norddeutschland und Skandinavien sind entsprechende Zerlegungsspuren an Hundeknochen festzustellen (vgl. z. B. Ewersen/Schmölcke 2013; Ramminger 2014: 44ff.).

Aus eisenzeitlichen Siedlungen der Kelten ist bereits seit Längerem der Verzehr von Hunden bekannt. So korrespondiert etwa das Altersprofil der Hunde aus dem französischen Levroux mit dem der Schweine aus dieser Siedlung, woraus M.-P. Horard-Herbin (2000: 119) folgert, dass überschüssige junge Hunde geschlachtet und nur ausgewählte Tiere für andere Zwecke behalten wurden. Entsprechend zeigt auch die Altersstruktur der Hunde aus der Keltensiedlung von Eberdingen-Hochdorf, dass ein Großteil dieser Tiere geschlachtet wurde, kurz nachdem sie ausgewachsen waren. An etwa einem Fünftel der von dort stammenden Hundeknochen waren Zerlegungsspuren festzustellen, außerdem Brandspuren, die auf das Grillen bzw. Braten der Hunde schließen lassen. Die Untersuchung der Verteilung der Faunenreste auf die Hausinventare dieser Siedlung zeigt, dass Hundeknochen prinzipiell in sämtlichen Befundkategorien gelandet sind, wobei sie häufiger in den Grubenhäusern anzutreffen waren. In 80 % der Tierknochenensembles aus Grubenhäusern waren Hundereste vertreten, wogegen aus den sogenannten Kellergruben lediglich in rund einem Drittel der Fälle Hundeknochen vorhanden waren. Beim Vergleich der Fleischkategorien fiel K. Schatz auf, dass die Inventare der Keller mehrheitlich (zu 66 %) Reste von „gehobenem Speiseabfall", erkennbar an Jungtieren, hochwertigen Fleischpartien, großstückiger Zerlegung und einem hohen Anteil an Brat- oder Grillspuren enthielten, wogegen die Grubenhäuser eher (zu 65,5 %) minderwertige Fleischpartien sowie eine für die „Suppenküche" typische kleinstückelige Zerlegung aufwiesen (vgl. Schatz 2009: 52). Da Hunde eher in den Inventaren der Grubenhäuser vorkommen, ist zu vermuten, dass ihr Verzehr nicht als besondere Delikatesse anzusehen ist, sondern eher als Nahrung für eine weniger privilegierte Gesellschaftsgruppe diente. Andererseits ist durch das Vorhandensein von Hundeknochen in Heiligtümern und verschiedenen Sonderbefunden wie Opfergruben, Brunnen und Schächten auch ein Verzehr zu besonderen Anlässen anzunehmen. Hierbei scheint es sich weniger um Einzelphänomene zu handeln, die auf singuläre Krisenzeiten deuten würden, als vielmehr um mehr oder minder regelmäßige Ereignisse.

Während bezüglich der Kynophagie der Kelten bereits seit längerem wissenschaftlicher Konsens herrscht, wurde der Verzehr von Hunden für die Germanen aufgrund der relativ häufigen Deponierungen kompletter Hundekörper in den Siedlungen generell in Abrede gestellt (vgl. z. B. Makiewicz 2000). Die kategorische Verneinung von Kynophagie bei germanischen Gruppen muss aufgrund jüngerer Untersuchungen an Hundeknochen aus der Feddersen Wierde allerdings revidiert werden. J. Ewersen (2010) konnte an einer Reihe dieser Funde Schnitt- und Hackspuren nachweisen, die auf Zerlegung und Ablösen des Fleisches und damit auf Verzehr schließen lassen, und auch an Funden aus anderen Inventaren (zusammenfassend Ramminger 2014: 280ff.) liegen entsprechende Merkmale vor. Zwar bleibt im Vergleich zu den keltischen ein generell anderes Überlieferungsmuster für Hunde aus germanischen Kontexten zu verzeichnen, wonach in letzteren häufiger ältere Tiere in Siedlungsbefunden, Heiligtümern oder Mooropferplätzen vollständig deponiert wurden, wogegen der Anteil der Einzelknochen in den Siedlungsbefunden durchschnittlich niedriger ist. Im Vergleich zu kaiserzeitlichen Fundplätzen der nördlichen römischen Provinzen, wo Hundeknochen meist weniger als 0,5 % ausmachen, haben Einzelknochen in germanischen Siedlungen jenseits des Limes jedoch einen deutlicheren Niederschlag, sodass dort ebenfalls zumindest gelegentlich Hundefleisch verzehrt worden sein dürfte.

In nahezu allen Epochen haben Hundeknochen nur einen geringen Niederschlag in den Fauneninventaren, wenngleich immer wieder einzelne Fundplätze mit höheren Anteilen auszumachen sind. So schreibt etwa C. Becker, dass in den von ihr untersuchten mittelalterlichen Siedlungen, gemessen am seltenen Vorkommen von Ritz- oder Hackspuren, Hunde nur selten oder gar nicht verzehrt wurden. Die Hundeknochen aus der „Mecklenburg" waren dagegen nachweislich ebenso stark zerschlagen wie die Knochen der übrigen Haustiere. Die Autorin folgert entsprechend: „Die Bewohner dieses Fundplatzes scheinen Hundefleisch nicht verschmäht zu haben" (Becker 1989: 21). Möglicherweise ist das Inventar der „Mecklenburg" ein Beleg für eine Krisenzeit, in der das aus sonstigen früh- und hochmittelalterlichen Inventaren und Schriftquellen zu erschließende Nahrungstabu gebrochen wurde.

Beispiele für den Verzehr von Hunden lassen sich jedoch nicht nur für regional oder zeitlich ferne Völker und Kulturen finden. P. Geppert, die sich wie bereits zuvor D. Rabitz (1955) mit der Schlachtung von Hunden im 19. und 20. Jahrhundert in Deutschland beschäftigte, stellt dar, dass diese mit der Industrialisierung, dem damit einhergehenden Bevölkerungsanstieg und mit der Nahrungsknappheit zugenommen habe. Eine Statistik über beschaute Hundeschlachtungen im Deutschen Reich, Sachsen, Preußen, Anhalt und Bayern zeigt, dass insbesondere in der Zeit des Ersten Weltkrieges und Anfang der 1920er-Jahre jährlich über 18.000 Hunde ihr Leben beim Hundemetzger ließen (vgl. Geppert 1990: 79, Abb. 7 u. 139f.). Hund galt in dieser Zeit zusammen mit Pferd als das billigste gewerblich zu gewinnende Fleisch (vgl. Geppert 1990: 158). Geppert zeigt auf, dass in Deutschland der Verzehr von Hundefleisch in den letzten beiden Jahrhunderten keinesfalls überall und dauerhaft stigmatisiert war, da man es „für festliche Gelegenheiten konserviert und Hundeschinken hergestellt habe". In Sachsen habe zudem rohes Hundefleisch als „Beefsteak à la tartare" als besondere Delikatesse gegolten, in anderen Gegenden habe man Mettwurst daraus gemacht oder Koteletts und Lendenstücke gebraten (vgl. Geppert 1990: 19). In Neapel wurde im 18. Jahrhundert vom einfachen Volk Hundefleisch gegessen und in den Städten Casalnuovo und Lecce wurden täglich Hunde zu diesem Zwecke auf den Markt gebracht (vgl. Fitzinger 1876: 27; Oeser 2004: 149). Auch im Londoner Straßenbild des frühen 20. Jahrhunderts gehörte der Hundefleischverkäufer zum Alltag (vgl. Floeßel 1906: 537), und im Schweizer Rheinland dienten Hunde lange Zeit ebenfalls als Fleischlieferanten (vgl. Rohner 2002). Entsprechende Beispiele werden auch in jüngerer Zeit von Schweizer Bergbauern berichtet. In einem Beitrag der Neuen Zürcher Zeitung vom 8. September

2003[1] werden beispielsweise die Appenzeller „Mostbröckli", worunter gedörrtes Hunde-, Rinder- oder Pferdefleisch verstanden wird, als traditionelles Gericht erwähnt, ebenso wie ein Restaurant in der Umgebung von Bern, in dem Hund serviert werde.

Die im Vergleich zu Resten anderer Tierarten häufig geringen Mengen von Hundeknochen in den archäozoologischen Inventaren dienen gelegentlich als Argument dafür, dass Hunde in prähistorischen Kulturen nicht geschlachtet wurden. Selbst in den schriftlich belegten Krisenzeiten der jüngeren Geschichte mit nachweisbar deutlich höheren Schlachtzahlen als in Zeiten ohne Not stellten Hunde allerdings lediglich 0,1 bis 0,2 % der erfassten Schlachttiere dar, was bei einem durchschnittlichen Verbrauch von 10 kg Fleisch pro Person und Jahr 0,5 % des Fleischkonsums der Bevölkerung entspricht, allerdings mit starken lokalen und sozialen Schwankungen. So lag der Anteil von Hunden an den Schlachttieren in Chemnitz in den Jahren von 1884 bis 1924 bei etwa 1,9 %, in den Jahren 1915 bis 1924 bei etwa 7,2 % und 1923 sogar bei 22,3 % (vgl. Geppert 1990: 193f). Entsprechende Beobachtungen mit deutlich höheren als den über die Epochen hinweg maximal 1-2 % Hundeknochen in den Fauneninventaren lassen sich auch immer wieder als Einzelfälle in vor- und frühgeschichtlichen Siedlungen ausmachen. Ob diese als Anzeiger für wirtschaftliche Notsituationen und damit verbundene Nahrungsengpässe dienen können, müssten zukünftige Untersuchungen zeigen.

Zusammenfassend lassen sich verschiedene Motive für Kynophagie festhalten. In verschiedenen Regionen der Welt galt und gilt Hundefleisch, insbesondere das junger Tiere, als besondere Delikatesse. Damit einher geht teilweise eine Beschränkung des Verzehrs auf Festtage, die mit religiösen Ereignissen zusammenhängen, wobei die Hunde im Rahmen von Ritualen geopfert und anschließend verzehrt werden. Selbst in diesen Gesellschaften besteht jedoch häufig ein ambivalentes Verhältnis zum Verzehr von Hundefleisch. Einige Menschen schrecken davor zurück, ihre eigenen Hunde zu töten und zu essen, ohne die gleichen Skrupel bei fremden Hunden zu haben; andere verzehren dieses Fleisch nur zu besonderen Anlässen. Damit einhergehen können geschlechtsspezifische Nahrungsregeln, wonach entweder nur Männer oder nur Frauen von dem Fleisch kosten dürfen. In anderen Fällen ist der Verzehr auf unterprivilegierte Gruppen oder ausgesprochene Notzeiten beschränkt. Gelegentlich scheint aus der „Not eine Tugend" gemacht worden zu sein, wie Rezeptbeispiele aus Münchner Tageszeitungen des 19. Jahrhunderts zeigen, die auf eine größere Akzeptanz von Hundefleisch in der Bevölkerung abgezielt haben dürften. Von der Antike bis in das letzte Jahrhundert hinein sind zudem Hunde oder bestimmte Teile davon aus medizinischen Gründen verzehrt worden. Eine

---

1 http://www.nzz.ch/aktuell/startseite/article91BJ3-1.300541 (Zugriff: 27.03.2014).

ausschließlich auf nahrungswirtschaftliche Zwecke ausgerichtete Hundezucht lässt sich dagegen in den wenigsten Fällen nachweisen.

Nahrungsregeln sind einerseits kulturspezifisch, andererseits durch Angebot und Bedarf geregelt. So wurden und werden in Notzeiten die für eine spezifische Kultur geltenden Nahrungstabus gebrochen. Für nahezu sämtliche Epochen der Vorgeschichte bis in heutige Zeit hinein lassen sich aus zahlreichen archäologischen und rezenten ethnographischen und volkskundlichen Beispielen Nachweise für Kynophagie finden, die zeigen, dass sich Nahrungsgewohnheiten auch unter massivem politischem Fremdeinfluss, durch religiöse Dogmen oder sonstige ethische Gründe teilweise genauso wenig beeinflussen lassen wie durch Modewellen oder kulinarische Trendbewegungen. F. Simoons (1994: 228) fasst dies folgendermaßen zusammen: „It shows that nutritional good sense can sometimes prevail against great odds". Unter anderem zeigen die modernen Beispiele aus der Schweiz, dass selbst mehr oder minder paneuropäische Nahrungstabus auf bestimmte Gruppen keinen Einfluss haben.

Literatur

André, Jacques (1998): Essen und Trinken wie im alten Rom. Stuttgart: Reclam.
Becker, Cornelia (1989): Die Nutzung von Tieren im Mittelalter zwischen Elbe und Oder. In: Herrmann, Bernd (Hrsg.): Umwelt in der Geschichte. Göttingen: Vandenhoeck & Ruprecht, 7–25.
Brehm, Alfred Edmund (1876): Brehms Tierleben. Allgemeine Kunde des Thierreichs. Große Ausgabe, Bd. 1, 2. Aufl. Leipzig: Bibliographisches Institut.
Briggs, Lloyd Cabot (1960): Tribes of the Sahara. Cambridge: Harvard University Press.
Danner, Peter (2003): Kynophagie. Der Verzehr von Hundefleisch in Vorgeschichte und Antike. In: Laverna. Beiträge zur Wirtschafts- und Sozialgeschichte der Alten Welt, Bd. 14. Gutenberg bei Bad Kreuznach: Scripta Mercaturae Verlag, 65–97.
Doniger O'Flaherty, Wendy (1981): The Rig Veda: An Antholoogy. London: Penguin Books.
Douglas, Mary (1988 [1966]): Reinheit und Gefährdung. Eine Studie zur Vorstellung von Verunreinigung und Tabu. Frankfurt a. M.: Suhrkamp.
Dunbar, John (1880): The Pawnee Indians – Their habitats and customs. In: Magazine of American History 5(5), 321–345.
Eder, Klaus (1988): Die Vergesellschaftung der Natur. Studien zur sozialen Evolution der praktischen Vernunft. Frankfurt a. M.: Suhrkamp.
Ewersen, Jörg (2010): Hundehaltung auf der kaiserzeitlichen Wurt Feddersen Wierde – ein Rekonstruktionsversuch. In: Siedlungs- und Küstenforschung im südlichen Nordseegebiet, Bd. 33. Rahden/Westfalen: VML Verlag Marie-Leidorf, 53–75.
Ewersen, Jörg (2012): Der Haushund – geliebt, gebraucht und gegessen. In: Ramminger, Britta/Lasch, Heike (Hrsg.): Hunde, Menschen, Artefakte. Gedenkschrift für Gretel

Gallay. In: Internationale Archäologie Studia Honoraria, Bd. 32. Rhaden/Westfalen: VML Verlag Marie Leidorf, 249–262.

Ewersen, Jörg /Ramminger, Britta (2010): Die Rolle des Hundes in Siedlungen des Endmesolithikums und Neolithikums im norddeutschen Raum – Vorbericht. Archäologisches Korrespondenzblatt 40(3), 331–350.

Ewersen, Jörg/Ramminger, Britta (2013): Zur Haltung und Nutzung von Haushunden auf neolithischen Fundplätzen in Mittel- und Süddeutschland sowie der Schweiz. In: Römisch-Germanische Kommission des Deutschen Archäologischen Instituts (Hrsg.): Germania. Anzeiger der Römisch-Germanischen Kommission des Deutschen Archäologischen Instituts, Bd. 91. Frankfurt a. M.: Verlag Henrich Editionen, 1–38.

Ewersen, Jörg/Schmölcke, Ulrich (2013): Untersuchungen zur Haltung und Nutzung von Haushunden auf meso- und neolithischen Fundplätzen im nördlichen Deutschland. In: Ramminger, Britta (Hrsg.): Studien zur Jungsteinzeit in Norddeutschland I. Universitätsforschungen zur Prähistorischen Archäologie, Bd. 240. Bonn: Habelt, 267–299.

Floeßel, Ernst (1906): Der Hund, ein Mitarbeiter an den Werken des Menschen. Wien/Leipzig: A. Hartleben.

Fitzinger, Leopold Joseph (1876): Der Hund und seine Racen. Naturgeschichte des zahmen Hundes, seiner Formen, Racen und Kreuzungen. Tübingen: Kessinger Publishing Repro 2010.

Frank, Barbara (1965): Die Rolle des Hundes in afrikanischen Kulturen. In: Studien zur Kulturkunde, Bd. 17. Wiesbaden: Steiner.

Geppert, Pia (1990): Hundeschlachtungen in Deutschland im 19. und 20. Jahrhundert unter besonderer Berücksichtigung der Verhältnisse in München. München: Georg-August-Universität.

Greenewalt, Crawford H. Jr. (1978): Ritual Dinners in Early Historic Sardis. Berkeley: University of California Press.

Harris, Marvin (1991): Wohlgeschmack und Widerwillen. Die Rätsel des Nahrungstabus. Stuttgart: Klett Cotta.

Horard-Herbin, Marie-Pierre (2000): Dog management and use in the late iron age. The evidence from the Gallic site of Levroux (France). In: Crockford, Susan J. (Hrsg.): Dogs through Time. An Archaeological Perspective. Oxford: Archaeopress, 115–121.

Hünemörder, Christian (1998): Stichwort „Hund". In: Der neue Pauly. Enzyklopädie der Antike, Bd. 5. Stuttgart/Weimar: Metzler, 755–758.

Janotta, Christine Edith (1994): Der Hund im Mittelalter. Innsbrucker Historische Studien, Bd. 14/15. Innsbruck: Inn-Verlag, 13–32.

Leung, Woot-Tsuen Wu/Butrum, Ritva Rauanheimo/Chang, Flora Huang (1972): Proximate Composition, Mineral and Vitamins Contents of East Asian Foods. In: Food and Agriculture Organisation of the United Nations (Rome) and the U.S. Department of Healths, Education and Welfare (Hrsg.): Food Composition Table for Use in East Asia. DHEW publication.

Lewicki, Tadeusz (1974): West African food in the Middle Ages. According to Arabic Sources. Cambridge: Cambridge University Press.

Linseele, Veerle (2004): Cultural identity and the consumption of dogs in western Africa. In: O'Day, Sharyn Jones/van Neer, Wim/Ervynck, Anton (Hrsg.): Behaviour behind bones: the zooarchaeology of ritual, religion, status and identity. Oxford: Oxbow Books, 318–326.

Lorenz, Günther (2000): Tiere im Leben der alten Kulturen. Schriftlose Kulturen, Alter Orient, Ägypten, Griechenland und Rom. In: Alltag und Kultur im Altertum, Bd. 5. Wien: Böhlau.

Makiewicz, Tadeusz (2000): Stichworte „Hund" und „Hundegräber". In: Hoops, Johannes (Hrsg.): Reallexikon der Germanischen Altertumskunde, Teilband 15. Berlin/New York: de Gruyter, 219–232.

Morey, Darcy F. (2010): Dogs: Domestication and the Development of a Social Bond. Cambridge: Cambridge University Press.

Oeser, Erhard (2004): Hund und Mensch – Die Geschichte einer Beziehung. Darmstadt: Primus.

Prakash, Om (1961): Food and Drinks in Ancient India (from Earliest Time to c. 1200). A.D. Delhi: Munshiram Manoharlal.

Rabitz, Dietrich (1955): Der Hund als Schlachttier vom Standpunkt des Fleischbeschaugesetzes und des Tierschutzgesetzes. Veterinärmedizinische Dissertation Universität Leipzig.

Ramminger, Britta (2014): Ambivalente Beziehungen – Kulturgeschichtliche Aspekte der Verhältnisse von Mensch und Hund vom Paläolithikum bis zum Beginn der Neuzeit. Hamburg: Eingereicht als Habilitationsschrift an der Universität Hamburg.

Riethe, Peter (Bearbeiter 1989): Hildegard von Bingen, Naturkunde: „Physica". Das Buch von dem inneren Wesen der verschiedenen Naturen in der Schöpfung. Salzburg: Otto Müller.

Rohner, Markus (2002): Nicht nur die Asiaten lieben Hundefleisch. In: Basler Zeitung vom 23. Februar 2002.

Schatz, Kristine (2009): Die Tierknochenfunde aus der frühlatènezeitlichen Siedlung Eberdingen-Hochdorf „Reps" – Archäozoologische Untersuchungen und Wirtschaftsweise, Landnutzung und Ernährung der frühen Kelten im mittleren Neckarraum. In: Schatz, Kristine/Stika, Hans-Peter: Hochdorf VII. Forschungen und Berichte zur Vor- und Frühgeschichte in Baden-Württemberg, Bd. 107. Stuttgart: Theiss, 17–123.

Schumacher, Meinolf (2003): Ärzte mit der Zunge. Leckende Hunde in der europäischen Literatur. Bielefeld: Uni-Bielefeld Publications.

Serpell, James (1995): From Paragon to Pariah: Some reflections on human attitudes to dogs. In: Serpell, James (Hrsg.): The Domestic Dog: Its evolution, behavior and interactions with people. Cambridge: Cambridge University Press, 245–256.

Simoons, Frederick J. (1994): Eat not this Flesh: Food Avoidances from Prehistory to the Present. Madison/Wisconsin: University of Wisconsin Press.

Snyder, Lynn M. (1991): Barking mutton: Ethnohistoric and ethnographic, archaeological, and nutritional evidence pertaining the dog as a Native American food resource on the plains. In: Purdue, James R./Klippel, Walter E./Styles, Bonnie W. (Hrsg.): Beamers, Bobwhites, and Blue points – Tributes to the Career of Paul W. Parmalee. Knoxville: University of Tennessee. Department of Anthropology. Report of Investigations 52, 359–378.

Sprankel, Heinrich (1987): Essen in der Not: Mäuse und Ratten. In: Bitsch, Irmgard/Ehlert, Trude/von Ertzdorf, Xenja (Hrsg.): Essen und Trinken in Mittelalter und Neuzeit. Sigmaringen: Thorbecke, 157–164.

Steffens, Jan (2007): Die Bedeutung der Jagd in der Trichterbecherkultur. In: Archäologisches Korrespondenzblatt 37(4), 471–488.

Wing, Elizabeth S. (1978): Use of dogs for food: an adaption to the coastal environment. In: Stark, Barbara L./Voorhies, Barbara (Hrsg.): Prehistorical coastal adaptions: The economy of ecology of Maritime Middle America. New York: Academic Press, 29–41.

Riskante Kameradschaft
Der Hund als Hygienedefizit und Kulturgefahr

Thorsten Benkel

Das wohl prominenteste Beispiel eines gelingenden, d. h. menschlichen Domestizierungs- und Ordnungsansprüchen genügenden Mensch-Tier-Verhältnisses kann im Umgang von Herrchen bzw. Frauchen mit ihren Hunden gefunden werden. Allerdings gehört zu dieser Beziehung zwangsläufig eine Infragestellung gewisser zivilisatorischer Lebensstandards. Das Leben an der Seite eines Hundes erzwingt als Nebenerscheinung eine regelmäßige Konfrontation mit Hundekot, mit einer Substanz also, die als Verschmutzungs- und Kontaminationsgefahr gemeinhin vermieden wird. Nachfolgend soll die zwiespältige Gleichzeitigkeit von (para-)sozialer Kameradschaft und irritierendem Ekel im Hinblick auf generelle Stützpfeiler der Mensch-Hund-Beziehung nachgezeichnet werden.

In seinen „Excursions into scientific, cultural and sociohistorical Coprology" weiß der britische Biologe Ralph Lewin unter der Überschrift „public nuisances" zu berichten über „that indefatigable and unsavoury engine of pollution, the dog" (1999: 136). Lewin, der in diesem Zusammenhang vor allem auf Presseberichte aus *The Times* abstellt, legt den Finger in eine, metaphorisch gesprochen, nicht am Körper erlittene, sondern durch die Sinneswahrnehmung entstandene Wunde: Mit der Hundehaltung, mag sie noch so durchzivilisiert sein (und wann ist sie das schon?), geht das Problem der weithin ungesteuerten Entstehung von Hundekothaufen einher. Apostrophiert als Tier der Treue und Kameradschaft, aber auch des gelingenden Erziehens und der effektiven Hilfsleistungen, scheint der Hund im Ensemble der Mensch-Tier-Verhältnisse das Privileg zu genießen, dass ihm dieses Hygienedefizit nur selten angelastet wird. Zumindest gilt das für den westlichen Kulturbereich: Hier sind längst Mechanismen etabliert worden, die die Verantwortung für die alltäglich hunderttausendfache Ordnungsstörung den menschlichen Begleitern auferlegen, ganz so, als seien diese schuld am hündischen Verdauungsgeschehen. Das Irritationspotenzial des Hundekots wird indes dadurch in der Schwebe gehalten, dass die Häufchen im Rang einer unspektakulären Alltagserscheinung stehen – wodurch nebenbei die Effektivität der Säuberungsinstrumente (und ihre normative Durchschlagskraft) wieder fraglich werden.

In Gegenden der Welt, in denen der Hund weniger stark als (para-)sozialer Begleiter und mitunter sogar als Speiseangebot in Erscheinung tritt, wirkt die westliche Toleranz weiter Bevölkerungsteile gegenüber der Beschmutzung des Idealstandards hingegen wie der Einbruch einer hygienischen Paradoxie. Mancher chinesische Europareisende traut seinen Augen nicht, wenn er der Toleranz der hiesigen Hundefreunde gegenüber den allzu menschlichen Schwächen ihrer Lieblinge ins Auge blicken muss. Ob man den Vierbeiner also von seinen sozialen Leistungen, von seinem Nutzungspotenzial oder doch nur ‚von hinten her' denkt, scheint kulturabhängig und, mehr noch, von den jeweils vorherrschenden Ordnungskonzepten bestimmt zu sein. Was sagt diese Ambivalenz über das Verhältnis des Menschen zu den in der Rangliste der domestizierbaren Spezies wohl auf Platz 2 stehenden Geschöpfen aus – direkt hinter dem Menschen selber, dem Tier, das man, wenn man es sich denn eingesteht, auch als Mensch noch immer ist (vgl. Derrida 2010)?

Nachfolgend soll in drei Schritten dem kulturgefährdenden Potenzial der Hundehaltung nachgegangen werden. Auf eine kurze Begutachtung des Gefälles zwischen menschlicher und tierischer, insbesondere hündischer Autonomie, das durch Domestizierung sowohl überwunden wie auch verstärkt wird, folgt eine Betrachtung der Problematik des Ekels aus soziologischer Perspektive. Im letzten Abschnitt werden beiden Stränge zusammengeführt und vor dem Hintergrund des etablierten Kompromisses der beiden Lebensformen ‚Mensch' und ‚Hund' ineinander verknotet.

1   Hund und Herrschaft

Wollte man philosophisch beginnen und sich ein wenig an Immanuel Kants Anthropologieverständnis orientieren, würde das ungefähr so lauten: Die Frage ist, „Was ist der Mensch?" – und die Antwort kommt vom Tier (vgl. Ingensiep/ Baranzke 2008: 8). Tieren, und zumal solchen, die mit Menschen Haus und Hof teilen, mitunter sogar Stube und Schlafzimmer, muss man das notwendige Zugeständnis machen, eine identifikatorische Funktion auszuüben, insofern sie für Menschen ein greifbares, präsentes *Anderes* sind. Sie sind Lebewesen ‚wie ich und du', zugleich aber ein Gegenüber, von dem Humanakteure sich abgrenzen.[1] Noch die engste Nähe, räumlich wie emotional, beinhaltet – wenigstens von der menschlichen Warte aus, von der tierischen lässt sich das nicht wissen – ein Moment des eingestandenen Andersseins.

Völlig überraschend ist dieser Befund nicht, schließlich bestehen auch vollhumane Interaktionskontexte üblicherweise aus einer Begegnung zumindest von *alter* mit *ego*. Selbst innigste Liebesschwüre beinhalten stets ein unausgesprochenes Verständnis, ja eine Erleichterung darüber, dass die eigene Hand von einer ausdrücklich *anderen* gehalten wird. Man kann das eine Interpenetration psychischer Systeme oder fremdreferenzielle Identitätsbestätigung nennen; entscheidend ist: um Zweisamkeit herzustellen, wird ‚einseitig' agiert. Beide Seiten in der Paarbeziehung wirken konstruktiv mit an dem, was sie gemeinsam verbindet, doch stets ist die Bindung fragil und riskant. Eine(r) kann es plötzlich doch anders sehen. Es sind Faktoren wie das ewige Risiko des Zuviel- oder Zuwenig-Gebens, die letztlich dafür sorgen, dass „Liebe weh tut" (Illouz 2011) – nicht aber die Liebe vom Menschen zum Tier, zumal zum Hund, denn hier ist das Anderssein selbst gewissermaßen fragmentarisch. Hunde kommen als Partner- ebenso wie als Kindersatz eigentlich gar nicht infrage, weil ihnen die Fähigkeit abgeht, sich gegenüber einem menschlichen Zuneigungsträger auf Augenhöhe zu positionieren. Eine Zuneigung, die nicht potenziell von beiden Seiten wieder abgebrochen werden kann, ist als solche schon verdächtig. Möglicherweise ist es aber gerade dieses eigenwillige Miteinander, das zu verstehen hilft, weshalb das schwer zähmbare Umweltverschmutzungsverhalten des Hundes mit anderen Augen betrachtet wird als vergleichbare hygienische Irritationen.

Doch der Reihe nach. Die Mensch-Tier-Beziehung steht geradezu symptomatisch für ein Sich-Einlassen auf die Dialektik von Nah und Fern, mit einer Bandbreite, die zwischen den beiden Polen Wollen und Müssen verläuft. Das Verhältnis blickt auf historische Entwicklungslinien zurück, die mit zu den ältesten Errungenschaften des ‚selbst-erschaffenden', buchstäblich also: technisch begabten Menschen gehört. Die Höhlenmalereien von Lascaux – Georges Bataille (1986) hat sie beschrieben – gehören zu den frühesten Dokumenten des Umgangs von Zwei- mit Vierbeinern. Vordergründig eine Sammlung von Jagddarstellungen, geht es hier zugleich und hauptsächlich um totemistische Effekte, die auch religions- und damit sozialge-

---

[1] Dieser sehr weit verbreitete Abschottungsimpetus erlaubt es passionierten Provokateuren wie Günther Anders, plakativ Grenzen zu überschreiten: Um die viel gerühmte Bescheidenheit, ja Minderwürdigkeit des Philosophen zu verdeutlichen, beugte sich Hannah Arendts Ex-Ehemann nach eigenen Angaben vor Zeugen einmal auf den Straßenboden, um ein dort liegendes „Häufchen gelben Hundebreis" zu verspeisen (vgl. Anders 1982: 116f.). „Das Tier, das ich also bin"...

schichtlich gelesen werden können (vgl. nur die sehr unterschiedlichen Kontextualisierungen bei Findeisen 1956 u. bei Henscheid 1995). Das Tier als das Andere des Menschen bot sich schon hier als verehrungswürdig und als furchtbare Gefahr, aber auch als Ausbeutungsobjekt an; sich zu ihm näher in Beziehung zu setzen, wirkt in dieser Betrachtung wie eine Zwangsläufigkeit. Mensch und Tier waren füreinander immer schon mehr als schlichtweg parallel in-der-Welt-befindliche Wesen. Sie hatten sich im Blick, wobei das animalische Schauen das nie implizierte (und auch nie implizieren konnte), was umgekehrt die humane Betrachtung des Tieres forcierte – nämlich eine klassifizierende, aneignende, in einem paternalistischen Sinn mitunter auch fürsorgende Perspektive. Mit anderen Worten: Das Tier unterlag und unterliegt der menschlichen Herrschaft.[2]

Evident wird dies vor allem dann, wenn man sich vergegenwärtigt, dass nicht jedes Tier die Würdigung menschlicher Aufmerksamkeit erhält – sieht man einmal vom zoologischen Diskurs ab. Und erst recht nicht jedes Tier bietet sich als Gefährte im Alltag an; nicht jede Gattung belohnt Versuche, ihr animalisches Verhalten an menschliche Lebenswelten anzupassen. Wenn es aber doch gelingt und das Tier sich als parasozialer Interaktionspartner zu etablieren weiß, wie es beim Hund der Fall ist, wird den Vertretern der Spezies eine Aufwertung zugesprochen. Dann hat, jedenfalls nach Ansicht von Hundefreunden, auch das Tier den Menschen im Blick. Nicht Abhängigkeit oder Dominanz und auch nicht die rationalen Facetten des Zuchtzusammenhangs machen demnach die Substanz der Beziehung aus – sie sind allenfalls Beiwerk des Verhältnisses, das vom reziproken Austausch emotionaler Ressourcen getragen wird. Lebensfreude, Sinngebung für die Freizeit, Übernahme von Verantwortung, unbedingte Solidarität – dies alles verlangen Hundefreunde nicht nur von ihren Tieren. All dies kann mühelos auch als das identifiziert werden, was die Halter aktiv ihren Hunden angedeihen lassen.

Kein Wunder, dass es als herzlos gilt, nach dem konkreten Nutzen der Tier- und insbesondere der Hundeliebe zu fragen. Wer sich danach erkundigt, schreibt der Beziehung zwischen Hund und Halter eine ‚Sinnlücke' zu, die jene ‚Besitzer', die lieber

---

2   Diese Form der Herrschaftsausübung wird hinsichtlich ihrer konkreten Gestaltung mittlerweile als Indikator des zivilisatorischen Status' von Gesellschaften betrachtet: Wie sie Tiere behandelt, so ‚ist' die Kultur. Von hier aus lässt sich unschwer ein Bogen schlagen zum filmischen Subgenre ‚Tierhorror'. King Kong, der weiße Hai, Cujo, Tarantula, Hitchcocks Vögel und viele andere stehen für eine auf den Kopf gestellte Wirklichkeit, in der die Domestizierungs- oder wenigstens die Kontrollansprüche der Menschen auf grausame Antworten aus der Fauna treffen. Das Tier, das bedroht, ja tötet, funktioniert als Bild und Inhalt, weil nicht wenige Tiere als unkalkulierbar, und/oder als gefährlicher Problemgenerator, vor allem aber als die Verlierer im Prozess menschlicher Naturbeherrschungsmissionen angesehen werden.

Freunde sein wollen, häufig genug nicht spüren. Dadurch, dass der Zusammenhang der Rolle des Herrchens und der Herrschaft als bloß relatives, also: flexibles, situativ justierbares Phänomen gedeutet wird, können Hundehalter ihren Freunden mit Fell vielmehr wesentlich leichter jene „Du-Evidenz" zuschreiben, von der schon Theodor Geiger (1931) sprach. Hunde können als das *adressierbare* und potenziell *verständige* Andere des Menschen auch angesichts des Umstandes interpretiert werden, dass die tatsächliche Kommunikation Aktions- und Resonanzelemente beinhaltet, die nur sehr entfernt an das erinnern, was im zwischenmenschlichen Bereich zwischen *alter* und *ego* geteilt wird. Als Kompensationsstrategien stehen empathische Aufwertungen wie beispielsweise die Zuschreibung ‚authentischer' emotionaler Zustände zur Verfügung, und ohnehin erhalten die Vierbeiner Namen und werden nicht selten nach bestimmten Charaktereigenschaften eingeschätzt.

Vermutlich wäre die Frage, ob damit eine objektive ‚Wahrheit' getroffen oder verfehlt wird, die sich, sagen wir: *soziozoologisch* bestimmen ließe, falsch gestellt. Entscheidend ist schließlich nicht, ob die etablierten Umgangsformen der Menschen mit (ihren) Hunden (und allemal: der Hunde mit den/‚ihren'? Menschen) die exakte Widerspiegelung kognitiver, biologischer oder kommunikativer ‚Grundlagen' darstellen. Sozialkonstruktivistisch wäre es vielmehr plausibel, die Beziehung von Mensch und Hund (die selbstverständlich immerzu eine *konkrete* Verhältnisbeziehung zwischen *konkreten* Menschen und *konkreten* Hunden ist) als die routinierte, in vielerlei Hinsicht historisch gewachsene und kulturelle ausgestaltete und nicht zuletzt stark ritualisierte Essenz dessen zu verstehen, was – unter den gegebenen kulturellen Umständen – möglich war und sich realisiert hat. Natürlich könnte auch alles anders sein, und in manchen Regionen der Welt ist es auch ganz anders.

Nicht unerwähnt darf in diesem Zusammenhang bleiben, dass Hunde sich gerade deshalb für sozial- und kulturwissenschaftliche Nachforschungen *am Menschen* eignen, weil Menschen ihnen einen Platz zuweisen, der sie eng an die Usancen der alltäglichen Lebensführung bindet. Das ist, wie angedeutet, aber kein globales Phänomen. Bei genauerer Betrachtung ist die Ausnahmestellung, die den Hund sinnbildlich zur halben Person macht, übrigens auch insofern bemerkenswert, als der Vierbeiner damit scheinbar auf Distanz zu seiner ‚Animalizität' gebracht wird (womit hier ein sprachliches Äquivalent zur ‚Menschlichkeit' vorgeschlagen sei). Sehr viele tierische Lebensformen werden von Menschen weitgehend ignoriert, vor allem solche aus dem Insektenbereich. Systematische Herrschaftsansprüche scheinen hier nicht zu existieren (außer man fragt Imker oder Förster), dies erfolgt aber nicht zum Besten der Tiere, sondern aufgrund einer generalisierten Indifferenz. Jene Tiere, die dem Anschein nach nichts Wesentliches zum Humanalltag beizutragen haben, stehen im Wertschätzungsrang nah an der Dinglichkeit.

Andere, auch sie stellen eine große Gruppe dar, sind als lebendige Rohstoffquellen erst recht dem menschlichen Zugriff unterworfen und bekommen das Herrschaftsverhältnis früher oder später leibhaftig zu spüren. Und wieder andere Tiere – diese Menge ist nun schon signifikant kleiner – gelangen in die zwiespältige Konstellation, einerseits wie ein ‚Projektionssubjekt', andererseits bisweilen wie ein bewusstseinsschwächeres ‚Verwendungsobjekt' menschliche Interessen zu befriedigen. In dieser Gruppe ragt in der westlichen Welt der Hund hervor – als Tier, das nolens volens desto weniger Tier sein soll, je bedeutsamer seine Präsenz für spezifische menschliche Lebensführungsprozeduren ist. Anders gesagt: Domestizierungserfolge beim Vierbeiner firmieren eher bei Tierschützern als bei Hundebesitzern als ‚artfremd'. Weitgehend macht es den Eindruck, als sei der gute Hund derjenige, bei dem animalische Züge durch menschlich antrainierte Surrogatkonzepte ersetzt werden konnten. Die berufssoziologisch interessante Sparte der ‚Hundeflüsterer' verdient ihr Einkommen damit, ungehörigen Kötern beizubringen, die Sprache des Herrschaftsanspruchs endlich zu verstehen. Zum Glück für die Betroffenen erfolgen die Erziehungsstrategien bei Vierbeinern wohl generell selten in Form spürbarer Repressionen und häufiger im Zeichen spielerischer Compliance-Politik.[3]

Der Hund firmiert, berücksichtigt man all dies, als jenes Geschöpf, welches besonders deutlich unter Beweis zu stellen vermag, dass es den Existenzbereich ‚Tierwelt' qua Wandlungsbereitschaft transzendieren kann.[4] Zumindest muss ihm so etwas wie eine verfeinerbare Psychologie attestiert werden, schließlich ist er imstande und offensichtlich ‚überzeugbar', vielfältigen menschlichen Anliegen zu dienen – nicht nur im Spektrum vom Polizei- und Rettungs- bis hin zum Wach- und Blindenhund, sondern eben auch als Hund, der ‚um seiner selbst willen' mit Menschen zusammen leben darf. Respektive: Der Hund müsste im Prinzip als das Tier gelten dürfen, das gar nicht mehr so anders ist. Doch dann liegt er da – der Hundehaufen.

---

3   Es wäre lohnend, würde über die zeitliche und strukturelle Gleichheit der Kinder- und Hundeerziehung und insbesondere über die Historie ihrer jeweiligen Reformprogramme näher geforscht werden.

4   Wichtig ist in diesem Zusammenhang, dass Hunde Haustiere sind, was nichts anderes meint als die Delokalisierung aus ‚ursprünglichen' bzw. ‚natürlichen' Lebensumgebungen – Begriffe, die selbstverständlich hinterfragbar sind. Der Hund in häuslicher Umgebung ist, thesenhaft formuliert, mehr *Haus*tier als Haus*tier*, während die eigentlich animalischen Sphären just dadurch gekennzeichnet sind, dass sie fernab menschlicher Aktionsbereiche platziert sind (wie bei der überwiegenden Zahl der Spezies). Und noch die Hauskatze erhält (in vielen Fällen) ihre permanente Möglichkeit zum Streunen. Kanarienvögel, Hamster & Co. müssen eingesperrt werden, damit sie nicht – Instinkten folgend? – Fluchtimpulse ausleben. Bei Hunden hingegen gilt als anerkennenswert, dass sie in dieser Hinsicht keine Widerstände setzen.

2 Unordnung und Ekel

Ob die Formulierung „einen Haufen Ärger zu haben" etymologisch auf Hundekotkontexte zurückgeht, wäre zu überprüfen. Klar ist jedenfalls, dass die Defäkationsusancen von Hunden die im Domestizierungszusammenhang zwar nicht vollends überbrückbaren, aber doch abgeflachten Spielräume des Unterschieds zwischen ‚passivem Tier' (allenfalls ein Rezipient menschlicher Handlungen) und ‚aktivem Tier' (ein bewusster Interaktions-Mitgestalter) auf empfindliche Weise wieder relativieren.

Die Verabreichung von Gift richtet Schaden an; das Überreichen eines Fotos von Gift jedoch nicht. Indes haben Kot und ein Foto von Kot *beide* den Effekt, Unwohlsein bzw. Ekel auszulösen (vgl. Geuss 2002: 42f.). So deutlich sind Fäkalien als funktionslos und störend gebrandmarkt, dass nicht nur Fotografien, sondern bereits die Erwähnung und auf jeden Fall die detaillierte Erörterung von Toilettenangelegenheiten als unangebracht gilt. Die körperliche Konfrontation mit diesen buchstäblichen Abfallstoffen findet üblicherweise hinter verschlossenen Türen statt. Allenfalls im medizinischen Sektor dürfen Nachfragen dazu formuliert werden, und selbst in diesem Zusammenhang werden nur selten die Verlaufslinien individueller Schamgrenzen überschritten. Die radikale Ausgrenzung von Fäkalsubstanzen aus Dialogen und Debatten bei gleichzeitiger Omnipräsenz in Körpern und Kloschüsseln ist ein frappierender Zwiespalt, der diskursgenealogisch zurückreicht in die Phase frühester Erziehungsarbeit bzw. -bearbeitung. Weder Scham noch Schmutzempfindungen sind angeborene Instinkte; sie sind vielmehr an Mechanismen der gesellschaftlichen Wirklichkeitskonstruktion geknüpft (vgl. Berger/Luckmann 1992), werden so aber nicht verhandelt. Dass alles tatsächlich auch anders sein könnte, als es gegenwärtig ist, beweist der Rückblick auf vergangene ‚Zivilisationsstadien'. Sei es die öffentliche Latrinenkultur im alten Rom (vgl. Friedlaender 1934), seien es die Verrichtungsroutinen in mittelalterlichen Städten (vgl. Fuchs 2013): mit Kot und anderen Verschmutzungsquellen wurde früher anders umgegangen, aber nicht zwingend aktiv und bewusst, sondern vielmehr in passiver Orientierung an damals geltenden Verhaltenskonzepten. Was heute gemeinhin als Mist gilt, und was das verinnerlichte Schamempfinden daher selbst dann als Störung und Gefahr versteht, wenn keine fremden Blicke involviert sind, hat seinen Rang aufgrund sozio- und psychogenetischer Entwicklungsprozesse im Laufe der Zeit erst erworben (vgl. Elias 1994). Die Kulturgeschichte der Abspaltung des Nützlichen vom Unbrauchbaren ist immerzu eine Geschichte sich verändernder Wissensbestände und der davon angestachelten Handlungsweisen (vgl. generell Baier 1991; Bardmann 1994; Keller 2009), und ein Ende dieser Zuschreibungs- und Abgrenzungshistorie ist nicht in Sicht.

Abb. 1-3

Gängige Methoden, Hundebesitzer moralisch zu adressieren und eine öffentlichkeitskompatible Toilettenkultur anzumahnen. (Text im Beispiel unten: „Darf Ihr Hund sein Geschäft in der Wohnung verrichten?")

Distanz zur Verschmutzung wirkt verführerisch plausibel, denn so werden Gefahren minimiert und Risiken (stärker) reflektierbar. Wie das bloß Unnütze vom konkret Ekelhaften zu unterscheiden ist, hängt indes auch von weniger rationalen, mithin von unbewussten Faktoren ab. Auch stoffliche Aspekte spielen eine Rolle: Ekelhaft und nicht schlichtweg nur überflüssig sind demnach Substanzen, die sich einfacher hygienischer Handhabung widersetzen. Quellen des Ekels besitzen manchmal sogar ein buchstäbliches Eigenleben (wie Spinnen, Insekten oder auch Schimmelsporen) und versinnbildlichen schon durch ihre pure Existenz in der näheren Lebensumgebung den menschlichen Kontrollverlust (vgl. Ben-Ze'ev 2009: 206). Fäkalien sind zwar substanziell betrachtet überaus passiv (sofern man den physiologischen Zwang außer Acht lässt, der ihr ‚Hervortreten' forciert), ihr Erscheinungs- und ihr Geruchsbild lassen aber keinen Zweifel an ihrer Deplatziertheit in so ziemlich allen Lebensbereichen. Sie stehen für Körperekel (vgl. Reiß 2007) unter zirkulären Bedingungen: Der Ausschluss von Kot und Urin wird durch die ständige Wiederkehr des Ausgeschlossenen zur regelmäßig durchzuführenden Übung. Mit anderen Worten: Dadurch, dass der Stoffwechselprozess operativ vollzogen wird, entsteht ‚Freiraum', der durch den Fortlauf der Operation gefüllt wird – und die beiden extremen Pole dieses Vorgangs sind die zelebrierte und kulturspezifisch verfeinerte Kulinarik der Nahrungsaufnahme (vgl. Barlösius 1999; Därmann/Lemke 2008) auf der einen, und der unbrauchbare Giftstoffabstoß auf der anderen Seite.

Im Dienste der Verwaltung dieses bipolaren Verhältnisses stehen Toiletten. Gängige WC-Usancen dienen vorrangig der Unsichtbarmachung; die Toilette als Ausweg nach draußen, als Loch im Boden hilft, Lebensräume rein zu halten. Wie konkret auf dem ‚stillen Örtchen' (gewiss ein Euphemismus) agiert wird, hängt allerdings von diversen Zusatzvariablen ab. Öffentliche Toiletten beispielsweise unterscheiden sich deutlich von privaten: Sie sind häufig nach Geschlechtern getrennt (eine wenig plausible Differenzierung), weisen unterschiedliche Einrichtungen für unterschiedliche Aktivitäten auf (klassisch, zumindest im Herren-WC: Urinal versus Kabine) und sind, so der Tenor der Alltagssemantik, üblicherweise wesentlich verschmutzter. Der ‚fremde' Toilettenraum wird vermutlich als Raum mit geringerer Verbindlichkeit interpretiert; da die Verantwortung für den möglichen oder tatsächlichen Verstoß gegen soziale Normen hier durch die Anonymität abgefedert wird, fällt der Umgang mit dem eigenen Abfall anscheinend nachlässiger aus. Auch die intimen Angelegenheiten des Lebens sind nicht frei von Trittbrettfahrereffekten.

Die Umgangsformen mögen also kontextabhängig sein – das Image des „Unrats" (Bourke 1996) ist jedoch eindeutig. Wie erfolgreich jene erzieherische Indoktrination verläuft, die den Abstand zu etwas propagiert, das man selbst körperlich produziert, zeigt sich daran, dass selbst im Kreise wagemutiger Grenzgänger, die vor Alternativmodellen für Sexualität, Religion, Politik, Familienstrukturen usw. nicht zurückschrecken, nur äußerst selten die Reintegration von Fäkalalltäglichkeiten in die Mitte der Gesellschaft gefordert wird; von Lobbyarbeit für handgreifliche Konsequenzen in den Toilettenräumen ganz zu schweigen.[5] Derart nachdrücklich antrainierte Umgangsweisen haben jedoch ihren Preis: Je erfolgreicher die Verbannung des Schmutzes von der gesellschaftlichen Bühne, desto größer die Schwierigkeit, souverän mit einschlägigen Verfehlungen umzugehen.

Denn der Zwilling des Ordnungsideals ist der Ordnungsverstoß – und Hunde sind seine vierbeinigen Agenten. Gewiss, ihre Fäkalien unterliegen prima facie anderen Beobachtungsschemata als die menschgemachten Gegenstücke.[6] Da das ‚Austreten' des Hundes mehrfach am Tag erfolgt und somit als obligatorisch gilt (die Frequenzen sind fraglos regelmäßiger als bei der menschlichen Verdauung), handelt es sich für Personen, die mit Hunden (inter-)agieren, um keine große Sache. Problematisierungspotenzial weisen Hundekothaufen nicht immanent auf, sondern beispielsweise aufgrund institutioneller Vorgaben wie der Pflicht der Hundebesitzer, die ‚Häufchen' ihrer Vierbeiner zu beseitigen. Auch die Frage, wo das ‚Geschäft' verrichtet werden darf bzw. wird, sorgt für Konflikte, selten aber die

---

5   Über die im Dunstkreis von 1968 berüchtigte Kommune 1 heißt es, sie hätte auf Toiletten- und Badezimmertüren bewusst verzichtet, um symbolisch klarzustellen, dass der besitzstandskritische Kommunarde keine letzten Geheimnisse mehr kennen darf. Der sexuelle Pioniergeist von '68 verweist am Rande noch auf eine zweite, mehr klandestine Thematisierungsebene: auf den Bereich der paraphilen Lustgewinnung durch erotische Spiele mit Urin und, empirisch seltener, mit Kot. Hierfür existieren spezifische Pornografiesparten, Online-Foren und Zeitschriften. Ein häufig passender Zusammenhang darf auch hier nicht fehlen: Selbstverständlich werden auch in der Kunst mit und durch koprologische Mittel Werke geschaffen. Hier findet der „Unrat" vermutlich seine (relativ) größte Akzeptanz (vgl. Benkel 2015).

6   Das weit verbreitete Zugeständnis, dass Tiere hinsichtlich ihrer Ausscheidungsvorgänge über ein weniger ausgeprägtes Steuerungsbewusstsein verfügen als Menschen, ist bei näherer Betrachtung auf eine sozusagen anthropologische Weise entlarvend. Menschlichen Ekel- und Schamgrenzen, wie der westliche Zivilisierungsdiskurs sie diktiert, entspricht es, die Verantwortung für das physiologische Geschehen im Akteursbewusstsein zu suchen. Akzeptierte Ausnahmen stellen kleine Kinder, Hochbetagte, Kranke oder Behinderte dar, deren ohnehin überwiegend passiver Verstoß gegen die herrschenden Hygieneideale sukzessive auch nicht oder kaum als ekelhaft verstanden wird. So jedenfalls sieht es jener Personenkreis, der den sozialen Nahraum dieser Menschen bevölkert und mit diesem Aspekt ihrer Intimität konfrontiert wird – bzw. so *sollte* er es gemäß normativer (z. B. pädagogischer oder beruflicher) Direktiven sehen (vgl. Ringel 2003). Jenseits der legitimierten Ausnahmen ist das Absondern von Kot und Urin keine selbstzweckhafte Intention, sondern nahezu immer ein biophysiologisch erzwungenes Körpergeschehen – und dennoch fällt ein Fauxpas auf den Akteur zurück, ganz so, als sei immerzu das sich einer anderen Wahl bewusste Bewusstsein an Abweichungen vom Normkonzept ‚schuld'.

Existenz des Hundekots an sich. Unter den Bedingungen zügiger und hygienischer Unsichtbarmachung dürfen die Haufen – in westlich geprägten Kulturräumen – schließlich bestehen.

Sobald aber gegen diesen Kontrakt verstoßen wird, beginnen die Ärgernisse. Auch wenn morphologische Feinheiten für deutliche Unterschiede sprechen, dürfte wohl die Assoziationskette vom tierischen zum menschlichen Kot einigen Anteil an der Anstoßerregung haben. Der einem selbst anheftende Kotrest – gleich ob eigen- oder fremdproduziert – brüskiert die Betroffenen. Und eine nicht beseitigte ‚Tretmine' verschmutzt im schlimmsten Fall nicht bloß, sie kontaminiert. Ein schärferer Kontrast zu den sozialen Normen der Hygiene bzw. des Schönheitshandelns als jene Transformation, die einsetzt, wenn ein Mensch mit ‚weißer Weste' plötzlich kotverschmiert ist, dürfte auf Anhieb nur den besonders Fantasievollen einfallen. Als Täter kommen, wie gesagt, nicht die Tiere in Frage, sondern ihre Halter, die auf diese Weise als ‚Ersatzbewusstsein' des Hundes adressierbar werden – nicht allein deshalb, weil die Zeiten der Tieranklagen in Gerichtsprozessen längst ferne Vergangenheit sind (vgl. Fischer 2005), sondern auch aufgrund der Unterstellung, dass Frauchen oder Herrchen mit allen anderen intersubjektiv zentrale Wertmaßstäbe teilen, die durch den Aktionismus ihrer Racker und Kläffer performativ widerlegt werden. ‚Opfer' des Hundehaufens können bei den Besitzern der sich meist keiner Schuld bewussten Tiere eine Reziprozität der Perspektiven reklamieren, so sie ihrer habhaft werden, und zwar dergestalt, dass das Negativimage des Hundekots gemeinhin objektiv feststeht. Wo kein Pro und Contra, sondern lediglich die Handlungsanleitung zum Beseitigen im Raum steht, gibt es auch nichts weiter zu diskutieren: Die Täter sind die am anderen Ende der Leine. Der Zusammenhang von Kot und Köter lenkt ad hoc auf den Menschen, der sich in ihn einzuschalten hat. Die nicht ergriffene Hundekottüte, das achtlose Wegschauen, erst recht das gezielte Wegstehlen vom ‚Tatort' – das sind die Indizien einer Ordnungswidrigkeit, bei der die juristische Komponente von geringerem Gewicht ist als die moralische Entrüstung.

Interessant ist daran die Stellvertreterposition. Die Besitzer müssen geradestehen für ein biophysiologisches Geschehen, das als solches weder richtig noch falsch, sondern allenfalls zwangsläufig ist. Einfluss auf den Verlauf können sie nicht nehmen, fehlerhafte Dressur liegt nicht vor, Sympathie für das Geschehen braucht man ihnen nicht zu unterstellen, profitieren können sie von all dem ebenfalls nicht. Es ist ihre Garantenstellung, jene Stellung, die mit ihrer Herrschaft über die Hunde einhergeht, die sie in die Rolle des Ordnungsgewährleisters bugsiert. Der Hundehalter als Krisenmanager – keine übertriebene Vorstellung, bedenkt man, welche weiteren Irritationen und Gefahren im Spiel sind. Zum Beispiel der zubeißende Hund als Gewalttier; der hungrige Hund als ökonomische und logistische Herausforderung; der läufige Hund als Kontrollproblem; der tote Hund als emotionale Belastung – all dies sind (bis auf den letzten Punkt) unvermeidliche Folgen der, nach humanen Maßstäben, mangelbehafteten Selbstorganisation der hündischen Lebenspartner.

Abb. 4 Warnung vor „unangenehmen Erfahrungen" auf dem Weg des Kollektivappells: Auch du, Hundebesitzer, könntest zum Opfer werden!

Das Problem Hundekot kennt also mindestens zwei Dimensionen: Zum einen die Schnittstelle zwischen den Lebenswelten von Hund und Halter vor dem Hintergrund einer historisch gewachsenen Domestizierungs- und Fürsorgekultur; und zum anderen die bereits angedeutete Parallelsetzung der tierischen mit menschlichen Fäkalien. Letzteres soll noch einmal kurz in den Blick genommen werden. Es geht wohl nicht zu weit, die Begegnung mit Kot abseits des ohnehin bewusst ‚konfrontationsfrei' eingerichteten Toilettensettings als Inbegriff des Ekels zu begreifen. Nun können aber nur bestimmte Haustiere überhaupt an eine strategische ‚Verortung' ihres Geschäftes gewöhnt werden. Hundebesitzer scheinen schon dankbar zu sein, dass die Entstehung möglicher eigener, allemal aber fremder Ekelempfindungen durch das Gassi-Gehen zumindest halbwegs in stringente Bahnen gelenkt wird.

Es ist unstrittig, dass der Hundehaufen zur Subsumtionsmasse der Kategorie Ekel zählt. Doch was steckt in diesem Zusammenhang hinter den Affekten? Vieles spricht dafür, dass Ekel auf der Omnipräsenz einer Ordnung oder ‚Normalität' aufbaut, gegen die das Ekelhafte sich scharf abgrenzen lässt. Genau genommen lässt sich Ekel ausschließlich als Kontrast zu diesem Fundament definieren und in der Folge ausschließen. Die Unordnung ist ein Konstruktionserfolg der Ordnung der Dinge (vgl. Benkel 2014a), wobei die Frage, welche Situationen, Substanzen oder Erfahrungen als ekelhaft deklariert werden, von vorherrschenden Kulturstandards abhängt, deren Strahlkraft offenbar groß genug ist, um Diskrepanzen zwischen den unterschiedlichen Lebensführungen zu übergehen. Das Ekelhafte wirkt sich im Moment der Begegnung schichten- und klassenübergreifend negativ aus (so Miller 1997, wo als Coverillustration übrigens eine hündische Missgeschicksituation zu sehen ist). Ekel wäre demnach – als Empfinden, wie auch als Kriterium – ein Indikator für eine gelingende Identifikation des stets Unerwünschten (vgl. ausführlich Benkel 2011).

Das Erkennen und Verbannen des Ekelhaften ist folglich als Handlungslogik etabliert und führt, sofern die Mechanismen der Verinnerlichung reibungslos funktionieren, zu geradezu automatischen Abwehrhaltungen. Die Präsenz der Hunde in den Lebensbereichen von Herrchen, Frauchen und in deren sozialer Umgebung fordert diese Handlungslogik jedoch heraus. Nicht genug damit, dass menschliche Hygieneideale janusköpfig sind, weil die Bekämpfung des fäkalen Ekels von der ewigen Wiederkehr des Abgelehnten geprägt und damit zu Lebzeiten niemals ‚endgültig' ist. Die eigenwilligen Hygienemodelle des typischen Hundelebens können an die menschengemachte Ausschließungsmaschinerie nicht anschließen und produzieren deshalb ständig neue Belastungsproben. Vermutlich fußt die Unterscheidung, ob man, wenn schon nicht zum Mittelfeld der Indifferenz oder Unentschlossenheit, zum Hundeliebhaber oder zum Hundehasser neigt, darauf, ob man diese Belastung als Essenz oder als Nebensächlichkeit der Hund-Mensch-Gemeinschaft betrachtet.

3   Das Tier, das der Hund also ist

In Sachen Verschmutzungsgefahr ist der Hund der Nutznießer einer ihm zugestandenen *Re-Animalisierung*. Nachdem Jahrhunderte der Domestizierung genügend empirische Belege dafür abgeliefert haben, dass die im Zuge des Zivilisationsprozesses sich unter Menschen immer dichter zuschnürende Reinlichkeitsetikette von Hunden nicht adaptiert werden kann, bleibt nun also, aller verlorenen Animalität zum Trotz, die Rückverortung des Vierbeiners in die vorzivilisierte Domäne übrig. Er ist eben, wenn er seine Haufen ablegt, explizit animalisch – er vollzieht, was wohl auch bei Menschen als ‚tierisches' Verhalten deklariert würde, würden sie seinem Beispiel folgen und mit Fäkalien abseits der reservierten Intimräume (und abseits der legitimierten Ausnahmen wie etwa Babyversorgung und Kunstsystem) umgehen.

Der Hund ist folglich dort (immer noch) am meisten Tier, wo er sich der Umerziehung widersetzt. Und da von umgekehrten Prägungseffekten nicht auszugehen ist – Menschen übernehmen kaum je tierisches Verhalten, selten jedenfalls bewusst[7], – ist die Beziehung zwischen Hunden und ihren Haltern im Hinblick auf das Endprodukt des Verdauungsprozesses eben doch wieder von einer scharfen Distanzierung geprägt. Einen Hund zu lieben, ist als parasoziales Manöver glaubwürdig; seinen Toilettenhabitus zu mögen, scheint dagegen unmöglich zu sein. Wieso Hunde agieren, wie sie nun einmal agieren, kann man nüchtern erklären, aber schwerlich verstehen, jedenfalls nicht im Sinne einer wie auch immer ‚intersubjektiven' Verständigung über die Plausibilität des Handlungsmotivs. Menschen, die mit Hunden interagieren, sind es gewohnt, dass Dressurerfolge und expressive Zuneigungsbekundungen von der Bürde des regelmäßigen ‚Ausführens' begleitet, ja konterkariert werden. Zum Glück kann die Aktivität für das leinenführende Personal immerhin mit zusätzlichen Sinnangeboten aufgeladen werden (Spaziergang, ‚an die frische Luft kommen', Sport, sogar – wenn das Klischee wahr ist – Kontaktanbahnung zu Mitmenschen).

Hunde als die ‚anderen', die einem nahe kommen, ohne das Kriterium vollständiger Intersubjektivität zu erfüllen, spitzen die Frage, über wie viel Subjektivität Tiere verfügen, nachdrücklich zu (vgl. Glenney Boggs 2013). Die Dialektik von Nähe und Ferne, die den Hund als Mit-Wesen aus humaner Perspektive charakterisiert, macht ihn zumindest insoweit suspekt, als er als Freund und Kamerad ebenso selbstverständlich in Anspruch genommen wird, wie er einige Türen weiter als reines Nutztier instrumentalisiert wird (dass man Hunde in Südostasien „zum Fressen gern" hat, sei nur der Vollständigkeit halber nochmals betont; vgl. Kathan 2004. Siehe ferner Ramminger in diesem Band). In den Augen von Tierschützern oder Juristen kann in diesen Umgangs- und Verwendungsweisen Richtiges oder Falsches liegen – das hängt aber wiederum davon ab, von welcher Warte aus der Blick auf den Vierbeiner gelegt wird. Letztgültig festgeschrieben scheint der Status des Hundes nicht zu sein.[8]

---

7   Zu den Ausnahmen zählen heute u. a. profane Taktiken des erotischen Spiels, bei denen menschliche Akteure sich durch Verkleidung und eine (zwangsläufig unvollständige) Verhaltensanpassung wie tierische geben. Am historischen Ausgangspunkt der Mensch-Tier-Mimesis stand ein ganz anderer, mithin sakraler Zusammenhang, auf den Arnold Gehlen (1971) verweist. Das körperliche Nachahmen tierischer Bewegungen war nach Gehlen vordergründig der Versuch, Naturherrschaft zu erlangen, und führte hintergründig zur Entstehung des *Tanzens*.
8   Selbst rechtliche Vorschriften sind hinsichtlich ihrer sozialen Wirkung bekanntlich nur dann Festschreibungen, wenn sie verinnerlicht und realiter praktiziert werden; alles andere fällt in den Bereich der sanktionsbegleiteten Handlungsempfehlung.

In behavioristischer Absicht hat George Herbert Mead (1975: 81) das Knurren von Hunden als eine Art Intersubjektivitätssignal zur Disposition gestellt – mit Bruno Latour (2001) wäre heute vielleicht von „Interobjektivität" zu sprechen – und damit an eine in der frühen Soziologie und Sozialpsychologie grassierende Debatte über die Sozialität der Tierwelt angeschlossen. Psychologische Weiterführungen (vgl. Hediger 1954) rückten hier und da die Beziehung zum Menschen in den Blick. Mittlerweile – nach langem Winterschlaf – kehren damit verbundene Überlegungen nun wieder auf das sozialwissenschaftliche Parkett zurück (vgl. Wiedenmann 2002; Pfau-Effinger/Buschka 2013; Brucker et al. 2015; Bühler-Dietrich/Weingarten 2015), und die „Interspezies-Kommunikation" (Schetsche 2014) kommt dabei nicht zu kurz. Nachdem die Traditionen der Tiernamentaufe bei Hunden schon häufig genug in die Richtung von Kosebezeichnungen geht, nachdem für Hunde mitunter schon Kinderfahrscheine beim Transport im öffentlichen Personennahverkehr entrichtet werden müssen (vgl. Reichertz in diesem Band) und nachdem sogar psycho- oder auch ganz reale sexuelle Beziehungen zwischen Mensch und Tier wissenschaftliche Aufmerksamkeit erregen (Beetz/Podberscek 2009), nachdem ferner der Hundetod zum temporären Schocksprung aus der menschlichen Lebensalltäglichkeit hinein in die Subsinnwelt geistig und körperlich empfundener Trauer lenkt (vgl. Benkel 2014b sowie Meitzler in diesem Band) und natürlich nicht zuletzt: nachdem Hundehalter es weitgehend akzeptieren, sich tagein, tagaus intensiv mit Hundekot zu befassen, ihn, kaum geschützt, anfassen und mitunter den sich darin wälzenden Kläffer auf Bett, Sofa oder wenigstens dem Wohnzimmerteppich dulden – nach alldem kann schwerlich bestritten werden, dass die Beziehung von Mensch und Hund zwar an den Grenzen des Sozialen lokalisiert ist, aber eben doch, oder gerade deshalb, einen soziologisch interessanten und anschlussfähigen Wert darstellt.

Der Kothaufen als corpus delicti aus dem Corpus des Hundes ist nur ein Symptom dieses Wertes. Bei Adorno heißt es in den *Minima Moralia* pointiert: „Wo es am hellsten ist, herrschen insgeheim die Fäkalien" (2001: 98). Aber wo die Hundefäkalien niederfallen, bildet sich im Rasenstück oder auf dem Asphalt zugleich die Gelassenheit einer sonst auf Reinlichkeit, jedenfalls auf Ekelabwehr gepolten Welt ab. Hier leuchtet nicht die reine Vernunft – hier wird die Bedingung der Möglichkeit der Hunde-Mensch-Gemeinschaft samt allen Hindernissen, die entstehen, in Kauf genommen, weil der Ertrag es wert ist. Wenn Francis Bacon – der figurative Maler, nicht der Staatstheoretiker – auf der Straße Hundekot entdeckt, erkennt er just darin: „So ist das Leben" (Sylvester 1997: 135). Das Leben wird vom tierischen Begleiter mitgestaltet, gerade auch da, wo er Irritationen liefert, und dies womöglich deshalb, weil er weder anthropomorphisch mit Menschen gleichgesetzt werden kann, noch Analogien und Assoziationen zu Lebenspartnern, Kindern und Freunden suspendiert werden müssen.

Es war Franz Kafka, der klargemacht hat, dass auch Hunde über all dies nachdenken. Seine Darstellung der „Forschungen eines Hundes" (2000), ein spätes Werk von 1922, präsentiert einen Vierbeiner, der sich mit der System-Umwelt-Abgrenzung aus hündischer Sicht befasst. Seine Erkenntnissuche scheitert, weil für ihn auch das ganz andere immer schon als vollständig zur Hundewelt gehörig feststeht. Als individualisiertes Exemplar seiner Spezies spricht der namenlose Forscher von einer „Hundegesellschaft"; davon, dass er „in das Wesen der Hunde einzudringen" sich bemüht, um am Ende seine Sozialforschung vom Napfe aus resignierend mit den Worten zu bilanzieren, dass er „von vornherein unfähig gewesen" sein könnte, „die Pfote auch nur zur ersten Stufe der Wissenschaft zu erheben." Menschen sind für ihn, auf gleichsam seltsame wie sittenlose Weise, „Hunde wie ich und du" – nichts weiter. Selten sind die Invektiven, die diesen Gedanken hin und wieder streuen, indem sie Humanakteure aufs Hundsein herabwürdigen (à la „Sauhund!", „Bitch" u. dgl.), in der Tat nicht. Kafkas Köter, einer von vielen Tierfabelhelden dieses Autors, meint es aber nicht böse. Er will nicht nach Knochen jagen, sondern die Welt verstehen. Und er spart in seinen Forschungen übrigens auch das eifrige „Nassmachen" nicht aus. Am Ende steht er auf vier Beinen vor dem ungelösten Rätsel seiner Existenz: Was ist der Hund für den Menschen, was der Mensch für den Hund? Wer ist Vergleichsobjekt, wer ist Vergleichssubjekt? Man wüsste mehr, wenn man wahrlich wüsste, wie ein Hundeleben geführt wird.

Literatur

Adorno, Theodor W. (2001): Minima Moralia. Reflexionen aus dem beschädigten Leben. Frankfurt a. M.: Suhrkamp.
Anders, Günther (1982): Ketzereien. München: Piper.
Baier, Horst (1991): Schmutz. Über Abfälle in der Zivilisation Europas. Konstanz: UVK.
Bardmann, Theodor (1994): Wenn aus Arbeit Abfall wird. Aufbau und Abbau organisatorischer Realitäten. Frankfurt a. M.: Suhrkamp.
Barlösius, Eva (1999): Soziologie des Essens. Eine sozial- und kulturwissenschaftliche Einführung in die Ernährungsforschung. Weinheim/München: Juventa.
Bataille, Georges (1986): Die Höhlenbilder von Lascaux oder Die Geburt der Kunst. Stuttgart: Klett-Cotta.
Beetz, Andrea M./Podberscek, Anthony L. (Hrsg.) (2009): Bestiality and Zoophilia. Sexual Relations with Animals. Oxford/New York: Berg.
Benkel, Thorsten (2011): Die Idee des Ekels. Analyse einer Affektkonstruktion. In: Psychologie und Gesellschaftskritik 35(1), 9–29.
Benkel, Thorsten (2014a): Die Ordnung des Rechts – zwischen Erwartung und Enttäuschung. In: Zeitschrift für Rechtssoziologie 34(1/2), 33–50.

Benkel, Thorsten (2014b): Lebenspartner und Symbolfiguren. Die Mensch-Tier-Beziehung in Grabsteindarstellungen. In: Zeitschrift für Bestattungskultur 66(7/8), 14–16.
Benkel, Thorsten (2015): Gesten sichtbarer Entgrenzung. Körper und Schmerzen in der Performance-Kunst. In: Danko, Dagmar/Moeschler, Olivier/Schumacher, Florian (Hrsg.): Kunst und Öffentlichkeit. Wiesbaden: Springer VS, 57–82.
Ben-Ze'ev, Aaron (2009): Die Logik der Gefühle. Kritik der emotionalen Intelligenz. Frankfurt a. M.: Suhrkamp.
Berger, Peter L./Luckmann, Thomas (1992): Die gesellschaftliche Konstruktion der Wirklichkeit. Eine Theorie der Wissenssoziologie. Frankfurt a. M.: S. Fischer.
Bourke, John Gregory (1996): Der Unrat in Sitte, Gebrauch, Glauben und Gewohnheitsrecht der Völker. Frankfurt a. M.: Eichborn.
Brucker, Renate/Bujok, Melanie/Mütherich, Birgit/Seeliger, Martin/Thieme, Frank (Hrsg.) (2015): Das Mensch-Tier-Verhältnis. Eine sozialwissenschaftliche Einführung. Wiesbaden: Springer VS.
Bühler-Dietrich, Annette/Weingarten, Michael (Hrsg.) (2015): Topos Tier. Neue Gestaltungen des Mensch-Tier-Verhältnisses. Bielefeld: transcript.
Därmann, Iris/Lemke, Harald (Hrsg.) (2008): Die Tischgesellschaft. Philosophische und kulturwissenschaftliche Annäherungen. Bielefeld: transcript.
Derrida, Jacques (2010): Das Tier, das ich also bin. Wien: Passagen.
Elias, Norbert (1994): Über den Prozeß der Zivilisation. Soziogenetische und psychogenetische Untersuchungen (2 Bde.). Frankfurt a. M.: Suhrkamp.
Findeisen, Hans (1956): Das Tier als Gott, Dämon und Ahne. Stuttgart: Franckh.
Fischer, Michael (2005): Tierstrafen und Tierprozesse. Zur sozialen Konstruktion von Rechtssubjekten. Münster: LIT.
Friedlaender, Ludwig (1934): Sittengeschichte Roms. Wien: Phaidon.
Fuchs, Eduard (2013): Illustrierte Sittengeschichte vom Mittelalter bis zur Gegenwart (3 Bde.). Paderborn: Salzwasser.
Gehlen, Arnold (1971): Über die Verstehbarkeit der Magie. In: Gehlen, Arnold: Studien zur Anthropologie und Soziologie. Neuwied/Berlin: Luchterhand, 79–92.
Geiger, Theodor (1931): Das Tier als geselliges Subjekt. In: Forschungen zur Völkerpsychologie und Soziologie, Bd. 10, 283–307.
Geuss, Raymond (2002): Privatheit. Eine Genealogie. Frankfurt a. M.: Suhrkamp.
Glenney Boggs, Coleen (2013): Animalia Americana. Animal Representations and biopolitical Subjectivity. New York: Columbia University Press.
Hediger, Heini (1954): Skizzen zu einer Tierpsychologie im Zoo und im Zirkus. Stuttgart: Gutenberg.
Henscheid, Eckard (1995): Welche Tiere und warum das Himmelreich erlangen können. Neue theologische Studien. Stuttgart: Reclam.
Illouz, Eva (2011): Warum Liebe weh tut. Eine soziologische Erklärung. Frankfurt a. M.: Suhrkamp.
Ingensiep, Hans Werner/Baranzke, Heike (2008): Das Tier. Stuttgart: Reclam.
Kafka, Franz (2000): Forschungen eines Hundes. In: Kafka, Franz: Sämtliche Erzählungen. Frankfurt a. M.: S. Fischer, 323–354.
Kathan, Bernhard (2004): Zum Fressen gern. Zwischen Haustier und Schlachtvieh. Berlin: Kadmos.
Keller, Reiner (2009): Müll. Die gesellschaftliche Produktion des Wertvollen. Wiesbaden: VS.

Latour, Bruno (2001): Eine Soziologie ohne Objekt? Anmerkungen zur Interobjektivität. In: Berliner Journal für Soziologie 11(2), 237–252.
Lewin, Ralph (1999): Merde. Excursions into scientific, cultural and socio-historical Corpology. London: Aurum.
Mead, George Herbert (1975): Geist, Identität und Gesellschaft. Frankfurt a. M.: Suhrkamp.
Miller, William Ian (1997): The Anatomy of Disgust. Cambridge/London: Harvard University Press.
Pfau-Effinger, Birgit/Buschka, Sonja (Hrsg.) (2013): Gesellschaft und Tiere. Soziologische Analysen zu einem ambivalenten Verhältnis. Wiesbaden: Springer VS.
Reiß, Claudia (2007): Ekel. Ikonografie des Ausgeschlossenen. Dissertation Universität Duisburg-Essen.
Ringel, Dorothee (2003): Ekel in der Pflege. Frankfurt a. M.: Mabuse.
Schetsche, Michael (Hrsg.) (2014): Interspezies-Kommunikation. Berlin: Logos.
Sylvester, David (1997): Gespräche mit Francis Bacon. München/New York: Prestel.
Wiedenmann, Rainer E. (2002): Die Tiere der Gesellschaft. Studien zur Soziologie und Semantik von Mensch-Tier-Beziehungen. Konstanz: UVK.

Teil II
Funktionen und Relationen

Brauchen Hunde einen Kinderfahrschein?
Zwei Schichten, zwei Umgangsweisen[1]

Jo Reichertz

Hunde bereiten nicht nur Freude, sondern manchmal auch Probleme. Das ist durchaus bekannt. Welche Probleme Hunde in Bussen und Bahnen ihren Herrchen und Frauchen bereiten können, ist dagegen nicht jedem und jeder von uns klar. Deshalb soll hier Aufklärung im besten Sinne des Wortes betrieben werden, indem von Ereignissen berichtet wird, die vor einiger Zeit in Halle, Deutschland, stattfanden oder besser und richtig: die so im deutschen Fernsehen gezeigt wurden und die sich laut TV-Kommentar so in Halle abgespielt haben sollen.

Bei der zur Frage stehenden Fernsehsendung handelt es sich um das Fernseh-Reality-Format „*24 Stunden*"-*Reportage* aus dem Jahr 2010. In diesem Format werden Kontrolleure aller Art bei der alltäglichen Arbeit beobachtet und gezeigt. Allerdings dokumentiert das Format nicht die tatsächliche, langwierige und meist langweilige Arbeit, sondern es werden bestimmte, bemerkenswerte Ereignisse gezeigt, die sich um einen Handlungskern drehen und von diesem zusammengehalten werden. In einem dieser Beiträge geht es um Hunde und das mit ihnen verbundene Problem, ob man für sie in Bussen und Bahnen zahlen soll. Dieser Beitrag soll im Weiteren mit der Methode der hermeneutisch-wissenssoziologischen Videoanalyse (Reichertz/ Englert 2011) untersucht werden.

---

1 Die hier vorgelegte Interpretation geht auf eine sehr viel umfangreichere Videoanalyse zurück, die in Reichertz und Englert 2011 dokumentiert wird. Deshalb verdankt dieser Beitrag auch viel den Anregungen und Hinweisen von Carina Englert.

1 Kurzbeschreibung der Sequenz

Da hier nicht das analysierte Video *gezeigt* werden kann, soll eine kurze *Darstellung* der im Video gezeigten Ereignisse erfolgen. Natürlich kann diese Beschreibung nicht die Gesamtheit der im Video zu sehenden Ereignisse und Stimmungen wiedergeben. Allerdings lassen sich mittels des hier verwendeten Verfahrens der Bildtranskription und der sukzessiven Bildbeschreibung alle für die Interpretation relevanten Bestandteile des Videos erfassen und benennen (vgl. Reichertz 2013a).

Die Sequenz *Kinderfahrschein für einen Hund*, die nur einen Teil der Reportage-Sendung „*24 Stunden*" darstellt, ist insgesamt 2:47 Minuten lang. Sie beginnt mit einer vom Hintergrund in den Vordergrund des Bildschirms einfahrenden Straßenbahn. Im Bild erscheint die Einblendung „Halle 11:54 Uhr" und der *voice over*-Kommentar führt in das Geschehen ein (Abb. 1).

Abb. 1 Straßenbahn; bei allen hier und später abgedruckten Fotos handelt es sich um Screenshots der Sendung ‚24 Stunden Reportage', die am 07.02.2010 vom Sender SAT 1 ausgestrahlt wurde.

So erklärt er, dass die Stadt Halle in den letzten fünf Jahren 500.000 Euro Verwarngeld von schwarzfahrenden Fahrgästen kassiert habe, und dass diese Schwarzfahrer u. a. von den Kontrolleuren Sabine, Anett und Herbert erwischt worden seien. Währenddessen beginnt die Fahrkartenkontrolle in der Bahn durch die drei vorgestellten Kontrolleure. Der *voice over*-Kommentar begleitet das Geschehen mit der Erläuterung, wie viele Schwarzfahrer täglich von den Kontrolleuren erwischt werden, wie teuer ein Fahrschein ist und dass ein Bußgeld auch dann fällig wird, wenn Hundebesitzer keinen entsprechenden Fahrschein für ihren Hund gelöst haben. Plötzlich richtet sich die Aufmerksamkeit der Kamera auf einen Dialog zwischen dem Kontrolleur Herbert und einem weiblichen Fahrgast, der in der Bahn einen Rottweiler-Welpen an einer Leine mitführt (Abb. 2).

Abb. 2 Frau mit Pullover

Es hat den Anschein, als entwickle sich zwischen diesen beiden Personen ein Konflikt, welcher sich auf den von der Dame mitgeführten Hund bezieht. Herbert erklärt der Frau, dass ihr Hund einen Kinderfahrschein brauche (Abb. 3).

Abb. 3 Hund braucht Kinderfahrschein

Auf ihre Nachfrage, wo diese Vorschrift zu finden sei, verweist er auf die Beförderungsbedingungen, welche als Schild neben der Frau an der Wand des Wagens angebracht sind. Nachdem der Fahrgast das Vorhandensein dieser Vorschrift bezweifelt, eilt eine Kollegin Herbert zu Hilfe und bestätigt dessen Hinweis. Die Kamera zeigt den Abschnitt über die Beförderung von Hunden in Großaufnahme (Abb. 4).

Abb. 4 Tafel

Während die Dame mit dem schwarzfahrenden Hund noch ihren Unmut darüber kundtut, dass Fahrräder im Gegensatz zu Hunden nicht zahlen müssen, füllt sie einen Zettel aus, den ihr der Kontrolleur überreicht hat. Herbert erklärt, dass Hunde nur dann keinen Fahrschein brauchen, wenn sie in einem entsprechenden Behältnis transportiert werden. Der Kontrolleur Herbert stellt währenddessen einen Strafschein aus und überreicht ihn dem weiblichen Fahrgast mit dem schwarzfahrenden Hund.

Weitere Fahrgäste nehmen zum aktuellen Geschehen Stellung, indem sie hinterfragen, warum die Frau mit Hund jetzt einen Strafschein erhält, und bezweifeln, dass solch eine Regelung im Vergleich zur Transportfreiheit von Fahrrädern Sinn macht. Der Kontrolleur Herbert erwidert erneut, dass Hunde dann nicht bezahlt werden müssen, wenn sie in einem Behältnis transportiert werden und dementsprechend als Gepäck gelten. Außerdem erklärt er, dass es nicht um die Größe des Hundes, sondern vielmehr um die Sicherheit der Fahrgäste geht, falls der Hund beißen sollte. Der weibliche Fahrgast mit Hund nimmt schließlich den Bußgeldbescheid von Herbert entgegen.

Nach diesem Geschehen zeigt die Kamera eine jüngere Frau mit blonden Haaren, ebenfalls mit kleinem Hund, die scheinbar einige Reihen weiter in der gleichen Straßenbahn sitzt und das Geschehen mit dem schwarzfahrenden Hund beobachtet hat (Abb. 5). Als sie die Kontrolleure erkennt, packt sie ihren Hund in eine Tasche auf ihrem Schoß. Eine Kontrolleurin fragt die blonde Frau nach dem Fahrschein, woraufhin die Frau mit Hund in der Tasche ihn vorzeigt. Alles ist in Ordnung.

Abb. 5 Blonde mit Fahrschein

Die Kamera schwenkt nach diesem Ereignis nochmals auf die Blonde mit dem Hund in der Tasche, die erklärt, dass sie eben gesehen hat, dass es sich um Kontrolleure handelt, und sie deshalb ihren Hund in die Tasche gepackt hat, da sie es nicht einsieht, für ihren Hund einen Kinderfahrschein zu lösen.

Die Kamera steht in der Bahn vor der sich öffnenden Tür, die Kontrolleure steigen aus. Außerhalb der Bahn erhält der Kontrolleur Herbert noch einmal die Möglichkeit, Stellung zum Geschehen in der Bahn zu nehmen. Er erklärt vor der Kamera, dass er den Vergleich zwischen dem Hund und den Fahrrädern durchaus verstehen kann und dass auch er nicht immer der Kontrolleur, sondern auch Fahrgast ist.

2 Ist es rechtens, dass ein Hund einen Fahrausweis braucht?

Die Frau mit dem Rottweiler muss also eine Strafe für das Schwarzfahren ihres Hundes zahlen. Ist das gerecht? Und: Ist es rechtens, dass man für einen Hund, oder genauer: für einen *kleinen* Hund, einen Fahrschein lösen muss? Ist ein kleiner Hund ein Fahrgast oder ist er so etwas wie Gepäck, das ja auch kostenfrei mitgenommen werden darf? Das ist die Frage, oder anders: Das ist der gesellschaftliche

Konflikt, der hier am Beispiel des kleinen Rottweiler-Welpen auftaucht und der situativ gelöst werden muss.

Ohne Zweifel handelt es sich um ein kleines Problem, das nicht so viele betrifft. Aus soziologischer Sicht und natürlich auch aus Sicht der Verkehrsbetriebe ist das jedoch keinesfalls ein kleines und schon gar nicht ein triviales Problem, sondern eines, das auch die Grundlagen des deutschen Persönlichkeitsrechts berührt. Dieses Problem ist auf zwei Ebenen angesiedelt und thematisiert somit zwei Fragen: einmal auf der *sachlichen/rechtlichen* Ebene, auf der die Frage zu klären ist, ob Hunde zur Person gehören, ob sie Sachen oder ob sie Mitgeschöpfe[2] sind, für die zu zahlen ist, und einmal auf der *grundsätzlichen* Ebene, auf der die Frage zu klären ist, was man in der Alltagspraxis macht, wenn die Buchstaben des Gesetzes mit dem Rechtsempfinden im Alltag nicht in Einklang zu bringen sind.

Die erste sachliche oder rechtliche Frage ist, *was* die Verkehrsbetriebe eigentlich *wem* verkaufen. Zahlt der Fahrgast dafür, dass er als *Person* (mit allem, was zu einer Person gehört, also mit Gepäck und Hund) über eine bestimmte Strecke befördert wird, oder zahlt er einen bestimmten Kubikmeterpreis, also zahlt er dafür, dass er einen bestimmten *begrenzten* Raum für eine bestimmte Zeit einnehmen darf. Geht es um die Person, dann fragt man sich, was zu einer Person legitimerweise

---

2   Der Hund taucht erst 1810 in der preußischen Gesetzgebung auf. Zuvor wurden Hunde lediglich in Jagdregelungen erwähnt, wo sie allerdings auf einer Ebene mit *Jagdwaffen* genannt wurden. Seit 1810 aber gibt es eine Art „Hundesteuer", damals „Luxussteuer" genannt. Wer sich Hunde als Haustier und nicht nur als Nutztier hielt, sollte dafür zahlen. Große Beachtung fand der Hund im ersten Tierschutzgesetz von 1871, denn im Deutschen Kaiserreich durften Hunde nicht unnötig in der Öffentlichkeit gequält werden, weil dies auf Zuschauer abstoßend wirken kann. Es wurden also mehr die Menschen geschützt als die Tiere. Eine Aktualisierung des Tierschutzgesetzes fand in der Bundesrepublik 1972 statt. Das Tier wurde dort als ein schützenswertes „Mitgeschöpf" aufgefasst. Im BGB sind (seit 1990) Tiere unter Abschnitt 2 §90a zusammen mit *Sachen* aufgeführt: „Tiere sind keine Sachen. Sie werden durch besondere Gesetze geschützt. Auf sie sind die für Sachen geltenden Vorschriften entsprechend anzuwenden, soweit nicht etwas anderes bestimmt ist." Seit 2001 gibt es eine Tierschutz-Hundeverordnung. Im selben Jahr hat der MDV (der Verkehrsverbund, dem die Hallesche Bahn angehört) seine Beförderungsbedingungen dahingehend geändert, dass Hunde nun ein Ticket brauchen. Hier wird das Tier in einem Abschnitt mit Sachgütern behandelt. Die Hallesche Verkehrs AG teilte mir auf Anfrage Folgendes mit: „In den Tarifbestimmungen und Beförderungsbedingungen § 8 des MDV ist die Mitnahme von Sachen und Tieren seit der Einführung des mitteldeutschen Verkehrsverbundes (MDV) im Jahr 2001 eindeutig geregelt. Für Hunde, die nicht im Behälter befördert werden, ist eine Einzelfahrkarte Kind oder ein Abschnitt der 4-Fahrtenkarte Kind zu entwerten." Einheitliche Beförderungsbedingungen für Hunde in deutschen Bussen und Bahnen gibt es bisher allerdings nicht: Die Verkehrsbetriebe entscheiden über ihre Beförderungsbedingungen selbst. Der Verkehrsverbund Rhein-Ruhr (VRR) z. B. lässt Hunde kostenlos mitfahren.

dazugehört. Gehört ein Hund bei jeder Person dazu (wie z. B. ein Laptop oder ein Koffer), oder gehört ein Hund nur bei blinden Menschen dazu? Ist der Hund ein Art ‚Person' oder eine Sache, für die Entgelt entrichtet werden muss? Und wenn man für den Hund einen Kinderfahrschein lösen muss, ist er dann eine Person und darf er dann Gepäck bei sich haben?

Aber wenn es um die *Kubikmeter* geht, also letztlich um den in Anspruch genommenen *Raum* und nicht um die Person, dann ist auf einmal die Größe des Hundes entscheidend und nicht die Frage, ob er in einer Tasche transportiert wird, die ja zur Person gehört. Aber wenn der Raum zählt, dann ist auf einmal die körperliche Ausdehnung des Fahrgastes von Belang, dann müssten sehr korpulente Gäste zwei Fahrscheine lösen – eine Praxis, die man bei einigen Fluglinien findet.

Kurz: In den Beförderungsbedingungen finden sich zwei, sich nicht immer zur Deckung bringen lassende Logiken: die der Person und deren Rechte und die des begrenzten Raumes. Beide Logiken müssen in der alltäglichen Praxis immer wieder fallspezifisch ‚gelöst' werden, ohne dass der Widerspruch selbst ganz zu beseitigen ist. Solche Situationen sind im Alltag nun nicht die Ausnahme, sondern die Regel: Immer wieder passiert es, dass die Situation nicht restlos geklärt ist, und dann müssen die Akteure immer wieder vor Ort in Kenntnis der gesamten Situation entscheiden, wie sie verschiedene sich widersprechende Handlungslogiken situativ auflösen. Das ist nicht einfach und fordert von den Beteiligten eine hohe kommunikative Kompetenz und auch eine hohe Sensibilität für die Erfordernisse der Situation.[3]

---

3 Die Situation ist in den letzten Jahren nicht einfacher geworden, wie ein Zeitungsbericht aus dem Jahre 2015 zeigt: Demnach ist die Hundefrage nicht nur in Halle in der Trambahn umstritten, sondern auch bei der Deutschen Bundesbahn. So berichtete die WAZ am 7. Oktober 2015 über Michelle Sonnenberg, die für ihre acht Kilo schwere spanische Podenco-Hündin im IC der Deutschen Bundesbahn von Dortmund nach Hamburg für eben diesen Hund den *halben Fahrpreis* +7,50 € IC-Zuschlag, also insgesamt 41,40 € nachzahlen musste. Und dies, obwohl der kleine Hund unter dem Sitz gelegen hatte! Auf die von Frau Sonnenberg später schriftlich vorgetragene Beschwerde erwiderte die Kundenberatung der Deutschen Bundesbahn, viele Fahrgäste fühlten sich durch Hunde belästigt, zum Beispiel aufgrund einer Allergie oder weil sie Angst hätten. Deshalb müsse die Bahn im Interesse aller Bahnkunden eine verträgliche Lösung für alle finden. Diese Begründung konnte Frau Sonnenberg nicht wirklich überzeugen, weil die Zugfahrt für die kleine Podenco-Hündin nämlich kostenfrei gewesen wäre, wenn Frauchen sie in eine Transportbox gesetzt hätte. Ein von der WAZ befragter Bahnsprecher erklärte dazu: „Das ist eine tarifliche Bestimmung der Deutschen Bahn AG, die ist sehr alt. Das, was ein Mensch in einem Arbeitsgang als Traglast mit in den Zug nehmen und unter dem Sitz oder auf der Gepäcksablage als Gepäck verstauen könnte, ist kostenfrei." Dass auch diese (scheinbar klare) Regelung in der Praxis nicht durchgängig von allen Schaffnern gepflegt wird, zeigt der Umstand, dass der Schaffner auf der Rückfahrt den von Michelle

Die Vermischung zweier sich widersprechender Beurteilungsmaßstäbe, das ist die eine Ebene des Konflikts. Aber es gibt noch eine andere – und die ist wahrscheinlich noch brisanter, weil sie grundsätzlicher und alltäglicher ist: Gemeint ist das Spannungsverhältnis von *gesetztem Recht* und *gefühlter Legitimität*. Vieles im Alltag ist nicht nur von Normen geregelt, sondern auch von (alten wie neuen) Gesetzen. Sie schreiben vor, was im Einzelnen zu tun ist. Hier sagen die Buchstaben des Gesetzes das Richtige. Im Idealfall sagen die Buchstaben des Gesetzes das, was alle als rechtens empfinden, also z. B. dass man bezahlen muss, wenn man von der Straßenbahn befördert werden will. Das erscheint allen als gerecht. Dann ist die Zustimmung zum Gesetz nicht nur formal, sondern sie kommt von innen, dann wird das Recht von allen getragen, dann gründet Legalität auf einem normativen Fundament, das alle verbindet und alle bindet. Das Legale wird auch als legitim empfunden.

Neben dem geschriebenen Gesetz gibt es aber im Alltag immer auch das, was irgendeine Mehrheit der Gesellschaft für rechtens hält, von dem sie glaubt, dass es trotz des gesetzten Rechts eigentlich erlaubt ist, dass es *legitim* ist. Sie halten es z. B. für legitim, in der Straßenbahn für kleine Hunde nicht zahlen zu müssen. Geschriebene Rechtsordnung und subjektives Rechtsempfinden fallen im Alltag nun oft auseinander, sind oft zwei Paar Schuhe – sei es, weil das Gesetz etwas Neues gegen den *Common-Sense* durchsetzen will (z. B. Frauen-Quote), sei es, weil das Gesetz weit hinter der Wirklichkeit herhinkt. Der *Common-Sense* tendiert dazu, konservativ zu sein. Manchmal jedoch, insbesondere wenn es um die Veränderung der Wirklichkeit aufgrund neuer Medien geht, hat der *Common-Sense* bereits neue Lösungen für neue Probleme gefunden, für die es noch keine rechtlichen Regelungen gibt. Insofern ist das Auseinanderfallen von Rechtsordnung und Rechtsgefühl, von Legalität und Legitimität, ein guter Indikator für gesellschaftlichen Wandel. Weil Rechtsgefühl und Rechtsordnung oft in einem Spannungsverhältnis zueinander stehen, schafft diese Spannung auch oft den Raum und die Möglichkeit für

---

Sonnenberg jetzt rechtzeitig gelösten Fahrschein für die Hündin erst gar nicht sehen wollte, da er nach eigenem Bekunden keine Lust habe, mit den Fahrgästen über diese Frage zu diskutieren. – Dieses Ereignis nimmt die WAZ zum Anlass, ihre Leserinnen und Leser darüber zu informieren, dass im Verkehrsverbund Rhein-Ruhr die Mitnahme von Hunden kostenfrei ist und dass die alte Praxis, dass für Hunde ein Kinderticket zu lösen sei, aufgegeben wurde, weil sie immer wieder zu heftigen Diskussionen mit den Fahrgästen geführt habe (vgl. WAZ vom 07.10.2015, erste Seite vom Lokalteil Dortmund, http://www.derwesten.de/staedte/dortmund/hund-darf-nur-als-gepaeckstueck-kostenlos-im-fernzug-mitfahren-id11164698.html; Zugriff 20.4.2016). Ganz offensichtlich geht die Debatte darüber, ob und was für die Beförderung von Hunden zu bezahlen ist, also unvermindert weiter.

Neues, für Reformen, für Änderungen des Rechts. Je weiter Rechtsordnung und Rechtsempfinden auseinanderliegen, desto größer ist die Unklarheit, was zu tun ist, desto mehr muss vor Ort ausgehandelt werden.

Für die Hallenser Verkehrsbetriebe (HAVAG) ist die Sache klar, hat sie sie doch in ihren Beförderungsbedingungen in § 7 unter der Überschrift ‚Mitnahme von Sachen und Tieren' geregelt (Quelle: www.havag.com/uploads/36fd979d6df6ada43f-6c6e12d145c2c6.pdf[4]). Dort heißt es:

> Fahrgäste mit einer gültigen Fahrkarte sind berechtigt, jeweils
> \> 1 Paar Ski / Snowboard oder
> \> 1 Rodelschlitten oder
> \> 1 Gepäckstück (Handgepäck)* oder
> \> 1 kleines Tier im Behälter
> unentgeltlich mitzunehmen. Kinderwagen werden generell unentgeltlich befördert.

Was dabei als Handgepäck zu gelten hat, wird ebenfalls klar definiert:

> *Als Handgepäck gelten leicht tragbare Gegenstände, die in ihrer Form und Größe und durch die Bauart der Fahrzeuge eine Unterbringung unter oder über dem Sitzplatz des Fahrgastes bzw. auf dessen Schoß ermöglichen. Für jedes weitere Gepäckstück und größere Gegenstände (z. B. Postzustellwagen) ist eine Einzelfahrkarte Kind oder ein Abschnitt der 4-Fahrtenkarte für Kinder in der erforderlichen Preisstufe zu entwerten. Für Hunde, die nicht im Behälter befördert werden, ist eine Einzelfahrkarte Kind, ein Abschnitt der 4-Fahrtenkarte für Kinder, eine Tageskarte Kind oder eine sonstige Zeitkarte für jedermann (Normaltarif) in der erforderlichen Preisstufe zu lösen.

Damit ist die Sache für die Hallenser Verkehrsbetrieb klar: Hunde sind fahrkartentechnisch wie Kinder zu behandeln, was auch bedeutet, dass für sie ein Fahrschein zu lösen ist. Aber geht es überhaupt um diese Frage?

---

4   Diese Bestimmungen galten im Übrigen bis August 2015. Seitdem hat die HAVAG ihre Beförderungsbedingungen für Hunde leicht geändert – siehe hierzu http://www.havag.com/file/download/Bef%C3%B6rderungsbedingungen-und-Tarifbestimmungen.pdf (Zugriff: 16.04.2016). Dort heißt es jetzt: „Unentgeltlich können Kleintiere oder kleine Hunde, die in geeigneten Behältnissen untergebracht sind, mitgenommen werden. Für Hunde, die nicht im Behälter befördert werden, ist der Fahrpreis der Extrakarte für die Fahrt in der erforderlichen Preisstufe zu entrichten."

3 Geht es wirklich um den Hund?

Ganz offensichtlich und ganz vordergründig geht es bei der gesamten Sequenz um die Hundefrage. Es werden zwei Frauen mit Hund in der Straßenbahn gezeigt, die sich eigentlich in der gleichen Situation befinden: Sie führen einen Hund mit, ohne für ihn einen Kinderfahrschein gelöst zu haben, wie es die Beförderungsbedingungen der Stadt Halle verlangen. Die eine Frau wird patzig, fragt danach, wo das steht, zieht dann (nachdem die *Legalität* der Maßnahme geklärt ist) die *Legitimität* dieser Bestimmung lautstark in Zweifel, wiegelt auch noch andere Fahrgäste auf, muss schlussendlich aber ein Bußgeld von 40 Euro zahlen. Die Zweite packt ihren Hund ohne ein Wort der Kritik in ihre Tasche und muss deshalb weder einen Kinderfahrschein für den Hund lösen, noch ein Bußgeld zahlen (Abb. 6).

Abb. 6 Blonde mit Hund

Zwei Frauen, zwei Verhaltensweisen. Protest und Strafe auf der einen Seite, Gehorsam und Belohnung auf der anderen. Der Zuschauer sieht, welche Verhaltensweise erfolgreich ist, und kann dann seine Schlüsse ziehen. Auf jeden Fall weiß er, was er zu tun hat, wenn er für seinen vierbeinigen Freund im Nah- und Fernverkehr das Ticket und die Buße sparen will.

Das ist das, was Zuschauerinnen und Zuschauer in der Haltung des *normalen Zuschauers* (also nicht in der Haltung des subversiven Zuschauers – siehe Hall 1999) wahrnehmen und mehr oder weniger bewusst mitnehmen, wenn sie die gezeigten – als dokumentarisch ausgeflaggten – Ereignisse sehen und hören. So weit – so gut. Doch sobald man sich diesem Beitrag analytisch, somit nicht mehr als Zuschauer, sondern als wissenschaftlicher Interpret und am besten mit Unterstützung einer Interpretationsgruppe (vgl. Reichertz 2013b), nähert, das Material also erst genau deskribiert und dann sorgfältig hin und her wendet, dann zeigt sich schnell, dass die Szene mit der Blonden *nachgedreht* ist (die Bahn hat eine andere Nummer und fährt in eine andere Richtung).

Infolgedessen fragt man sich nicht nur, weshalb diese Szene *an dieser Stelle* des Films eingebaut wurde, sondern man fragt sich auch, weshalb man gerade *diese* Frau ausgewählt hat, und natürlich fragt man sich, weshalb man überhaupt etwas hineinmontiert und somit eine Fiktion konstruiert hat. Auch hier könnte man auf den ersten Blick sagen, das sei Zufall gewesen, die Aufnahmecrew habe den nächsten x-beliebigen Gast mit Hund gebeten, sich so zu verhalten (den Hund in die Tasche zu stecken) und das dann gedreht. Auf den zweiten Blick scheint das nicht plausibel, einfach weil die Gegensätze zwischen den beiden Fahrgästen zu groß sind und systematisch variieren: Weder die Rasse der Hunde, noch die Frauen selbst und schon gar nicht die Situation gleichen sich. Hier gilt es – wie bei jeder hermeneutisch vorgehenden Interpretation (Reichertz/Englert 2011) – das Implizite explizit zu machen.[5]

Betrachtet man (einmal auf die Spur gebracht, dass es sich um eine fiktionale Konstruktion handelt) die beiden weiblichen Fahrgäste mit Hund genauer, dann sieht man an den Körpern, an den Kleidern, dem Habitus, den Hunden schnell klare Unterschiede.

Die ‚scheiternde' junge Frau mit dem Hund, welche den Bußgeldbescheid bekommt, trägt einen schwarzen Wollpulli mit V-Ausschnitt. Auf der Vorderseite des Pullis befindet sich ein auffälliger, in einer typischen Graffiti-Typographie gestalteter Aufdruck: „Dubster". Zudem ist in der Mitte des Pullovers ein Totenkopf mit einem Kopfhörer aufgenäht. Das Totenkopf-Bild und der rote Schriftzug in einer gewöhnlichen Tag-Typographie erinnern an die *Gabba*-Szene der 1990er-Jahre. Sowohl das Wollmaterial als auch die Typographie des Pullovers weisen also darauf hin, dass es sich nicht um ein exklusives und teures Techno-Label handelt, sondern um ein billiges Produkt, das mit dem Look eines Techno-Labels massenhaft (z. B. auf Flohmärkten) verkauft wird. Dazu trägt die schlanke Hundehalterin eine weiße Baggy-Hose in Dreiviertellänge, an den Füßen Sportschuhe ohne sichtbare Füßlinge in den Schuhen (Abb. 7).

---

5 Auf den dritten Blick ist es auch nicht erheblich, ob die Crew vom Zufall geleitet wurde oder bewusst und nach Plan eine bestimmte Person ausgesucht hat. Entscheidend ist (wie bei jedem Produkt) die soziale Sinnstruktur des Gezeigten und nicht, ob den Schaffenden dieser Sinn bekannt war oder ob sie gar genau diesen Sinn erschaffen wollten.

Abb. 7 Frau ganz nah

Der sehr kurze Haarschnitt, welcher mit Gel zu einer Art Igelfrisur gestylt worden ist, komplettiert die eher hagere Erscheinung der Halterin des Rottweiler-Welpen. Außerdem trägt sie in ihrer rechten Augenbraue und ihrem rechten Ohr je ein silberfarbenes Piercing, einen silberfarbenen Ring und eine größere silberfarbene Uhr an der rechten Hand sowie einen länglichen Anhänger an einer Halskette. Die von der Frau gewählte ‚Kostümierung' deutet auf unkonventionell, unangepasst und wenig Einkommen hin – weshalb hier eindeutig von der Kamera eine Zuordnung zur *Unterschicht* vorgenommen wird. Die Kamera betrachtet die Frau mehrfach von unten, tastet sie von oben nach unten ab, schneidet ihren Kopf an oder geht von der Seite nah ran. Nie wird gleiche Augenhöhe hergestellt. Die Frau kann deshalb den Blick der Kamera nie erwidern, sondern ist immer der Betrachtung durch den Zuschauer ausgesetzt.

Der zweite weibliche Fahrgast ist gänzlich anders gekleidet. Die junge, ebenfalls schlanke Frau trägt eine große Sonnenbrille, hat blondes Haar, welches mit einem schwarzen Haargummi zu einem Dutt zusammengebunden ist. Die Blonde hat ein eher elegantes schwarzes Oberteil mit großem Rundausschnitt an, welches die Arme trotz der Dreiviertel-Ärmellänge offen lässt. Dazu trägt sie Jeans mit einem schwarzen Gürtel, eine silberfarbene Uhr am rechten Arm und einen Ring am rechten Zeigefinger. Außerdem hat sie eine große blaue Shopper-Tasche bei sich, in der sich ihr Hund problemlos verstauen lässt. Deutlich erkennbar gehört sie einer anderen Sozialschicht als die Rottweilerbesitzerin an (Abb. 8).

Abb. 8 Blonde

Alles an der Blonden strahlt konventionelle ‚Mittelschicht' aus. Auch die Kamera bleibt auf Mittelschichtdistanz: Die Einstellungen sind durchweg halbnah, die Kamera geht nicht ganz nah an die junge Frau heran, sondern hält alltägliche höfliche Körperdistanz. Auch der Blick hält gleiche Augenhöhe. Es unterbleibt also (anders als bei der Frau mit dem Rottweiler-Welpen) die filmische Konstruktion von räumlicher Hierarchie.

Die (Schicht-)Unterschiede zwischen den Frauen zeigen sich aber eben auch an den Hunden und darin, wie sie mit den Hunden umgehen: Während der Hundewelpe der Kurzhaarigen eine Art Rottweiler-Mischling ist, der an einer Kettenleine gehalten wird und ein blaues Synthetik-Halsband trägt (Abb. 9), ist der Hund des blonden weiblichen Fahrgastes ein kleiner modischer Schoßhund, ein erkennbar gut gepflegter *Pudel*, der als Welpe im Durchschnitt etwa 900 Euro kostet (diese Erkenntnis verdanken wir den Segnungen des Internets). Der kleine Pudel ist nicht angeleint und trägt ein Brustgeschirr aus schwarzem Leder. Die junge Frau streichelt ihren Hund.

Abb. 9 Rottweiler

Der Unterschied im Kleidungsstil beider weiblicher Fahrgäste wird durch den Sprachstil zusätzlich sichtbar und betont. Während der erste weibliche Fahrgast mit dialektaler (ostdeutscher) Färbung spricht, ist bei der zweiten Frau von dialektaler Färbung nichts zu hören. Sie spricht Hochdeutsch.

Auf der *Ebene der Kamerahandlung* (also der Kommentierung des Gezeigten ex post) gibt es weitere signifikante und deutende Unterschiede. Die Kamera kommuniziert nämlich auch mit der Musik bzw. mit dem Weglassen von Musik: Dem Geschehen um die Halterin des Rottweiler-Welpen ist fast durchgehend eine humoreske Hintergrundmusik unterlegt. Diese wird mit den dramatischen Inhalten kombiniert, wodurch die affektiv-bedrohliche Wirkung der visuellen Handlungsebene des Films gleichzeitig kontrastiert, also ‚musikalisch weich gezeichnet', wird. Bei der Darstellung der blonden Besitzerin des Pudels wird keine deutende Hintergrundmusik eingesetzt. Stattdessen werden die Alltagsgeräusche der Bahn unterlegt, wodurch eine sachlich-realistische, also dokumentarische Anmutung entsteht. Der Wirklichkeitscharakter des Gezeigten wird so unterstrichen.

Die beiden Frauen und die beiden Hunde (verdichtet man das an den einzelnen Körpern Gezeigte zu einem sozialen Typus) verkörpern nicht nur individuelle Unterschiede, sondern auch soziale. Hier treffen (auf der menschlichen wie ‚hündischen' Ebene) Vertreterinnen zweier sozialer Schichten, nämlich der Unter- und der Mittelschicht aufeinander, sie handeln in der Videoepisode stellvertretend für ihre Schicht und setzen so zwei schichtspezifische Handlungsmuster in Szene. Aus Sicht der Genderforschung ist sicherlich interessant, dass die ‚aufsässige' Frau aus der Unterschicht eher ‚männlich' inszeniert ist (kurzer Haarschnitt, sportlich), die zweite angepasste dagegen eher weiblich: Sie ist wesentlich körperbetonter und weiblicher bekleidet, was auch durch die Frisur, die Tasche und das weit ausgeschnittene Oberteil unterstrichen wird.

Zudem setzt die Kamera die beiden Frauen unterschiedlich in Szene und zeigt somit unterschiedlichen Respekt: die erste wird abschätzend gemustert und man sucht nicht die Augenhöhe, bei der zweiten bleibt man auf Halbdistanz und gibt ihr die Gelegenheit, auf gleicher Augenhöhe mit dem Schaffner/Zuschauer zu sprechen. Aber es werden nicht nur zwei spezifische Inszenierungsmuster eingesetzt, sondern die Kamera lässt die Zuschauer auch zwei unterschiedliche Reaktionsmuster sehen: Herbert, der Kontrolleur, besteht gegenüber der Rottweilerbesitzerin darauf, dass die Regeln der Stadtwerke bis auf den Buchstaben zu befolgen sind, er drückt kein Auge zu oder eröffnet Auswege, sondern er verlangt das Bußgeld. Die Kollegin von Herbert begegnet der Blonden mit dem gepflegten Pudel hingegen ganz anders: nämlich mit der Bereitschaft, die Regeln weicher, flexibler auszulegen. Insofern passen die Verhaltensweisen von Kontrolleuren und Kontrollierten zueinander und zusammen. Und der Zuschauer kann lernen, dass Regeln nicht für jeden in gleicher Weise gelten – für manche, die Mittelschicht, sind Ausnahmen möglich, für Mitglieder der Unterschicht nicht. Aus Sicht der Genderforschung ließe sich zudem fragen, weshalb der Mann der Vertreter der Unerbittlichkeit und der gesetzten Ordnung ist, die Frau jedoch mittels Kommunikation einen Kompromiss sucht und findet.

Die geheime Botschaft der Sequenz mit den zwei Hundehalterinnen erzählt also nicht nur von einem Problem (soll man für einen Hund in einer Straßenbahn zahlen?), sondern auch von Vertreterinnen zweier Sozialschichten, die bei dem gleichen Problem unterschiedliche Problemlösungsmuster zeigen. Auf der einen Seite gibt es die kurzhaarige, eher männlich-aggressiv wirkende Frau aus der Unterschicht mit ihrer ‚Promenadenmischung'[6], die – statt im Gespräch mit dem Kontrolleur nach einer fallspezifischen Lösung zu suchen – erst nach dem Gesetz fragt und dann dessen Legitimität bezweifelt. Auf der anderen Seite gibt es die eher weiblich wirkende junge Blonde aus der Mittelschicht mit ihrem Mittelschichthund, die nicht die Legitimität bezweifelt, auch nicht protestiert, sondern (wenn auch in einer Art Fassadenhandlung) ihren Hund zumindest für die Zeit der Kontrolle in ihre Tasche packt. Die Erste will das Problem prinzipiell klären und ihr vermeintliches Recht mit einer Art lokalem Aufruhr durchsetzen, die Zweite spielt das Spiel mit, hält sich vordergründig an die Regeln, packt ihren Hund ein (und später wahrscheinlich wieder aus) und kooperiert. Sie hilft der Kontrolleurin, die fallspezifische Lösung des Beförderungsproblems zu situieren. In dem gezeigten Exempel stehen Widerstand gegen Kooperation, Verweigerung gegen Gehorsam.

Und da die Kamera zweifelsfrei mit der jungen Blonden aus der Mittelschicht sympathisiert, ist die Botschaft der Kamera (des korporierten Akteurs) klar: „Mach es so wie die Blonde, wenn Du clever bist. Nur die, die nicht so clever sind, protestieren und machen Ärger." Damit leistet die Kamera auch einen Beitrag zu der gesellschaftspolitisch relevanten Frage, wie Bürger mit Gesetzen und Bestimmungen umgehen sollten oder grundsätzlicher: zu der Frage, wie Bürger sich verhalten sollen, wenn Legalität und Legitimität auseinanderfallen.

Und damit geht es in dem Video von dem schwarzfahrenden Hund auch um innere Sicherheit – wenn auch auf ganz kleiner Bühne. Und natürlich geht es hier auch um Formen des Führens und des Sich-Führen-Lassens, also um *Governance*. Anders formuliert: Die ‚Gute' führt sich vorausschauend selbst (Fremdzwang wird

---

6 Auch wenn es in der deutschen Gesellschaft nicht mehr klar ist, ob bestimmte Hunderassen eher von der Unter- bzw. der Mittelschicht gehalten werden, scheint mir doch viel dafür zu sprechen, dass die Kamera in unserem Beispiel nicht nur registriert (Frau X hat Hund Y), sondern auch sozial typisiert, also die jeweilige Schichtzugehörigkeit durch den Hundebesitz anzeigt und somit mittels Kommunikation auch einen Typus entwirft und ihn in Umlauf bringt (vgl. Reichertz 2009).

zum Selbstzwang). Sie kann dies tun, weil sie ihre Umgebung beobachtet und sich fragt, was man von ihr erwartet. Und weil sie das tut, was man von ihr erwartet (wenn auch nur formal, ohne innere Überzeugung), gibt es keine Konflikte und keine Strafe. Die ‚Schlechte' besteht zuerst auf dem formalen Recht, dann auf der Legitimität, dem gesunden Alltagsempfinden, dem *Common-Sense*, statt vorausschauend an der Lösung des Problems mitzuarbeiten. Sie wähnt sich im Recht und will *ihr* Recht haben. Damit stört sie und deshalb erfolgt eine Strafe. Hätte sie statt zu protestieren die Umstehenden freundlich nach einer Tasche oder einer Plastiktüte gefragt, wäre sie ohne Strafe davongekommen.

4 Und die Moral von der Geschicht'

Die Episode *Braucht ein Hund einen Kinderfahrschein* kann durchaus mit den Begriffen des Dramas beschrieben werden. Aber es sind auch einige Ähnlichkeiten mit einer *Moritat* zu erkennen. Vor allem die Moral am Ende der Episode spricht für ein solches Verständnis. Hinzu kommt die äußerst plakative Filmsprache: Es wird nicht differenziert, sondern immer zugespitzt und mit Hilfe der filmischen Mittel überdeutlich dargestellt. Es bleibt wenig Raum für andere Lesarten.

Aus diesem Grund lässt sich der Videobeitrag der Sendung „*24 Stunden*" als *Lehrstück* in laufenden Bildern bezeichnen. Ein Lehrstück will ansprechen, will unterhalten, aber auch zeigen, was richtig ist, was zu tun ist. Ein Lehrstück will immer auch erziehen. Deshalb geht es in der von uns analysierten Sequenz immer auch um Moralität, also darum, was richtig und was falsch ist.

Wenn die Episode vom schwarzfahrenden Hund ein Lehrstück ist, was ist dann die Moral von der Geschicht'? Ganz sicherlich die (so eine erste Antwort), dass Unwissenheit nicht vor Strafe schützt. Auch die, dass der oder die Clevere aus der Mittelschicht besser dran ist, und dass es deshalb gut ist, so clever zu sein wie sie. Und die Moral von der Geschicht' ist, dass nicht alle Vorschriften Sinn machen müssen, aber dass Vorschriften nun mal Vorschriften und deshalb einzuhalten sind – außer man findet eine fallspezifische Lösung.

Und gerade diese letzte Moral von der Geschicht' ist interessant, weil sie bei näherer Betrachtung, also bei ausführlicher Explikation, noch mehr über die Medien und deren Logik zeigt. Um diese zu explizieren, ist es hilfreich, sich einmal von dem zu lösen, was die Kamera dem Zuschauer gezeigt hat, und sich zu fragen, was sie hätte zeigen können. Da es sich ja gerade nicht um die Dokumentation von Ereignissen handelt, sondern (wie der Einschub mit der klugen Blonden gezeigt hat) um eine *Montage*, wäre sie auch anders vorstellbar und machbar gewesen.

Einig sind sich alle Akteure der analysierten Sequenz (selbst der männliche Kontrolleur), dass die Vorschrift, für kleine Hunde ein Kinderticket zu verlangen, nicht wirklich legitim ist. Selbst der Kontrolleur räumt das im Epilog ein. Als Mensch kann er den Unmut der Hundehalterin verstehen, die vor allem mit dem Raumkonzept argumentierte, nämlich dass Fahrräder mehr Raum in Anspruch nehmen als Hunde, aber dass man dennoch dafür nicht zahlen müsse.

Die Kamera, bzw. der korporierte Akteur hätte in einer solchen Situation auch andere Wege gehen können – und einige andere korporierte Akteure (vor allem die öffentlich rechtlichen Sender) wären auch andere Wege gegangen. Die Kamera hätte nicht die Szene mit der klugen Blonden aus der Mittelschicht drehen und in die Sequenz montieren müssen, sie hätte auch andere, kooperativere Kontrolleure zeigen können oder aber auch den Kontrolleur Herbert, wie er sich anders entscheidet. Möglich wären folgende Varianten gewesen: Zum Ersten hätte der Kontrolleur den Hund einfach *übersehen* können – eine Praxis, die in Bussen und Bahnen sehr oft anzutreffen ist. Es hätte keinen Konflikt gegeben. Zum Zweiten hätte der Kontrolleur die Hundehalterin auf die Regel aufmerksam machen und ermahnen können, beim nächsten Mal einen Fahrschein für ihren Hund zu lösen (*Ausnahme*). Auch hier hätte es keinen Konflikt gegeben. Zum Dritten hätte der Kontrolleur auf ‚*Verbotsirrtum*' entscheiden und die Halterin auffordern können, einen Kinderfahrschein für ihren Hund zu lösen. Auch hier wäre der Konflikt gering ausgefallen. Zum Vierten hätte der Kontrolleur die Umstehenden fragen können, ob jemand der Frau kurzfristig eine Tasche oder Tüte leihen könne (*Gesetz umgehen*). Jetzt hätte es keinen Konflikt gegeben, sondern der Kontrolleur hätte für sich und die Hallenser Verkehrsbetriebe positive PR betrieben. Die hätte er noch deutlicher ausfallen lassen können, hätte er sich (und das ist eine weitere Möglichkeit) dem *Common-Sense* angeschlossen und gesagt, dass die Regelung unverständlich sei und dass er deshalb auf den Kinderfahrschein und das Bußgeld verzichte (*Gesetz aussetzen*). Alle diese möglichen Reaktionen haben eines gemein: Sie setzen an dem *Common-Sense* an, dem subjektiven Rechtsgefühl, nämlich dass es legitim ist, kleine Hunde unentgeltlich in der Straßenbahn mitzunehmen. Sie teilen dieses Gefühl und schlagen sich auf die Seite dieses Rechtsempfindens. Damit hätte der korporierte Akteur auf das Rechtsproblem reagiert und hierzu eine (andere) Antwort formuliert.

Der hier untersuchte korporierte Akteur geht aber nicht diesen Weg, sondern er lässt die Reaktion von Herbert (*Bestehen auf Gesetz*) so stehen. Zudem formuliert dieser Akteur zwei Lehren: eine für das Bahnpersonal („Wer beruflich kontrolliert, fährt am besten, wenn er sich einfach an die Regeln hält, unbeschadet der Frage, ob die nun Sinn machen oder nicht.") und eine für die Zuschauer („Sei clever, erfülle die Regeln, wenn jemand hinschaut, sonst nicht!").

Weshalb geht die Kamera/der Akteur diesen Weg? Die naheliegende Antwort auf die Frage ist, dass man auf den Kontext verweist und sagt, der Akteur wollte es sich weder mit den Verkehrsbetrieben von Halle und deren Kontrolleuren, noch mit den Zuschauern verderben. Deshalb trage er auf zwei Schultern, mache es beiden recht. Die einen brauche man noch, weil man weitere Folgen drehen wolle, und deshalb könne man die Hallenser Verkehrsbetriebe und deren Kontrolleure nicht verärgern. Darüber hinaus sei es für zukünftige Produktionen schlecht, wenn man die, die einem Feldzugang gewähren, kritisiere. Die zweiten, also die Zuschauer, benötige man, weil man auf deren Gunst angewiesen sei und diese Gunst letztendlich ökonomisches Kapital bringe.

Diese beiden Antworten treffen sicherlich, aber sie decken nicht alles ab. Denn es werden nicht nur zwei Strategien des Umgangs mit Recht vorgestellt, nämlich zum einen, dass die Gesetze zu befolgen sind, auch wenn sie unsinnig erscheinen, und zum anderen, dass es reicht, Gesetze nur formal zu befolgen, dass man sie aber ansonsten unterlaufen darf. Wesentlich ist, dass der hier untersuchte korporierte Akteur und damit die Medien in diesem Falle eine andere Logik *vorschlagen*, die nicht mehr auf das Recht bezogen ist, sondern auf die *Befindlichkeit des Zuschauers. D. h., sie machen aus einer Rechtsfrage eine Befindensfrage.*

Um diese These zu plausibilisieren, möchte ich noch einmal auf die Besitzerin des kleinen Rottweiler-Welpen zurückkommen und diese Inszenierung in die deutsche Kulturgeschichte einordnen. Die Kamera inszeniert sie ein wenig als moderne *Michaela Kohlhaas*, die sich, weil ihr Unrecht widerfahren ist, gegen die unsinnigen Regeln eines verständnislosen Verkehrsbetriebes öffentlich auflehnt – und dabei verliert. Sie verliert nicht nur 40 Euro, sondern auch ihr Gesicht. Ihr geht es aufgrund der Ereignisse schlecht.

Die blonde Besitzerin des gepflegten Pudels ist cleverer: Obwohl auch sie der Ansicht ist, dass man für Hunde keinen Fahrschein lösen sollte (das hat sie nämlich nicht gemacht), sucht sie nicht den Streit und die Konfrontation. Sie tritt nicht für das ein, was ihr richtig erscheint. Sie macht sich und anderen keinen Stress, sondern erfüllt das Gesetz formal und vordergründig. Sie hätte auch seufzend zahlen können, dabei einräumend, dass es wohl seine Richtigkeit damit hat, für Hunde, die befördert werden wollen, zu zahlen. Aber weder räumt sie ein, noch zahlt sie, noch kämpft sie. Sie will ihre Ruhe haben und ihr Geld behalten. Das ist die Lehre, welche der hier behandelte korporierte Akteur als ‚gute' Lösung vorführt.

Damit geht es der Kamera/dem Akteur gerade nicht mehr um das Recht im Alltag, um das in jeder Gesellschaft existierende Spannungsverhältnis von Legalität und Legitimität und damit um eine grundsätzliche und für jede Gesellschaft relevante Frage, sondern es geht ihm um das Wohlbefinden der Blonden und um das der Zuschauer. Wichtig ist demnach, dass man seine Ruhe und selbst keinen

Stress hat und anderen auch keinen macht. Wenn das gegeben ist, dann ist das Problem gelöst, dann ist alles Weitere zweitrangig, dann zählt nicht, was Recht ist. Damit hat die Kamera klammheimlich die Prioritäten des Handelns geändert. Sie macht sich zum Anwalt des inneren Wohlbefindens der Zuschauer. *Sie kämpft für das Recht, sich durchzumogeln, statt sich, wenn man Recht hat, zu streiten. Streit, Konflikt, Wut, Aggression und ungehöriges Benehmen sind auch dann, wenn man im Recht ist, zu vermeiden. Ruhe ist die erste Bürgerpflicht. Die innere Unruhe über das erfahrene Unrecht ist zu befrieden.*

Damit entwirft und verfolgt die Kamera/der korporierte Akteur eine Strategie der ‚inneren Führung', die mittels Selbstführung aktiv darum bemüht ist, Unruhe und Auflehnung zu vermeiden. Fremdzwang wird in Selbstzwang, Fremdführung in Selbstführung umgewandelt. Damit bietet die Kamera eine bestimmte Form von *Governance* an – sie verpflichtet die Zuschauer jedoch nicht darauf – was sie auch nicht könnte, selbst wenn sie wollte. Ob die Zuschauer diese Form annehmen oder zurückweisen, steht wieder auf einem anderen Blatt, und viel wird davon abhängen, welcher Sozialschicht sie sich zurechnen.

Blickt man auf die hier vorgestellte Analyse eines sehr kurzen Ausschnitts der Sendung „*24 Stunden*" zurück, dann muss man sich fragen, was diese Analyse über die gesamte *Sendung* sagt, was über dieses *Format* und was über das *Fernsehen*. Gewiss kann man jetzt *nicht* induktiv folgern und sagen: *Alle* anderen Teile in der von mir untersuchten Sendung sagen das Gleiche aus. Aufgrund der Analyse kann man weder dem gesamten Format des Reality-TV diese Struktur bescheinigen, noch kann man dem Fernsehen als Ganzem mit guten Gründen bestimmte Eigenschaften zuschreiben. Dafür ist die Datenbasis gewiss zu schmal. Was man mit Hilfe solcher Fallanalysen jedoch gewinnt, das sind Hypothesen, welche in weiteren Fallanalysen erweitert, modifiziert oder auch falsifiziert werden müssen.

Literatur

Hall, Stuart (1999): Kodieren/Dekodieren. In: Bromley, Roger/Göttlich, Udo/Winter, Carsten (Hrsg.): Cultural Studies. Lüneburg: zu Klampen, 92–112.

Reichertz, Jo (2009): Kommunikationsmacht. Was ist Kommunikation und was vermag sie? Wiesbaden: VS.

Reichertz, Jo (2013a): Der bildliche Ausdruck als vertextbare Kommunikation. In: Soziale Welt 64(1), 37–50.

Reichertz, Jo (2013b): Gemeinsam interpretieren. Die Gruppeninterpretation als kommunikativer Prozess. Wiesbaden: Springer VS.

Reichertz, Jo/Englert, Carina Jasmin (2011): Einführung in die qualitative Videoanalyse. Wiesbaden: VS.

Wohlwollende Zuhörer
Lesehunde in Schulen als Quasi-Akteure

Tobias Röhl

1 Einleitung

Hunde gehen nicht nur zur Hundeschule, um dort etwas zu lernen, sondern mittlerweile auch in die Schulen der Menschen, damit dort Menschenkinder mit ihnen und durch sie etwas lernen. Dort sind sie entweder als „Schulhund" in Grundschulen regelmäßig im Unterricht anwesend und quasi Teil der Klasse oder aber als „Schulbesuchshund" temporär zu Gast im Klassenzimmer (vgl. Schüßler 2015: 7). In beiden Fällen erhofft man sich von der Anwesenheit der Hunde positive pädagogische Effekte: So verbessert sich laut neuerer Studien das Sozialverhalten der Schüler in Klassen mit Schulhund (Kotrschal/Ortbauer 2003); und wenn ein Schulbesuchshund neben ihnen sitzt, können Kinder belebte Objekte besser kategorisieren (Gee et al. 2012). Mit einer besonderen Form des Schulbesuchshunds beschäftigt sich dieser Beitrag: den sogenannten Lesehunden. Auf positiven Erfahrungen mit Hunden in der tiergestützten Therapie aufbauend, setzt man Hunde dazu ein, Schüler beim Lesenlernen zu motivieren. Ehrenamtliche Mitarbeiter – manchmal auch die Lehrkräfte selbst – bringen ihre Hunde in die Schulen, damit die Kinder den Tieren etwas vorlesen. In eigens ausgewiesenen Räumen setzen sich die Kinder in der Regel für eine halbe Stunde neben die Hunde und lesen ihnen aus Büchern vor. Einzelne Lehrer oder Schulleiter fragen die Dienste der Lesehunde bei den jeweiligen Vereinen oder Initiativen an, manchmal gehen die Ehrenamtlichen auch selbst auf die Schulen zu. Als Pionier gilt das Programm Reading Education Assistance Dog (READ) in Utah, wo man 1999 damit angefangen hat, Kinder Hunden etwas vorlesen zu lassen – zunächst in Bibliotheken, dann in Schulen (vgl. Beetz/Heyer 2014: 12). In Deutschland gilt das 2008 initiierte Lesehund-Projekt des Münchner Vereins Tiere-helfen-Menschen e.V. als Vorreiter (siehe hierzu Grobholz 2011). Mittlerweile gibt es vergleichbare Projekte auch in vielen anderen deutschen Städten.

Im vorliegenden Beitrag soll es nun nicht um den Nachweis positiver Effekte gehen, sondern um eine wissenssoziologische Rekonstruktion der Ethnotheorien über den Einsatz der Lesehunde. Damit zeigt der Beitrag zweierlei auf: (1) ein feldspezifisches Wissen über ein Tier, dem unterschiedliche Eigenschaften nicht nur zugeschrieben, sondern auch anerzogen werden, um es damit in ein pädagogisches Setting einzupassen. Damit kann man am Beispiel der Lesehunde nicht nur etwas über die Zivilisierung eines Lebewesens, sondern auch über schulische Bildung erfahren; (2) eine über das Feld hinausgehende Haltung gegenüber Hunden, die dafür spricht, dass wir es mit Tieren zu tun haben, die einen Zwischenstatus zwischen vollwertigem sozialem Akteur und wildem, unzugänglichem Wesen einnehmen. Gerade dieser Umstand, so die These, macht sie aus Sicht der geschilderten Ethnotheorien des Lesens mit Hund zu adäquaten pädagogischen Helfern. Schließlich ergeben sich hieraus auch Anregungen für sozialtheoretische Überlegungen zu Tieren im Allgemeinen und Hunden im Besonderen.

In meinen Ausführungen stütze ich mich auf ausgewählte Ratgeberliteratur zum Thema (Beetz/Heyer 2014; Grobholz 2011; Schüßler 2015) sowie auf Interviews mit ehrenamtlichen Mitarbeitern, die mit ihren Hunden als Lesehundeteams in die Schulen hineingehen.[1] Zunächst stelle ich ausgewählte Literatur zur Frage nach dem Status von Hunden als sozialen Akteuren vor (2). Darauf aufbauend zeichne ich die schulische Domestikation der Lesehunde nach, durch die ein wildes Tier zum pädagogischen Helfer und sozialen Akteur gemacht wird (3). Abschließend diskutiere ich Implikationen für die Erforschung schulischer Bildung sowie für sozialtheoretische Überlegungen zum Akteursbegriff (4).

2 Hunde als soziale Akteure?

Die Frage danach, ob Tiere im Allgemeinen und Hunde im Besonderen als soziale Akteure gelten können, wird in der Literatur unterschiedlich beantwortet. In den klassischen Sozialtheorien – etwa bei Mead – wird diese Frage verneint (vgl. Wiedenmann 2015: 271f.). Da Tiere nicht in der Lage sind, die Rolle ihres Gegenübers einzunehmen, und da sie keine signifikanten Symbole verwenden, gelten sie nicht als Interaktionspartner. Sie sind allenfalls Ziel menschlicher Handlungen. Für die

---

1 Die Interviews wurden im Rahmen einer Magisterarbeit von Lars Neitzel (2016) geführt. Ich verwende die Transkripte dieser Interviews mit seiner freundlichen Genehmigung; hierfür gilt ihm mein herzlicher Dank!. Alle dort auftauchenden Namen von Menschen und Tieren sind Pseudonyme.

Akteur-Netzwerk-Theorie (Latour 2007) sind Tiere hingegen genauso Akteure wie Menschen und auch technische Artefakte, Viren, Engel usw. Möglich wird dies durch eine äußerst ‚dünne' Definition des Akteursbegriffs: „*Jedes Ding*, das eine gegebene Situation verändert, indem es einen Unterschied macht, [ist] ein Akteur" (Latour 2007: 123; Herv. i. Orig.). Dies ermöglicht zum einen eine Öffnung der soziologischen Perspektive, verstellt aber gleichzeitig den Blick darauf, inwiefern und unter welchen Bedingungen Tiere als soziale Akteure gelten können. Andere Autoren nehmen hingegen Kriterien wie Erwartungserwartungen (Lindemann 2009) oder wechselseitige Du-Evidenz (Wiedenmann 2009) als Ausgangspunkt, um genau benennen zu können, inwiefern man Tiere dem Kreis der sozialen Akteure zurechnen kann. Sie ziehen damit zwar ähnliche Kriterien wie Mead heran, um zu definieren, was ein sozialer Akteur ist, allerdings stellen sie in Frage, dass sich diese Kriterien grundsätzlich nur bei Menschen finden lassen. Historisch lassen sich etwa Belege dafür finden, dass Tiere bisweilen durchaus als der Teil der Sozialwelt gelten konnten. So gibt es beispielsweise Berichte über Gerichtsverhandlungen der frühen Neuzeit, bei denen Tiere für von ihnen verursachte Unfälle zur Rechenschaft gezogen wurden (vgl. Lindemann 2009: 117ff.). Und ein Blick in nicht-westliche Kulturen stellt die Grenzziehung zwischen Tieren und Menschen ebenfalls in Frage. In animistischen und totemistischen Kulturen gehören Tiere etwa ganz selbstverständlich zum Kreis der sozialen Akteure (Descola 2013).

Damit wird die Ausgrenzung der Tiere aus dem Kreis sozialer Akteure zur empirischen Frage nach den kulturell und sozial jeweils relevant gemachten Kriterien und Mechanismen der Ausgrenzung, also dem, was Lindemann (2009: 58ff.) als epochen- und kulturspezifische „gesellschaftliche Grenzregime" bezeichnet. Luckmann (2007) hat sich der Frage nach den „Grenzen der Sozialwelt" früh zugewandt. Für ihn sind phylogenetisch zunächst alle Dinge in der Welt Ziel einer „universalen Projektion" (Luckmann 2007: 68), bei der kleine Kinder ganz selbstverständlich auch Tieren den Status einer sozialen Person zuweisen. Kulturell wird diese universale Projektion in unterschiedlichem Maße eingeschränkt. In einer idealtypischen Darstellung arbeitet Luckmann verschiedene Eigenschaften heraus, anhand derer die Grenze der Sozialwelt festgemacht wird: Mit der Bestimmung, dass soziale Akteure über eine veränderliche Außenseite verfügen müssen, werden unbelebte Naturdinge wie etwa Steine ausgeschlossen; Beweglichkeit ist ein Kriterium, das Pflanzen außen vor lässt; und Sprache als Ausdrucksmittel verdrängt Tiere aus der Sozialwelt. In der westlichen Moderne finden wir all diese Kriterien vereint. Dementsprechend gelten nur Menschen als Teil der Sozialwelt, nicht aber Tiere, Pflanzen, Steine usw.[2]

---

2 Derlei Ausgrenzungen können selbstredend auch dazu dienen, die industrielle Verwertung und Tötung von Tieren zu legitimieren (vgl. Seeliger 2015).

Jenseits solcher sozialtheoretischer und kultursoziologischer Überlegungen soll es hier um eine mikrosoziologische Empirisierung der Frage gehen, ob Hunde nun als soziale Akteure gelten können oder nicht. Anschlüsse hierzu finden sich in interaktionistisch orientierten Studien zu Mensch-Tier-Beziehungen im Allgemeinen (etwa Jerolmack 2009) und zu Mensch-Hund-Beziehungen (etwa Greenebaum 2010) im Besonderen. In Bergmanns konversationsanalytischen Forschungen zu Familiengesprächen sind Haustiere „kommunikative Ressourcen" (1988): Im zwischenmenschlichen Gespräch bietet ihr Verhalten Erzählanlässe, Gesprächsthemen usw. Es geht hier aber in erster Linie um das Sprechen *über* Tiere, weniger um das Sprechen *mit* ihnen. Auf Bergmann aufbauend fasst Muster (2013) Tiere in ihren ethnographischen Beobachtungen nicht nur als kommunikative Ressource, sondern auch als soziale Adresse im Sinne des systemtheoretischen Kommunikationsbegriffs. Da das Verhalten der von ihr beobachteten Familienhunde von den anderen Teilnehmern als Mitteilung verstanden wird, sind auch sie als Teilnehmer der Kommunikation und damit als Teil des sozialen Systems zu fassen. In ähnlicher Weise plädiert Sanders (2003) dafür, die Begegnung von Menschen und Tieren als Interaktion zu begreifen. Die Frage nach dem Akteursstatus wird damit zu einem situativ zu lösenden empirischen Problem der Interaktionspartner und ist keine a priori festzulegende Eigenschaft einer bestimmten Klasse von Lebewesen.

Neben die interaktionistische Anerkennung der Hunde tritt aber auch immer die empirisch beobachtbare Einschränkung ihres Status als selbständige Akteure. In einer ethnographischen Studie zu Hunden und ihren Haltern in der Öffentlichkeit stellt etwa Sanders (1990) fest, dass Tier und Mensch bisweilen als interaktive Einheit wahrgenommen werden, bei der ein Akteur für das Verhalten des anderen zur Rechenschaft gezogen wird. Dementsprechend finden sich bei Sanders verschiedene Strategien, wie die Hundehalter in der Öffentlichkeit mit dem Fehlverhalten ihrer Vierbeiner umgehen: Die Halter erklären beispielsweise das Verhalten ihres Haustiers mit den besonderen Umständen der Situation oder mit Ethnotheorien hündischen Verhaltens („so sind Hunde eben"; „unsere Hündin ist noch ein Welpe"). Eine andere Strategie besteht darin, den Hund demonstrativ vor den Augen Dritter zu disziplinieren. Und andere kapitulieren gänzlich und sprechen sich von der Mensch-Tier-Einheit frei, indem sie auf die Grenzen ihrer Kontrollmöglichkeit hinweisen („Ich weiß nicht mehr weiter, ich hab schon alles versucht!"). Auch Jackson (2012) stellt in seinen Beobachtungen einer Hundefreilauffläche fest, dass die Hundebesitzer mit ihrem Hund identifiziert werden und dessen Verhalten erklären müssen. Für Haraway sind Hunde und Menschen „companion species" (2007), d. h. ein lebensweltlich enger Verbund zweier Spezies, deren Handlungsfähigkeit nur im Zusammenspiel verstanden werden kann. Eine wichtige Rolle spielt für Michael (2012) hierbei die Leine: Sie erzeugt die Handlungseinheit „hudogledog" mit ihren Bestandteilen Mensch („human"), Tier („dog") und technischem Artefakt („dog lead").

Studien zum professionellen bzw. semiprofessionellen Einsatz von Hunden im Dienste des Menschen betonen das ambivalente Verhältnis von Hundeführern zu ihren Hunden. In einer Studie zur Ausbildung von Polizeihunden beschreibt etwa Sanders (2006), dass die Hundeführer einerseits den Diensthund als Werkzeug betrachten, andererseits als Partner. Damit einher geht eine Ambivalenz zwischen gehorsamem Haustier („obedient pet") und gefährlichem Wildtier („dangerous animal"). Ähnliche und weitere Ambivalenzen arbeiten Wilkeneit und Schulz (2013) für ganz unterschiedliche Einsatzbereiche heraus: Schäferhunde, Fernsehhunde, Blindenhunde usw. Sie sind Kollegen, Freunde, unterlegene Lebewesen, Individuen, Eigentum, Werkzeug usw.

An diesen unterschiedlichen Studien wird deutlich, dass die Grenzziehung zwischen Tier und Mensch sowie Natur und Kultur/Gesellschaft weniger eindeutig und wesentlich komplexer ist, als es die klassische Gegenüberstellung und disziplinäre Einteilung der Welt vermuten lässt. Insbesondere interaktionistische Studien bieten Anschlussmöglichkeiten für eine Empirisierung der Frage nach dem Akteursstatus der Lesehunde. Inwiefern Lesehunde soziale Akteure sind, kann sich nur in einer empirischen Rekonstruktion des Aufeinandertreffens von Hunden, Hundeführern und Schülern in Lesesitzungen zeigen. Dies ist Gegenstand des nächsten Abschnitts.

3 Lesehunde in der Schule zwischen Domestikation und Naturalisierung

Im Folgenden arbeite ich heraus, wie Hunde und Schüler zivilisiert werden sollen, damit ihr pädagogisches Aufeinandertreffen in Lesehundstunden gelingen kann. Zunächst werden geeignete Hunde ausgewählt, gezüchtet und erzogen (3.1). Ferner muss ein geeignetes räumliches und zeitliches Arrangement für die Begegnung zwischen Hunden und Kindern geschaffen werden (3.2). Schließlich gilt es für beide Seiten, bestimmte Verhaltensregeln einzuhalten (3.3). Eine besondere Rolle kommt dabei den Hundeführern zu, die als Übersetzer und Fürsprecher der Hunde auftreten und sie auch so für die menschliche Kommunikation anschließbar machen (3.4.). Es zeigt sich, dass die Lesehundprojekte einerseits auf der Domestikation eines wilden Tiers beruhen, das zugleich aber gerade aufgrund seiner ‚natürlichen' Aufrichtigkeit in der pädagogischen Arbeit geschätzt wird.

3.1 Auswahl, Zucht und Erziehung

Das Konzept der Lesehunde greift auf verschiedene Strategien zurück, um die Begegnung von Kindern und Hunden zu figurieren. Bereits der Umstand, dass man hier auf Hunde und nicht auf andere Tiere zurückgreift, stellt eine Setzung dar. Hunde gelten als besonders geeignet für den Einsatz in therapeutischen und pädagogischen Kontexten. Begründet wird dies beispielsweise mit der langen Ko-Evolution von Mensch und Hund, die dazu geführt hat, dass Hunde dazu in der Lage sind, die „menschliche Gestik und Mimik erfassen und deuten zu können" (Schüßler 2015: 14). Ferner bieten sie „unconditional acceptance, present a nun-judgemental [sic] and non-threatening atmosphere [...] and give the client a forum of comfort and safety" (Webseite zit. n. Schüßler 2015: 14). Besonders geschätzt wird, dass sie nicht werten und urteilen. So meint eine Lehrerin: „Unsere Lesehunde waren sehr geduldig mit den Kindern, hörten zu und manchmal schliefen sie auch ein. Und: sie überhörten jeden Fehler" (zit. in Grobholz 2011: 22). Jedes Kind – egal welcher Herkunft oder schulischer Leistung – wird von den Hunden gleichermaßen angenommen, so eine Interviewpartnerin:

> *Also, ein Hund nimmt ja ein Kind gnadenlos so wie es ist, ja? Ob es ein Kopftuch anhat, ob es äh gut rechnen kann, ob es ähm ja, schlimme Ausdrücke ((kurzes Lachen)) erzählt, oder was auch immer, ja? Und das ist das, was die Kinder so öffnet. Und ähm was dieses Lesehund-Projekt ausmacht. Ob das Kind gut liest, oder schlecht liest, der Hund, der wertet nicht. Und das merken die Kinder. [...] Egal, wie das Kind gelesen hat, es hat immer super gelesen und es hat einfach sein Bestes gegeben. Und ähm, also das versuch ich immer rüberzubringen und äh, das bringt Max rüber.*
> (Interview 1)

Damit sind Hunde wohlwollende Interaktionspartner, die weder pädagogisch noch sozial werten. Gerade hierin liegt aus Sicht der Lesehundbefürworter ihre pädagogische Qualität: Da Kinder in der Schule oft das Urteil des Lehrers oder ihrer Mitschüler fürchten, sind einige beim (Vor-)Lesen gehemmt. Ein Wesen, das solche Urteile nicht fällt und dies für die Kinder auch so darstellt, hilft solchen Schülern – und wer nur oft genug (vor-)liest, verbessert seine Leistungen. Hunde sind für die Befürworter der Lesehunde dabei auch eine Art „natürliches Beruhigungsmittel" (Schüßler 2015: 14), wie auch einer der interviewten Hundeführer berichtet:

> *Durch die Bank weg ist es so, dass die ähm Kinder viel relaxter sind im Unterricht, aber trotzdem besser aufpassen und äh, viel Stress rausgenommen*

wird, äh viel Aggression rausgenommen wird, auch untereinander Aggression rausgenommen wird.
(Interview 2)

Eine weitere Qualität, die den Hunden als pädagogischen Helfern zugeschrieben wird, ist ihre motivierende Wirkung:

Die Motivation war groß nun doch schnell lesen zu üben, denn man musste dem Hund ja etwas vorlesen.
(Lehrerin zit. in Grobholz 2011: 22)

Jedes Kind ist wirklich ganz ganz offen dem Max gegenüber, ja, und bereit ähm, also die würden für ihn, ich weiß jetzt nicht was, ja, aber äh ihre Hausaufgaben dreimal machen. ((lacht))
(Interview 1)

Die Grundlage dieser Motivation wird in der positiv-affektiven Beziehung der Kinder zum Hund gesehen. Der Hund ist aus Sicht der Hundeführer dementsprechend in der Rolle eines „großen Bruders" oder „Freundes" (Interview 1). Mit diesen genannten positiven Eigenschaften erscheint der Hund als eine Art edler Wilder, der jenseits zivilisatorischer Verblendung und Überheblichkeit in der Lage ist, das wahre Ich der Kinder zu sehen und eine authentische Beziehung mit diesen einzugehen.

Dennoch wird immer wieder darauf hingewiesen, dass nicht alle Hunde gleichermaßen für den Schuleinsatz geeignet sind. Gesucht werden besonders ruhige und gelassene Hunde. Die Auswahl des Hundes kann schon bei der Wahl des Züchters und dann eines Welpen ganz gezielt beginnen, wie ein Interviewpartner berichtet:

Halt über die Züchterin, die ich mir ausgeguckt hatte ähm das äh angegangen, zu sagen: „So, aus dem nächsten Wurf hätte ich gern einen Hund. Das und das wird sein Job sein." Das ist eine Züchterin, die züchtet seit dreißig Jahren, das heißt, die konnte wirklich bei dem Wurf von Anfang an gucken, welchen Hund würde sie da sehen, in der Schule. Welcher Hund ist so ausgeglichen und auf der anderen Seite auch so belastbar.
(Interview 2)

Allgemein gehen die Teilnehmer davon aus, dass es sich bei Schulen um besonders laute und unruhige Orte handelt, die den Hunden starke Belastungen zumuten (vgl. Grobholz 2011: 9f.). Als Vergleich dienen andere Besuchshundeinsätze (etwa in Altenheimen) oder der Einsatz als Lesehund an weniger lauten und unruhigen

Orten. So heißt es beispielsweise über einen Hund, der sich als ungeeignet für den Einsatz als Schullesehund herausgestellt hat:

> Sie hat gezittert und konnte es gar nicht abwarten, bis sie wieder im Auto war. Sie wäre vielleicht als Lesehund in einer Kinder- oder Jugendbücherei geeignet, in der alles viel leiser und kontrollierter zugeht (Grobholz 2011: 10).

Demgegenüber steht der besonders geeignete, weil gelassene Hund. Ein Interviewpartner beschreibt die Reaktion eines solchen Hundes auf den Schuleinsatz wie folgt:

> *Ähm und das aushalten, das äh zu erkennen: „Aha, das ist auch Teil meines Lebensraums. Und das ist in Ordnung, da sind viele Menschen, da fällt ein Stuhl runter, da quatschen die auch mal durcheinander, da laufen alle hin und her." Das ist aber für meinen Hund kein Problem, also (das) ist ein ausgesprochen entspannter Hund, aufgeschlossener, neugieriger Hund, aber das ist sein Hauptauftrag.*
> (Interview 2)

Ferner wird betont, dass die Hunde „freundlich" sein und Kinder „lieben" müssen. Zur Beurteilung dieser Eigenschaft ziehen die Teilnehmer verschiedene Indizien heran: Hunde sollen „freundlich ,wedeln'" (Grobholz 2011: 10), sich beim Streicheln auf den Rücken rollen, auf Menschen zugehen etc. Einerseits unterstellt man, dass sich diese Freundlichkeit für pädagogische Arbeit besonders eignet, da man so hofft, die Gefahr für die Kinder tatsächlich zu minimieren. Andererseits soll den Kindern so signalisiert werden, dass es sich um einen ungefährlichen, nicht bissigen Hund handelt, der darüber hinaus den vorgelesenen Geschichten der Kinder gerne zuhört. Es handelt sich also um die Selektion einer Eigenschaft, die auf die Darstellung eines gutmütigen Zuhörers abzielt. Deshalb sprechen sich manche Autoren auch gegen bestimmte Hunderassen aus: neben hygienischen Vorbehalten (starker Speichelfluss, Geruch oder Neigung zum Haaren) sei ein „ansprechendes Äußeres [...] von Vorteil" (Beetz/Heyer 2014: 88). Insbesondere Rassen, „die in der Bevölkerung ein negatives (gefährliches) Image haben", werden ausgeschlossen, da „der stressreduzierende und beruhigende Effekt [...] vom Beginn der Förderung an greifen [soll], was auch von Erwartungen und Einstellungen abhängt" (Beetz/Heyer 2014: 88). Es geht hier also nicht um eine unterstellte Gefährlichkeit, sondern darum, dass die Hunde über ihr Äußeres ein Image zur Darstellung bringen und die Kinder dementsprechend auf die Hunde reagieren. Dazu gehört auch, dass

Hunde „Ruhe ausstrahlen" (Interview 3) müssen. Die Annahme ist, dass sich die Ruhe des Hundes auf das Kind überträgt:

> *Benno ist eigentlich eher derjenige, der Ruhe in einen Raum bringt. [...] Ähm, die Kinder kriegen eine Ruhe äh, die sind konzentrationsfähiger ähm, die passen sich im Unterricht dann besser an. Die ähm haben oft dann auch nicht mehr so diese provokative Art, ja? Also das verliert sich, also das ist äh schön mitanzugucken, ja?*
> (Interview 3)

Hunderassen, denen man einen unruhigen Charakter nachsagt, gelten deshalb als ungeeignet für den Einsatz als Lesehund. Dementsprechend äußert sich dieselbe Interviewpartnerin über einen Jack Russel Terrier, der in Kinderheimen Kunststücke vorführt:

> *Also wo er ruhig temperamentvoll sein kann und Kunststücke macht und so, ne [...] Das wird nicht in Schulen sein, sondern in so Kinderheimen, wo wir dann mit so (einem) Jack Russell kommen werden, ne? Und dann geben die Kinder ihm Kommandos, ja? Und das ist dann ein Hund, der Power hat und äh wieder anders ist, ne? Aber in der Schule (-) seh' ich diesen Jack Russell zum Beispiel nicht, ne?*
> (Interview 3)

Ein weiterer Interviewpartner berichtet davon, dass sein Havaneser (eine kleine Hunderasse) bei den Kindern im Gegensatz zu „großen, dunklen Hunden" keine Angst auslöse. Und eine andere Interviewpartnerin erzählt, dass ihr Hund zum Kuscheln einlade:

> *Also ich find halt Max lädt halt schon so durch seine (pelzige), äh bärige Art, ja, und durch seine nette äh Maske, die der schon so hat, ne, lädt der schon total ein, „Hey, kuschel mit mir", ja? Also dieses, dieses Pelztier, ja? Also, ich finde (das) schon alleine, wenn der so angelaufen kommt, ne? Also der strahlt auch schon so, ja überhaupt, man braucht gar keine Angst vor ihm zu haben, ne? Das ist schon so, dieses eigentlich fehlt ihm nur der Knopf im Ohr.*
> (Interview 1)

Ideal scheinen demnach Hunde zu sein, die durch ihr Aussehen den Charakter eines Kuscheltiers signalisieren. Ein Kuscheltier beißt nicht, es ist weich, lässt sich ohne Gefahr streicheln und vermittelt Ruhe und Sicherheit. Die Auswahl eines

Hundes dient damit zum einen der Domestikation eines wilden Tieres, zum anderen wird damit Arbeit an der Darstellung des Hundes als zurückhaltendem und ungefährlichem Zuhörer geleistet.

3.2 Räumliche und zeitliche Arrangements

Die Vorlesesituation ist ferner durch ein spezifisches Setting gekennzeichnet. Hund und Kind sollen nicht irgendwie, sondern in geordneter Weise aufeinandertreffen. Zunächst müssen auf Seiten der Schule Raum und Zeit zur Verfügung gestellt werden. Für die Länge einer Schulstunde (teilweise auch für bis zu 90 Minuten) muss ein geeigneter Raum gefunden werden. Wichtig ist zunächst, dass ein Raum eigens für die Lesestunde ausgewiesen und auch durch ein Schild gekennzeichnet wird (Grobholz 2011: 18f.). Bei Schüßler (2015: 10ff.) wird ein für solche Zwecke eingerichteter Raum vorgestellt, der in verschiedene Arbeits- und Ruhezonen eingeteilt ist. Es gibt dort Tische mit Stühlen, Regale mit Büchern, Kuscheltiere, Poster, Vorhänge, verschiedene Lampen sowie Decken und einen Korb für den Hund. Auch die Interviewpartner berichten von Räumen außerhalb des Klassenzimmers, etwa einem sogenannten „Lese-Medienraum" (Interview 1). Mit dieser räumlichen und zeitlichen Separierung vom Klassenzimmer wird die Lesestunde mit den Hunden als besondere, außeralltägliche Veranstaltung aus dem Schulalltag herausgehoben. Wände und Schilder halten die schulische Bewertung durch den Lehrer, das Urteil anderer Schüler und jegliche Störung fern. Stattdessen kann sich das Geschehen auf die vorlesende Begegnung von Kind und Hund fokussieren. Mit der Offenheit des Arrangements wird ferner der zwanglose und offene Charakter dieser Veranstaltung nicht nur symbolisch markiert, sondern auch umgesetzt. Ob die Schüler nun am Tisch sitzen oder sich zum Hund auf den Boden setzen, bleibt ihnen überlassen. Die Kinder wählen die ihnen genehme Distanz zum Hund. Typischerweise halten die Kinder in der einen Hand ein selbst ausgewähltes Buch und können dann – wenn sie dies möchten – mit der anderen Hand den Hund streicheln.

Die Gegenstände in den Räumen dienen auch als Requisiten eines Bühnenbildes im Sinne Goffmans (2002: 23ff.). Sie stellen dar, was die Situationsteilnehmer erwartet und damit, was von ihnen erwartet wird. Wichtig ist etwa, dass „keine typische schulische Atmosphäre herrsch[t]" (Schüßler 2015: 12) und die Situation durch das Arrangement der Gegenstände als nicht zum eigentlichen Unterricht zugehörig markiert wird. Außerdem werden mit Stühlen, Körben und Decken Positionen im Raum vorgegeben oder zumindest vorgeschlagen. So wird beispielsweise empfohlen, eine Decke dort auf den Boden des Klassenzimmers zu legen, wo der Hund Platz nehmen soll (Grobholz 2011: 12). Die Hunde sollen dabei typischerweise auf diesem

Platz liegen bleiben, während sich die Kinder vor oder neben sie auf den Boden setzen und vorlesen. Die Decke markiert deutlich einen dem Hund zugewiesenen Bereich und hebt als „Klammer" (Goffman 1980) die Vorlesesituation aus dem sonstigen Unterrichtsgeschehen hervor. Laut den Lesehundbefürwortern erleichtert dies nicht nur den Schülern, die Rahmung der Situation zu erkennen, sondern auch den Hunden. So lässt beispielsweise ein Ratgeber den Lesehund Tammy durch die Autorin hindurch sprechen: „Wichtig ist, dass es immer die gleiche Decke ist, weil diese Decke bedeutet LESEHUNDDIENST für uns. Sie wird nur für unsere Lesehund-Aktivitäten benützt." (Grobholz 2011: 12).

3.3 Verhaltensregulierungen

Die Domestikation des Hundes als Lesehund erfolgt nicht nur über die Auswahl des Tieres und ein spezifisches Arrangement, sondern auch über Verhaltensregeln, die alle menschlichen und nicht-menschlichen Beteiligten befolgen sollen. Auf Seiten des Hundes finden sich etwa Regeln, die dafür Sorge tragen sollen, dass der Hund nicht unbeaufsichtigt mit den Kindern in Kontakt tritt. So müssen nach Grobholz (2011: 26) Lesehunde auf dem Schulgelände stets an kurzer Leine geführt werden und immer von einem Lesehundführer beaufsichtigt werden. Bestimmte Verhaltensweisen sind gänzlich verboten und führen zu schweren Sanktionen:

> Sollte ein Lesehund einen anderen Hund oder einen Mensch anspringen, anbellen, anknurren, Zähne fletschen, nach ihm schnappen, gar beissen [sic], darf er absolut nicht mehr am Lesehund-Dienst teilnehmen! (Grobholz 2011: 26)

Außerdem wird verlangt, dass die Hunde über „Grundgehorsamkeit" verfügen, d.h. die gängigen Kommandos (Sitz, Platz etc.) kennen sowie „gute Manieren" (Grobholz 2011: 10) an den Tag legen, also beispielsweise niemanden anspringen. Ferner müssen die Hunde zunächst einmal an die neue Umgebung und die dort geltenden Regeln herangeführt werden. Ein Interviewpartner hat seinen Hund bereits vier Monate spielerisch an die Schule herangeführt:

> *Der ist aber noch sehr jung, der muss auch viel schlafen und ähm er muss jetzt lernen, hie- hier dabei zu sein, zu erkennen, welche Regeln gelten hier in der Klasse. Ist ja, vieles ist ähnlich wie zu Hause. Er darf zu Hause nicht aufs Sofa, er darf hier nicht aufs Sofa, ähm er darf aber auch nicht in alle Ranzen reinspringen.*
> *(Interview 2)*

Und schließlich finden sich auch Regeln, die vor allem darauf abzielen, Stress beim Vierbeiner gering zu halten. So wird beispielsweise in der Literatur empfohlen, die Hunde nicht öfter als zwei bis dreimal die Woche in die Schulen zu schicken und mit Lesesitzungen von höchstens rund einer Stunde pro Tag zu konfrontieren (Beetz/Heyer 2014: 88). Ferner sollen die Hundeführer grundlegende Kenntnisse über das Verhalten von Hunden, über rechtliche Fragen usw. kennen.

Auch die Regeln für die Kinder zielen in erster Linie darauf ab, Stress beim Hund zu reduzieren und damit das Risiko für Beißvorfälle und andere Zwischenfälle zu minimieren. Über alle Interviews und die Ratgeberliteratur hinweg finden sich viele einander ähnelnde Regeln für die Kinder. So wird beispielsweise auf Folgendes hingewiesen: „nur eine Hand streichelt einen Hund [...] oder man schaut dem Hund nicht direkt in die Augen, das könnte ihn aggressiv machen" (Interview 1) sowie dass Ruhezonen anerkannt werden müssen (Beetz/Heyer 2014: 89). Dementsprechend wird, bevor der Hund überhaupt in eine Klasse kommt, eine „kleine Ausbildung" (Interview 1) durchgeführt, bei der die Kinder diese Verhaltensregeln durch die Lehrperson vermittelt bekommen. Neben der vorbereitenden Erziehung des Hundes im Umgang mit Kindern geht es also auch um eine vorbereitende Erziehung der Kinder im Umgang mit Hunden. Mit all diesen Regeln erscheint der Hund als potenziell gefährliches Tier, das nur in einem kontrollierten Rahmen auf schützenswerte Kinder treffen darf. Die Vermeidung von Stress und die Erzeugung von Ruhe stehen im Vordergrund. Abermals gilt, dass nur ein ruhiger Hund ungefährlich ist und gleichzeitig dazu beiträgt, dass sich die Kinder entspannen.

3.4 Übersetzen und Fürsprechen

Eine besondere Rolle bei der pädagogischen Domestikation der Hunde und Kinder spielen die Hundeführer. Zunächst sind sie es, die die Hunde auswählen und auf die Einhaltung von Verhaltensregeln achten. Zugleich fungieren sie sowohl als Übersetzer als auch als Fürsprecher der Hunde. Sie übersetzen das hündische Verhalten (ihre „Sprache") für die Kinder in die menschliche Sprache und bieten Interpretationshilfen an. So berichtet etwa eine Hundeführerin in einem Interview:

> B: *Ich bin Max seine Sprache. Und oder auch, wenn jetzt Max so daliegt, ja? ((deutet auf Max))*
> I: *Hmh. ((lächelt und sieht zu Max hinüber))*
> B: *Und äh ((lächelt)), dann sag ich „Wow, guck mal!", ne? „Du hast dem Max sein Lieblingsbuch rausgesucht.", ja?*
> I: *Ja.*

B: Und „Schau mal, wie relaxt und wie der das genießen kann." und äh wir sitzen dann auch immer ganz eng mit Max zusammen, also Max wird dabei gestreichelt.
(Interview 1)

Schon die einfache Anwesenheit (das „Daliegen") gilt hier als Ausweis des Zuhörens. Die Hundeführer setzen damit praktisch Watzlawicks Diktum von der Unmöglichkeit der Nicht-Kommunikation für die Hunde um. Ein „Daliegen" ist durch die Übersetzung der Hundeführerin für die Kinder als ein wohlwollender und affirmativer Akt zu verstehen, bei dem der Hund seinen Genuss durch Ruhe ausdrückt. Insofern bietet sich das Vorlesen als Praxis der Kommunikation über Speziesgrenzen hinweg an. Vorlesen ist eine asymmetrische Praxis, bei der eine Partei aktiv eine kulturelle Technik umsetzt und sich als Überbringer einer mit Sinn versehenen Botschaft geriert; von der empfangenden Partei wird nur verlangt, dass sie bei Bewusstsein ist und sich nicht übermäßig auf Anderes fokussiert. Dementsprechend kann ein Übermaß an Aktivität (Sprechen, Bewegung im Raum etc.) sogar als Unaufmerksamkeit und Verweigerung des Zuhörens verstanden werden. Damit sind die ruhig liegenbleibenden und nicht sprechenden Hunde die idealen Zuhörer.

Umgekehrt geben die Hundeführer auch den Kindern Anweisungen, wie sie den Hund loben und streicheln können, und erläutern, wie der Hund ihr Verhalten versteht: „Das findet Max jetzt total interessant!" (Interview 1). Dadurch bekommen die Kinder über den Hundeführer nicht nur mitgeteilt, wie der Hund zu verstehen ist, sondern wie er sie versteht – kommunikative Reziprozität wird über den Umweg einer vermittelnden Figur hergestellt. Die Hundeführer arbeiten als Vermittler zwischen der Hunde- und Menschenwelt an der Interspezies-Kommunikation und stellen Anschlussfähigkeit her bzw. sichern diese ab. Erratisches oder zunächst nicht als Kommunikation gedeutetes Verhalten wird in deutbare kommunikative Akte überführt.

Eine besondere Form der Übersetzung findet sich im Fürsprechen. Fürsprecher sind die Ehrenamtlichen dabei in einem doppelten Sinne. Zum einen sprechen sie für die Hunde im engeren Sinne. Wie andere Hundehalter auch leihen sie ihnen ihre Stimme und sprechen – teils mit verstellter Stimme – aus Sicht des Hundes („giving voice", Jackson 2012: 259; siehe auch Arluke/Sanders 1996: 68ff.). So erzählen auch die Interviewpartner Erlebnisse mit den Lesehunden in den Interviews oft in Form von „Nachspielungen" (Goffman 1980: 539ff.) und nutzen dabei die erste Person Singular, um für den Hund zu sprechen: „Hey, kuschel mit mir!"; „Hey, ich versteh dich."; „Heute bin ich eigentlich kaputt." In einem weiteren Sinne sind die Ehrenamtlichen Fürsprecher, da sie darauf achten, dass ihre Hunde keinem übermäßigen Stress ausgesetzt sind. Sie sind dann gewissermaßen Übersetzer des hündischen Verhaltens in eigener Sache und treten als Beschützer ihrer tierischen Schützlinge auf, wie auch folgender Interviewausschnitt zeigt:

> *Also ähm das ist ganz ganz wichtig, dass ähm man wirklich auch seinen Hund beobachtet und schaut, hey, was braucht er, ja? Also das ist für mich natürlich das oberste Gesetz. Also Max steht an erster Stelle, ja? Und wenn er jetzt mir zeigt „Hey", ja? „Heute bin ich eigentlich kaputt", dann- also das war jetzt das erste Mal, dass wir das ausfallen lassen, aber sowas ist eben auch wichtig, dass der Hund, ja? Ich mein das ist jetzt nicht ein Gegenstand, den man äh jetzt so in die Schule schleppen kann, ne?*
> (Interview 1)

Der Hund erscheint hier eben nicht allein als pädagogisches Lehrmittel (als „Gegenstand"), sondern als Lebewesen mit Bedürfnissen, die sich an bestimmten Verhaltensweisen zeigen, die von den Hundeführern gedeutet werden. Hundetrainer helfen den Lesehundeführern dabei, solche „Stress- oder Beschwichtigungssignale" (Interview 2) zu erkennen (siehe hierzu auch Beetz/Heyer 2014: 90ff.). Hierzu zählen beispielsweise „über den Fang lecken" und „weg gucken" (Interview 2). Gleichzeitig steht übermäßiger Stress auch für eine potenzielle Gefährdung der Kinder, da man davon ausgeht, dass die Hunde bei Überforderung aggressiv reagieren könnten. Aufgabe der Hundeführer ist es deshalb auch, die Kinder auf solche Stresssignale hinzuweisen: „Das gefällt Max jetzt gar nicht!" (Interview 1).

Sowohl mit dem Übersetzen als auch mit dem Leihen einer Stimme verleihen die Hundeführer den Hunden vor den und für die Kinder den Status eines sozialen Akteurs. Neben dem Blickkontakt zwischen Menschen und Hunden liegt in dieser Versprachlichung ein Moment beobachtbarer Intersubjektivität zwischen sprachbegabten und nicht-sprachbegabten Wesen begründet (siehe hierzu Sanders 2003: 416). Damit adressieren die Ehrenamtlichen die Hunde vor den Kindern ostentativ als soziale Akteure, die (1) mit einer eigenen Gefühlswelt, eigenen Wüschen und Bedürfnissen sowie (2) mit ihrem Verhalten sinnhaften Bezug auf das Handeln der Kindern nehmen und damit selbst zu Handelnden im klassischen Sinne werden. Mit ihren Übersetzungen sichern die Hundeführer also die Deutung der Hunde als soziale Akteure ab. Insbesondere dann, wenn wir es mit Wesen zu tun haben, deren Status als sozialer Akteur in den Augen der menschlichen Akteure fragil ist, braucht es institutionell abgesicherte Erklärungen, die deren Besonderheit (etwa das Fehlen menschlicher Sprache) erklärt. In animistischen Gesellschaften sind dies beispielsweise Schamanen, die in der Lage sind, mit Pflanzen und Tieren zu kommunizieren und den anderen Gesellschaftsmitgliedern mitzuteilen, was diese zu sagen haben (vgl. Luckmann 2007: 84f.). So kann erklärt werden, dass diese trotz mangelnder Ausdrucks- bzw. Sprachfähigkeit als soziale Akteure zu behandeln sind – wenngleich es sich bei ihnen weiterhin um besondere bzw. besonderte Akteure handelt. Sprache bleibt somit ein wichtiges Kriterium der praktischen und alltäglichen Definition von sozialen Akteuren – allerdings wird dieses Kriterium auch anderen Akteuren zugesprochen.

4 Hunde-Bildung und Hunde-Sozialisierung

Was sagt dies nun über das Feld schulischer Bildung aus? Offensichtlich müssen auch Hunde gewissermaßen eingeschult, d. h. auf den Unterricht vorbereitet werden. Diese Vorbereitung zielt darauf, den Hunden ihre ‚wilden' Bestandteile zu nehmen. Einerseits geschieht dies durch die Vorauswahl geeigneter Hunde, andererseits dadurch, dass ein Setting geschaffen wird, in dem Hund und Kinder kontrolliert aufeinandertreffen können. Schule erscheint dabei als Sphäre des zivilisierten und disziplinierten Verhaltens: Hunde sollen hier als freundliche, geduldige und schweigsame Zuhörer auftreten und eben nicht als aggressive, unruhige und laute Wildtiere. Damit stehen die Hunde auch in Analogie zu den Schülern. Beide müssen zumeist in ähnlicher Weise still halten und sich der schulischen Ordnung unterwerfen. Die ausgewählten Hunde führen gewissermaßen vor, wie sich auch die Schüler zu verhalten haben. Sie erweisen sich dabei aus Sicht der Lesehundebefürworter insofern als die besseren Lehrer und Mitschüler, als sie nicht urteilen – weder als wertende Pädagogen, noch als hänselnde Peers. Sie gelten als ‚edle Wilde', die einen naiv-unverstellten Zugang zu den Kindern eröffnen. Auf der Ebene der hier vertretenen Lerntheorie bewegen sie sich im Spannungsfeld eines zivilisierten Haustiers und eines (potenziell) gefährlichen Wildtiers – zwischen Domestikation und Natur.

Aus sozialtheoretischer Sicht zeigt sich, dass die Frage nach dem Akteursstatus verschiedener Entitäten nicht immer eindeutig entschieden werden kann. Die Lesehunde sind für Schüler und für Hundeführer weder unbelebte Dinge noch unzugängliches Wildtier, aber eben auch keine vollwertigen Akteure. Sie sind einerseits Adressaten eines bedeutungsvollen Akts und dementsprechend wird ihr Verhalten als Reaktion auf diesen Akt interpretiert. Besonders deutlich wird dies daran, dass es genügt, dass die Hunde ruhig liegen bleiben. Selbst dies gilt den Schülern (auch dank der Interpretationsangebote der Hundeführer) als gerichteter Akt des Zuhörens. Andererseits sind die Hunde aber in ihrem Akteursstatus eingeschränkt. Sie benötigen Fürsprecher, die in ihrem Namen Fragen beantworten, ihr Verhalten erklären oder Umgangsweisen mit ihnen einfordern. Mit dieser Hilfskonstruktion wird der fragile Akteursstatus der Lesehunde von den Hundeführern zwar abgesichert, der Lesehund aber zugleich als besonderer Akteur hervorgehoben. Ferner ist ein Lesehund für die Beteiligten ein nicht zur Wertung fähiges Wesen und damit auch kein den Menschen gleichgestellter Akteur, sondern eine Art ‚non-judgemental dope', ein gutmütiger Trottel also (und genau dies prädestiniert die Hunde ja für ihren spezifischen Einsatz). Statt eines vollwertigen Akteurs haben wir es damit im Fall der Lesehunde mit *Quasi-Akteuren* zu tun, die aus Sicht der anderen Akteure Bedingungen wie etwa die Austauschbarkeit der Standorte nur teilweise erfüllen. Im Anschluss an interaktionistische Studien zu Mensch-Tier-Beziehungen liefern die Lesehunde Anhaltspunkte dafür, dass der Akteursstatus graduell und situativ variabel zu begreifen ist. Von den Lesehunden kann die Soziologie deshalb nicht nur etwas über schulische Bildung und die Domestikation eines Tiers lernen, sondern auch, wie, wann und inwieweit einer Entität der Akteursstatus jeweils zuteil oder entzogen wird.

Literatur

Arluke, Arnold/Sanders, Clinton R. (1996): Regarding Animals. Philadelphia: Temple University Press.
Beetz, Andrea/Heyer, Meike (2014): Leseförderung mit Hund: Grundlagen und Praxis. München: Ernst Reinhardt.
Bergmann, Jörg R. (1988): Haustiere als kommunikative Ressourcen. In: Soeffner, Hans-Georg (Hrsg.): Kultur und Alltag. Soziale Welt (Sonderband 6). Göttingen: Schwarz, 299–312.
Descola, Philippe (2013): Jenseits von Natur und Kultur. Berlin: Suhrkamp.
Gee, Nancy R./Gould Jared K./Swanson, Chad C./Wagner, Ashley K. (2012): Preschoolers Categorize Animate Objects Better in the Presence of a Dog. In: Anthrozoos 25(2), 187–198.
Goffman, Erving (1980): Rahmen-Analyse: Ein Versuch über die Organisation von Alltagserfahrungen. Frankfurt a. M.: Suhrkamp.
Goffman, Erving (2002): Wir alle spielen Theater: Die Selbstdarstellung im Alltag. München: Piper.
Greenebaum, Jessica B. (2010): Training Dogs and Training Humans: Symbolic Interaction and Dog Training. In: Anthrozoos 23(2), 129–141.
Grobholz, Kimberly Ann (2011): Tammy erzählt...: Mein Leben als Lesehund. Norderstedt: GRIN.
Haraway, Donna J. (2007): When Species Meet. Minneapolis: University of Minnesota Press.
Jackson, Patrick (2012): Situated Activities in a Dog Park: Identity and Conflict in Human-Animal Space. In: Society & Animals 20(3), 254–272.
Jerolmack, Colin (2009): Humans, Animals, and Play: Theorizing Interaction When Intersubjectivity Is Problematic. In: Sociological Theory 27(4), 371–389.

Kotrschal, Kurt/Ortbauer, Brita (2003): Behavioral Effects of the Presence of a Dog in a Classroom. In: Anthrozoös 16(2), 147–159.

Latour, Bruno (2007): Eine neue Soziologie für eine neue Gesellschaft. Frankfurt a. M.: Suhrkamp.

Lindemann, Gesa (2009): Das Soziale von seinen Grenzen her denken. Weilerswist: Velbrück.

Luckmann, Thomas (2007 [1970]): Über die Grenzen der Sozialwelt. In: Luckmann, Thomas: Lebenswelt, Identität und Gesellschaft. Konstanz: UVK, 62–90.

Michael, Mike (2012): Reconnecting Culture, Technology and Nature: From Society to Heterogeneity. London: Routledge.

Muster, Judith (2013): Welchen kommunikativen Stellenwert haben Haustieren [sic]? Eine kommunikationssoziologische Betrachtung der Mensch-Tier-Beziehung. In: Pfau-Effinger, Birgit/Buschka, Sonja (Hrsg.): Gesellschaft und Tiere. Wiesbaden: Springer VS, 165–192.

Neitzel, Lars (2016): Lernen mit Hunden: Mensch-Tier-Beziehungen im pädagogischen Kontext. Mainz: JGU Mainz, Magisterarbeit am Institut für Soziologie.

Sanders, Clinton R. (1990): Excusing Tactics: Social Responses to the Public Misbehavior of Companion Animals. In: Anthrozoös 4(2), 82–90.

Sanders, Clinton R. (2003): Actions Speak Louder than Words: Close Relationships between Human and Nonhuman Animals. In: Symbolic Interaction 26(3), 405–426.

Sanders Clinton R. (2006): „The Dog You Deserve": Ambivalence in the K-9 Officer/Patrol Dog Relationship. In: Journal of Contemporary Ethnography 35(2), 148–172.

Schüßler, Christina (2015): Hundgestützte Sprach- und Leseförderung: Planungen von Sprach- und Leseförderstunden. Kerpen: Kohl.

Seeliger, Martin (2015): „Aber die sind doch dazu da!": Skizze einer Soziologie der Mensch-Tier-Verhältnisse. In: Brucker, Renate/Bujok, Melanie/Mütherich, Birgit/Seeliger, Martin/Thieme, Frank (Hrsg.): Das Mensch-Tier-Verhältnis. Wiesbaden: Springer VS, 23–47.

Wiedenmann, Rainer (2009): Tiere, Moral und Gesellschaft: Elemente und Ebenen humanimalischer Sozialität. Wiesbaden: VS.

Wiedenmann, Rainer (2015): Humansoziologische Tiervergessenheit oder das Unbehagen an der Mensch-Tier-Sozialität. In: Spannring, Reingard/Schachinger, Karin/Kompatscher, Gabriela/Boucabeille, Alejandro (Hrsg.): Disziplinierte Tiere? Perspektiven der Human-Animal Studies für die wissenschaftlichen Disziplinen. Bielefeld: transcript, 257–286

Wilkeneit, Katja/Schulz, Bärbel (2013): Der Hund in der Erwerbsarbeit der Dienstleistungsgesellschaft: Eine Untersuchung der Merkmale und Bedingungen qualifizierter Tätigkeiten von Tieren am Beispiel von Hunden. In: Pfau-Effinger, Birgit/Buschka, Sonja (Hrsg.): Gesellschaft und Tiere. Wiesbaden: Springer VS, 123–164.

Stigmatisierungen in Mensch-Führhund-Triaden
Ursachen, Verwirklichung und Management

Natalie Geese

1 Einleitung

Die gemeinsame Geschichte von Menschen und Hunden ist u. a. dadurch geprägt, dass Hunde den Menschen im Alltag als Assistentinnen bzw. Assistenten zur Seite stehen. Das Aufgabenspektrum, das Hunde in der Vergangenheit übernommen haben und bis heute übernehmen, reicht von der Unterstützung der Menschen bei der Jagd über das Hüten von Nutztieren bis hin zur Bewachung von Haus und Hof. Vor einem Jahrhundert begann der Deutsche Verein für Sanitätshunde mit der systematischen Ausbildung von Führhunden, die den im Ersten Weltkrieg erblindeten Soldaten zur Verfügung gestellt wurden.[1] In den folgenden Jahrzehnten kam es weltweit zur Gründung von Führhundschulen. Bis heute kann der Führhund seine Funktion als Mobilitätshilfe für blinde Menschen – trotz vieler technischer Innovationen im Bereich Mobilität – behaupten.

Eine Aufgabe des Führhundes besteht u. a. darin, seine Halterinnen und Halter auf für blinde Menschen nicht wahrnehmbare Objekte in der Umwelt aufmerksam zu machen, die für eine sichere Fortbewegung relevant sind. Dies geschieht, indem der Führhund auf solche Objekte mittels taktil wahrnehmbarer Zeichen hinweist. Zentral sind in diesem Zusammenhang veränderte Bewegungsabläufe wie z. B. das Stehenbleiben des Führhundes vor Bordsteinkanten. Vermittelt werden dem blinden Menschen die Veränderungen in den Bewegungen seines Hundes über das sogenannte Führgeschirr. Ferner ist ein Führhund in der Lage, seinen Halter bzw. seine Halterin zu einem gewünschten Ziel wie z. B. einer Tür oder einem Briefkasten zu führen. Der Hund teilt seinem blinden Menschen aber nicht nur Informationen

---

1 Einen Überblick zur Entstehung und Ausbreitung des Führhundwesens findet man in der Dissertation von Rainer Stork aus dem Jahr 1988.

über die Umwelt mit, sondern trifft auch eigenständig Entscheidungen. So initiiert er z. B. eigenständig das Umgehen von Hindernissen.[2]

Da der Arbeitsplatz des sogenannten Führgespanns (des Teams, bestehend aus blindem Menschen und Führhund) der öffentliche Raum ist, wird ein Führgespann während der gemeinsamen Arbeit immer wieder auf weitere, in der gleichen sozialen Situation anwesende Menschen treffen. Dies bedeutet, dass die Frage, inwiefern ein Führgespann seinen Alltag unbehindert bewältigen kann, nicht allein durch die Betrachtung der Interaktion – des wechselseitig aufeinander bezogenen Handelns – innerhalb des Führgespanns beantwortet werden kann. Vielmehr sind es auch die Erwartungen und die konkreten Reaktionen Dritter, die die Arbeit des Führgespanns beeinflussen. Auch wenn ein Führhund die Mobilität seines blinden Menschen erweitern und ihn so zur Teilhabe befähigen soll, vertrete ich hier die These, dass es im Rahmen von Interaktionen in triadischen Konstellationen (blinder Mensch, Führhund und sehender Mensch) auch immer wieder Situationen geben wird, die für die Interaktionsteilnehmenden problematisch sind. Dies dürfte vor allem dann der Fall sein, wenn es zur Stigmatisierung der Beteiligten kommt. Im Rahmen des vorliegenden Beitrags möchte ich die Frage beantworten, ob Stigmatisierung in Führhund-Mensch-Triaden auftritt. Da ich in Anlehnung an Wolfgang Lipp davon ausgehe, dass es sich bei Stigmatisierung um einen dynamischen Prozess handelt, der sich im Rahmen konkreter Interaktionen vollzieht (vgl. Lipp 2010: 62), stellen sich ferner folgende Fragen: Welche Bedingungen verursachen Stigmatisierungen in Mensch-Führhund-Triaden? Wie äußert sich Stigmatisierung im Alltagshandeln der Beteiligten? Welche Maßnahmen werden von den Beteiligten ergriffen, um mit einer Stigmatisierung umzugehen? Kommen auch Strategien zum Einsatz, die Stigmatisierungen im Vorfeld verhindern sollen?

Das folgende Kapitel fasst die auf die hier gestellten Fragen bezogene Forschungsliteratur zusammen, formuliert Kritikpunkte und zeigt Forschungslücken auf. Im Anschluss daran lege ich das methodische Vorgehen meiner eigenen Studie dar, bevor ich anhand eines Fallbeispiels aus meiner Untersuchung exemplarisch einen Prozess zur Verhinderung einer möglichen Stigmatisierung in Mensch-Führhund-Triaden näher beleuchten werde. Der vorliegende Beitrag soll also Aufschluss darüber geben, unter welchen konkreten Alltagsbedingungen blinde Nutzerinnen bzw. Nutzer von Führhunden und die mit ihnen Interagierenden stigmatisiert werden und mithilfe welcher Strategien dieses Problem gelöst werden kann. Er enthält aber auch Hinweise auf Stigmatisierungsprozesse, die vermutlich auf Hundehalterin-

---

2   Bei diesen eigenständig vom Führhund getroffenen Entscheidungen handelt es sich jedoch um ein gelerntes Verhalten, das ihm im Rahmen einer Ausbildung von einem Trainer bzw. einer Trainerin beigebracht wurde.

nen und Hundehalter im Allgemeinen zutreffen, wie weiter unten noch zu zeigen sein wird. Des Weiteren können meine empirischen Befunde dazu beitragen, die Stigmatheorie weiterzuentwickeln.

2 Stigmatisierung in Mensch-Führhund-Triaden in der Forschungsliteratur

2.1 Ursachen für Stigmatisierungen in Mensch-Führhund-Triaden

Als zentrale wissenschaftliche Publikation, die sich mit dem Phänomen Stigma beschäftigt, ist Erving Goffmans Studie „Stigma. Über Techniken der Bewältigung beschädigter Identität" zu nennen, die im Jahr 1963 erstmals erschienen ist. Goffman (2007: 11) definiert Stigma als eine Eigenschaft, die mit den Erwartungen, die wir an einen bestimmten Personentyp stellen, unvereinbar ist. Dabei handelt es sich zumeist um eine Eigenschaft, die in unserer Wahrnehmung auf ein Defizit hinweist – wie z. B. entstellte Augen (vgl. Lipp 2010: 76). Dieses Attribut hat zur Folge, dass die gesamte Person diskreditiert (vgl. Goffman 2007: 13) und als minderwertig und unterlegen charakterisiert wird:

> Ein Individuum, das leicht in gewöhnlichen sozialen Verkehr hätte aufgenommen werden können, besitzt ein Merkmal, das sich der Aufmerksamkeit aufdrängen und bewirken kann, dass wir uns bei der Begegnung mit diesem Individuum von ihm abwenden, wodurch der Anspruch, den seine anderen Eigenschaften an uns stellen, gebrochen wird. Es hat ein Stigma, das heißt, es ist in unerwünschter Weise anders, als wir es antizipiert hatten.

Und Wolfgang Lipp (2010: 82ff.) weist darauf hin, dass wir ein Individuum häufig selbst für sein Stigma verantwortlich machen. Während in den ersten Kapiteln von Goffmans Buch der Eindruck entsteht, die Eigenschaft einer Person sei ein natürlicher Auslöser für eine Stigmatisierung, stellt Goffman gegen Ende klar, dass Stigmatisierung durch die Diskrepanz zwischen dem in einer konkreten Situation vorgefundenen Ist-Zustand einerseits und den normativ geprägten Erwartungen andererseits in Gang gesetzt wird. Stigmatisierte sind demnach nicht Personen, „sondern eher Perspektiven. Diese werden erzeugt in sozialen Situationen während gemischter Kontakte kraft der unrealisierten Normen, die auf das Zusammentreffen einwirken dürften" (Goffman 2007: 170). Eine Eigenschaft, die für einen Personentyp als normal gelten kann, kann einen anderen stigmatisieren. So wird es vermutlich niemanden verwundern, wenn ein kleines Kind im Kinderwagen gefahren wird, während erwachsene Menschen im Rollstuhl (immer noch) neugierige Blicke auf sich ziehen. Gleiches gilt auch für den Führhund. An ihn stellen Menschen andere Erwartungen als an Familienhunde.[3] So zitiert Clinton Sanders eine Führhundhalterin folgendermaßen: „The most frustrating thing about dealing with the public is that they don't expect them to be dogs" (Sanders 1999: 51). Menschen erwarteten nicht, dass es sich bei Führhunden auch nur um Hunde handle – um Lebewesen also, die gelegentlich auch kleinere Fehler machen können.

Auch ein Führhund kann zum stigmatisierenden Attribut seines Halters bzw. seiner Halterin werden. Dies ist z. B. dann der Fall, wenn in einer Kultur Hunde im Allgemeinen keine große Anerkennung genießen, wie Shlomo und Hilda Deshen in einer ethnografischen Studie aus Israel aus den 1980er-Jahren verdeutlichen (vgl. Deshen/Deshen 1989). Dort haben sich viele blinde Menschen aufgrund der kulturell bedingten negativen Einstellung der Bevölkerung zu Hunden im Allgemeinen gegen die Nutzung eines Führhundes entschieden – weil sie z. b. befürchteten, dass die Präsenz eines Führhundes Freundschaften zerstören könne. Auch wenn Hunde in Deutschland bei vielen Menschen als Haus- und Gebrauchstiere eine hohe Anerkennung genießen, werden Hundehalterinnen und -halter auch hier in Alltagsbegegnungen immer wieder auf Personen treffen, die Hunde aus unterschiedlichen Gründen nicht mögen. Die ablehnende Haltung gegenüber Hunden wird von jenen Personen unter Umständen nicht nur den Hunden, sondern auch den Haltern bzw. Halterinnen entgegengebracht. Phil Parette und Marcia Scherer (2004: 219), die sich mit der Stigmatisierung behinderter Hilfsmittelnutzerinnen und -nutzer beschäftigen, betrachten die soziale Akzeptanz eines Hilfsmittels (wozu auch der Führhund zählt) als eine wichtige Voraussetzung dafür, dass ihre Nutzerinnen und Nutzer nicht stigmatisiert werden.

Ähnlich wie Parette und Scherer (2004: 217) weisen auch Kristen Shinohara und Jacob O. Wobbrock (2011: 708) in einer empirischen Studie, in der sie anhand von Interviews mit behinderten Hilfsmittelnutzerinnen und -nutzern den Einfluss von sozialen Interaktionen auf die Hilfsmittelnutzung untersuchen, auf die Wichtigkeit eines ansprechenden äußeren Erscheinungsbildes eines Hilfsmittels hin. Laut Goffman (2007: 63) gilt unter bestimmten Umständen die Regel, dass die Identität derjenigen, mit denen ein Individuum zusammen ist, als Informationsquelle für die Bestimmung der Identität des Individuums genutzt wird. Dabei gilt, dass ein Individuum das ist, was die anderen auch sind. Wirkt das äußere Erscheinungsbild

---

3   Goffman lässt offen, wie die Normen entstanden sind, die bei uns bestimmte Erwartungen auslösen. Es liegt jedoch auf der Hand, dass sie keineswegs naturgegeben sind, sondern kulturelle Konstrukte darstellen, die von handelnden Individuen erzeugt werden.

eines Führhundes abstoßend – weil er z. B. zu dick ist – so wird unter Umständen auch seine Halterin bzw. sein Halter als abstoßend empfunden. In einer Studie von Janice Kathryn Foyer Lloyd aus Neuseeland, in der Führhundhalterinnen und -halter zu den Faktoren befragt werden, die ein erfolgreiches Führgespann ausmachen, erklärt eine interviewte Person, es sei ihr wichtig, dass ihr Führhund gut aussieht, da sie von ihren Mitmenschen oft angestarrt wird: „I feel like I live my life in a fish bowl, with everyone watching – so why shouldn't my dog look nice?" (Lloyd 2004: 105). Auf der anderen Seite würde ein Führhund mit einem zu ansprechenden äußeren Erscheinungsbild andere Menschen auch dazu verleiten, ihn einfach zu streicheln, was ein Führgespann bei der Arbeit ablenken würde.

Ob eine Eigenschaft zum Stigma wird, hängt nicht nur davon ab, inwieweit sie von bestehenden Normen abweicht, sondern auch davon, ob sie von anderen Menschen wahrgenommen werden kann (vgl. Goffman 2007: 64). Die Wahrnehmbarkeit wiederum wird nicht nur durch die Sichtbarkeit der verkörperten stigmatisierenden Eigenschaft an sich bestimmt. Entscheidend ist vielmehr all das, was auf die stigmatisierende Eigenschaft hinweist. Die Hilfsmittel behinderter Menschen sind solche Hinweise, die so zu „Stigmasymbolen" (Goffman 2007: 59) werden. Beispielsweise ist in der Verordnung über die Zulassung von Personen zum Straßenverkehr zu lesen:

> Wesentlich sehbehinderte Fußgänger können ihre Behinderung durch einen weißen Blindenstock, die Begleitung durch einen Blindenhund im weißen Führgeschirr und gelbe Abzeichen nach Satz 1 kenntlich machen (Verordnung über die Zulassung von Personen zum Straßenverkehr: § 2 Abs. 2).

Während ein Führhund seinen Halter bzw. seine Halterin einerseits befähigen soll, am Straßenverkehr teilnehmen zu können, soll er andererseits die Aufmerksamkeit anderer Verkehrsteilnehmerinnen und -teilnehmer gezielt auf ein Merkmal lenken, das von manchen Personen als Defizit gedeutet werden könnte. Gerade für Menschen, die erst vor kurzer Zeit erblindet sind und ihre Blindheit noch nicht akzeptiert haben, ist es oft schwer, sich auf die Nutzung einer Mobilitätshilfe einzulassen, da sie sich hierdurch anderen Menschen zwangsläufig als blind präsentieren müssen. Einigen blinden Menschen ist es aber auch wichtig, durch ihre Mobilitätshilfen ihre Blindheit offen an Dritte zu kommunizieren, um Missverständnissen in Interaktionen vorzubeugen. Ist die Blindheit für Dritte nicht wahrnehmbar, so werden sie davon ausgehen, dass ihr Gegenüber sehend ist. Reagiert ihr Gegenüber nicht auf nonverbale Zeichen, so kann dies Unverständnis bei den zeichensetzenden Personen hervorrufen.

Auch wenn Goffman sich primär auf stigmatisierende Attribute konzentriert, kann auch das gegen Normen verstoßende Verhalten Stigmatisierung zur Folge haben. So ist es unüblich, dass erwachsene Menschen von anderen Lebewesen geführt werden. Wenn ein erwachsener Mensch auf die Führung durch einen Hund angewiesen ist, dann kann hierdurch bei anderen Menschen möglicherweise der Eindruck entstehen, der blinde Mensch sei hilflos und inkompetent.

Auslöser für eine Stigmatisierung kann auch ein Fehlverhalten des Hundes eines Führhundhalters bzw. einer Führhundhalterin sein. Im Allgemeinen werden Halterinnen bzw. Halter von Hunden für das Fehlverhalten ihrer Hunde verantwortlich gemacht (vgl. Sanders 1999: 3). In der Studie von Janice Kathryn Foyer Lloyd nennen die interviewten Führhundhalterinnen und -halter das Plündern als Fehlverhalten ihrer Führhunde. So berichtet eine interviewte Person, es sei ihr unangenehm gewesen, als ihr Führhund auf einer Grillparty Fleisch gestohlen hatte und sie dies erst zu Hause bemerkt hat:

> I was at a barbecue where they were serving meat and it wasn't until I got home and couldn't get the harness off over the dog's head that I realised it had a big steak hanging out of its mouth (Lloyd 2004: 74).

Allerdings wird vermutlich auch ein auf einer Party plündernder Familienhund eine Stigmatisierung seines Halters bzw. seiner Halterin auslösen, sodass die Stigmatisierung hier nicht auf Blindheit zurückzuführen ist. Insgesamt findet man in der Forschungsliteratur nur wenige Hinweise darauf, was in der Öffentlichkeit als Fehlverhalten von Führhunden gilt und wie sich die Erwartungen Dritter bezogen auf angemessenes Verhalten von Führhunden von ihren Erwartungen bezüglich des angemessenen Verhaltens von Familienhunden unterscheiden. Diese Frage muss in zukünftigen empirischen Studien näher beleuchtet werden.

2.2 Stigmatisierung symbolisierendes Ausdruckshandeln und Strategien zum Umgang mit Stigmatisierung

Welches Handeln seines Gegenübers zeigt der stigmatisierten Person, dass sie gerade stigmatisiert wird? Diese Frage wird von Goffman zwar nicht ausführlich behandelt, aber als Ausdruck von Stigmatisierung nennt er zumindest die Annäherung von Fremden an das stigmatisierte Individuum (vgl. Goffman 2007: 26f.) – etwa von in Form von Anstarren oder von Fragen, die das stigmatisierende Merkmal zum Gegenstand haben, sowie durch das Anbieten von nicht erforderlicher Hilfe. Diese Verhaltensweisen werden von den stigmatisierten Personen typischerweise als

Eindringen in ihre Privatsphäre empfunden.[4] Auch in der Forschungsliteratur über Führhunde finden sich keine Hinweise darauf, welches Verhalten ihres Gegenübers Führhundhalterinnen und -halter als stigmatisierend ansehen.

Wie gehen die Interagierenden nun mit einer erfolgten Stigmatisierung um bzw. beugen einer drohenden Stigmatisierung vor? Den Beteiligten an einer Interaktion innerhalb einer Mensch-Führhund-Triade stehen unterschiedliche Strategien des Umgangs mit einer Stigmatisierung zur Verfügung. Eine Möglichkeit besteht darin, den Träger bzw. die Trägerin des Stigmas zu sanktionieren und dadurch zu versuchen, das Stigma zu beseitigen (vgl. Lipp 2010: 90). So können Hundehalterinnen und Hundehalter eben für das Fehlverhalten ihrer Hunde verantwortlich gemacht werden. Im Beispiel des auf einer Grillparty plündernden Führhundes könnte dem Führgespann in Zukunft etwa der Zutritt zu einer Grillparty verweigert werden. Der Führhundhalter bzw. die Führhundhalterin könnte aber auch in Anwesenheit Dritter zu Maßnahmen greifen, um seinen bzw. ihren Führhund zu disziplinieren, oder er bzw. sie könnte behaupten, dass der Trainingsprozess noch nicht abgeschlossen sei und man an dem Problem arbeite. Die beiden letztgenannten Maßnahmen konnte Clinton Sanders im Rahmen einer ethnografischen Studie bei Halterinnen bzw. Haltern von Familienhunden beobachten (vgl. Sanders 1999: 35).

Lässt sich ein stigmatisierendes Merkmal – wie z. B. Blindheit – nicht so einfach beseitigen, kann die betroffene Person versuchen, es zu verbergen, um einer drohenden Stigmatisierung vorzubeugen (vgl. Goffman 2007: 57ff.). Verbergen kann ein Führhundhalter bzw. eine Führhundhalterin die eigene Blindheit, indem er bzw. sie während der Führarbeit auf das weiße Führgeschirr verzichtet und z. B. eine einfache Leine verwendet, um sich vom Hund führen zu lassen. In diesem Fall wäre der Hund nicht als Führhund gekennzeichnet und die Blindheit seines Halters bzw. seiner Halterin würde von Dritten unter Umständen nicht bemerkt werden. Wie weiter oben bereits ausgeführt, kann es durch den fehlenden Hinweis auf die Blindheit des Führhundhalters bzw. der Führhundhalterin aber auch vermehrt zu Irritationen in Interaktionen mit Dritten kommen.

Sollte ein stigmatisierendes Merkmal den anderen Interaktionsteilnehmenden bereits durch eine entsprechende Kennzeichnung eines Hundes als Führhund bekannt sein, kann der bzw. die Stigmatisierte versuchen, die Aufdringlichkeit des Stigmas zu reduzieren, es also zu verdecken (vgl. Goffman 2007: 128ff.). Oft werden Hunde, die behinderten Menschen assistieren, von ihren Halterinnen bzw. Haltern dazu benutzt, die Aufmerksamkeit auf den Hund um- und so von ihrer Behinderung abzulenken. Beispielsweise beschreibt ein Mensch mit einer

---

4 Um ausführlicher auf Stigmatisierung anzeigendes Verhalten eingehen zu können, bedarf es aber weiterer empirischer Forschung zu dieser Thematik.

physischen Beeinträchtigung in einer Studie von Mary Michelle Camp (2001: 514), dass der Fokus der Aufmerksamkeit anderer nicht mehr auf dem ihn als behindert klassifizierenden Rollstuhl liegt, sondern auf seinem Assistenzhund.[5] Während ein Rollstuhl ein für behinderte Menschen speziell entwickeltes Hilfsmittel ist, handelt es sich bei einem Hund um ein Lebewesen, mit dessen Haltung behinderte und nichtbehinderte Menschen gleichermaßen vertraut sind. So kann der Hund zum gemeinsamen Thema in einem Gespräch zwischen behinderten und nichtbehinderten Menschen werden, wodurch die Beeinträchtigung unter Umständen in den Hintergrund tritt. Camp (2001: 514) fasst dies folgendermaßen zusammen: „In this way, service dogs provide common ground, bridging the differences that may cause social isolation and facilitating a renewed sense of connection with others." Allerdings gilt die Verdeckungsfunktion von Hunden vermutlich nicht nur für das Merkmal Beeinträchtigung, sondern auch für andere Merkmale wie Geschlecht oder Alter. Ein Hund kann als Mittel der Verdeckung jedoch auch ungewollte bzw. unerwünschte Effekte hervorbringen. Dies ist z. B. dann der Fall, wenn ein Hund eine Eigenschaft verdeckt, die sein Halter bzw. seine Halterin anderen gerne präsentieren möchte. Des Weiteren kann es zu einer so starken Aufmerksamkeitsverschiebung auf den Hund kommen, dass die persönliche Identität seines Halters bzw. seiner Halterin für andere belanglos wird. Eine von Clinton Sanders interviewte Führhundhalterin erzählt, dass sie von anderen nur als Anhängsel ihres Führhundes wahrgenommen wird:

> People in my college classes to this day will say, 'Hi, Fanny. Hi, Fanny's mommy.' They remember the dog but they don't remember me. I'm an appendage of the dog... Many times I feel like a person with a dog, and I'm not perceived as a person with my own abilities and self (Sanders 1999: 49).

Allerdings funktioniert die Verdeckung einer Beeinträchtigung durch einen Assistenzhund möglicherweise auch nicht immer. Seine spezifische Kennzeichnung mittels Führgeschirr oder einer entsprechenden Kenndecke grenzt einen Assistenzhund deutlich von der Gruppe der Familienhunde ab. Amanda Shyne und Kollegen (2012) fanden in einer Studie heraus, dass andere Menschen häufiger mit physisch beeinträchtigten Menschen interagieren, wenn ihr Hund nicht als Assistenzhund gekennzeichnet ist. Dies weist darauf hin, dass behinderte Menschen mit einem

---

5 Neben dem Führen von blinden Menschen sind Assistenzhunde u. a. körperbehinderten Menschen beim Aufheben heruntergefallener Gegenstände oder beim Öffnen von Türen behilflich, machen hörbeeinträchtigte Menschen auf Geräusche aufmerksam und warnen ihre Halterinnen bzw. Halter vor einem nahenden epileptischen Anfall.

Assistenzhund möglicherweise anders behandelt werden als behinderte Menschen mit einem Familienhund.

Goffman stellt in Bezug auf das Stigmamanagement vor allem Strategien vor, die von dem Träger bzw. der Trägerin eines Stigmas eingesetzt werden und die Verdrängung des stigmatisierenden Merkmals zum Ziel haben. Er setzt also voraus, dass ein Individuum seine Rolle als Opfer von Stigmatisierungspraktiken selbstverständlich akzeptiert und bereit ist, die Verantwortung hierfür zu übernehmen. Darauf, dass dies aber keineswegs so sein muss, weist beispielsweise Wolfgang Lipp hin. Ein Individuum kann seine Stigmatisierung z. B. dadurch neutralisieren, dass es die allgemeinen Normen im Zusammenhang mit einem bestimmten Stigma als solche zwar anerkennt, deren Relevanz aber eingrenzt und die Schuld für dieses Stigma von sich weist (vgl. Lipp 2010: 97f.). Clinton Sanders konnte bei seiner Beschäftigung mit Entschuldigungstaktiken für Fehlverhalten von Hunden durch ihre Halterinnen und Halter auch solche Strategien nachweisen. So lässt sich z. B. die Mitteilung, die Situation sei für den Hund unbekannt, als Erläuterung für dessen Verhalten anführen. Auch kommt es vor, dass die Schuld einer dritten Person zugewiesen wird (vgl. Sanders 1999: 32f.). Und schließlich lässt sich die stigmatisierende Wirkung eines Merkmals oder eines Verhaltens ganz in Frage stellen. So wird z. B. der Vorwurf des Fehlverhaltens eines Hundes durch seinen Halter bzw. seine Halterin zurückgewiesen und stattdessen positiv bewertet. Oder das, was der Hund tut, wird vom Halter bzw. von der Halterin als dessen natürliches Verhalten deklariert – er sei doch eben nur ein Hund (vgl. Sanders 1999: 33f.). Die Frage, wie Halterinnen bzw. Halter von Führhunden mögliches Fehlverhalten ihrer Hunde im öffentlichen Raum managen, wurde bislang in empirischen Studien vernachlässigt und wird daher Bestandteil meiner empirischen Forschung sein.

Als weitere Strategie dazu, die stigmatisierende Wirkung eines Merkmals bzw. eines Verhaltens in Frage zu stellen, nennt Wolfgang Lipp (2010: 67ff.) die Selbststigmatisierung. Eine Person identifiziert sich freiwillig mit einer stigmatisierenden Eigenschaft bzw. einem stigmatisierenden Verhalten, wodurch sie auf die stigmatisierende Wirkung der Eigenschaft bzw. des Verhaltens aufmerksam machen und ein Umdenken bezogen auf die es auslösenden Normen erzwingen möchte. Leint ein Halter bzw. eine Halterin eines Hundes seinen bzw. ihren Hund trotz bestehender Leinenpflicht nicht an, da er bzw. sie darauf aufmerksam machen möchte, dass sein bzw. ihr Hund in seinen oder ihren Augen ein Recht auf Freilauf hat, so kann man dies als selbststigmatisierendes Verhalten bezeichnen. Der Halter bzw. die Halterin des Hundes nimmt einen Verlust des eigenen Images in Kauf. Dieser beruht vor allem darauf, dass man dem Halter bzw. der Halterin des Hundes einen schlechten moralischen Charakter bescheinigen könnte, der sich in mangelnder Rücksichtnahme gegenüber anderen Menschen äußert.

Die Strategien des Stigmamanagements sind offenkundig vielfältig. Sie reichen von der Internalisierung von Schuld für eine stigmatisierende Eigenschaft durch ihren Träger bzw. ihre Trägerin bis hin zum offenen Widerstand gegen Stigmatisierungen und der Zurückweisung von Normen, die ein Merkmal oder Verhalten als stigmatisierend definieren.

3 Methodisches Vorgehen

Im Rahmen meiner Dissertation führe ich eine empirische Studie durch, die sich mit der Bedeutung der Mobilitätsassistenzen blinder Menschen (sehende menschliche Begleitung, Führhund und Langstock) in sozialen Interaktionen beschäftigt. Dabei geht es mir darum zu verstehen, mithilfe welcher Handlungsmuster die unterschiedlichen Funktionen der Mobilitätsassistenzen blinder Menschen in sozialen Interaktionen von den Beteiligten verwirklicht werden. Damit dieses Verstehen gelingen kann, ist es zwingend notwendig, eine Innensicht des Forschungsgegenstandes zu erlangen. Es geht nicht darum, die Relevanzen einer außenstehenden Person auf den Forschungsgegenstand zu übertragen, sondern darum, die Relevanzen der Interagierenden zu rekonstruieren, um ihr Handeln nachvollziehen zu können.

Als Forschungsansatz habe ich die fokussierte Ethnografie ausgewählt (vgl. Knoblauch 2001), da ich mich nicht für die gesamte Lebenswelt einer bestimmten Personengruppe, sondern nur für einen kleinen Ausschnitt aus ihrer Lebenswelt interessiere. Im Mittelpunkt meiner Untersuchung stehen bestimmte, zumeist kurze, aber dennoch datenintensive Handlungszusammenhänge (Interaktionen in Mensch-Mobilitätsassistenz-Triaden). Die Datenerhebung erfolgt u. a. mittels teilnehmender Beobachtung.[6] Die Forscherin übernimmt dabei die Rolle der blinden Nutzerin von Mobilitätsassistenz. Da die Forscherin seit ihrer Geburt blind ist, ist sie mit ihrer Rolle vertraut und verfügt, bezogen auf den zu untersuchenden Forschungsgegenstand, über einen großen Wissensvorrat. Diese Voraussetzung erachte ich als notwendig dafür, Handeln unter der Bedingung nicht-optischer Wahrnehmung zu verstehen. Auch wenn sich ein sehender Forscher bzw. eine sehende Forscherin eine Brille zur Simulation von Blindheit aufsetzen würde, wären seine bzw. ihre anderen Sinne doch nicht im gleichen Maße geschult wie diejenigen von schon länger erblindeten Menschen. Außerdem wäre es dem sehenden Forscher bzw. der sehenden Forscherin nicht möglich, sich ein Bild von Geburtsblindheit

---

6 Des Weiteren werden im Internet verfügbare Erfahrungsberichte von und Interviews mit blinden Mobilitätsassistenz-Nutzerinnen bzw. -Nutzern als Datenquelle verwendet.

zu machen: Diese ist dadurch gekennzeichnet, dass die von ihr Betroffenen über keine visuellen Vorstellungen verfügen.

Die Beobachtungen werden verdeckt durchgeführt. Dies bedeutet konkret, dass die während der Beobachtungssituationen zufällig auf das Mensch-Assistenz-Team treffenden Dritten nicht wissen, dass sie beobachtet werden. Um die beobachteten Situationen nicht zu stören, notiert die Forscherin ihre Eindrücke nicht während der, sondern erst unmittelbar im Anschluss an die Interaktion in Form eines Gedächtnisprotokolls. Aus rechtlichen Gründen wird auf das Anfertigen von Tonaufnahmen in den Beobachtungssituationen verzichtet. Auch wenn die Forscherin mit dem Untersuchungsgegenstand vorab vertraut ist, ist es ihr doch möglich, das vermeintlich fraglos Gegebene neu zu entdecken. So rückt erst die zuvor stattgefundene intensive Beschäftigung mit dem theoretischen Hintergrund bestimmte Aspekte während der Beobachtung ins Bewusstsein. Außerdem macht die ‚mikroskopische' Analyse von alltäglichen Interaktionen andere Aspekte sichtbar, die in routinisierten Abläufen des Alltagshandelns zumeist verborgen bleiben.

Entsprechend der Fragestellung sind im Rahmen der Datenerhebung nur solche Fälle von Interesse, die eine triadische Konstellation, bestehend aus mindestens einem sehenden und einem blinden Menschen sowie einer Mobilitätsassistenz, aufweisen. Des Weiteren muss die Mobilitätsassistenz für sehende Menschen in der Situation anhand ihrer Nutzung oder entsprechender Kennzeichnung deutlich als solche erkennbar sein. Da die Intensität des Engagements der an einer Interaktion Beteiligten je nach Situation variieren kann und die Forscherin davon ausgeht, dass sich dies auf die Bedeutung der Mobilitätsassistenz in der jeweiligen Situation auswirkt, sollen Fälle ausgewählt werden, die diesbezüglich ein breites Spektrum an Ausgangssituationen abdecken. So werden einerseits Fälle in die Untersuchung aufgenommen, in denen der Fokus der Interaktion zunächst innerhalb des arbeitenden Führgespanns liegt und Dritte mit anwesend sind. Solche Fälle finden sich beispielhaft in Einkaufszentren. Andererseits sind Fälle von Interesse, in denen ein blinder und ein sehender Mensch miteinander interagieren und die Mobilitätsassistenz nur mit anwesend ist. Hier werden exemplarisch Situationen an einer Theke wie z. B. einer Supermarktkasse ausgewählt. Schließlich gilt es noch Situationen zu untersuchen, in denen zunächst keine beabsichtigte Interaktion zwischen den Anwesenden stattfindet. Hierfür stehen beispielhaft das Warten an einer Bushaltestelle und die Nutzung öffentlicher Verkehrsmittel. Da ein Führhund auch dann im öffentlichen Raum als Führhund gekennzeichnet ist, wenn er gerade nicht arbeitet, wird zusätzlich noch die Begegnung mit Dritten auf Spaziergängen untersucht. Bei der Auswertung der Daten wird auf die Vorgehensweise und das Kodierparadigma der Grounded Theory zurückgegriffen (vgl. Strauss/Corbin 1996).

Anhand meines folgenden Fallbeispiels will ich aufzeigen, dass es sich bei der Entstehung bzw. Vermeidung von Stigmatisierung um einen Prozess handelt, der durch wechselseitig aufeinander bezogenes Handeln der Interagierenden geprägt ist. Die zugrunde liegende Interaktion ereignete sich während eines Spaziergangs. Anwesend waren die teilnehmende Beobachterin, ihr Führhund, eine sehende Begleiterin und eine Spaziergängerin. Die Sequenz beginnt damit, dass die Spaziergängerin in die Welt in Reichweite der anderen Beteiligten eintritt, und sie endet, nachdem sie diese wieder verlassen hat und sie in der Interaktion der anderen Beteiligten thematisch nicht mehr relevant ist.

4 Fallbeispiel: Anwendung von Interaktionsstrategien zur Wahrung des eigenen Images

Die blinde Beobachterin ging im gemütlichen Tempo rechts neben ihrer sehenden Begleiterin her. Zwischen den beiden bestand kein Körperkontakt. Der Führhund der Beobachterin (eine Mischung aus Labrador und Golden Retriever) lief in einem etwas größeren Abstand frei vor den beiden her. Er trug eine orangefarbene Kenndecke mit aufgenähten ovalen Führhundabzeichen. Auf diesen sieht man auf blauem Grund in weiß einen blinden Menschen mit Langstock und Hund im Führgeschirr. Auf dem Aufnäher ist der Schriftzug „Blindenführhund" zu lesen. Die Beobachterin wusste nicht, was ihr Führhund gerade tat, da sie in ein Gespräch mit ihrer Begleiterin vertieft war. Plötzlich sagte die Begleiterin: „Der macht nichts!", was sie mehrmals wiederholte. Schließlich fügte sie noch hinzu: „Das ist ein ausgebildeter Blindenhund". Währenddessen hörte die Beobachterin, dass sich von vorne Schritte näherten. Als die Schritte fast auf Höhe der Beobachterin und ihrer Begleitung angelangt waren, sagte die Stimme einer jungen Frau im Weitergehen, dass sie das Führhundschild zwar gesehen habe, dass sie aber einfach stehen geblieben sei, wie man das bei Hundebegegnungen machen solle. Dann war die Frau vorübergegangen. Nun erläuterte die Begleiterin der Beobachterin unaufgefordert, dass die Spaziergängerin stehengeblieben sei, während der Führhund einfach vorbeilief.

Den Ausgangspunkt dieser Situation bildet der Umstand, dass die beiden Menschen dem sie begleitenden Hund keine Beachtung schenken – bzw. ihn nicht kontrollieren, sondern sich selber überlassen. Der Grund hierfür ist, dass die beiden durch ihr Gespräch abgelenkt sind. Da die blinde Beobachterin sich akustisch auf das Gespräch konzentriert, nimmt sie das Verhalten ihres Hundes nicht wahr und ihr entgeht auch, dass sich eine Spaziergängerin dem Hund genähert hat. Dieser

Informationsmangel, der die eigene Kontrolle der Situation verhindert, wird ihr erst bewusst, als ihre sehende Begleiterin eine Bemerkung macht, aus deren Inhalt die Beobachterin schließt, dass die Äußerung nicht an sie selber gerichtet ist. Die sehende Begleiterin reagiert mit ihrer Äußerung auf eine Handlung einer Spaziergängerin – das Stehenbleiben, als sich der Führhund nähert –, die sie als Unsicherheit im Umgang mit Hunden auffasst. Diese Handlung weist in den Augen der Begleiterin auf ein Merkmal der Spaziergängerin hin, das sie möglicherweise als Defizit und Stigma deutet: Die mangelnde Kompetenz der Spaziergängerin im Umgang mit Hunden und somit ihre Unfähigkeit, die Situation eigenständig zu bewältigen. Allerdings wird die Spaziergängerin von der Begleiterin der Beobachterin nicht offen stigmatisiert. Ihre Mitteilung, der Hund sei harmlos, kann hier mehrere Funktionen übernehmen. Zum einen kann sie dazu dienen, der Spaziergängerin ihre Unsicherheit zu nehmen. Zum anderen tritt die Begleiterin hier aber auch als Fürsprecherin für den Hund auf und verteidigt das Image, dass er nicht gefährlich sei. Belegen möchte sie dies damit, dass es sich ja schließlich um einen Hund mit besonderer Ausbildung – um einen Führhund – handle. Mit dieser Entschuldigungstaktik verfolgt die sehende Begleiterin möglicherweise aber auch eigennützige Ziele: Eventuell möchte sie verhindern, selber zum Opfer von Stigmatisierungspraktiken durch die verunsicherte Spaziergängerin zu werden. Befürchten könnte sie eine Stigmatisierung deshalb, weil sie gegen moralische Standards verstoßen und auf die Belange der Spaziergängerin keine Rücksicht genommen hat. Denn die Begleiterin hat nicht eingegriffen, z. B. indem sie den Hund zurückgerufen und an die Leine genommen hat. Ihre Äußerung, der Hund sei harmlos, kann somit auch als Rechtfertigung für den unterlassenen Rückruf gewertet werden, da von einem harmlosen Hund eben keine Gefahr ausgeht.

Die Spaziergängerin wiederum akzeptiert die ihr auferlegte Eigenschaft (mangelnde Souveränität im Umgang mit Hunden) nicht, die unter Umständen stigmatisierend wirken kann. So expliziert sie eine andere Deutung für ihre Handlung – sie verhalte sich so, wie man das bei der Begegnung mit Hunden machen solle – als normentsprechend. Mithilfe dieser Strategie möchte sie ihr positives Image wahren: Sie stellt sich als kompetente Person ohne Hund im Umgang mit fremden Hunden dar. Dabei erachtet sie es als nicht relevant, ob der Hund ein Assistenz- oder Familienhund ist. Die Spaziergängerin macht der blinden Beobachterin und ihrer Begleiterin auch keine Vorwürfe, weil sie den Hund nicht angeleint haben. Vielmehr präsentiert sie sich als kompetente Person, die die Situation unter Kontrolle und eigenständig bewältigt hat.

Das Auftreten der blinden Beobachterin in dieser Situation kann als passiv bezeichnet werden. Dies kann aber ebenfalls als Schutz vor einer möglichen Stigmatisierung angesehen werden. Hätte sie die anderen an der Situation Beteiligten nach der Begegnung zwischen Spaziergängerin und Hund um Informationen gebeten, um die Situation besser einschätzen zu können, hätte sie ihre Blindheit deutlich zum Ausdruck gebracht. In diesem Fall hätte sie sich aber nicht nur als blind, sondern als inkompetente Blinde präsentiert. Denn sie hätte gezeigt, dass sie die Situation während jener Begegnung zwischen der Spaziergängerin und ihrem Führhund nicht unter Kontrolle hatte. Um ihre Blindheit nicht zu aufdringlich werden zu lassen und zu verhindern, das Blindheit in den Augen der Spaziergängerin mit Inkompetenz in Verbindung gebracht wird, gibt die blinde Beobachterin die Verantwortung für die Bewältigung der Situation an ihre Begleiterin ab. Diese Strategie ermöglicht es ihr, die Aufmerksamkeit nicht auf sich zu lenken. Zum Erfolg führt ihre Strategie vermutlich auch deshalb, weil sie von weiteren situativen Einflüssen unterstützt wird, die hier zufällig auch die Funktion der Verdeckung von Blindheit übernehmen. Dies ist einerseits die Tatsache, dass sich die blinde Beobachterin nicht von ihrer Begleiterin führen lässt. Andererseits wird die Blindheit thematisch überdeckt, da die Kompetenz der Spaziergängerin im Umgang mit Hunden und nicht das Leben mit Blindheit Gegenstand des Gesprächs ist.

Auffällig ist in diesem Fallbeispiel, dass die Beteiligten bemüht sind, Deutungen für ihr Handeln anzuführen, die die positive Darstellung des eigenen Images nicht gefährden. So wird einer möglichen Stigmatisierung die Grundlage entzogen, bevor sie überhaupt stattfinden kann. Die Frage, ob es in jener Situation aber tatsächlich zu einer Stigmatisierung gekommen wäre, wenn eine der Interaktionsteilnehmerinnen ihr positives Image nicht hätte verteidigen können, kann anhand der vorliegenden Beobachtung nicht beantwortet werden. Es kann jedoch gezeigt werden, dass alle Interaktionsteilnehmenden grundsätzlich die Möglichkeit haben, Strategien anzuwenden, um anderen ein positives Selbst zu präsentieren. Ferner wirft das Beispiel die – von Goffman nicht beantwortete – Frage auf, welche Konsequenzen eine Stigmatisierung für den Stigmatisierenden bzw. die Stigmatisierende haben kann. Hätte die Spaziergängerin der sehenden Begleiterin ihre Missbilligung aufgrund des nicht erfolgten Rückrufs des Hundes deutlich zum Ausdruck gebracht, hätte sie gleichzeitig gezeigt, dass sie die Situation nicht eigenständig bewältigen kann. Dies hätte unter Umständen einen Imageverlust der Spaziergängerin zur Folge gehabt. Macht sich eine Person z. B. in der Öffentlichkeit über einen behinderten Menschen lustig, verstößt sie damit gegen die moralischen Standards einer Gesellschaft und macht sich bei den anderen Anwesenden möglicherweise selber unbeliebt. Somit ‚profitieren' unter Umständen alle Beteiligten davon, wenn auf stigmatisierende Praktiken verzichtet wird.

5 Schlussbemerkungen und Ausblick

Wie die angeführten Beispiele aus der vorhandenen Forschungsliteratur zeigen, können Führhundhalterinnen und -halter mögliche stigmatisierende Wirkungen ihrer Führhunde benennen. Unklar bleibt jedoch, ob diese auf tatsächlichen Stigmatisierungserfahrungen der Führhundhalterinnen und -halter beruhen, da in der Literatur nicht darauf eingegangen wird, wie die Stigmatisierung in der jeweiligen Situation handelnd vollzogen wird.

Zu Stigmata werden im Allgemeinen solche Eigenschaften und Verhaltensweisen, die von Normen abweichen und als nicht wünschenswert erachtet werden, da sie z. B. auf einen Mangel einer Person hinweisen. Die Erscheinungsformen von Stigmata sind vielfältig. In Mensch-Führhund-Triaden reichen sie von einer unterstellten Hilflosigkeit des blinden Führhundhalters bzw. der blinden Führhundhalterin über eine mangelnde soziale Akzeptanz von Hunden im Allgemeinen bis hin zu konkretem Fehlverhalten der Führhunde. Auch kleine Verstöße gegen moralische Standards, wie die mangelnde Beachtung der Unsicherheit einer Person im Umgang mit Hunden durch den Hundehalter bzw. die Hundehalterin, haben unter Umständen das Potenzial, in bestimmten Situationen zu Stigmata von Hundehalterinnen und -haltern im Allgemeinen zu werden. Ob eine bestimmte Eigenschaft oder ein bestimmtes Verhalten in konkreten Alltagssituationen eine stigmatisierende Wirkung hat, entscheidet sich in konkreten Interaktionen und wird zwischen den Beteiligten vor dem Hintergrund bestehender Normen ausgehandelt. Da Normen aber grundsätzlich auch veränderbar sind, gilt dies auch für potenzielle Stigmata. So können blinde Menschen, indem sie ihre Fähigkeiten im öffentlichen Raum unter Beweis stellen und auch schon häufig gestellt haben, weiterhin dazu beitragen, dass Blindheit in Zukunft ihre stigmatisierende Wirkung ganz verliert. Blinde Menschen können aber natürlich nicht nur aufgrund ihrer Blindheit stigmatisiert werden. Auslöser für eine mögliche Stigmatisierung können z. B. auch das äußere Erscheinungsbild oder das Fehlverhalten eines Führhundes sein. Auch die Personen, die die Gültigkeit von Normen nicht in Frage stellen, verfügen über vielfältige Strategien dafür, Stigmatisierungen zu vermeiden. Eine Strategie besteht darin zu versuchen, die eigenen stigmatisierenden Merkmale zu beseitigen oder zumindest ihre Aufdringlichkeit zu reduzieren. Der Führhund kann z. B. auch dazu dienen, das Merkmal Blindheit in den Hintergrund zu drängen.

In dem von mir bis jetzt gesammelten empirischen Material spielt eine offene Stigmatisierung von Führhundhalterinnen und -haltern jedoch nur eine untergeordnete Rolle. Dieses Ergebnis bestätigt mein Fazit, das ich aus der existierenden Forschungsliteratur gezogen habe: Dort werden zwar mögliche stigmatisierende Wirkungen von Hilfsmitteln sowie Strategien diskutiert, die eine Stigmatisierung verhindern sollen. Auf tatsächlich stattfindendes stigmatisierendes Handeln wird jedoch nicht eingegangen. Dies wirft die Frage auf, ob die potenziellen Stigmata auf tatsächlichen Stigmatisierungserfahrungen beruhen oder ob es sich dabei um Deutungen handelt, die behinderte Menschen nichtbehinderten Menschen unterstellen. In dem vorgestellten Fallbeispiel sind die Interagierenden vor allem bemüht, ihr positives Image zu wahren. Sie lehnen eine Identifikation mit möglicherweise stigmatisierend wirkenden Eigenschaften ab bzw. versuchen zu vermeiden, dass sich solche Eigenschaften in den Vordergrund drängen. Diese Strategie wird aber nicht nur von der blinden Person, sondern auch von den sehenden Interaktionsteilnehmerinnen verfolgt. Dies bedeutet, dass nicht nur behinderte, sondern auch nichtbehinderte Menschen einen möglichen Imageverlust befürchten. Somit ist anzunehmen, dass alle Menschen auch Opfer von Stigmatisierungspraktiken werden können. In meinem Beispiel wird allerdings überhaupt nicht versucht, eine andere Person offen zu stigmatisieren – möglicherweise, um hierdurch nicht das eigene positive Image zu verlieren. In zukünftigen Studien muss also danach gefragt werden, wie häufig Stigmatisierungen tatsächlich verwirklicht werden. Wie oft werden bereits im Vorfeld Maßnahmen ergriffen, sodass es gar nicht erst zu einer Stigmatisierung kommt? Schließlich stellt sich auch die Frage, inwiefern Goffmans Stigmatheorie vor dem Hintergrund aktueller Untersuchungen modifiziert werden muss. Ich gehe zum jetzigen Zeitpunkt davon aus, dass es sich bei Stigmatisierung um einen Prozess handelt, der komplexer und facettenreicher sein dürfte als derjenige, den Erving Goffman vor über fünfzig Jahren zur Diskussion gestellt hat.

Literatur

Camp, Mary Michelle (2001): The Use of Service Dogs as an Adaptive Strategy: A Qualitative Study. In: American Journal of Occupational Therapy 55(5), 509–517.
Deshen, Shlomo/Deshen, Hilda (1989): On social aspects of the usage of guide dogs and long-canes. In: The Sociological Review 37(1), 89–103.
Goffman, Erving (2007): Stigma. Über Techniken der Bewältigung beschädigter Identität. Frankfurt a. M.: Suhrkamp.
Knoblauch, Hubert (2001): Fokussierte Ethnographie: Soziologie, Ethnologie und die neue Welle der Ethnographie. In: Sozialer Sinn 2(1), 123–141.
Lipp, Wolfgang (2010): Stigma und Charisma: über soziales Grenzverhalten. Würzburg: Ergon.
Lloyd, Janice Kathryn Foyer (2004): Exploring the match between people and their guide dogs. PhD thesis, Massey University.
Parette, Phil/Scherer, Marcia (2004): Assistive technology use and stigma. In: Education and Training in Developmental Disabilities 39(3), 217–226.

Sanders, Clinton R. (1999): Understanding dogs: living and working with canine companions. Philadelphia: Temple University Press.

Shinohara, Kristen/Wobbrock, Jacob O. (2011): In the shadow of misperception: assistive technology use and social interactions. In: Proceedings of the SIGCHI Conference on Human Factors in Computing Systems, 705–714.

Shyne, Amanda/Masciulli, Laura/Faustino, Jillian/O'Connell, Caitlin (2012): Do Service Dogs Encourage More Social Interactions between Individuals with Physical Disabilities and nondisabled Individuals than Pet Dogs? In: Journal of Applied Companion Animal Behavior 5(1), 16–24.

Stork, Rainer (1988): Der Blindenführhund: Aufkommen und Rückgang in Deutschland; geschichtliche und international vergleichende Untersuchung. Dissertation, Universität Düsseldorf.

Strauss, Anselm L./Corbin, Juliet (1996): Grounded Theory. Grundlagen Qualitativer Sozialforschung. Weinheim: Psychologie Verlags Union.

Verordnung über die Zulassung von Personen zum Straßenverkehr (Fahrerlaubnis-Verordnung – FeV) (2010): http://www.gesetze-im-internet.de/fev_2010/BJNR198000010.html (Zugriff: 14.11.2015).

Hundehaltung in der zweiten Lebenshälfte

Harald Künemund, Julia Hahmann und Katja Rackow

1 Einleitung

Das Halten von Hunden ist eine recht kontroverse Angelegenheit: Gilt manchen Personen ein Hund als ‚bester Freund des Menschen', outen andere sich als Hundehasser/-innen. Auf beiden Seiten gibt es zur wechselseitigen Bestätigung der meist ohnehin felsenfeststehenden Urteile virtuell wie auch real gedachte und gelebte Gemeinschaften, eigene Zeitschriften – vgl. etwa „Partner Hund" auf der einen, „Kot & Köter" auf der anderen Seite –, Sachbücher wie auch wissenschaftliche Studien verschiedenster Art, und in den realen wie auch den virtuellen sozial konstruierten Wirklichkeiten gibt es z. T. heftige Auseinandersetzungen und Kämpfe, wie sich exemplarisch etwa an der Facebook-Diskussionsrunde „gegen gegenhund.org" oder den gelegentlich auffindbaren vergifteten oder mit Rasierklingen versehenen Ködern belegen lässt. Diese extremen Positionen sind ganz sicher in der Minderheit, zeigen aber deutlich, dass hier kein allgemeiner Konsens besteht, und es ist anzunehmen, dass sie zur weiteren Polarisierung beitragen.

Wir könnten aus soziologischer Perspektive diese diskursive Ebene vermutlich leicht überschreiten, denn eine solche Vielfalt an Perspektiven und Praktiken wie auch deren mediale und argumentative Auf- und Einrüstung lassen sich ja nicht nur in Bezug auf Hunde ausmachen. Wir möchten in diesem Beitrag aber – etwas bescheidener – bei der Hundehaltung selbst verbleiben und fragen, welche Folgen das Halten von Hunden für das Leben im höheren Lebensalter hat. Wir gehen davon aus, dass sich Motive und Konsequenzen des Haltens von Hunden zwischen Altersgruppen unterscheiden und im Lebenslauf verändern können. Wir nehmen, gestützt auf die inzwischen zahlreiche Literatur zum Thema, weiterhin an, dass die Hundehaltung insbesondere im höheren Alter im Durchschnitt (nicht immer im Einzelfall) positive Effekte für das Individuum, die sozialen Beziehungen wie auch die Gesellschaft insgesamt haben könnte. Wir geben daher in einem ersten

Schritt einen Überblick zu vorliegenden Thesen und Befunden, um anschließend bestehende quantitative Daten zu Rate zu ziehen, die uns aus einer sehr weit vom konkreten Einzelfall entfernten Perspektive Hinweise auf die Sozialstruktur wie auch auf andere Korrelate des Hundebesitzes – und damit vielleicht auch Argumente für die eine oder andere Perspektive – geben können. Abschließend werden wir einige Schlussfolgerungen zum weiteren Forschungsbedarf ziehen.

2 Thesen und Befunde

Der Einfluss von Haustieren auf die frühkindliche Sozialisation oder auf die Entwicklung im frühen Jugendalter sind seit langem in der Diskussion (z. B. Hartmann/Rost 1994), speziell Hunde sind hier in Assistenz- oder Therapiekontexten erfolgreich eingesetzt worden (z. B. Julius et al. 2013). Auch im hohen Alter sind Assistenz- oder Therapiehunde seit langer Zeit bekannt und erforscht (vgl. z. B. die Übersichten bei Olbrich 1988 oder Wesenberg 2015). In der Literatur gibt es eine ganze Reihe von Hypothesen und Befunden, die mit Blick auf die Älteren generell relevant sind, unabhängig von einem konkreten Assistenz- oder Therapiebedarf. Zwei Bereiche möchten wir im Folgenden besonders herausheben: Soziale Beziehungen und Gesundheit.

2.1 Hunde und soziale Beziehungen

Unser Interesse für durch Haustiere gestiftete Vergemeinschaftungsmöglichkeiten gerade für ältere Menschen folgt dem Befund, dass soziale Netzwerke im Alter im Schnitt kleiner werden und sich Möglichkeiten zur Aufnahme neuer Kontakte mit zunehmendem Alter eher verringern (vgl. z. B. unsere Übersichten in Künemund/Hollstein 2005 u. Hahmann 2013): Tiere könnten möglicherweise vor zunehmender sozialer Isolation und emotionaler Einsamkeit schützen, Sicherheit geben oder auch nur den Alltag strukturieren helfen und den Kontakt zur Außenwelt erhalten. Die Befunde zu diesen Wirkungen sind aber nicht immer leicht zu interpretieren. Beispielsweise wurde gezeigt, dass Hundehalter/-innen in der Öffentlichkeit als zufriedener und sicherer wahrgenommen werden (z. B. Rossbach/Wilson 1992), auch z. B. Personen im Rollstuhl (Eddy et al. 1988). Dies kann daran liegen, dass sie sich in Begleitung eines Hundes tatsächlich sicherer fühlen, dass Respekt vor dem Hund diesen Eindruck bei anderen Personen hervorbringt, dass sich generell häufiger solche Personen Hunde halten, die sich sicherer fühlen und entsprechend verhalten oder dass die soziale Situation insgesamt – also z. B. der Dorfplatz oder die Fußgängerzone – durch die Anwesenheit von Hunden ihren Charakter hin zu mehr Sicherheit und Vertrautheit verändert. Letzteres kann aber auch gegenteilig wirken, denn nicht alle diese Interaktionen müssen positiv wahrgenommen werden oder sein: Manchmal können Hunde ganz offensichtlich auch störend oder in seltenen Ausnahmefällen sogar tödlich sein (siehe etwa Heinze et al. 2014). In der ganz überwiegenden Mehrheit der Studien werden jedoch positive Effekte berichtet und untersucht.

Haustiere dienen fraglos als kommunikative Ressource in dem Sinne, dass sie sich als Gesprächsthema anbieten (Bergmann 1988). Insbesondere Hunde fördern aber auch Kommunikationen insofern, als dass die Hundebesitzer/-innen vermittelt durch diese in Kontakt zu anderen Personen treten können bzw. sogar müssen, das Gesprächsthema gibt es quasi ggf. dazu (Rogers et al. 1993). Sie sind somit auslösendes Moment wie inhaltlicher Bezugspunkt zugleich. Dies gilt sowohl für die Kontakte zu anderen Hundebesitzer/-innen, etwa wenn Hunde sich gegenseitig beschnüffeln oder anknurren, als auch zu Personen ohne Hunde, etwa wenn die Einkaufstaschen fremder Leute durchforstet werden (Robins et al. 1991). So zeigt beispielsweise die qualitative Studie von Wood et al. (2007), dass Interviewpartner/-innen ihre auszuführenden Hunde als Anknüpfungspunkt für Gespräche in der Nachbarschaft nutzen und so ungezwungen und zu einem relativ neutralen Thema Interaktionen auch mit ihnen unbekannten oder wenig bekannten Personen aufnehmen. Diese Form der Interaktion – so Jackson (2010) – bringe zudem Personen unterschiedlicher sozialer Herkunft zusammen und könnte daher im Sinne eines „bridging social capital" verstanden werden (siehe hierzu Putnam 2000: 411). Auch wechselseitige Unterstützungsleistungen in der Nachbarschaft können durch Haustiere angestoßen werden, etwa bei der Pflege der Tiere in der Urlaubszeit oder bei anderen Unpässlichkeiten (z. B. Wood et al. 2007: 48f.).

Zunehmend gewinnen Interaktionen in virtuellen sozialen Netzwerken an Gewicht. Auch hier können Tiere als kommunikative Ressource dienen (siehe z. B. Golbeck 2011). Sie ermöglichen intensive Formen posttraditionaler Gemeinschaften (vgl. Deterding 2008). Diese könnten vielleicht gerade im Alter von zunehmender Bedeutung sein, etwa wenn Mobilitätseinschränkungen eine Hundehaltung erschweren.

Neben solchen Befunden zu Haustieren als Anlass für Interaktionen, Mittler zwischen menschlichen Wesen oder sozialem Kapital im Sinne von Putnam (2000) stehen Studien, die Tiere als direkte Interaktionspartner fokussieren und beispielsweise analysieren, wie Haustiere erlebte Einsamkeit verringern oder als Quelle für emotionale Unterstützung dienen. Haustiere vermitteln zudem möglicherweise das Gefühl, noch gebraucht zu werden, können dem Leben eine Sinn geben. Vergleichbar zu „friendship enrichment programs" (Stevens et al. 2006), also Interventionen zum Aufbau neuer Freundschaften, werden Tiere daher auch zunehmend in Institutionen des Alterns nicht nur zur Vermeidung von sozialer Isolation, sondern auch zur Reduktion von emotionaler Einsamkeit eingesetzt. So zeigen Studien der „animal-assisted therapy" einen signifikant geringeren Einsamkeitswert bei Studienteilnehmer/-innen (z. B. Banks/Banks 2002). Aufgrund geringer Stichprobenumfänge – in diesem Fall 45 Studienteilnehmer/-innen in drei Einrichtungen –, der häufigen Querschnittdesigns und der fehlenden Kontrolle von Drittvariablen ist die Aussagekraft der Studienergebnisse jedoch oftmals stark eingeschränkt (für einen Überblick vgl. z. B. Barker/Wolen 2008; Filan/Llewellyn-Jones 2006; Nimer/Lundahl 2007). Die Annahmen sind freilich meist relativ plausibel, etwa dass die Mensch-Tier-Interaktion selbst, die Zuverlässigkeit der Begleitung durch das Tier oder die Notwendigkeit ihrer Versorgung stabilisierende Effekte auf Individuen haben (Smith et al. 2011: 219). Die Ursachen jedoch sind nicht immer eindeutig – das zunehmende emotionale Wohlbefinden könnte ebenso der neugewonnenen Aufmerksamkeit der Forscher geschuldet sein wie dem Tier selbst (vgl. Perelle/Granville 1993). Trotz solcher Unsicherheiten in der Befundlage wird dem Feld der „animal-assisted therapy" sowohl in der Praxis als auch in der Forschung eine große Zukunft prognostiziert:

> Despite the poor methodological quality of pet research after decades of study, pet ownership and animal-assisted therapy are likely to continue due to positive subjective feelings many people have toward animals (Cherniack/Cherniack 2014: 1).

Dies – so attestieren Connell et al. (2007: 481) – könnte auch an der Tierliebe der in diesem Bereich engagierten Forscher/-innen liegen.

Freilich gibt es auch gegenteilige Thesen und Befunde, die in Bezug auf die Älteren relevant sein können. So wird konstatiert, dass Tiere materielle Kosten mit sich bringen, und vermutet, dass Sorgen über den Verbleib des Tieres nach dem eigenen Tod das Wohlbefinden der älteren Tierbesitzer beeinträchtigen können (z. B. Gerwolls/Labott 1994). Anzeichen für eine historisch wachsende emotionale Bindung an Haustiere und die individuelle Bedeutung des Verlusts werden auch in der zunehmenden Zahl von Tierfriedhöfen gesehen (Wiedenmann 1993; vgl. auch Meitzler in diesem Band), Trauer um den Verlust der Tiere kann ebenfalls negativ zu Buche schlagen. Es wurde auch schon behauptet, „pet owners are less psychologically healthy", und zwar weil sie in der Tendenz häufiger angeben, Tiere mehr zu mögen als Menschen (Cameron/Mattson 1972: 286). In der Tat sind entsprechende Sprichworte allgemein bekannt, etwa das man Tieren eher trauen könne als Menschen. In diese Richtung weist auch der Titel der Arbeit von Golbeck (2011): „The more people I meet, the more I like my dog". In der Konsequenz könnte in Bezug auf das hohe Alter daher vermutet werden, dass der intensive Bezug zu einem Tier eine Vermeidung sozialer Kontakte sogar noch unterstützen kann oder dass die notwendigen Aufgaben im Zusammenhang mit der Tierpflege zur Belastung werden können. In dieser Perspektive könnten Ältere mit Haustieren also sogar häufiger sozial isoliert und insgesamt weniger zufrieden sein. Wir vermuten vorläufig, dass diese Fälle seltener sein werden als positive Erlebnisse und Wirkungen, Phasen der Trauer weniger andauernd als solche der emotionalen Nähe usw., sehen aber derzeit keine Möglichkeit, solchen Verteilungsannahmen mit belastbaren Daten nachgehen zu können.

2.2 Hunde und Gesundheit

Haustiere – und hier insbesondere Hunde – sorgen für physische Aktivität, forcieren eine gewisse zeitliche Strukturierung des Tagesablaufs und erhalten allgemein den Kontakt zur Außenwelt. Letzteres nicht nur, weil für die Tiere gesorgt und eingekauft werden muss oder Hunde regelmäßig ausgeführt werden müssen – sie erhalten auch psychologisch betrachtet den Kontakt zur Außenwelt, zur umgebenden Realität, etwa wenn sie nach Aufmerksamkeit oder Essen verlangen. Auch die bereits berichteten Zusammenhänge mit sozialen Beziehungen und emotionaler Einsamkeit sollten in diese Richtung wirken: Es wird beispielsweise argumentiert, Tierbesitzer/-innen wären zufriedener, weniger einsam, hätten eine höhere Selbstakzeptanz, mehr Hoffnung und dergleichen mehr:

> Pet-owners were significantly more self-sufficient, dependable, helpful, optimistic, and self-confident, than non owners, while non-owners tended to show less self-acceptance, self-centeredness, pessimism, and more dependency on others (Kidd/Feldmann 1981: 872).

Dies kann dann wiederum zusätzlich positiv auf die Gesundheit wirken.

Ganz allgemein lassen sich Prävention und Rehabilitation als Kontexte unterscheiden, in denen Wirkungen vermutet und untersucht wurden. Eine präventive Wirkung haben nach diesen Studien insbesondere Hunde. Betont wird dabei oft auch der enorme ökonomische Vorteil gegenüber anderen präventiven (und insbesondere natürlich kurativen) Maßnahmen (siehe exemplarisch Wells 2009; eine datengestützte Hochrechnung auf eine Gesamtbevölkerung findet sich z. B. bei Headey 1999). Vor allem das Ausführen des Hundes erfordert typischerweise körperlichen Einsatz, weshalb eine höhere physische Aktivität bei Hundebesitzer/-innen nachgewiesen werden konnte (Serpell 1990; Rijken/van Beck 2010; Andreassen et al. 2013; vgl. außerdem die Übersicht bei Westgarth et al. 2014) – nicht jedoch bei Katzenbesitzer/-innen. Dies führt u. a. möglicherweise zu dem geringeren Anteil von Übergewichtigen bei den Hundebesitzer/-innen, dem selteneren Bluthochdruck (z. B. Vormbrock/Grossberg 1988; Utz 2014) und niedrigeren Cholesterinwerten (Levine et al. 2013). Darüber hinaus führt der Besitz von Tieren offenbar dazu, dass häufiger ambulante ärztliche Versorgungseinrichtungen aufgesucht werden, anstatt sich in stationäre Behandlung zu begeben (Rijken/van Beck 2010), und dass Tierhalter/-innen insgesamt seltener einen Arzt aufsuchen (Headey/Grabka 2007). Dahinter steckt vielleicht die Sorge, dass ein Tier während der Abwesenheit versorgt werden muss, was möglicherweise nicht so gerne Fremden überlassen wird (Andreassen et al. 2013), was dann jedoch den o. g. Effekt auf die sozialen Beziehungen relativieren würde. Weiterhin wird berichtet, dass Hunde beim Aufspüren von ernsten gesundheitlichen Veränderungen bei Menschen anschlagen können und beispielsweise eine Krebserkrankung vorzeitig erkannt haben (Wells 2007; gleiches wird für Epilepsie und Diabetes berichtet).

Im Kontext der Rehabilitation bzw. Kuration kann zunächst wieder allgemein auf den weiten Bereich der „animal-assisted therapy" verwiesen werden. Hunde können dabei z. B. auch bei schweren Entstellungen etwa durch Verbrennungen usw. emotional und psychisch stützen, da sie – anders als Menschen – in der Regel nicht auf das Äußere einer Person reagieren. Darüber hinaus wurde z. B. gezeigt, dass Personen mit Tieren nach einem Herzinfarkt eine höhere Überlebenswahrscheinlichkeit haben (Friedman et al. 1980). Die Befunde hierzu sind zwar zahlreich, bleiben aber ebenfalls oft uneindeutig – beispielsweise könnte es sein, dass Personen mit geringerem Blutdruck eher zur Hundehaltung neigen. Streng genommen wären zum Nachweis von kausalen Beziehungen Längsschnittdaten und die Konstanthaltung der Randbedingungen notwendig. Demgegenüber haben wir den Eindruck, dass die Studien – wie auch die bereits zitierten Übersichtsarbeiten beispielsweise von Barker/Wolen (2008) zeigen – zumeist methodisch nicht recht überzeugen können. Sie werden oft anhand kleinster Stichproben oder Fallstudien gewonnen, gelegentlich mit experimentellen Designs, selten hingegen mit randomisierten oder gar repräsentativen Stichproben. Generell ist eine methodisch elaborierte Forschung – sei sie von Theorien ausgehend hypothesengeleitet, ethnographisch oder hypothesengenerierend angelegt – in diesem Feld eher selten.[1] Die intuitive

---

[1] Als u. E. krasseste anekdotische Evidenz sei auf den Aufsatz von Scheibeck et al. (2011) verwiesen, bei dem jegliche methodische Bemühung unter der Hand zur Realsatire mutiert. Anders als bei satirisch gemeinter Literatur – immer noch sehr empfehlenswert z. B. Honer/Hitzler (1987) – bleibt zumindest uns das Lachen hier etwas im Halse stecken, da dieser Beitrag keine Ausnahme in dieser „double blind peer reviewed" Zeitschrift ist und dieser Extremfall einen Blick auf das mögliche Spektrum wissenschaftlicher

Überzeugungskraft der vermuteten und z. T. belegten Wirkungen lässt diesen Mangel verschmerzbar erscheinen – dennoch lohnt u. E. ein Blick auf die Korrelate eines Hundebesitzes in solchen Datensätzen: Die hohe Plausibilität der Annahmen sollte dann ja verbürgen, dass wir entsprechende Korrelationen leicht vorfinden können.

3 Daten und Methoden

Wir ziehen für unsere deskriptiven Analysen zwei Datensätze heran – das Sozio-ökonomische Panel (SOEP) für eine Bestimmung z. B. der Altersunterschiede in der Hundehaltung sowie den Alters-Survey für detaillierte Analysen zu den älteren Menschen. Das Sozio-ökonomische Panel (SOEP) ist eine wissenschaftsgetragene Längsschnittuntersuchung, bei der Personen und Haushalte in Deutschland seit 1984 jährlich wiederholt zu demographischen, sozialen und ökonomischen Belangen befragt werden (vgl. Schupp/Wagner 2002). Die Daten erlauben einen Blick auf die Zusammenhänge zwischen dem Vorhandensein von Hunden im Haushalt und zahlreichen weiteren Merkmalen, vor allem aber bietet der Längsschnitt die Möglichkeit, den Wirkungen und Effekten der Hundehaltung nachzugehen. Für Analysen zu den möglichen Zusammenhängen zwischen der Hundehaltung und der individuellen Gesundheit bzw. den sozialen Beziehungen bieten sich die Befragungen aus den Jahren 2006 und 2011 an. In beiden Wellen findet sich im Haushaltsfragebogen die Frage „Haben Sie oder eine andere Person in Ihrem Haushalt ein oder mehrere Tiere? Wenn ja, welche?", wobei in der Hybridfrage die Antwortvorgaben Hund, Katze, Vogel, Fische sowie Pferd vorgegeben waren und weitere Tiere offen angegeben werden konnten.

Neben einigen sozialstrukturellen Merkmalen werden potenzielle positive und negative Wirkungen einer Veränderung im Merkmal Hundehaltung betrachtet, indem vier Gruppen von Haushalten unterschieden werden: Haushalte, in denen zu beiden Erhebungszeitpunkten ein Hund vorhanden war; Haushalte, in denen zu keinem Zeitpunkt ein Hund lebte sowie zwei Gruppen, in denen zu jeweils einem Messzeitpunkt ein Hund zum Haushalt gehörte, zu dem anderen jedoch nicht.

---

communities freigibt, der wirklich keine Begeisterung auslösen kann. Immerhin aber hat sich die Zeitschrift nicht halten können – es gibt in den beiden erschienen Ausgaben auch ausschließlich Beiträge mit Koautorenschaft des Herausgebers (der zugleich Vorsitzender der die Zeitschrift herausgebenden Gesellschaft ist) – sodass uns ein gewisses Vertrauen in die scientific community noch erhalten bleibt.

Da das Sozio-ökonomische Panel (SOEP) nur wenige Fragen zu den möglichen Wirkungen insbesondere auch in den Bereichen Gesundheit und soziale Beziehungen beinhaltet, greifen wir für diese Fragen auf den Alters-Survey von 1996 zurück. Der Alters-Survey ist in diesen Bereich genauer und umfangreicher, allerdings für die hier interessierende Frage nach dem Hundebesitz deutlich weniger aktuell. Da wir jedoch halbwegs plausibel annehmen können, dass die genannten Effekte nicht nur zu bestimmten historischen Zeitpunkten zu beobachten sein werden, ist dieser Nachteil u. E. zu verschmerzen. Eine Kohortenabhängigkeit scheint uns dagegen wahrscheinlich, dies wäre in weitergehenden Analysen zu prüfen und sollte sich hier in Form von Altersgruppenunterschieden andeuten.

Der Alters-Survey wurde Anfang der 1990er-Jahre mit Mitteln des Bundesministeriums für Familie, Senioren, Frauen und Jugend (BMFSFJ) von der Forschungsgruppe Altern und Lebenslauf (FALL, Freie Universität Berlin) sowie der Forschungsgruppe Psychogerontologie (Universität Nijmegen) in Kooperation mit infas Sozialforschung (Bonn) konzipiert und durchgeführt (vgl. insbesondere Kohli/Künemund 2000; Kohli et al. 2000 sowie Dittmann-Kohli et al. 2001). Es handelt sich um eine geschichtete Zufallsstichprobe von Personen mit deutscher Staatsangehörigkeit (geschichtet nach alten und neuen Bundesländern, je drei Altersgruppen – 40-54, 55-69 und 70-85 Jahre – und dort jeweils nach Geschlecht), auf Basis von Melderegisterdaten aus 290 repräsentativ ausgewählten Gemeinden (n=4.838). Diesem disproportionalen Stichprobenansatz wird durch eine entsprechende Designgewichtung Rechnung getragen. Die hier im Zentrum stehende offen gestellte Frage „Haben Sie Haustiere?" wurde in einem schriftlichen Fragebogen platziert, der nach dem mündlichen Interview ausgefüllt werden konnte und für 4.034 Fälle vorliegt, darunter befinden sich 621 Hundehalter/-innen.

Die Studie wird am Deutschen Zentrum für Altersfragen (DZA) als „Deutscher Alterssurvey (DEAS)" fortgeführt, es sind 2002, 2008, 2011 und 2014 weitere Daten in Quer- und Längsschnittdesigns erhoben worden (siehe hierzu Tesch-Römer et al. 2006 und Motel-Klingebiel et al. 2010). Die hier interessierende Frage nach der Hundehaltung wurde 2002 jedoch nur noch in vereinfachter standardisierter Form, danach gar nicht mehr gestellt. Da wir bei einer Längsschnittbetrachtung des Zeitraums 1996 bis 2002 Veränderungen aufgrund des anderen Antwortformats nicht ausschließen können und zudem die Längsschnittpopulation vergleichsweise klein ist (n=1.286, darunter 218 Hundehalter/-innen im Jahr 2002), verzichten wir an dieser Stelle auf solche Längsschnittanalysen.

Neben einfachen Indikatoren für die Gesundheit (siehe im Detail Künemund 2000) stützen wir uns auf einige standardisierte psychologische Skalen, darunter die „Satisfaction With Life Scale" (SWLS, Diener et al. 1985) und den „Positive And Negative Affect Schedule" (PANAS, Watson et al. 1988). Die SWLS erfasst die allgemeine Lebenszufriedenheit als Summenscore aus fünf Fragen, wobei höhere Werte eine höhere Zufriedenheit indizieren. PANAS hingegen besteht aus zwei weitgehend unabhängigen Dimensionen positiver und negativer emotionaler Befindlichkeit, errechnet ebenfalls als Summenscores aus jeweils zehn Items, wobei hohe Werte auf der negativen Dimension Stress, Enttäuschung und eine größere Häufigkeit negativer Stimmungszustände repräsentieren, hohe Werte auf der positiven Dimension hingegen freudige Erregung, Aktiviertheit und eine größere Häufigkeit positiver Gefühle (vgl. ausführlich hierzu Westerhof 2001).

Als Instrument zur Messung von Einsamkeit wurde im Alters-Survey eine von de Jong Gierveld entwickelte Einsamkeitsskala in ihrer 11-Item-Version eingesetzt (de Jong Gierveld/Kamphuis 1985), die zu diesem Zweck ins Deutsche übersetzt wurde (Bode et al. 2001).

4 Ergebnisse

Das SOEP erlaubt im Prinzip einen breiten Überblick zur Hundehaltung in der Bevölkerung. Grundsätzlich lassen sich im Jahr 2006 wie auch im Jahr 2011 rund 14 Prozent der Befragten als Hundehalter/-innen identifizieren. Dieser Anteil ist in den jüngeren und mittleren Altersgruppen höher, im hohen Alter deutlich geringer. Bei den über 85-Jährigen waren es 2006 nur zwei Prozent, 2011 sieben Prozent, diese Schwankung verweist vermutlich auf die recht geringe Zahl von Hochaltrigen im SOEP. Der geringe Anteil könnte dadurch bedingt sein, dass im hohen Alter z. B. die Mobilität abnimmt, die für das Halten von Hunden in der Regel unerlässlich ist. Städtische und ländliche Regionen unterscheiden sich dahingehend, dass im ländlichen Raum häufiger Hunde gehalten werden. Vermutlich liegen dem auch jeweils mehrheitlich andere Motive zugrunde – etwa als Wachhund auf dem Hof –, aber diese sind den Daten nicht zu entnehmen.[2] Die Betrachtung weiterer sozioökonomischer Merkmale offenbart indes keine gravierenden Unterschiede hinsichtlich der Hundehaltung. Weder der Familienstand noch der berufliche Status sind mit der Hundehaltung korreliert, lediglich das verfügbare Haushaltseinkommen zeigt in der Tendenz, dass Haushalte mit einem höheren Einkommen etwas häufiger im

---

2 Generell haben wir den Eindruck, dass in der Literatur die Analyse der Wirkungen deutlich dominiert, die Motive der Hundehaltung im Allgemeinen werden dagegen selten thematisiert. Hinweise auf biographische Erfahrungen finden sich z. B. schon bei Serpell (1981), nämlich dass Erwachsene, die mit Haustieren aufgewachsen sind, dazu tendieren, wieder Haustiere zu halten, und zwar typischerweise solche der gleichen Art.

Besitz von Hunden sind. Demnach scheint es keine besondere Gruppe von Personen zu sein, die sich dafür entscheidet, einen Hund zu halten. Vielmehr dürfte die Verteilung von Hunden im Haushalt eher zufällig erfolgen und innerhalb der Bevölkerung Deutschlands breit gestreut sein. Zweifelsohne dürften sich gewisse Korrelationen zwischen Hunderassen und sozialem Status finden lassen, ebenso zwischen Hunderassen und Persönlichkeitsmerkmalen (vgl. etwa die Zuspitzungen bei Arthus-Bertrand 1995). Für den Nachweis solcher Zusammenhänge fehlen in den Daten allerdings die nötigen Indikatoren. Soweit müssen wir schlussfolgern, Menschen mit Hunden scheinen im Großen und Ganzen Menschen wie alle anderen auch zu sein.

Um mögliche Wirkungen des Hundebesitzes prüfen zu können, haben wir zwei Erhebungszeitpunkte verglichen. Anhand dieses einfachen Längsschnittdesigns wurde analysiert, ob und inwieweit sich die vier oben genannten Gruppen – zu beiden Zeitpunkten mit oder ohne Hund sowie zu jeweils einem Zeitpunkt – hinsichtlich ihrer allgemeinen Lebenszufriedenheit, dem Wohlbefinden, der objektiven und subjektiven Gesundheit sowie der Anzahl der Freunde unterscheiden. Dabei zeigte sich, dass der Erwerb oder umgekehrt der Verlust eines Hundes keinen signifikanten Unterschied im Hinblick auf die Lebenszufriedenheit im Jahr 2011 macht. Auch in anderen Bereichen finden wir nur schwache Zusammenhänge. Exemplarisch zeigt dies Abbildung 1 für die subjektive Bewertung des Gesundheitszustands, Traurigkeit sowie Sorge um eine ansteigende Kriminalitätsentwicklung.

Zwar können wir sehen, dass Personen, die nur 2011 einen Hund halten, ihren Gesundheitszustand häufiger gut oder sehr gut (und auch häufiger schlecht) einschätzen, aber diese Differenzen lagen so auch schon im Jahr 2006 vor, lediglich auf höherem Niveau (z. B. in dieser Gruppe 47 % gut, bei jenen mit Hund zu beiden Zeitpunkten 37 %), sodass wir auch diese Gruppenunterschiede nicht klar auf die Veränderungen in der Hundehaltung zurückführen können. Bei Angst, Ärger und Glück unterscheiden sich die vier Gruppen kaum. Auch konnten keine signifikanten Unterschiede hinsichtlich der Einsamkeitsgefühle oder der Zuversicht festgestellt werden. Darüber hinaus hat die Hundehaltung offenbar ebenfalls keinen in dieser Weise messbaren Einfluss auf die Zufriedenheit mit der Gesundheit oder das Vorliegen einzelner Erkrankungen wie Herz- oder Krebserkrankungen.

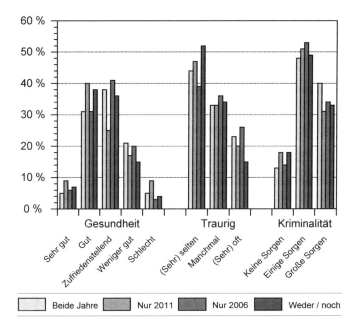

Abb. 1 Bewertungen 2011 nach Veränderungen in der Hundehaltung
Quelle: SOEP 2006 u. 2011, balancierter Längsschnitt

Nun mag es sein, dass solche Effekte aber wenigstens in der zweiten Lebenshälfte oder speziell dann im hohen Alter deutlicher sichtbar werden. Für die Thesen mit Blick auf die zweite Lebenshälfte geben die Daten des Alters-Survey möglicherweise eindeutigere Befunde. Grundsätzlich hatten diesen Daten zufolge knapp 16 % der 40- bis 85-Jährigen mindestens einen Hund – Männer ebenso wie Frauen, geringfügig häufiger im Osten Deutschlands (18 %). Über die Altersgruppen hinweg betrachtet gehen die Anteile deutlich zurück – von 19 % bei den 40- bis 54-Jährigen über 15 % bei den 55- bis 69-Jährigen auf 9 % bei den 70- bis 85-Jährigen. Auch diese Tendenz finden wir bei Männern und Frauen wie auch in Ost und West. Hunde sind deutlich häufiger bei verheirateten Personen zu finden – und zwar auch bei Kontrolle des Alters. Es liegt also nicht nur an den vielleicht noch im Haushalt vorhandenen Kindern bei den 40- bis 54-Jährigen, sondern auch bei den 70- bis 85-Jährigen sind Hunde bei den verheirateten häufiger als bei geschiedenen, verwitweten oder ledigen Personen (in dieser Reihenfolge 18 %, 10 %, 9 % und 11 %). Die Hundehaltung ist bei den 40- bis 85-Jährigen in sehr ländlichen Regionen deutlich häufiger als in den großen Städten (27 % gegenüber 14 %), dies gilt ebenso in der höchsten hier betrachteten Altersgruppe (14 % gegenüber 7 %). Signifikante Unterschiede nach Bildung finden sich in keiner der drei Altersgruppen.

Die Hundehalter/-innen sind insgesamt an einem durchschnittlichen Werktag im Schnitt knapp eine Stunde länger außer Haus, was möglicherweise gesundheitsförderlich ist. Bei den 70- bis 85-Jährigen ist dieser Unterschied aber kaum zu erkennen (2,7 gegenüber 2,9 Stunden bei den Hundehalter/-innen). Vielleicht spielt hier ein zunehmend schlechterer Gesundheitszustand bzw. die abnehmende Mobilität eine ursächliche Rolle. Grundsätzlich sehen sich Hundehalter/innen etwas seltener bei der Erfüllung alltäglicher Aufgaben im Alltag ein wenig (23 %) oder sogar erheblich durch den Gesundheitszustand behindert (11 %, bei Personen ohne Hund liegen diesen Anteile bei 18 % und 9 %). Bei den 70- bis 85-Jährigen ist dieser Unterschied ebenfalls stark (30 % und 12 % gegenüber 23 % und 11 %). Auch fühlen sich Hundehalter/-innen im Schnitt gesundheitlich besser, auch im hohen Alter – die Frage nach Ursache und Wirkung bleibt dabei allerdings wiederum offen. Denkbar wäre, dass es beide Effekte gibt – Hunde fördern die Gesundheit, und stark gesundheitlich beeinträchtige Personen halten eher selten Hunde. Dies würde aber freilich bedeuten, dass wir hier sehr deutliche Unterschiede finden müssten.

Bei den einzelnen Krankheiten bzw. gesundheitlichen Einschränkungen sind die Unterschiede aber auch bei den 70- bis 85-Jährigen sehr gering: Herz- und Kreislauferkrankungen nennen 53 % der Hundehalter/-innen gegenüber 59 % der Personen ohne Hund, Gelenk-, Knochen-, Bandscheiben- oder Rückenleiden 64 % gegenüber 67 % – bei vielen Krankheiten bzw. gesundheitlichen Einschränkungen sind gar keine Unterschiede feststellbar (z. B. Durchblutungsstörungen oder Diabetes). Unterschiede sind bei Depressionen leicht (11 % gegenüber 13 %), bei Angstzuständen stärker erkennbar (8 % gegenüber 12 %). Insofern sind vielleicht solche eher psychischen Wirkungen der Hundehaltung eindeutiger.

Tatsächlich fühlen sich Hundehalter/-innen nach Anbruch der Dunkelheit auf der Straße signifikant weniger häufig unsicher (23 %) als Personen ohne Hund (30 %), bei den 70- bis 85-Jährigen beträgt der Unterschied gut zehn Prozentpunkte (40 % gegenüber 51 %). Dafür geben Personen ohne Hunde signifikant häufiger an, dass sie sich durch Lärm in der Wohngegend beeinträchtigt fühlen (20 % gegenüber 15 % bei den Hundehalter/-innen), und auch dieser Unterschied beträgt bei den 70- bis 85-Jährigen gut zehn Prozentpunkte (9 % gegenüber 19 %). Es sind also deutliche Korrelationen vorhanden, aber nicht unbedingt bei der Gesundheit, auch nicht bei den sozialen Beziehungen: Die subjektiv beurteilte Enge des Kontakts zu den Nachbarn z. B. ist nicht signifikant verschieden, auch die Bewertung des Verhältnisses zu Freund/-innen und Bekannten nicht. Es ist also im Schnitt wahrscheinlich nicht so, dass Hunde zu einer Verbesserung der Beziehung zu den

Nachbarn beitragen. Auch die Verbundenheit mit der Wohngegend unterscheidet sich in diesen beiden Gruppen nicht.

Tab. 1 Lebenszufriedenheit, emotionale Befindlichkeit und Einsamkeit (OLS-Regressionen)

	SWLS	PANAS positiv	PANAS negativ	Einsamkeit
Alter	.20***	-.16***	-.21***	-.05**
Ostdeutschland	-.11***	-.04*	-.02	-.01
weiblich	.09***	.04*	.12***	-.09***
gesundheitl. Beeinträchtigungen	-.19***	-.18***	.15***	.11***
Äquivalenzeinkommen	.17***	.13***	-.05**	-.04*
(Ehe-)Partner vorhanden	.19***	.05**	-.02	-.24***
Hund vorhanden	.04*	.00	-.01	-.03
Konstante (b)	7.25***	29.35***	17.16***	4.18***
R² (korr.)	.13	.11	.06	.07
N	3.545	3.391	3.413	3.542

Quelle: Alters-Survey 1996; standardisierte Koeffizienten (außer Konstanten); *: p<.05; **: p<.01; ***: p<.001

Etwas genauer lassen sich die Wirkungen vielleicht beurteilen, wenn wir die psychologischen Skalen zur Lebenszufriedenheit, der Häufigkeit positiver und negativer Gefühlszustände und der Einsamkeit heranziehen. Kontrolliert für die Schichtungsvariablen (Alter, Geschlecht und Ost- bzw. Westdeutschland) sowie das Äquivalenzeinkommen, die gesundheitlichen Beeinträchtigungen und das Vorhandensein eines Partners bzw. einer Partnerin ist allenfalls ein schwacher (und auch nur schwach signifikanter) Zusammenhang bei der Lebenszufriedenheit erkennbar (vgl. Tab. 1). Die Häufigkeit positiver und negativer Affekte wie auch die Einsamkeit werden im Durchschnitt durch die Hundehaltung nicht signifikant beeinflusst. Die Kontrollvariablen zeigen dabei durchaus die erwartbaren und bekannten Zusammenhänge – etwa die geringere Lebenszufriedenheit im Osten und bei schlechterer Gesundheit, die höhere bei höherem Einkommen und Existenz von Partnerschaften sowie eine höhere Einsamkeit bei fehlenden Partner/-innen und höherem Alter. Hunde allerdings haben keinen systematischen Effekt. Man könnte nun spekulieren, ob manche Hundehalter/-innen profitieren, andere hingegen nicht, ob die Hundehaltung also polarisiert und die Effekte sich gegenseitig aufheben. Aber die Annahmen einer generell besseren Gesundheit oder höheren sozialen Integration lassen sich jedenfalls nicht bestätigen.

5 Diskussion

Die Befundlage scheint also bei deskriptiver Sekundäranalyse quantitativer Daten nicht so eindeutig, wie dies in der Literatur häufig angenommen wird. Zwar mag es signifikante Unterschiede beim Arztbesuch geben (Headey/Grabka 2007; bei Einbezug aller Haustiere), für Hunde und den Zusammenhang mit der Gesundheit selbst oder auch mit den sozialen Beziehungen ist das Bild eher weniger klar und eindeutig. Das bedeutet nicht zwangsläufig, dass die in der Literatur berichteten Annahmen und Befunde falsch wären, aber vielleicht sind die Wirkungen insgesamt nicht so eindeutig, weniger stark oder werden durch gegenteilige Effekte im Aggregat quasi neutralisiert (vgl. z. B. Weber/Schwarzkopf 2003). Wollte man dieser Vielfalt mit quantitativen Sekundäranalysen beikommen, wären zunächst klare Hypothesen zu formulieren und Indikatoren zu finden oder in weitergehenden Analysen einzelne Gruppen im Zeitverlauf zu verfolgen. Denkbar wäre natürlich auch, dass die Messungen in den standardisierten Surveys schlicht zu grob sind und die Wirkungen und Zusammenhänge in ihrer Komplexität nicht wirklich erfasst werden. Immerhin zeigen sich aber auch deutliche Effekte – etwa beim Sicherheitsempfinden der Älteren bei Dunkelheit auf der Straße –, sodass dieses Argument nicht vollständig überzeugen kann. Vielleicht erscheinen die Effekte in manchen experimentellen Settings aber auch stärker, weil die Forscher/-innen manchmal eine Begeisterung für die Sache erkennen lassen oder die Aufmerksamkeit der Forscher die Situation verändert? Denkbar wäre umgekehrt auch noch, dass in manchen Studien Präferenzen der Forscher/-innen in unreflektierter Weise die Interpretation der Daten leiten[3] oder dass man trotz Falsifikation der Hypothesen schlicht an der Richtigkeit der Annahmen festhält (vgl. z. B. Dembicki/Anderson

---

3   Vgl. exemplarisch für einen solchen Verdacht auch unsere kürzlich erschienene Rezension zum Thema (Künemund/Hahmann 2016). Anders als in jenem Beispiel zur Vernachlässigung der Mensch-Tier-Beziehung in der Soziologie scheint es manchmal, als würden die Autor/-innen diese Möglichkeit selbst sehen, etwa wenn Westgarth et al. (2014: 13) bei der Deklaration möglicher Interessenkonflikte angeben: „All authors own a dog […]. The authors declare that they have no other conflicts of interest." Für unseren Beitrag müssten wir dann einräumen, dass wir auch in dieser Hinsicht ein breiteres Spektrum an Einstellungen abbilden – nicht alle Autor/-innen halten Hunde – und versucht haben, uns davon nicht irritieren zu lassen.

1996, die fast alle ihre gut hergeleiteten Hypothesen zurückweisen müssen, aber dennoch schlussfolgern, Hunde seien gut für die Gesundheit). Womit wir dann zum Ausgangspunkt zurückkämen: Vielleicht dient manchmal auch eigentlich wissenschaftliche Arbeit der wechselseitigen Bestätigung ohnehin (felsen)feststehender Urteile? Wir können all dies an dieser Stelle natürlich nicht eindeutig klären. Und insbesondere wenn künftig mehr Assistenzroboter im Hundedesign ältere Menschen beglücken (vgl. z. B. Banks et al. 2008) – auch wenn das Erfolgsmodell „Paro" derzeit noch ohne Beine als Robbe, nicht als Hund Zuneigung entgegennimmt und signalisiert – müssen wir uns wohl weiterhin der Schlussfolgerung von Kidd/Feldman (1981) anschließen: „Further research is needed."

Literatur

Andreassen, Gøril/Stenvold, Linda Caterine/Rudmin, Floyd W. (2013): "My dog is my best friend": health benefits of emotional attachment to a pet dog. In: Psychology & Society 5(2), 6–23.

Arthus-Bertrand, Yann (1995): Hunde-Menschen, Menschen-Hunde. Cham: Müller Rüschlikon.

Banks, Marian R./Banks William (2002): The effects of animal-assisted therapy on loneliness in an elderly population in long-term care facilities. In: The Journals of Gerontology Series A: Biological Sciences and Medical Sciences, 57A(7), M428–M432.

Banks, Marian R./Willoughby, Lisa M./Banks, William A. (2008): Animal-assisted therapy and loneliness in nursing homes: use of robotic versus living dogs. Journal of the American Medical Directors Association 9(3): 173–177.

Barker, Sandra B./Wolen, Aaron R. (2008): The benefits of human-companion animal interaction: a review. Journal of Veterinary Medical Education 35(4), 487–495.

Bergmann, Joachim (1988): Haustiere als kommunikative Ressourcen. In: Soeffner, Hans-Georg (Hrsg.): Kultur und Alltag. Göttingen: Schwarz, 299–312.

Bode, Christina/Westerhof, Gerben J./Dittmann-Kohli, Freya (2001): Methoden. In: Dittmann-Kohli, Freya/Bode, Christina/Westerhof, Gerben J. (Hrsg.): Die zweite Lebenshälfte – Psychologische Perspektiven. Ergebnisse des Alters-Survey. Stuttgart: Kohlhammer, 37–76.

Cameron, Paul/Mattson, Michael (1972): Psychological correlates of pet ownership. In: Psychological Reports 30 (1), 286.

Cherniack, E. Paul/Cherniack, Ariella (2014): The benefit of pets and animal-assisted therapy to the health of older individuals. In: Current Gerontology and Geriatrics Research. (Article ID 623203, 9 pages)

Connell, Cathleen M./Janevic, Mary R./Solway, Erica/Mclaughlin, Sara J. (2007): Are pets a source of support or added burden for married couples facing dementia? In: Journal of Applied Gerontology 26(5), 472–485.

De Jong Gierveld, Jenny/Kamphuis Frans (1985): The development of a Rasch-type Loneliness Scale. In: Applied Psychological Measurement 9(3), 289–299.

Dembicki, Diane/Anderson, Jennifer (1996): Pet ownership may be a factor in improved health of the elderly. In: Journal of Nutrition for the Elderly 15(3), 15–31.

Deterding, Sebastian (2008): Virtual Communities. In: Hitzler, Ronald/Honer, Anne/Pfadenhauer, Michaela (Hrsg.): Posttraditionale Gemeinschaften. Theoretische und ethnografische Erkundungen. Wiesbaden: VS, 115–131.

Dittmann-Kohli, Freya/Bode, Christina/Westerhof, Gerben J. (Hrsg.) (2001): Die zweite Lebenshälfte – Psychologische Perspektiven. Ergebnisse des Alters-Survey. Stuttgart: Kohlhammer.

Diener, Ed/Emmons, Robert A./Larsen, Randy J. Larsen/Griffin, Sharonn (1985): The satisfaction with life scale. In: Journal of Personality Assessment 49(1), 71–75.

Eddy, Jane/Hart, Lynette/Boltz, Ronald P. Boltz (1988): The effects of service dogs on social acknowledgements of people in wheelchairs. In: Journal of Psychology 122(1), 39–45.

Filan, Susan L./Llewellyn-Jones, Robert H. (2006): Animal-assisted therapy for dementia: a review of the literature. In: International Psychogeriatrics 18(4), 597–611.

Friedman, Erika/Katcher, Aaron H./Lynch, James J./Thomas, Sue A. (1980): Animal companions and one-year survival of patients after discharge from a coronary care unit. In: Public Health Reports 95(4), 307–312.

Gerwolls, Marily K./Labott, Susan M. (1994): Adjustment to the death of a companion animal. In: Anthrozoös 7(3), 172–187.

Golbeck, Jennifer (2011): The more people I meet, the more I like my dog. A study of pet-oriented social networks on the web. In: First Monday 16(2). http://firstmonday.org/ojs/index.php/fm/article/view/2859/2765 (Zugriff: 06.05.2016).

Hahmann, Julia (2013): Freundschaftstypen älterer Menschen: Von der Konstruktion der Freundschaftsrolle zum Unterstützungsnetzwerk. Wiesbaden: Springer VS.

Hartmann, Anette/Rost, Detlef H. (1994): Haustierbesitz bei Grundschulkindern – Verbreitung, Einstellung, Interaktion. In: Zeitschrift für Sozialisationsforschung und Erziehungssoziologie 14(1), 76–90.

Headey, Bruce (1999): Health benefits and health cost savings due to pets: Preliminary estimates form an Australian national survey. In: Social Indicators Research 47(2), 233–243.

Headey, Bruce/Grabka Markus M. (2007): Pets and human health in Germany and Australia: National Longitudinal Results. In: Social Indicators Research 80(2), 297–311.

Heinze, Sarah/Feddersen-Petersen, Dorit U./Tsokos, Michael/Buschmann, Claas T./Püschel, Klaus (2014): Tödliche Attacken von Hunden auf Kinder: Aktualgenese und Motivation bei spezifischer Kasuistik und bestimmten pathomorphologischen Veränderungen. In: Rechtsmedizin 24(1), 37–41.

Honer, Anne/Hitzler, Ronald (1987): Hefeteig und Transzendenz. Protocuisinologische Bemerkungen zur Germethodologie. In: Halfar, Bernd/Schneider, Norbert (Hrsg.): De arte germoecologiae. Das Germknödelparadigma als Subsistenzmedium der sozialökologischen Forschung. Konstanz: Faude, 59–65.

Jackson, Sara (2010): Pets as generators of social capital: a preliminary review of primary evidence. In: Resilience: Interdisciplinary Perspectives on Science and Humanitarianism 1, 27–39.

Julius, Henri/Beetz, Andrea/Kotrschal, Kurt (2013): Psychologische und physiologische Effekte einer tiergestützten Intervention bei unsicher und desorganisiert gebundenen Kindern. Empirische Sonderpädagogik 5(2), 160–166.

Kidd, Aline H./Feldman Bruce M. (1981): Pet ownership and self-perceptions of older people. In: Psychological Reports 48(3), 867–875.

Kohli, Martin/Künemund, Harald (Hrsg.) (2000): Die zweite Lebenshälfte – Gesellschaftliche Lage und Partizipation im Spiegel des Alters-Survey. Opladen: Leske + Budrich.

Kohli, Martin/Künemund, Harald/Motel, Andreas/Szydlik, Marc (2000): Grunddaten zur Lebenssituation der 40-85jährigen Bevölkerung. Ergebnisse des Alters-Survey. Berlin: Weißensee Verlag.

Künemund, Harald (2000): Gesundheit. In: Kohli, Martin/Künemund, Harald (Hrsg.): Die zweite Lebenshälfte. Gesellschaftliche Lage und Partizipation im Spiegel des Alters-Survey. Opladen: Leske + Budrich, 102–123.

Künemund, Harald/Hahmann, Julia (2016): Rezension zu Birgit Pfau-Effinger & Sonja Buschka (Hrsg.): Gesellschaft und Tiere. Soziologische Analysen zu einem ambivalenten Verhältnis. In: Soziologische Revue 39(1), 117–122.

Künemund, Harald/Hollstein, Betina (2005): Soziale Beziehungen und Unterstützungsnetzwerke. In: Kohli, Martin/Künemund, Harald (Hrsg.): Die zweite Lebenshälfte. Gesellschaftliche Lage und Partizipation im Spiegel des Alters-Survey, 2., erw. Aufl. Wiesbaden: VS, 212–276.

Levine, Glenn N./Allen, Karen/Braun, Lynne T./Christian, Hayley E./Friedmann, Erika/Taubert, Kathryn A./Thomas, Sue A./Wells, Deborah L./Lange, Richard A. (2013): Pet ownership and cardiovascular risk. In: Circulation 127(33), 2353–2363.

Motel-Klingebiel, Andreas/Wurm, Susanne/Tesch-Römer, Clemens (2010): Altern im Wandel. Befunde des Deutschen Alterssurveys (DEAS). Stuttgart: Kohlhammer.

Nimer, Janelle/Lundahl, Brad (2007): Animal-assisted therapy: a meta-analysis. In: Anthrozoös 20(3), 225–238.

Olbrich, Erhard (1988): Soziale Unterstützung im Alter – die Rolle von Mensch und Tier. In: Kruse, Andreas/Lehr, Ursula/Oswald, Frank/Rott, Christoph (Hrsg.): Gerontologie – wissenschaftliche Erkenntnisse und Folgerungen für die Praxis. Monatsspiegel Verlagsgesellschaft. München: Bayer, 246–267.

Perelle, Ira B./Granville, Diane A. (1993): Assessment of the effectiveness of a pet faciliated therapy program in a nursing home setting. In: Society and Animals 1(1), 91–100.

Putnam, Robert D. (2000): Bowling Alone. The collapse and revival of American community. New York: Simon & Schuster.

Rossbach, Kelly A./Wilson, John P. (1992): Does a dog's presence make a person more likeable? Two studies. In: Anthrozoös 5(1), 40–51.

Rijken, Mieke/van Beck, Sandra (2010): About cats and dogs… Reconsidering the relationship between pet ownership and health related outcomes in community-dwelling elderly. In: Social Indicators Research 102(3), 373–388.

Robins, Douglas M./Sanders, Clinton R./Cahill, Spencer E. (1991): Dogs and their people. Pet-faciliated interaction in a public setting. In: Journal of Contemporary Ethnography 20(1), 3–25.

Rogers, John/Hart, Lynette A./Boltz Ronald P. (1993): The role of pet dogs in casual conversations of elderly adults. In: Journal of Social Psychology 133(3), 265–277.

Scheibeck, Roswitha/Stellweg, Christof/Pallauf, Martin/Seeberger, Bernd (2011): Dogs and the elderly: A research study from a gerontological perspective. In: Gerontologica 1(1), 105–120.

Schupp, Jürgen/Wagner, Gert G. (2002): Maintenance of and innovation in long-term panel studies: The case of the German Socio-Economic Panel (GSOEP). In: Allgemeines Statistisches Archiv 86(2), 163–175.

Serpell, James A. (1981): Childhood pets and their influence on adults' attitudes. In: Psychological Reports 49(2), 651–654.
Serpell, James A. (1990): Evidence for long term effects of pet ownership on human health. In: Burger, Ivan H. (Hrsg.): Pets, Benefits and Practice. Waltham Symposium 20. London: BVA Publications, 1–7.
Smith, Randall/Johnson, Julia/Rolph, Sheena (2011): People, pets and care homes: a story of ambivalence. In: Quality in Ageing and Older Adults 12(4), 217–228.
Stevens, Nan L./Camille, M. S. Martina/Westerhof, Gerben J. (2006): Meeting the need to belong: Predicting effects of a friendship enrichment program for older women. In: The Gerontologist 46(4), 495–502.
Tesch-Römer, Clemens/Engstler, Heribert/Wurm, Susanne (Hrsg.) (2006): Altwerden in Deutschland. Sozialer Wandel und individuelle Entwicklung in der zweiten Lebenshälfte. Wiesbaden: VS.
Utz, Rebecca L. (2014): Walking the dog: The effect of pet ownership on human health and health behaviors. In: Social Indicators Research 116(2), 327–339.
Vormbrock, Julia K./Grossberg, John M. (1988): Cardiovascular effects of human-pet interactions. In: Journal of Behavioral Medicine 11(5), 509–517.
Watson, David/Clark, Lee Anna/Tellegen, Auke Tellegen (1988): Development and validation of brief measures of positive and negative affect: The PANAS scales. In: Journal of Personality and Social Psychology 54(6), 1063–1070.
Weber, Albert/Schwarzkopf, Andreas (2003): Heimtierhaltung – Chancen und Risiken für die Gesundheit. Berlin: Robert-Koch-Institut.
Wells, Deborah L. (2007): Domestic dogs and human health: An overview. In: British Journal of Health Psychology 12(3), 145–156.
Wells, Deborah L. (2009): The effects of animals on human health and well-being. In: Journal of Social Issues 65(3), 523–543.
Wesenberg, Sandra (2015): Tiergestützte Interventionen in der Demenzbetreuung. Wiesbaden: Springer VS.
Westerhof, Gerben J. (2001): Wohlbefinden in der zweiten Lebenshälfte. In: Dittmann-Kohli, Freya/Bode, Christina/Westerhof, Gerben J. (2001): Die zweite Lebenshälfte – Psychologische Perspektiven. Ergebnisse des Alters-Survey. Stuttgart: Kohlhammer, 79–128.
Westgarth, Carri/Christley, Robert M./Christian, Hayley E. (2014): How might we increase physical activity through dog walking? A comprehensive review of dog walking correlates. In: International Journal of Behavioral Nutrition and Physical Activity, 11:88.
Wiedenmann, Rainer E. (1993): Tierfriedhöfe als Monumente der Trauerhilfe: Thanatosoziologische Überlegungen zum neuen Totemismus im Mensch-Tier-Verhältnis. In: Meulemann, Heiner/Elting-Camus, Agnes (Hrsg.): 26. Deutscher Soziologentag. Lebensverhältnisse und soziale Konflikte im neuen Europa. Opladen: Westdeutscher Verlag, 657–659.
Wood, Lisa J./Giles-Corti, Billie/Bulsara, Max K./Bosch, Darcy A. (2007): More than a furry companion: the ripple effect of companion animals on neighborhood interactions and sense of community. In: Society and Animals 15(1), 43–56.

Hunde, wollt ihr ewig leben?
Der tote Vierbeiner – ein Krisentier

Matthias Meitzler

> *„Als Hund eine Katastrophe,*
> *als Mensch unersetzlich."*
> Grabinschrift von ‚Cooky'

Ein Friedhof im Norden von München. An einem sonnigen Novembervormittag steht Frau Schulze, eine ältere Dame, vor einer aufwändig hergerichteten Grabstätte. „In inniger Liebe, unvergessen, lebst du in unseren Herzen", steht in goldfarbener Schrift auf der weißen Steinplatte in Herzform. „Es ist noch nicht ganz fertig", berichtet Frau Schulze, während sie, mit einem kleinen Rechen in der Hand, das heruntergefallene Laub beiseiteschiebt. „Der zweite Stein kommt bald noch". Fast jeden Tag und bei jedem Wetter fahre sie die knapp vierzig Kilometer von ihrem Wohnort in der südlichen Münchner Peripherie mit der S-Bahn bis zum Totenacker. „Hier liegen meine beiden Lieblinge", sagt sie. Doch nicht ihre Eltern, nicht ihre Geschwister, nicht ihre Kinder und auch nicht ihre früheren Lebensgefährten sind hier zur letzten Ruhe gebettet – sondern ihre beiden Hunde Luna und Snoopy. Wir befinden uns auf einem Tierfriedhof.

Dieser Beitrag befasst sich zunächst mit der soziologischen Bedeutung von (Heim-)Tieren unter besonderer Berücksichtigung von Hunden als ‚geselligen Subjekten'. Danach richtet sich der Fokus auf das Lebensende von Hunden, welches sie zu Krisentieren und ihre Besitzer zu trauernden ‚Angehörigen' macht. Auf eine Analyse des Hundetodes, der – gerade so wie bei einem menschlichen Todesfall – nach Bewältigungsleistungen verlangt, folgt schließlich eine Betrachtung typischer Gestaltungselemente von Hundegräbern zeitgenössischer Tierfriedhöfe. Empirische Grundlage ist ein Forschungsprojekt über den Wandel der Bestattungskultur, das auch den gesellschaftlichen Relevanzzuwachs des Heimtiertodes mit in den soziologischen Blick nimmt.

1 Unmarkiertes Revier: Der Mensch, der Hund und die Soziologie

„Hunde müssen leider draußen bleiben!" Was auf vielen Schildern vor öffentlichen Einrichtungen zu lesen ist, war bislang weitgehend auch das Credo soziologischer Forschung. Schließlich ist die ambivalente Beziehung von Tieren und Menschen als Diskursthema (vgl. Münch 1998) – trotz einiger zaghafter Ansätze – nur selten in Erscheinung getreten.[1] Nach einem entsprechenden Eintrag sucht man in den meisten soziologischen Lexika vergebens.[2] Eine Ursache für die Ausklammerung der wechselseitigen „Korrelativität von menschlichen und tierischen Sozialbeziehungen" (Wiedenmann 2015: 257) könnte im bisher wenig hinterfragten Selbstverständnis der Soziologie als *Humansoziologie* gesucht werden. Die ihr zugrunde liegende anthropozentrische Denktradition sieht den Menschen als alleinigen Produzenten von Sozialität an und verweigert Tieren den Status als intentional und sinnhaft handlungsfähigen Subjekten. Statt ihren gesellschaftlichen Einfluss zu erkennen, verortet sie Tiere jenseits des Sozialen, verdinglicht sie als natürliche Ressourcen und überlässt sie damit anderen, vorzugsweise naturwissenschaftlichen Disziplinen.

Dass dieses Verständnis mittlerweile kritisiert und die Mensch-Tier-Sozialität als Forschungsgegenstand zunehmend ernst genommen wird, kann als Verdienst der so genannten *Human-Animal Studies* (vgl. Chimaira 2011) gewertet werden. Es handelt sich um ein in den USA der 1980er-Jahre entstandenes, seither expandierendes, mittlerweile auch in Deutschland Fuß fassendes interdisziplinäres Forschungsprogramm, das sich multiperspektivisch mit der Rolle von Tieren im gesellschaftlichen Gefüge und ihrer Teilnahme an Kommunikations- bzw. Inter-

---

1 Frühe Überlegungen darüber, welchen soziologischen Erkenntnisgewinn es bringe, würde man Tiere als soziale Akteure mitdenken, die zu sinnhaftem Handeln imstande sind, finden sich schon bei Max Weber (1956: 7), ohne dass dieser aber zu einem widerspruchsfreien Ergebnis kommt und weitere Konsequenzen zieht (vgl. Gutjahr/Sebastian 2013: 62; Mütherich 2000: 73ff.). Auch Niklas Luhmann (2003: 234f.) bleibt bei der Frage nach der Sinnhaftigkeit tierischen Verhaltens eine eindeutige Antwort schuldig: „Ob man die Sinnkategorie für Tiere anwenden könnte, ist eine Frage, die […] ich für unentscheidbar halte, weil wir, wenn wir Tiere beobachten, diese Tiere in einer sinnhaften Welt beobachten und deshalb Mühe haben, uns die Welt vom Standpunkt der Fledermaus, des Buchfinken oder der Kuh vorzustellen und zu überlegen, wie solche Tiere ihre für sie zweifellos erkennbare Wahrnehmungswelt, den Raum, den sie außer sich sehen, ordnen."
2 Zwar wird man zuweilen unter dem Stichwort „Tiersoziologie" fündig (siehe z. B. Steinbacher/Lautmann 2011: 689), womit allerdings ein naturwissenschaftliches Verständnis nahegelegt wird, das sich auf das Zusammenleben von Tieren untereinander bezieht und das menschlich-animalische Miteinander ausspart.

aktionsprozessen auseinandersetzt. Mit dieser Entwicklung geht eine quantitative Zunahme entsprechend ausgerichteter Publikationen, Schriftenreihen, Fachtagungen, Arbeitsgruppen und Lehrangebote einher (vgl. DeMello 2013). Ein zentrales Anliegen der Human-Animal Studies ist die Dekonstruktion und Entnaturalisierung des in der abendländischen Philosophie etablierten Mensch-Tier-Dualismus. Ohne Zweifel haben sie das Thema bereits um wichtige Impulse bereichert. Gleichwohl ist das Potenzial der Human-Animal Studies längst nicht ausgeschöpft. Theoretische Ansätze gilt es weiterzuentwickeln und empirisch zu prüfen[3], womit das Verhältnis von Menschen und Tieren noch immer ein Desiderat bleibt – vor allem in der deutschsprachigen Soziologie. Jedenfalls wäre die Behauptung, „der soziologische Diskurs habe seine ‚Tiervergessenheit' hinter sich gelassen, [...] ein ziemlich kühner Euphemismus" (Wiedenmann 2009: 18).

Angesichts der Omnipräsenz von Tieren und der Vielschichtigkeit ihrer Rollen muss dieser Umstand erstaunen. Insbesondere *Hunde* bilden einen festen, oftmals unentbehrlichen Bestandteil des Alltagslebens ihrer Besitzer. Sie prägen ihren Lebensstil, forcieren permanente Fürsorgehandlungen und lasten Verpflichtungen auf. Obwohl sie für gewöhnlich keinen erkennbaren wirtschaftlichen Nutzen versprechen (sondern im Gegenteil erhebliche Kosten verursachen), wäre ein Leben ohne Hund für viele Menschen buchstäblich ein Hundeleben. Häufig werden Hunde wie Familienmitglieder in menschliche Lebensräume einbezogen und dürfen mithin sogar Einrichtungen ‚benutzen' (etwa das Sofa oder das Bett), die Menschen ursprünglich für sich selbst geschaffen haben. Als „Quasipersonen" (Wiedenmann 2002: 48) können sie emotional aufgeladene Positionen einnehmen. Einem gängigen Alltagsklischee zufolge genießen viele Hunde im familiären Umfeld mehr Aufmerksamkeit als so mancher Mensch.

Hunde können eine große Bandbreite von positiven wie negativen Affekten auslösen, die sonst nur aus interhumanen Figurationen bekannt sind: Man kann Hunde lieben, Mitleid mit ihnen empfinden, sich über sie ärgern, eifersüchtig auf sie sein, sich vor ihnen fürchten – oder sie schlichtweg hassen. Auch Menschen, die sich ausdrücklich nicht zu Hunden hingezogen fühlen, erfahren hin und wieder unfreiwillige Begegnungen mit ihnen. Und selbst diejenigen, die mit Hunden weder positive noch negative Erlebnisse verbinden und kaum je mit ihnen in Kontakt geraten, verfügen über einen Wissensvorrat im Hinblick auf die wesentlichen Erscheinungs- und Verhaltensmerkmale dieser Spezies.

---

3 Zudem lassen viele Arbeiten, insbesondere aus dem Bereich der *Critical Animal Studies* (vgl. Socha 2015: 66), eine normative Prägung erkennen. Dieser Umstand wird plausibel, bedenkt man den Einfluss der internationalen Tierrechtsbewegung auf die Verbreitung der Human-Animal Studies (vgl. Sebastian/Gutjahr 2013: 116).

Es ist vor allem ihre ausgeprägte *Interaktionskompetenz* (vgl. ebd.), die Hunden eine Sonderstellung unter den Heimtieren garantiert. Nicht umsonst wird der Hund im alltäglichen Sprachgebrauch zum ‚Freund des Menschen' stilisiert, der ihn auf vielen Wegen, weit über seinen privaten Lebensraum hinaus, begleitet. Als „semiöffentliches Tier" (Pollack 2009: 98) ist der Hund

> nicht an das Haus gebunden, sondern er nimmt auch am Alltagsleben der Menschen außerhalb […] teil, er begleitet sie auf Ausflüge, Spaziergänge, zum Einkaufen und sogar zur Arbeit (Muster 2013: 179).

Abb. 1 Ein Menschengrab wird von der lebensgroßen steinernen Nachbildung eines Hundes ‚bewacht'.

Die Frage nach der sinnhaften Orientierung animalischen Verhaltens scheint im Fall des Hundes zumindest auf einer alltagsweltlichen Ebene eindeutiger beantwortet zu werden, als von der akademischen Soziologie (vgl. Wiedenmann 2015: 266). Ein Hund ist für seinen Besitzer nicht bloß ein anonymer Vertreter der Spezies *canidae*, sondern ein Gefährte mit unverwechselbaren Eigenschaften. Das lassen auch die Schilderungen eines bekannten Hundebesitzers erkennen – nämlich von Alfred Schütz (1971: 9):

> ‚Im Allgemeinen' zeigt mein Irischer Setter Rover alle Charakteristika, die der Typ ‚Hund' nach all meinen früheren Erfahrungen impliziert. Was jedoch gerade er mit anderen Hunden gemein hat, ist für mich belanglos. Ich erblicke in ihm meinen Freund und Begleiter Rover, der als solcher unter allen anderen Irischen Settern ausgezeichnet ist, mit denen er bestimmte typische Eigenarten der Erscheinung und des Verhaltens teilt. Ohne besonderen Anlass werde ich Rover nicht als Säugetier, als Lebewesen, als Gegenstand der Außenwelt betrachten, obgleich ich weiß, dass er all dies auch ist.

Als „einzigartige Individualitäten" (ebd.:19) werden Hunde von ihren Haltern nur allzu häufig mit einem gewissen Subjektstatus bedacht. Theodor Geiger, dessen 1931 erschienener Aufsatz *Das Tier als geselliges Subjekt* eine frühe Ausnahme von der soziologischen Tiervergessenheit darstellt, spricht von einer so genannten *Du-Evidenz*, die er als notwendige Voraussetzung für jede Sozialbeziehung sieht. Von Du-Evidenz sei immer dann die Rede, wenn zwei Lebewesen (ob gleicher oder unterschiedlicher Gattung) sich wechselseitig als Subjekte wahrnehmen, die über personale Eigenschaften verfügen und füreinander den Rang eines potenziellen Interaktionspartners einnehmen. Allerdings ist tierisches Verhalten immerzu ein von Menschen gedeutetes Verhalten; ein davon entbundenes intersubjektives Verstehen animalischer Erlebniswelten ist nicht möglich. Wie es ist, ein Hund zu sein, lässt sich ebenso wenig beantworten, wie die Frage, wie es sich anfühlt, eine Fledermaus (vgl. Nagel 2001) oder ein beliebiges anderes Lebewesen zu sein. Vor diesem Hintergrund wird plausibel, weshalb Menschen an Hunden anscheinend vor allem ‚das Menschliche' schätzen. Von ihren Besitzern bekommen Hunde Attribute, Absichten und Affekte zugeschrieben, die nach dem Alltagsverständnis als genuin menschlich gelten: Treue, Geduld, Verlässlichkeit, Zuneigung, Verspieltheit, Naivität, Eigensinnigkeit etc. Dass Hunde von ihren Besitzern als Subjekte wahrgenommen und behandelt werden, äußert sich u. a. auch darin, dass sie einen (mittlerweile immer häufiger an Menschen erinnernden) Namen erhalten und mit diesem sprachlich adressiert werden.

Die Chance, im animalischen Anderen eine Du-Evidenz zu erkennen, ihn entsprechend zu anthropomorphisieren und zu individualisieren, dürfte mit dem Ausmaß korrelieren, in dem eine menschliche Ähnlichkeit als bereits vorhanden angenommen wird. Über eine Du-Evidenz verfügen Tiere also nicht aus sich heraus; es handelt sich auch nicht um eine feste, unveränderbare Entität. Ob „dem Menschen A nur noch die Katze als Du evident ist, dem Menschen B aber vielleicht sogar noch das Meerschweinchen, ist eine nur von Fall zu Fall beantwortbare Frage" (Geiger 1931: 301). Weitgehender Konsens herrscht indes darüber, dass das reziproke Verhältnis von Menschen und Hunden wesentliche Voraussetzungen einer Du-Evidenz erfüllt (vgl. Bomke 2015: 40ff.). Vieles spricht also dafür, Hunde als *Kulturwesen* ernst zu nehmen.

2 Das Körbchen ist leer: Der Vierbeiner und die Krise des Todes

Wenn man so möchte, dann lassen sich Hunde in mehrerlei Hinsicht als *Krisentiere* interpretieren – das passt im Übrigen bestens zur Soziologie, die bekanntlich als „Krisenwissenschaft par excellence" (Habermas 1990: 19) bezeichnet wird. Hunde können dabei helfen, Krisen zu bewältigen, und damit für eine Optimierung menschlicher Lebenslagen sorgen. Hier ist vor allem an ihren gezielten Einsatz als Blinden- und Therapiehunde zu denken, was nebenbei daran erinnert, dass der Aktionsradius von Hunden weit über den Heimtierbereich hinausgeht. Dessen ungeachtet dürfte es kein Zufall sein, dass viele Menschen gerade infolge von Lebenskrisen (Trennungen, Erkrankungen, familiäre Todesfälle etc.) auf den Hund kommen. Letzerer fungiert in solchen Situationen nicht nur als Krisenmanager, sondern auch als Sinngenerator. Das alltagsweltlich weit verbreitete Bild vom Hund als Partnerersatz deutet dies an.

Einer anderen, negativ gewendeten Lesart zufolge sind Hunde insofern Krisentiere, als sie nicht der Eindämmung von Krisen dienen, sondern diese – durch das, was sie tun, oder bereits durch ihre bloße Präsenz – erst verursachen. Das trifft in erster Linie für solche Akteure zu, die aus unterschiedlichen Gründen Aversionen gegenüber Hunden hegen, sie gezielt meiden und ihnen in der Regel nur unfreiwillig begegnen. Damit verbundene prominente Diskurse drehen sich beispielsweise um so genannte ‚Kampfhunde', Hundephobien, Hundeallergien oder Hundehinterlassenschaften auf Gehwegen.[4] Zu Krisentieren werden Hunde aber nicht lediglich für Hundegegner, sondern auch für Menschen, die eine emotionale Bindung zu ihrem geliebten Heimtier aufgebaut haben. Krisenhaft ist dann nicht die Bindung als solche, sondern jenes Ereignis, das sie mit aller Erbarmungslosigkeit durchtrennt. Ein Krisentier ist der Hund dann, *wenn er stirbt*. Für viele Hundebesitzer markiert das Lebensende ihres vierbeinigen Weggefährten ein krisenauslösendes Ereignis, einen radikalen Alltagseinbruch, der bisweilen von starken affektuellen Erschütterungen flankiert wird und nach Bewältigung verlangt. Wie gleich noch

---

4 Siehe den Beitrag von Thorsten Benkel in diesem Band.

weiter zu thematisieren sein wird, fallen dabei diverse Parallelen zur Trauer um einen verstorbenen Menschen ins Auge.

Sein Image als *Krise aller Krisen* hat sich der Tod redlich verdient. Eine Krise ist er indes nicht für die bereits Gestorbenen, sondern für all diejenigen, die ihn noch vor sich haben und die ein Wissen über seine Unvermeidbarkeit haben (vgl. Meitzler 2011). Sie wissen, dass sie dieses Schicksal früher oder später ereilen wird. Sie wissen allerdings nicht, wann genau dieses ‚früher oder später' sein wird und welche Umstände sie dorthin bringen werden. Krisenhaft ist der Tod aber auch und vor allem deshalb, weil man zwar das eigene Totsein später nicht wird betrauern müssen, wohl aber das vieler signifikanter Anderer (vgl. Meitzler 2012). Insofern trifft zu, was Norbert Elias (1990: 10) einmal pointiert festhielt: „Der Tod ist ein Problem der Lebenden". Todesfälle im sozialen Nahraum lösen zumeist Schock und intensive Trauer aus, und vorübergehend ist die Routine des Alltags unterbrochen. Schütz beschreibt diesen Zustand metaphorisch als „Sprung" in eine jenseits der alltäglichen Handlungspraxis liegende Subsinnwelt, die ihre ganz eigenen Regeln aufweist und die einen erst nach einem gewissen Zeitraum wieder in die Alltagsnormalität entlässt (vgl. Schütz 1971: 397). Mit der damit verbundenen Trauer ist ein Phänomen angesprochen, das nicht nur kulturelle Räume (vgl. Stubbe 1985), sondern auch den Menschentod transzendiert.

Ähnlich wie die Verhältnisse zwischen Menschen und Tieren war der Tod ein bisher vergleichsweise seltenes Sujet soziologischer Forschung. Zwar wird das Lebensende bereits von einigen ‚Klassikern' gestreift (vgl. Feldmann/Fuchs-Heinritz 1995), außerdem existiert etwa seit Ende der 1960er-Jahre mit der *Thanatosoziologie* eine eigene Unterdisziplin (vgl. u. a. Hahn 1968; Fuchs 1969). Gemessen an der sozialen Relevanz des Todes fällt die Zahl gerade qualitativ-empirischer Arbeiten hingegen überraschend gering aus. An diesem Punkt setzt ein umfangreiches wissens- und kultursoziologisch angelegtes Forschungsprojekt an, das das Spannungsfeld von Tod und Gesellschaft theoretisch wie empirisch ausleuchtet (vgl. Benkel 2012; Benkel/Meitzler 2013).[5] Eines seiner wesentlichen Erkenntnisse besteht

---

5 Siehe die Arbeiten des Autors (gemeinsam mit Thorsten Benkel) zum Wandel der Bestattungskultur (seit 2011) und zur Autonomie der Trauer (seit 2014). Das Interesse ist hier auf die gesellschaftlichen Umgangsweisen mit dem Problem der Sterblichkeit bzw. mit toten Körpern gerichtet, ebenso auf die sozialen Implikationen von Trauer und Erinnerung sowie deren Ritualisierung, Verräumlichung und Verzeitlichung (vgl. Benkel 2016), schließlich auf gesellschaftliche Faktoren für ein verändertes Todesbewusstsein und den damit zusammenhängenden Wertewandel. Die Klärung dieser und anderer Fragen macht empirische Forschung in den unterschiedlichsten ‚Todeskontexten' notwendig: mittels leitfadengestützter Interviews (mit Medizinern, Bestattern, Steinmetzen, Pfarrern, Trauerbegleitern, Friedhofsverwaltern etc.), teilnehmender Beobachtung (z. B.

darin, dass der vielbeschworene gesellschaftliche Wandel neben vielem anderen auch auf einem dem Sozialleben so vermeintlich fern stehenden Ort wie dem *Friedhof* angekommen ist. Dessen Funktion erschöpft sich keineswegs in der Aufbewahrung und Unsichtbarmachung toter Körper. Intensive Nachforschungen haben gezeigt, dass sich die Sinndimensionen des Friedhofs wesentlich breiter auffächern. Je nachdem, in welchem Ausmaß seine vielschichtigen Funktionen genutzt werden, ist der ‚Totenacker' für das Alltagsleben von Sozialakteuren bald von mittelbarer und bald von unmittelbarer Relevanz (vgl. Benkel/Meitzler 2015: 234).

Abb. 2 Eine Fotografie des verstorbenen Hundes dient der Individualisierung seiner Ruhestätte.

im Hospiz, in der Pathologie, im Krematorium, während Beisetzungszeremonien) und nicht zuletzt in Form von Feldforschung auf bislang über 900 Friedhöfen im gesamten deutschsprachigen Raum mit anschließenden inhaltsanalytischen sowie bildhermeneutischen Auswertungen. Näheres zur Methodologie findet sich bei Benkel/Meitzler 2015. Siehe auch die Projektdarstellung unter www.friedhofssoziologie.de (Zugriff: 15.11.2015).

Die Veränderungen des Raumarrangements von Friedhöfen und der optischen Erscheinung seiner Ruhestätten geben Auskünfte über gesamtgesellschaftliche Prozesse, worunter vor allem Säkularisierung, Ökonomisierung, räumliche Mobilität, soziale Ausdifferenzierung, Pluralisierung und Individualisierung fallen. Besonders die Individualisierung (vgl. Beck 1986; Hitzler/Honer 1994) erweist sich als Motor des sozialen Wandels, der seine Spuren auf dem Friedhof (aber auch in anderen Sepulkralkontexten) hinterlässt. Wie an kaum einem anderen Ort wird auf dem Totenacker evident, wie sehr sich Individualität und Lebenswelt nicht nur zu Lebzeiten, sondern auch und gerade *post mortem* inszenieren lassen. Statt wie noch zu Beginn des vergangenen Jahrhunderts einem religiös geprägten Kollektivitäts- und Uniformitätsgedanken zu folgen, zeichnen sich die Elemente zeitgenössischer Grabanlagen immer häufiger und immer aufdringlicher durch Referenzen auf individuelle Lebensweltfacetten aus (vgl. Meitzler 2013: 306ff.; Meitzler 2016). Auf teils recht drastische Weise geben sie kompakte Auskünfte über die Biografie der Verstorbenen. Ihr früheres leibliches Erscheinungsbild, ihr Alltag, ihre Freizeitpassionen, ehemalige Gebrauchsgegenstände, Beziehungen zu anderen Menschen sowie Lebensleistungen und -einstellungen fungieren als Versatzstücke einer retrospektiven Existenzbastelei am Grab.

Obschon auf den meisten deutschen Humanfriedhöfen ein striktes Hundeverbot herrscht (mit der Ausnahme von Blindenhunden), mag es kaum verwundern, dass angesichts einer lebensweltlichen Relevanzzunahme des Hundes in den vergangenen Jahren und angesichts der gleichzeitigen Verbreitung von Lebensweltreferenzen auf dem Friedhof die Darstellung von Hunden mittlerweile zu den beliebtesten Motiven auf Menschengräbern gehört.[6] Die hündische Friedhofsprominenz nimmt mannigfaltige Erscheinungsformen an. Ob als Einzel- oder Partnerfoto (gemeinsam mit dem Verstorbenen), ob als Gravur, Skulptur oder als abgelegtes Stofftier, ob als vage Andeutung in der Grabinschrift oder mit konkreter namentlicher Nennung: Die in die Lebenswelt von Herrchen und Frauchen integrierten Vierbeiner sind selbst dann noch von Bedeutung, wenn aus ebendieser Lebenswelt längst eine *Sterbenswelt* geworden ist. Nicht um den Tod des Hundes geht es also, sondern um den eines sich ihm verbunden fühlenden Menschen. Im Zeichen des

---

6 Der Verweis auf liebgewonnene Heimtiere (vor allem Hunde und Katzen) ist jedoch nur eine von mehreren Verwendungsweisen von Tierdarstellungen an menschlichen Ruhestätten. Im Grunde haben Tiere dort schon sehr lange einen festen Platz. Das galt bereits für den klassischen Friedhof, der überwiegend traditionellen Sinnmustern folgte. Entsprechende Tiergestalten weisen für gewöhnlich religiöse Bezüge auf, z. B. die Taube, das Schaf oder der Fisch. Eine symbolische Komponente greift wiederum dann, wenn Tiere menschliche Charaktereigenschaften (Eule, Löwe, Elefant etc.) repräsentieren sollen. Als Beispiel hierfür gelten ferner aus dem Tierreich entliehene Kosenamen.

ungebrochenen, postmortalen Fortbestehens einer engen Mensch-Tier-Verbindung werden manche Hunde am Grab ihres Halters zu (mit-)trauernden Angehörigen gemacht, deren wie auch immer geartete Repräsentation diesen Ort nicht nur ziert, sondern in einem symbolischen Sinne ‚bewohnt' und ‚bewacht'.[7] Auf dem Friedhof offenbart sich, so gesehen, eine weitere Facette des Hundes als Krisentier – und zwar in Gestalt einer *Krisenindikation*. Rekurriert der Hund am Grab schließlich nicht nur auf die zurückliegende Lebenswelt des hier Beigesetzten, sondern auch auf die Tatsache seines Gestorbenseins? Zweifelsohne bräuchte man diese Art von Arrangement nicht, wäre der Betroffene noch am Leben. Somit liegt nicht lediglich ein Ausdruck gelebten Lebens vor, sondern gleichzeitig das Resultat von Entscheidungen und Handlungen (durch trauernde Angehörige), die in der Krise des noch bevorstehenden oder sich bereits vollzogenen Todes eines geliebten Menschen ihren Anfang nahmen.

Ein anderer Aspekt, um den sich schon seit längerer Zeit Diskurse ranken, betrifft die gemeinsame Beisetzung von Mensch und Hund. Was in anderen Nationen (etwa in den USA; vgl. Kolbe 2014: 132) mittlerweile eine offen vollzogene Praxis darstellt, ist in Deutschland verboten.[8] Doch selbst in diesem Bereich zeigt sich einmal mehr, dass juristischer Anspruch und soziale Wirklichkeit nicht immer bruchlos zusammenfallen müssen. Wie u. a. aus eigens geführten Interviews mit Bestattern hervorgeht, scheint es sich bei der Beigabe der Urne des kremierten Hundes in den Sarg seines verstorbenen Halters trotz der Rechtslage auch hierzulande nicht immer um einen unerfüllt bleibenden Wunsch zu handeln. Selbstverständlich würde eine empirische Überprüfung ‚vor Ort' auf forschungspraktische (und forschungsethische) Grenzen stoßen, doch legt so manches Grabensemble zumindest die Vermutung einer nicht nur symbolischen Mitbestattung des Hundes nahe.

Die durch den langfristigen Wandel privater bzw. familialer Lebensformen forcierte Emotionalisierung, Sentimentalisierung und Personalisierung der Beziehung von Menschen zu ihren Hunden haben dazu geführt, dass die moderne Sepulkralkultur längst um solche Facetten erweitert wurde, die auch das Lebensende

---

7   In dieser Rolle treten Hunde auch auf anderen Schauplätzen des Totengedenkens in Erscheinung. Bestatter berichten beispielsweise von einer zunehmenden Akzeptanz, den Hund des Verstorbenen mit auf dessen Beerdigung zu nehmen. Auch in Traueranzeigen werden Hunde in den Kreis der engsten Angehörigen aufgenommen, indem sie nicht nur namentlich erwähnt, sondern mitunter durch ein ikonografisches Symbol wie dem Pfotenabdruck vertreten werden.

8   Gegenwärtig soll die gemeinsame Urnenbestattung von Mensch und Tier jedoch auf zwei deutschen Friedhöfen möglich sein (siehe z. B. www.unser-hafen.com; Zugriff: 15.11.2015). Die Lösung besteht darin, dass die Tierasche als Grabbeigabe interpretiert wird.

des geliebten Vierbeiners betreffen. Empirisch betrachtet ist der Tod des eigenen Hundes ein äußerst wahrscheinliches und – sofern es nicht bei der einmaligen Anschaffung bleibt – sich wiederholendes Ereignis im Leben der Besitzer. Zwar übertrifft die durchschnittliche Lebenserwartung von Hunden die der meisten anderen Heimtiere. Gemessen an der von Menschen erscheint sie jedoch überschaubar. Genau genommen sind die ‚Partner fürs Leben' also nur ‚Lebensabschnittspartner', weshalb die Zahl der verwaisten Halter die der verwaisten Hunde weit übersteigt.

Bisweilen gehört der Hundetod sogar zu den frühesten einschneidenden Erlebnissen in der Biografie eines Menschen. Mit einem Hund aufzuwachsen, geht für viele Kinder nicht nur mit dem Erwerb erster Fürsorgekompetenzen, sondern auch erster Todesdeutungsmuster und Trauerbewältigungserfahrungen einher. Gerade für junge Menschen stellt das Lebensende des Hundes häufig die erste Begegnung mit dem Sterben eines für sie bedeutsamen Anderen dar", mitsamt den dazugehörigen psychosozialen Begleiterscheinungen. Nicht zufällig nehmen Bücher, die Kindern den Tod und den damit verbundenen ‚Gang der Dinge' näher bringen, dies in auffallender Häufigkeit am Beispiel von Tieren vor (vgl. Erlbruch 2007).

Den Heimtiertod als primäre Todeserfahrung zu betrachten, erscheint nicht nur in zeitlicher, sondern auch in räumlicher Hinsicht plausibel. Im Vergleich zu früheren Epochen ist der „intensive Todeskontakt" (Hahn 1968: 34) in Form von unfreiwilligen Begegnungen mit toten bzw. sterbenden Menschen für den ‚Durchschnittsbürger' zu einer relativ seltenen Erfahrung geworden. Der professionalisierte, bürokratisierte und standardisierte Umgang spielt sich weitgehend auf einer gesellschaftlichen Hinterbühne ab. Demgegenüber wird der Tod des eigenen Hundes nicht ausgelagert, sondern er ragt unmittelbar in die persönliche Alltagswelt hinein. Er ist vor allem deshalb

> „eine intensivere Todkonfrontation, weil wegen des […] geringen Bürokratisierungs- und Hospitalisierungsgrad der Kleintiermedizin für den Halter weniger entlastende soziale und räumliche Distanzierungsmöglichkeiten verbleiben" (Wiedenmann 1993b: 658).

Anders als es bei einer wachsenden Zahl von Menschen in den westlichen Industrienationen der Fall ist, sterben totkranke Hunde, denen ‚nicht anders zu helfen ist', üblicherweise keinen langen und einsamen Kliniktod, sondern einen kurzen Tod im Behandlungszimmer einer Tierarztpraxis nach Verabreichung einer letalen Narkosedosis. Im Alltagsjargon ist dieser Vorgang etwas euphemistisch als ‚Einschläfern' bekannt; de facto handelt es sich um *aktive Sterbehilfe* – mit der Besonderheit, dass die Deutungsmacht darüber, ob das tierische Leben noch ein lebenswertes Leben ist, nicht beim Tier selbst liegt. Das Krisenpotenzial des Hundetodes wird in diesem Fall maximiert, da der geliebte Vierbeiner nicht nur stirbt, sondern sein Besitzer mit seinem nicht delegierbaren Entschluss unmittelbar daran beteiligt ist – und nicht selten zusätzliche psychische Kosten davonträgt. Derweil resultiert die Euthanasie nicht immer allein aus dem angenommenen Leidenszustand des Tieres und der Aussichtslosigkeit seines Überlebenskampfes. Sie hängt auch von der Fähigkeit und Bereitschaft seines Halters ab, für lebensverlängernde, aber kostspielige Operationen aufzukommen. Den Tod des Hundes als eine Art ‚wirtschaftlichen Totalschaden' in Kauf zu nehmen, scheint eine legitime Handlungsoption zu sein.

Der Tod ist ein Problem der Lebenden – und damit auch ein Problem von Herrchen und Frauchen. Oft entscheiden sie, wie eben beschrieben, über Leben und Tod ihres Tieres, noch öfter entscheiden sie aber, was danach passiert (vgl. Kolbe 2014: 67). Und irgendetwas muss offenbar passieren, denn schließlich wird der tote Tierkörper (genauso wie der tote Menschenkörper) in der westlichen Gegenwartsgesellschaft nicht lediglich an Ort und Stelle seinem biochemischen Schicksal überlassen. Ohnehin bedeutet der Tiertod für eine wachsende Zahl von Akteuren weit mehr als ein ‚Körperverwaltungsproblem'. Vielmehr scheint es so, als würden Besitzer zu Angehörigen, die nicht um einen Kadaver, sondern um einen Leichnam trauern, der nicht *ver*graben, sondern *be*graben wird. Obwohl die Trauer um geliebte Heimtiere in den letzten Jahren an gesellschaftlicher Akzeptanz gewonnen hat, stößt sie nicht immer und überall auf intersubjektiv geteiltes Verständnis. Bemerkungen wie „Es ist doch nur ein Hund" trivialisieren dessen Ableben und lassen die Trauer um ihn – erst recht bei (männlichen) Erwachsenen – als legitimierungsbedürftig erscheinen.[9] Der relationale Charakter des Wortes „nur" impliziert, dass es einen Unterschied macht, welcher Spezies ein Verstorbener angehört. Dass es „nur ein Mensch" gewesen sei, hört man dementsprechend selten.

Verlangt die Trauer um einen verstorbenen Hund mancherorts nach Legitimation, so sind derartige Handlungen beim Tod eines Menschen nicht legitimierungsbedürftig, wenn sie stattfinden, sondern vielmehr dann, wenn sie *nicht* stattfinden. Der emotionslose, ritualbefreite, ja ausschließlich pragmatische Umgang mit dem Tod des eigenen Hundes trägt nur ein geringes Irritations- und Sanktionspotenzial in sich. Ganz anders hingegen verhält es sich, würde man dem plötzlichen Unfalltod der eigenen Eltern mit einem Schulterzucken begegnen und sich jedweder Artikulation von Trauer verwehren. Obschon sich in diesem Kontext Pluralisierungsentwicklungen zugunsten eines eigenverantwortlichen Trauermanagements abzeichnen, machen Diskurse über das angemessene und das unangemessene Trauern normative Setzungen deutlich. Dass die Trauer um einen Hund nicht den

---

9   Selbst wenn eine solche Aussage nicht Geringschätzung, sondern Trost intendieren würde, unterminiert sie doch die faktische krisenhafte Lage des Betroffenen (vgl. Ochsmann 2008: 35).

gleichen Verbindlichkeiten unterliegt wie die um einen Menschen, lässt erkennen, dass es sich bei solch einer vermeintlich subjektiven Angelegenheit letztendlich um eine sozialen Ordnungsidealen unterliegende Konstruktion handelt (vgl. Benkel 2012: 55ff.). Im Unterschied zu Hunden stellt sich bei Menschen nicht die Frage nach der Legitimität ihrer Bestattung, vielmehr ist die ordnungsgemäße Beisetzung eines jeden Menschen juristisch festgeschrieben. Menschen *müssen* bestattet werden, Hunde *können* bestattet werden[10]; und es dürfte vor allem diese Prämisse sein, anhand der eine grundlegende Unterscheidung zwischen Mensch und Tier konstruiert wird – aller Anthropomorphisierung zum Trotz.

3 Wo der Hund begraben liegt: Sinnkonstruktionen auf dem Tierfriedhof

Auch wenn die Beisetzung eines Hundes und die Errichtung einer oberirdischen Grabkennzeichnung lediglich eine Option unter mehreren darstellt, wird im Zeichen einer „Anpassung [...] an die veränderten Rahmenbedingungen der Verlustbewältigung" (Wiedenmann 2002: 53) zunehmend von ihr Gebrauch gemacht. Dabei sind Tierbestattungen weder ein Spezifikum westlicher Kulturen (wie etwa ein Blick ins zeitgenössische Japan verrät), noch ein ausschließlich modernes Phänomen. Vielmehr kann diesbezüglich auf eine jahrtausendealte Kulturgeschichte zurückgeschaut werden (vgl. Lorenz 2000: 352). Als einer der prominentesten Hundefreunde der Neuzeit darf sicherlich Friedrich der Große gelten, dem es die italienischen Windspiele offenbar besonders angetan hatten. Mit zahlreichen von ihnen lebte er im Potsdamer Schloss Sanssouci. Es war Friedrichs ausdrücklicher Wunsch, nach seinem Tode in einer Gruft auf der Schlossterrasse neben seinen Hunden beerdigt zu werden – erfüllt wurde er ihm allerdings erst 200 Jahre später, als sein Leichnam von der Burg Hohenzollern überführt wurde (vgl. Kolbe 2014: 11).

---

10 Auch die Behandlung verstorbener Heimtiere unterliegt hierzulande bestimmten Reglementierungen. Beispielsweise dürfen sie nicht an jedem beliebigen Ort und auch nur unter bestimmten Voraussetzungen beigesetzt werden. Im Vergleich zum Umgang mit dem menschlichen Leichnam ziehen Regelübertretungen jedoch weitaus geringere Konsequenzen nach sich. Dazu später mehr.

Abb. 3 Neben einem Foto bietet das Grab u. a. Platz für Kosenamen und Lebensrückblicke.

Trotz solcher bekannter Einzelbeispiele (siehe auch die Grabstätten der Hunde von Richard Wagner und anderen; vgl. Kolbe 2014: 12ff.) wurde die Heimtierbestattung erst im Laufe des 19. Jahrhunderts zu einer weit verbreiteten gesellschaftlichen Praxis. 1899 öffnete der Pariser *Cimetière de chiens* seine Tore. Er gilt bis heute als größter Tierfriedhof Europas und wird nicht nur von Trauernden, sondern auch von unzähligen Touristen frequentiert. Im selben Zeitraum wurden (etwa in Hamburg, Berlin und Mainz) auch die ersten deutschen Tiernekropolen eingerichtet. Im Vergleich zum zeitgenössischen Tierfriedhof erfüllten seine historischen Prototypen in erster Linie pragmatische Funktionen. Statt rituell und emotional gerahmter Einzelbestattungen sah man in solchen Orten eine hygienische Alternative zur Entsorgung der Tierkadaver in Flüssen (vgl. Simeonov 2014: 65).

Vor dem Hintergrund des Bedeutungswandels der Mensch-Heimtier-Beziehung im Allgemeinen und des Heimtiertodes im Besonderen haben sich Tierfriedhöfe seit den letzten ca. 20 Jahren sowohl quantitativ wie auch qualitativ verändert. Dabei steht die rapide wachsende Zahl von Tierfriedhöfen in einer bemerkenswerten dialektischen Beziehung zu den ca. 32.000 deutschen Humanfriedhöfen: Während im beginnenden 20. Jahrhundert nicht zuletzt infolge zweier verlustreicher Weltkriege noch viele Menschennekropolen erweitert bzw. neu angelegt werden mussten, zeichnen heutige Friedhofslandschaften ein gegenläufiges Bild. Sozialstrukturelle Wandlungen, die sich in veränderten Nachfragestrukturen äußern (vgl. Meitzler 2013: 267f.), tragen dazu bei, dass die Beschaffenheit vieler Ruhestätten verstärkt auf pragmatischen Erwägungen beruht. Platz-, pflege- und kostensparende Grabvarianten wie Reihengräber, Rasenplatten, Urnengemeinschaftsgräber oder gar anonyme Beisetzungswiesen bilden einen auffälligen Kontrast zu den teils monumentalen Familiengrabstätten des 19. Jahrhunderts. Zudem kann eine gewisse ‚Friedhofsflucht' konstatiert werden, womit die zunehmende Inanspruchnahme alternativer, d. h. friedhofsferner Bestattungen (z. B. Bestattungswälder, Seebestattung oder Ascheverstreuungen) gemeint ist. Solche Entwicklungen haben zur Folge, dass der Anteil ungenutzter Friedhofsflächen wächst und die Friedhofsträger dadurch vor ökonomische Herausforderungen gestellt werden.[11]

Ein pragmatisches bzw. ökonomisches Motiv liegt bei der Bestattung des Hundes auf einem Tierfriedhof angesichts wesentlich preiswerterer und aufwandsärmerer Wege offenkundig nicht vor. Vielmehr bietet der Tierfriedhof den Hinterbliebenen einen Raum für Abschied, Trauer und Erinnerung, den sie mit ‚Gleichgesinnten' teilen können. Insofern überrascht auch nicht, dass Tierfriedhöfe üblicherweise in Großstädten zu finden sind, in denen – im Vergleich zu ländlichen Gebieten – ein genereller Mangel an privaten Gartengrundstücken herrscht. Hinzu kommt, dass die Vergegenwärtigung der institutionellen Tierkörperbeseitigungsprozeduren bei vielen Trauernden Unbehagen auslöst. Das dortige Körperschicksal des geliebten Heimtieres – das dann wieder nur mehr Kadaver wäre – würde nicht dem zu Lebzeiten zugewiesenen Subjektstatus gerecht werden. Die Tatsache, dass es als „tierisches Nebenprodukt" zusammen mit Schlachtabfällen ‚verarbeitet' würde (vgl. Kolbe 2014: 68), wird stattdessen nur allzu oft mit Entindividualisierung, ja mit Entsorgung assoziiert.

Eine eigene, individuell gestaltbare und nach persönlichen Vorlieben veränderbare Begräbnisstätte auf einem ausgewiesenen Feld stellt dagegen eine versöhnliche und entlastende Alternative dar, die einerseits der Beziehungsqualität Rechnung trägt und andererseits Gewissheit über den Verbleib der körperlichen Überreste gibt. Könnte man aufgrund der bewussten Entscheidung gegen pragmatischere Lösungen vielleicht sogar so weit gehen, das Hundegrab auf einem Tierfriedhof als Beweis für ‚authentische' Trauer zu werten (vgl. Preuß 2016; Bomke 2015: 117)? Selbst bei

---

11 Bezeichnend dafür ist, dass der neueste Humanfriedhof, der im Rahmen des besagten Forschungsprojektes untersucht wurde, seit 1992 besteht, wohingegen der neueste untersuchte Tierfriedhof aus dem Jahr 2015 stammt.

solchen Gräbern, die schon lange nicht mehr besucht werden, ist die Entscheidung einst auf diesen Pfad der Trauerverarbeitung gefallen. Die Bestattung eines Menschen (mit zunehmender Tendenz wird ‚ohne' trauernde Hinterbliebene gestorben) steht hingegen nicht lediglich im Dienste der Verlustverarbeitung, sondern unterliegt, wie erwähnt, sozialen Konventionen und juristischen Normen.

Auf Tierfriedhöfen wird der hohe Stellenwert von Hunden (und freilich auch von anderen Heimtieren[12]) im Leben von Menschen auf bemerkenswerte Weise sichtbar und erforschbar. Gleichermaßen sind Tierfriedhöfe Orte der Krise wie auch der Krisenbewältigung. Ganz ähnlich wie Humanfriedhöfe fungieren sie als Reflexionsstätten, als öffentliche Orte der Trauerarbeit, der Erinnerung, der Sinnkonstruktion, der Intimisierung etc. Die zuweilen mit großem Aufwand hergerichteten Ruhestätten lassen sich als Projektionsfläche für menschliche Wünsche, Sehnsüchte und Fantasien lesen. Ihre „Grabtexte", womit „die Gesamtheit jener dem Grab beigefügten Gestaltungs- und Verzierungselemente" gemeint ist, „die in die Wahrnehmung des Betrachters geraten können und üblicherweise so platziert wurden, dass sie ein entsprechendes Maß an Aufmerksamkeit wenigstens hypothetisch erregen können" (Benkel 2012: 48), weisen einige Analogien zu den Begräbnisorten des modernen Menschenfriedhofs auf. Dort verbreitete Muster und Typiken werden vom animalischen Pendant nicht nur aufgegriffen und reproduziert, sondern oftmals überspitzt zum Ausdruck gebracht (vgl. Meitzler 2014). Ohne Zweifel bietet der Besuch einer Tiernekropole Begegnungen mit Abschiedsgrüßen besonders pathetischer und emotionaler Art.

Im Rahmen der erwähnten Forschungen wurden bislang circa 20 Tierfriedhöfe besucht und mit qualitativen[13] Methoden untersucht. Ebenso wie im Fall von Menschengräbern ist hierbei die Rekonstruktion des an einer Grabstätte transportierten *sozialen Sinns* zentral. Dazu werden vor Ort Fotos der Tiergräber angefertigt, kategorisiert und anhand von besonders markanten Einzelbeispielen nach Methoden der visuellen Soziologie (vgl. Schnettler 2007; Schnettler/Pötzsch 2007; Raab 2008) analysiert. Im Folgenden sollen einige der auffälligsten Gestaltungsprinzipien zeitgenössischer Hundegräber betrachtet werden.

Eine traditionsreiche sepulkrale Praxis ist das Anbringen von Fotografien am Grab (vgl. Benkel/Meitzler 2014: 47ff.). Hier erfährt das Potenzial des Körpers als

---

12 Neben Gräbern von Hunden dominieren die Ruhestätten von Katzen die Tierfriedhofslandschaft. Seltener werden an diesem Ort Hamster, Kaninchen und Ziervögel beigesetzt – noch seltener sind ‚exotische' Tiere, wie der Fund eines Schlangengrabes zeigt.

13 Zur Bildung eines Kategoriensystems sind aber auch einige quantitative Gesichtspunkte (z. B. Entstehungsjahr und Größe des Friedhofs, Zahl der Grabstätten, Größe der Stadt) von Interesse.

Auskunftgeber eine neue Rahmung. Im sozialen Alltag geben Körper wesentliche Merkmale ihrer ‚Besitzer' preis, etwa ihr Geschlecht, ihr Alter oder ihren Habitus. Die Auskünfte, die Fotos von Verstorbenen erteilen, sind gewissermaßen rückwärtsgewandt, denn was sie zeigen, ist nicht mehr. Nicht der Körper des Verstorbenen berichtet, wie der Betroffene *ist*, sondern dessen Abbild teilt mit, wie der Verstorbene *war*. Das Foto (oder eine vergleichbare Körperabbildung wie z. B. in Form einer Gravur) verleiht dem Grab nicht nur buchstäblich ein Gesicht und damit Wiedererkennungswert. Zugleich führt es Lebendigkeit und Sterblichkeit auf eigenwillige Weise zusammen. An just jenem Ort, an dem tote Körper ‚unter die Erde gebracht' und damit unsichtbar gemacht werden, gewinnt der Verstorbene seine Sichtbarkeit durch die visuelle Vertretung seines Körpers zurück.

Dieses Spannungsfeld lässt sich mit dem Konzept der *zwei Körper der Toten* beschreiben, in die sich der Leib nach dessen Tode aufspaltet. Mit dem ersten Körper soll die Leiche gemeint sein, das „nur-noch-vorhandene [...] Unlebendige" (Heidegger 1993: 238), das im Zuge standardisierter Ausgliederungsmechanismen das soziale Umfeld der Angehörigen verlässt, auf der besagten Hinterbühne für seine Bestattung vorbereitet und am Begräbnisort letztlich vollständig zum Verschwinden gebracht wird. Und nur die wenigsten dürften sich darüber beklagen, dass die Verfallsprozesse des physischen Körperrestes der allgemeinen Sichtbarkeit entzogen sind. An die Stelle des nicht mehr länger präsenten ersten Körpers tritt nun der zweite Körper in Form eines *Erinnerungskörpers*, der für die Hinterbliebenen weiterhin sichtbar und von sozialer Bedeutsamkeit ist. Der den Verstorbenen repräsentierende zweite Körper findet vielfältige Erscheinungsformen – etwa auf Foto- oder Videoaufnahmen, durch dreidimensionale Nachbildungen, wie sie auf Friedhöfen neuerdings häufiger zu beobachten sind, durch materielle Gebrauchsgegenstände, die mit dem Toten in Zusammenhang stehen. Oder er ist schlichtweg in kognitiven Gedächtnisleistungen jener präsent, die sich an ihn erinnern (siehe dazu ausführlich Benkel 2013: 58ff.).

Nicht nur im Kontext menschlicher Ruhestätten sind Fotografien ein inzwischen weit verbreitetes Personalisierungs- und Individualisierungsmittel. Auch bei den untersuchten Hundegräbern reicht die Bandbreite vom professionell befestigten und witterungsbeständigen Oval bis hin zu solchen Bildern, die von den Hinterbliebenen selbstständig angeklebt oder aufgestellt (und bisweilen regelmäßig ausgetauscht) werden.

Abb. 4 Dieser Grabstein in Form einer Hundepfote ist zugleich Träger einer persönlichen Adressierung.

Auffallend häufig steht die Individualisierung des Tieres im Zeichen einer *Infantilisierung*. Die Inszenierung des verstorbenen Vierbeiners als Kind äußert sich u. a. in der Verwendung von Kosenamen („Mäuschen", „Pubi-Bär", „Doofy", „Scheißerle"), in einer farbenfrohen Grabgestaltung, aber auch in Inschriften, die intime Adressierungen, individuelle Attribute und spezifische Rollenzuweisungen beinhalten. Hinter Formulierungen wie „Mein Baby", „Mamas kleiner Liebling, Papas großer Stolz" oder „Du warst wie ein Kind für uns" verbirgt sich ein spezifisches *Sinnmanöver*: Wie ein Kind, das nie erwachsen und mündig sein wird, blieb der Hund zu Lebzeiten permanentes Ziel von Fürsorge und Zuwendung, derweil seine Besitzer eine Quasi-Elternschaft einnahmen. Mit dem Tod des Tieres endet diese Figuration nicht, sondern wird in der Errichtung, dem Aufsuchen und Pflegen des Grabes reaktualisiert sowie symbolisch und sogar dauerhaft festgeschrieben. Setzte die Pflege früher am physischen Hundekörper an, so bezieht sie sich nun auf den Erinnerungskörper.

Vor diesem Hintergrund lassen sich die optischen Gemeinsamkeiten von Tier- und Kindergräbern plausibilisieren. Menschen, die zu einem sehr frühen Lebenszeitpunkt sterben, behalten ihren Kinderstatus oftmals auch an ihrem Grab, das mit entsprechenden Stilmitteln (insbesondere mit Spielzeug) eingerichtet wird – selbst dann noch, wenn die verstorbene Person hypothetisch längst volljährig wäre, altert deren Erinnerungskörper nicht mehr weiter. Die Grabpflege mag für verwaiste Eltern eine Art Ersatzleistung für die Fürsorge darstellen, die sie ihrem Kind nicht mehr geben können. Im Kontrast dazu stehen Kindergräber, die vermuten lassen, dass sie kaum noch oder gar nicht mehr aufgesucht bzw. ‚in Stand gehalten' werden. Das könnte ein Hinweis für die spezifische Umgangsweisen sein, die der Tod des eigenen Kindes forciert. Die Geburt eines weiteren Kindes kann Einfluss auf den Trauerverarbeitungsprozess nehmen und helfen, mit dem Verlust früher ‚abzuschließen', was den Besuch der Grabstätte obsolet werden lassen kann. Dies lässt sich, wenn auch unter anderen Vorzeichen, ebenfalls auf die Bewältigung des Heimtiertodes übertragen. Denn trotz des zugewiesenen Subjektstatus und trotz der vor allem im Grabkontext oft betonten Einzigartigkeit und ‚Unersetzbarkeit' des Hundes kann letztendlich auch seine Rolle von einem neuen Tier ausgefüllt werden.[14] Dass eine solche Verlustbewältigungsstrategie aufgehen kann, lässt auch der Zustand mancher Tiergräber erahnen.

Neben Formen der Infantilisierung weisen die Inschriften von Hundegräbern weitere Facetten auf, etwa emotionale Bekenntnisse, resignative Trauerbekundungen, Motive und Zitate aus der Populärkultur, wehmütige Rückblicke und trostspendende Zukunftsaussichten. Besonders häufig wird der Hund zum vermeintlichen Adressaten der Inschrift. „Du warst das Beste was uns je passiert ist" steht beispielsweise unter dem Ovalbild eines Terriers, „Ich liebe dich, du Herzenshund" auf der Grabplatte einer Dogge. Worte, die der Hund schon zu Lebzeiten nicht verstanden hätte, werden nachträglich dazu benutzt, um die eigene menschliche Trauer zu verarbeiten. Die Kommunikation mit dem Tier verlief also schon vor dessen Ableben auf einem parasozialen Niveau, doch am Grab wird sie unter veränderten Bedingungen fortgesetzt oder, wenn man so will, ‚potenziert'. Faktisch sind mit solchen Inschriften nicht die toten Hunde, sondern die lebenden Menschen angesprochen.

---

14 „[N]immt man gleich nach dem Tode seines Hundes ein Hundekind gleicher Rasse", heißt es beim österreichischen Zoologen Konrad Lorenz (1975: 208), „so wird man in den meisten Fällen finden, dass es genau in jene Räume unseres Herzens und unseres Lebens hineinwächst, in denen das Scheiden des alten Freundes eine traurige Leere hinterlassen hatte. Dieser Trost kann unter Umständen so schnell und so vollkommen sein, dass man etwas wie Scham über die Treulosigkeit gegenüber dem alten Hunde empfindet."

Eine weitere Kategorie von Grabsprüchen stellen die (im Grad ihrer Ausführlichkeit stark variierenden und in Sachen Superlative wenig sparsamen) Bilanzierungen von Lebensleistungen dar. Sie sind stets das, was Herrchen und Frauchen darunter verstehen wollen. Glorifizierungen wie „Du hast mich am Leben gehalten", „Du warst mehr als ein Hund" oder „Der Mittelpunkt in unserem Leben" zeugen von der prae mortal erwiesenen bzw. post mortal zugewiesenen Menschlichkeit des vierbeinigen Freundes. Sie deuten den Stellenwert der Hunde für ihre Besitzer an und lassen die Konsequenzen des Verlustes erahnen. In ihren Grabinschriften treten Heimtiere nicht selten als ‚charismatische' Wesen in Erscheinung, die häufig schon aufgrund ihrer Präsenz zu einer Verbesserung der Lebensqualität ihrer Besitzer beigetragen haben.

Kommen Hunde in den Himmel? Durchforstet man einen Tierfriedhof nach konfessionellen Zeichen wie Kruzifix, Mariendarstellungen oder Bibelversen, so wird man – anders als auf dem Humanfriedhof – vergleichsweise selten fündig. Das hat zunächst den banalen Grund, dass einige Tierfriedhofssatzungen das „Anbringen von Kreuzen oder sonstigen religiösen Motiven"[15] untersagen. Allerdings wird dies, so ein Ergebnis der Feldforschung, nicht immer mit aller Konsequenz verfolgt. Nimmt man den Tierfriedhof als Vorreiter von Bestattungstrends ernst, kann das geringe Ausmaß von Sakralbezügen auch als Säkularisierungseffekt begriffen werden, der sich auf Menschenfriedhöfen wegen der durchschnittlich längeren Liegefristen in noch nicht so hoher Konzentration abzeichnet.

Obwohl zahlreiche Gräber durchaus im Sinne einer diesseitig orientierten Trauer- und Erinnerungskultur eingerichtet sind, wäre es zu voreilig, Säkularisierung mit einer radikalen Abkehr von jeglicher Transzendenz und Jenseitsvorstellung gleichzusetzen. An die Stelle bzw. an die Seite christlich-religiöser Werte können alternative Sinnangebote in Gestalt von *Privatreligionen* treten (vgl. Knoblauch 2009; Luckmann 1991). Deren Kennzeichen ist das eigenständige Suchen und Finden transzendentaler Bezüge, die ein hohes Identifikationspotenzial versprechen und damit gut in die eigene Lebenswelt passen. Dabei müssen sich Sakrales und Profanes nicht notwendigerweise ausschließen, sondern kann als integratives Patchwork einen neuen Sinnzusammenhang ergeben. Was für die Gestaltung des alltäglichen (und ebenso des weniger alltäglichen) Lebens zutrifft, setzt sich auch in der Gestaltung der Ruhestätte fort. Auch auf dem Tierfriedhof lassen sich entsprechende Hinweise finden, denn nicht wenige Grabsteine künden von einer

---

15 Siehe beispielsweise www.tierheim-mainz.de/PDF/Satzung_fur_den_Tierfriedhof.pdf (Zugriff: 15.11.2015).

postmortalen Fortexistenz der animalischen Gefährten jenseits ihrer körperlichen Überreste im Grab.[16]

Bei alldem darf nicht übersehen werden, dass auch auf dem Tierfriedhof normative Ordnungen existieren, an denen Hinterbliebene ihr Handeln orientieren. Das relativiert den Aussagewert des Grabtextes über das ‚wahrhaftige' Verhältnis von Herr und Hund. Und wann kann ein Grabstein schon für sich beanspruchen, bezüglich dessen, worauf er verweist, absolut authentisch zu sein? Würde man das, was auf dem Tierfriedhof ‚der Fall' ist, als repräsentatives Zeugnis über *die* Beziehung von Menschen und ihren Hunden begreifen, ginge man einem Positivismus auf den Leim und würde all das vernachlässigen, was sich jenseits dieses Ortes abspielt.[17] Gemessen an der Gesamtzahl jährlich sterbender Hunde findet nur ein verschwindend geringer Bruchteil seine letzte Ruhe in einer Tiernekropole. Das prototypische Körperschicksal des toten Hundes ist nach wie vor die Tierkörperbeseitigung. Der Anteil der auf einem Friedhof bestatteten Menschen hingegen ist trotz der genannten ‚Friedhofsflucht' immens. Wie Menschen mit ‚ihren' Verstorbenen umgehen, lässt sich auf dem Menschenfriedhof folglich zuverlässiger erkunden, als das Mensch-Heimtier-Verhältnis anhand des Tierfriedhofs.

Nicht zu vernachlässigen ist außerdem die gegenwärtige Verbreitung der Tierkremation. Mit der Eröffnung des ersten deutschen Tierkrematoriums in München im Jahr 2000 nahm die Entwicklung ihren Anfang und setzt sich seither rasant fort. Wie nach der Kremation mit der Asche verfahren wird bzw. werden kann, unterscheidet sich vom Umgang mit menschlichen Kremationsresten. Abgesehen davon, dass die durchschnittliche Einäscherungsquote bei Tierbestattungen höher ist als bei Humanbestattungen[18], stößt die Aushändigung der Tierasche an die Hinterbliebenen auf keine größere Hürden. Sofern es sich um eine Einzelkremie-

---

16 Ein in diesem Zusammenhang oft in Erscheinung tretendes Symbol für den Übergang ist die so genannte „Regenbogenbrücke". Sie geht auf eine Kurzgeschichte von Paul C. Dahm zurück, in der Menschen nach dem Ende ihrer irdischen Existenz die besagte Brücke passieren und, auf der ‚anderen Seite' angekommen, ihren geliebten Vierbeinern wieder begegnen.

17 Wie wären etwa solche Fälle einzuordnen, in denen Menschen um ihren Hund zwar trauern, jedoch von einer Grabstätte auf einem Tierfriedhof absehen, um sich antizipierter sozialer Sanktionierungen zu entziehen, oder weil sie das Grab „als Symptom einer wohlfahrtsgesellschaftlichen Dekadenz, als Kitsch oder sentimentale Idiosynkrasie" (Wiedenmann 1993a: 199) selbst ablehnen?

18 Während die Kremationsquote bei Menschen im Bundesdurchschnitt bei knapp über 50 % liegt, standen bei den Heimtieren im Jahr 2010 ca. 10.000 Erdbestattungen etwa 80.000 Feuerbestattungen gegenüber (vgl. Kolbe 2014: 71). Möglicherweise nimmt die Tierbestattungskultur damit einen für die künftige Humanbestattungskultur prognostizierten Zustand schon jetzt vorweg?

rung handelt, können sie über die Asche ihrer Tiere frei verfügen, etwa indem sie die Urne im heimischen Umfeld verwahren oder die Asche im Garten verstreuen. Anders verhält es sich bei der Asche eines Menschen: Zumindest in Deutschland ist das Rückführen der Körperreste in den Privatbereich (noch) verboten[19], wenn auch dank halblegaler Umwege nicht mehr unmöglich. Dass es diesen Unterschied gibt, hat u. a. mit der Antizipation geringerer Anschlussprobleme bei der Tierkremation zu tun. Der Kreis der Hinterbliebenen, die einen Anspruch auf die Urne haben könnten (sofern die Asche nicht schon verstreut wurde), ist überschaubar und beschränkt sich in der Regel auf wenige Menschen – die meist im selben Haushalt leben. Die Sorge, was denn wohl mit der tierischen Asche geschieht, wenn Herrchen und/oder Frauchen nicht mehr leben, wird ebenso kaum geäußert. Eine juristisch festgeschriebene Totenruhe von Hunden gibt es jedenfalls nicht.

Abb. 5 Hier wird die herausragende Beziehung zum vierbeinigen Weggefährten nachträglich festgeschrieben.

---

19 Eine Ausnahme stellt bislang das Bundesland Bremen dar, wo es seit 2015 unter bestimmten Auflagen möglich ist, die menschliche Kremationsasche auf einem privaten Grundstück zu verstreuen.

Zuletzt sei noch darauf hingewiesen, dass auch der Heimtiertod von der *Mediatisierung* bzw. Digitalisierung eingeholt worden ist. Auf bestimmten Internetportalen, die als ‚virtuelle Friedhöfe' bekannt sind, können Trauernde ihren verstorbenen Hunden auf vielfältigen Wegen gedenken. Auch in diesem Punkt folgt die ‚Tiertrauerkultur' ihrem menschlichen Vorbild (vgl. Meitzler 2013: 293ff.). Nutzer können die Seite mit eigenen Texten, Bildern, Videos, Musik oder einem virtuellen Kondolenzbuch gestalten, auf dem sich weitere Personen verewigen und untereinander in Kontakt treten können. Auch und gerade in diesem Kontext wird von der erwähnten Regenbogenbrückenmetapher häufig Gebrauch gemacht. Ein (vermeintlicher?) Vorzug gegenüber dem lokalen Tierfriedhof liegt hier zum einen in der unkomplizierten und permanenten, d. h. ortsentbundenen Erreichbarkeit. Zum anderen lässt das virtuelle Grab eine flexiblere Anpassung an die jeweils aktuelle emotionale Befindlichkeit zu. In seltenen, in der Zahl aber zunehmenden Fällen besteht sogar eine Verknüpfung zwischen dem ‚herkömmlichen' Tiergrab und dem virtuellen Friedhof: Ein so genannter QR-Code auf dem Grabstein führt über die Technik moderner Mobiltelefone auf eine entsprechende Webseite. Die Mediatisierung der Trauer um verstorbene Hunde spricht nicht zuletzt dafür, dass sich rund um den Heimtiertod ein attraktiver und florierender Wirtschaftszweig gebildet hat. Schmuckurnen, Ascheamulette, Erinnerungsdiamanten, aber auch die Fülle von Ratgeberliteratur (vgl. Kowalski 2013) sind weitere Belege dafür.

Neben den Besonderheiten des Hundetodes stehen in diesem Beitrag auch und vor allem die frappierenden Parallelen zu sepulkralen Praktiken rund um den Menschentod im Vordergrund. Offenbar lassen sich die Gestaltungsprinzipien der untersuchten Hundegräber nicht ohne Rekurs auf deren menschliches Pendant verstehen, was wiederum zum Gedanken der Anthropomorphisierung des Heimtieres passt. Wenn der Hund nicht mehr begraben wird ‚wie ein Hund', sondern wie ein Mensch, muss dies zweifelsohne als sozialer Wandel begriffen werden. Wohin dieser Transformationsprozess in der Zukunft führen wird, bleibt abzuwarten. In jedem Fall zeigt der Diskurs über den Hundetod, dass damit ein Thema den Bannkreis der Hundehütte verlässt und die Arena gesamtgesellschaftlicher Sinnverhandlungen betritt. Die Spielarten und Facetten, die sich um den Tod von Tieren und insbesondere von Hunden ranken, können von einer Disziplin wie der Soziologie nicht weiter ignoriert werden. Denn alles, was diesbezüglich praktiziert, kommuniziert und gewusst wird, ist letztlich ein Baustein, der für die Erklärung von Gesellschaft wertvoll sein kann.

Literatur

Beck, Ulrich (1986): Risikogesellschaft. Auf dem Weg in eine andere Moderne. Frankfurt a. M.: Suhrkamp.
Benkel, Thorsten (2012): Die Verwaltung des Todes. Annäherungen an eine Soziologie des Friedhofs. Berlin: Logos.
Benkel, Thorsten (2013): Das Schweigen des toten Körpers. In: Benkel, Thorsten/Meitzler, Matthias: Sinnbilder und Abschiedsgesten. Soziale Elemente der Bestattungskultur. Hamburg: Dr. Kovač, 14–92.
Benkel, Thorsten (Hrsg.) (2016): Die Zukunft des Todes. Heterotopien des Lebensendes. Bielefeld: transcript.
Benkel, Thorsten/Meitzler, Matthias (2013): Sinnbilder und Abschiedsgesten. Soziale Elemente der Bestattungskultur. Hamburg: Dr. Kovač.
Benkel, Thorsten/Meitzler, Matthias (2014): Sterbende Blicke, lebende Bilder. Die Fotografie als Erinnerungsmedium im Todeskontext. In: Medien & Altern. Zeitschrift für Forschung und Praxis 3(5), 41–56.
Benkel, Thorsten/Meitzler, Matthias (2015): Feldforschung im Feld der Toten. Unterwegs in einer Nische der sozialen Welt. In: Poferl, Angelika/Reichertz, Jo (Hrsg.): Wege ins Feld. Methodologische Aspekte des Feldzugangs. Essen: oldib, 234–251.
Benkel, Thorsten/Meitzler, Matthias (2016): Die Bildlichkeit des Lebensendes. Zur Dialektik der Totenfotografie. In: Klie, Thomas/Nord, Ilona (Hrsg.): Tod und Trauer im Netz. Mediale Kommunikationen in der Bestattungskultur. Stuttgart: Kohlhammer.
Bomke, Karin (2015): Wenn der beste Freund geht. Qualitative Studie zur Mensch-Hund-Beziehung. Berlin: LIT.
Chimaira – Arbeitskreis für Human-Animal Studies (Hrsg.) (2011): Human-Animal Studies. Über die gesellschaftliche Natur von Mensch-Tier-Verhältnissen. Bielefeld: transcript.
DeMello, Margo (2013): Animals and Society. An Introduction to Human-Animal Studies. New York: Columbia University Press.
Elias, Norbert (1990): Über die Einsamkeit der Sterbenden in unseren Tagen. Frankfurt a. M.: Suhrkamp.
Erlbruch, Wolf (2007): Ente, Tod und Tulpe. München: Kunstmann.
Feldmann, Klaus/Fuchs-Heinritz, Werner (1995): Der Tod ist ein Problem der Lebenden. Beiträge zur Soziologie des Todes. Frankfurt a. M.: Suhrkamp.
Fuchs, Werner (1969): Todesbilder in der modernen Gesellschaft. Frankfurt a. M.: Suhrkamp.
Geiger, Theodor (1931): Das Tier als geselliges Subjekt. In: Forschungen zur Völkerpsychologie und Soziologie 10, 283–307.
Gutjahr, Julia/Sebastian, Marcel (2013): Die vergessenen ‚Anderen' der Gesellschaft – zur (Nicht-)Anwesenheit der Mensch-Tier-Beziehung in der Soziologie. In: Pfau-Effinger, Birgit/Buschka, Sonja (Hrsg.): Gesellschaft und Tiere. Soziologische Analysen zu einem ambivalenten Verhältnis. Wiesbaden: Springer VS, 57–72.
Habermas, Jürgen (1990): Theorie des kommunikativen Handelns, Bd. 1. Frankfurt a. M.: Suhrkamp.
Hahn, Alois (1968): Einstellungen zum Tod und ihre soziale Bedingtheit. Stuttgart: Enke.
Heidegger, Martin (1993): Sein und Zeit. Tübingen: Niemeyer.

Hitzler, Ronald/Honer, Anne (1994): Bastelexistenz. Über subjektive Konsequenzen der Individualisierung. In: Beck, Ulrich/Beck-Gernsheim, Elisabeth (Hrsg.): Riskante Freiheiten. Individualisierung in modernen Gesellschaften. Frankfurt a. M.: Suhrkamp, 307–335.

Knoblauch, Hubert (2009): Populäre Religion. Auf dem Weg in eine spirituelle Gesellschaft. Frankfurt a. M./New York: Campus.

Kolbe, Susanna (2014): Da liegt der Hund begraben. Von Tierfriedhöfen und Tierbestattungen. Marburg: Jonas.

Kowalski, Gary (2013): Auf Wiedersehen, geliebter Freund. Heilende Weisheiten für Menschen, die ein Tier verloren haben. Güllesheim: Die Silberschnur.

Lorenz, Günther (2000): Tiere im Leben der alten Kulturen. Schriftlose Kulturen, Alter Orient, Ägypten, Griechenland und Rom. Wien u. a.: Böhlau.

Lorenz, Konrad (1975): So kam der Mensch auf den Hund. Wien: Borotha-Schoeler.

Luckmann, Thomas (1991): Die unsichtbare Religion. Frankfurt a. M.: Suhrkamp.

Luhmann, Niklas (2003): Einführung in die Systemtheorie. Darmstadt: Wissenschaftliche Buchgesellschaft.

Meitzler, Matthias (2011): Soziologie der Vergänglichkeit. Zeit, Altern, Tod und Erinnern im gesellschaftlichen Kontext. Hamburg: Kovač.

Meitzler, Matthias (2012): Tot sind immer nur die anderen. Das eigene Lebensende zwischen Sterblichkeitswissen und Nicht-Erfahrbarkeit. In: Soziologie-Magazin 5(1), 22–38.

Meitzler, Matthias (2013): Bestattungskultur im sozialen Wandel. In: Benkel, Thorsten/ Meitzler, Matthias: Sinnbilder und Abschiedsgesten. Soziale Elemente der Bestattungskultur. Hamburg: Dr. Kovač, 214–321.

Meitzler, Matthias (2014): Wo der Hund begraben liegt. Menschliche Abschiedsgrüße auf dem Tierfriedhof. In: Bestattungskultur 66(7-8), 12–13.

Meitzler, Matthias (2016): Postexistenzielle Existenzbastelei. In: Benkel, Thorsten (Hrsg.): Die Zukunft des Todes. Heterotopien des Lebensendes. Bielefeld: transcript, 133-162.

Münch, Paul (Hrsg.) (1998): Tiere und Menschen. Geschichte und Aktualität eines prekären Verhältnisses. Paderborn u. a.: Schöningh.

Mütherich, Birgit (2000): Die Problematik der Mensch-Tier-Beziehung in der Soziologie: Weber, Marx und die Frankfurter Schule. Münster: LIT.

Muster, Judith (2013): Welchen kommunikativen Stellenwert haben Haustiere? Eine kommunikationssoziologische Betrachtung der Mensch-Tier-Beziehung. In: Pfau-Effinger, Birgit/Buschka, Sonja (Hrsg.): Gesellschaft und Tiere. Soziologische Analysen zu einem ambivalenten Verhältnis. Wiesbaden: Springer VS, 165–192.

Nagel, Thomas (2001): Wie fühlt es sich an, eine Fledermaus zu sein? In: Nagel, Thomas: Letzte Fragen. Berlin/Wien: Philo, 229–249.

Ochsmann, Randolph (2008): Trauer bei Verlust eines Lieblingstieres. In: Gernig, Kerstin (Hrsg.): Verarmt, verscharrt, vergessen? Dokumentation der Tagung des Kuratoriums Deutsche Bestattungskultur e. V. vom 22.-23. November 2008. Düsseldorf: Fachverlag des deutschen Bestattungsgewerbes, 33–37.

Pollack, Ulrike (2009): Die städtische Mensch-Tier-Beziehung. Ambivalenzen, Chancen und Risiken. Dissertation TU Berlin.

Preuß, Dirk (2016): „Zeus(') Platz". Die Zukunft des toten Heimtieres. In: Benkel, Thorsten (Hrsg.): Die Zukunft des Todes. Heterotopien des Lebensendes. Bielefeld: transcript, 182-211.

Raab, Jürgen (2008): Visuelle Wissenssoziologie. Theoretische Konzeptionen und materielle Analysen. Konstanz: UVK.

Schnettler, Bernt (2007): Auf dem Weg zu einer Soziologie visuellen Wissens. In: Sozialer Sinn 8(2), 189–210.

Schnettler, Bernt/Pötzsch, Frederik (2007): Visuelles Wissen. In: Schützeichel, Rainer (Hrsg.): Handbuch Wissenssoziologie und Wissensforschung. Konstanz: UVK, 472–484.

Schütz, Alfred (1971): Gesammelte Aufsätze, Bd. 1. Den Haag: Nijhoff.

Sebastian, Marcel/Gutjahr, Julia (2013): Das Mensch-Tier-Verhältnis in der Kritischen Theorie der Frankfurter Schule. In: Pfau-Effinger, Birgit/Buschka, Sonja (Hrsg.): Gesellschaft und Tiere. Soziologische Analysen eines ambivalenten Verhältnisses. Wiesbaden: Springer VS, 97–119.

Simeonov, Maria (2014): Die Beziehung zwischen Mensch und Heimtier. Entwicklungen und Tendenzen innerhalb Deutschlands seit der Jahrtausendwende. Wiesbaden: Springer VS.

Socha, Kim (2015): Critical Animal Studies. In: Ferrari, Arianna/Petrus, Klaus (Hrsg.): Lexikon der Mensch-Tier-Beziehungen. Bielefeld: transcript, 66–68.

Steinbacher, Franz/Lautmann, Rüdiger (2011): Tiersoziologie. In: Fuchs-Heinritz, Werner/ Klimke, Daniela/Lautmann, Rüdiger/Rammstedt, Otthein/Stäheli, Urs/Weischer, Christoph/Wienold, Hanns (Hrsg.): Lexikon zur Soziologie. Wiesbaden: Springer VS, 689.

Stubbe, Hannes (1985): Formen der Trauer. Eine kulturanthropologische Untersuchung. Berlin: Reimer.

Weber, Max (1956): Wirtschaft und Gesellschaft. Tübingen: Mohr.

Wiedenmann, Rainer E. (1993a): Neuer Totemismus? Überlegungen zur Genese und Semantik moderner Tierbestattung. In: Soziale Welt 44(2), 199–222.

Wiedenmann, Rainer E. (1993b): Tierfriedhöfe als Monumente der Trauerhilfe: thanatosoziologische Überlegungen zum neuen Totemismus im Mensch-Tier-Verhältnis. In: Meulemann, Heiner/Elting-Camus, Agnes (Hrsg.): 26. Deutscher Soziologentag. Lebensverhältnisse und soziale Konflikte im neuen Europa. Opladen: Westdeutscher Verlag, 657–659.

Wiedenmann, Rainer E. (2002): Die Tiere der Gesellschaft. Konstanz: UVK.

Wiedenmann, Rainer E. (2009): Tiere, Moral und Gesellschaft. Elemente und Ebenen humanimalischer Sozialität. Wiesbaden: Springer VS.

Wiedenmann, Rainer E. (2015): Humansoziologische Tiervergessenheit oder das Unbehagen an der Mensch-Tier-Sozialität. In: Spannring, Reingard/Schachinger, Karin/Kompatscher, Gabriela/Boucabeille, Alejandro (Hrsg.): Disziplinierte Tiere? Perspektiven der Human-Animal Studies für die wissenschaftlichen Disziplinen. Bielefeld: transcript, 257–286.

Teil III
Hermeneutik und Phänomenologie

Wirklichkeitsflucht und mögliche Welterweiterung
Hunde als Objekte im Modus des Als-Ob

Thomas Loer

> *„Vom Hund kann man lernen,*
> *was man längst verlernt hat:*
> *ohne Ziel anzukommen."*
>
> Gebhardt (1978: 29)

1 Vorbemerkungen

Seit über 12.000 Jahren haben Menschen Hunde gehalten, meist als Gebrauchshunde im weitesten Sinne. Hierfür sind diese zur Gattung ‚Canis', Spezies ‚Canis lupus', Subspezies ‚Canis lupus familiaris' (Familie der Canidae, Stamm der Canini) gehörenden Tiere in mehrfacher Hinsicht geeignet: „Dogs are running animals" (Encyclopædia Britannica 2014: lemma ‚dog').

> Dogs' sense of smell is by far the most acute and is immeasurably better than that of humans. Dogs are used for such tasks as tracking missing persons, digging underground, and tracing toxic substances, such as gases, that are undetectable by humans. Dogs can detect drugs, explosives, and the scents of their masters (Encyclopædia Britannica 2014: lemma ‚dog').

> Dogs possess an acute sense of hearing. Aboriginal breeds had large, erect and very mobile ears that enabled them to hear sounds from a great distance in any direction. Some modern breeds have better hearing than others, but they all can detect noises well beyond the range of the human ear. Dogs are able to register sounds of 35.000 vibrations per second (compared with 20.000 per second in humans), and they also can shut off their inner ear in order to filter out distracting sounds (Encyclopædia Britannica 2014: lemma ‚dog').

Die Zunahme der Hundehaltung ist jedoch überwiegend dem Begleithund (s. Fn. 8) zuzurechnen. Welche Rolle spielen Hunde dann heute im Leben der Hundehalter und welche Schlüsse lassen sich aus der Haltung der Hundehalter über unsere Gesellschaft ziehen?

Im Folgenden werden einige Überlegungen und erste Ergebnisse aus der Forschungswerkstatt, die immer auch eine Begriffswerkstatt ist, zur Diskussion gestellt.[1] Dabei sind die Ergebnisse tentativ, da ein großer Teil der erforderlichen Kontrastierungen (s. Abschnitt 2) noch nicht erfolgen konnte. Gleichwohl leisten die Erkenntnisse bereits, was man von einer Theorie erwarten muss: dass sie Aufschluss über Phänomene gibt, die ohne sie allenfalls deskriptiv als interessant erscheinen mögen. Letzteres ist hier möglich, was der Leser selber beurteilen mag, dem Autor aber dadurch deutlich wird, dass er sich etwa Alltagsbeobachtungen erschließen kann.[2]

2 Anmerkungen zum Vorgehen

Für das Ausschöpfen des Forschungsfeldes, hier: des Feldes möglicher Typen des Umgangs von Menschen mit Hunden, ist in einem rekonstruktiven Forschungsansatz die kontrastive Fallrekrutierung entscheidend.[3] D. h. es geht hier nicht darum, Aussagen über eine quantitative Verteilung bestimmter Typen zu machen, sondern darum, die Typen überhaupt zu rekonstruieren und herauszufinden, ob sie eine Gemeinsamkeit haben und worin sie besteht. Dazu werden zunächst gedankenexperimentell Dimensionen des Forschungsfeldes entworfen, in denen kontrastierende Pole mit Fällen der interessierenden Praxis besetzt werden. In unserem Falle ging es um die Praxis des Hundehaltens und um die sie charakterisierenden Habitus und Deutungsmuster. Den dimensionalen Auswahlrahmen muss man natürlich im Laufe der Forschung modifizieren und erweitern können. Deshalb ist es ideal, wenn man die Fälle nicht nur kontrastiv, sondern auch sequenziell rekrutiert – eben weil sich die relevante Kontrastivität möglicherweise erst im Laufe des Forschungsprozesses ergibt.

---

1   Der Beitrag ist Teil eines Forschungsvorhabens, das bisher in zwei Vorträgen (Loer 2015 u. 2016a) präsentiert und für Publikationen (Loer 2016b u. in Arbeit) bearbeitet werden konnte.
2   Viel mit dem Fahrrad unterwegs, notiere ich mir seit einiger Zeit Äußerungen von Hundehaltern, die ich im Vorbeifahren aufschnappe, und stelle fest, dass die hier entwickelten Überlegungen diesbezüglich einen Erklärungswert haben und angereichert werden.
3   Sie erfüllt eine zur statistischen Repräsentativität in standardisierten Verfahren analoge Funktion.

Die für unsere Frage a prima vista relevanten Dimensionen finden sich in den Tabellen 1 und 2. Es handelt sich dabei zum einen um eine Dimension, die sich auf den Gegenstand des Handelns, hier den Hund, bezieht: die seiner Funktion. In der langen Geschichte der Beziehung zwischen Menschen und dem Zuchtprodukt Hund ist die Dimension der Funktion, die diese Tiere für den Menschen haben können, offensichtlich besonders bedeutsam.

Tab. 1 Verschiedene Funktionen von Hunden für Menschen

Dimension	(1) Funktion	
Pol (a)	Funktion für Lebensbewältigung i. e. S. (Gebrauchshunde[4] oder Diensthunde[5], Jagdhunde[6])	(α) aggressiv (Wachhund, Jagdhund)
		(β) sorgend (Hütehund, Blindenhund)[7]
Pol (b)	Funktion für zweckfreie Lebensgestaltung („Gesellschafts- und Begleithunde")[8]	(α) außengerichtet (Windhunde, Kampfhunde, Deutsche Dogge[9])
		(β) innengerichtet („companionship")[10]

Zum anderen handelt es sich um eine Dimension, die sich auf die Einstellung der Handelnden zum Gegenstand des Handelns bezieht: die Dimension der Wertung. Sie bezieht sich auf die „im Umgang mit Hunden relevanten Aspekte [...] menschli-

---

4 „Hunde, die eine Arbeit leisten können" (Brockhaus 1997, Bd. 8: 212).
5 „(Schutzhunde, Gebrauchshunde), Hunderassen, die sich besonders für den Einsatz bei der Polizei und beim Zoll sowie als Wachhunde eignen; z. B. Deutscher Schäferhund, Airedaleterrier, Dobermann, Riesenschnauzer" (Brockhaus 2002: lemma ‚Hunde: Kulturgeschichte und Haushundrassen').
6 „Durch ausgeprägten Jagdtrieb für die Jagd besonders geeignete Haushunde; i. e. S. (als Jagdgebrauchshunde) nach Gesichtspunkten der Leistung für den Einsatz bei der Jagd rein gezüchtete, auf die bevorzugte Wildart und/oder die jeweilige Jagdweise abgerichtete und durch den Jagdgebrauchshund-Verband anerkannte Hunde" (Brockhaus 1997, Bd. 11: 77).
7 Hier nicht berücksichtigt: Hund als Nahrungsmittel – „Some genetic studies suggest that wolves were domesticated as early as 16.300 years ago to serve as livestock in China" (Encyclopædia Britannica 2014: lemma ‚dog').
8 Vgl. http://www.vdh.de/welpen/welche-rasse-passt-zu-mir (Zugriff: 09.02.2016).
9 „Die Deutschen Doggen von Reichsgründer Otto von Bismarck erlangen durch den Tod seines Rüden ‚Sultan' im Herbst des Jahres [1877] über die Landesgrenzen hinweg Bekanntheit. Die Rasse erhält den Ehrentitel ‚Reichshunde'" (VDH 2006: 4).
10 S. Encyclopædia Britannica 2014: lemma ‚dog'.

chen Welterlebens" (Burzan/Hitzler o. J. [2014]). Diese Aspekte werden vermutlich dort besonders relevant, wo die Hundehaltung einer äußeren Funktion weitgehend entkleidet ist. Hierher gehört die Einstellung zum Hund, also etwa, ob man sich „für sein großes Liebes- und Pflegebedürfnis ein Objekt sucht" (Lorenz 1975: 52), ob man „nicht nur einen persönlichen Freund, sondern auch ein Stück unverfälschter Natur sucht" (Lorenz 1975: 53), ob man auf „körperliche Schönheit" oder auf „seelische Eigenschaften" (Lorenz 1975: 55) – und welche – Wert legt etc. Zum gegenwärtigen Zeitpunkt beschränkt sich das Forschungsvorhaben auf Hundehalter, die erwartungsgemäß nur im Pol (a) der zweiten Dimension anzutreffen sind.

Tab. 2 Verschiedene Wertungen von Hunden

Dimension	(2) Wertung des Hundes	
Pol (a)	(a i) positiv	(α) eigene „persönliche" Beziehung zum Hund
		(β) Hund „gut für Familie"
		(γ) Hunde nützlich für andere bzw. für Gesellschaft
	(a ii) neutral	
Pol (b)	(b) negativ	(α) Störenfriede
		(β) Kostenfaktor
		(γ) Hundehaltung unmoralisch

Unerwartete Schwierigkeiten beim Feldzugang führten dazu, dass die Rekrutierung zunächst nicht durch die entworfenen Dimensionen geleitet erfolgen konnte; dies ist zu Beginn einer rekonstruktiv verfahrenden Studie nicht problematisch, da in jedem besonderen Fall von Hundehaltung ein Allgemeines erscheint, das mit zu rekonstruieren man gar nicht umhin kann. Die bisher erhobenen Fälle lassen sich bereits in verschiedene Dimensionen einordnen, was aber hier nicht thematisch ist.

Hundehalter, die beim sogenannten Gassi-Gehen um ein Forschungsgespräch gebeten wurden, ließen sich nicht so ohne Weiteres dafür gewinnen; deshalb wurden über Kontaktpersonen Teilnehmer rekrutiert. Anhand der Analyse der Photographie eines Hundehalters (Loer 2016b) wurde die Strukturhypothese zur Hundehaltung zuerst entwickelt. Hier wurde Material aus den Forschungsgesprächen zugrunde gelegt, das mit der Methode der Objektiven Hermeneutik ausgewertet wurde.[11]

---

11 Wo erforderlich, wird sie im Laufe des Vorgehens näher erläutert; ansonsten sei auf die einschlägige Literatur verwiesen: Oevermann 1983, 1986, 1993 u. 2000; Loer 2006, 2010 u. in Arbeit; Wernet 2009.

3 Exemplarische Analyse

3.1 Vorbemerkung

Im Folgenden wird ein Auszug aus der Analyse eines Forschungsgesprächs mit einer Hundehalterin in Dortmund exemplarisch dargestellt. Damit soll eine Struktur aufgezeigt werden, die sich – teils mit anderen Inhalten – in Analysen weiterer Fälle ebenfalls zeigte. Bei dem hier zugrunde gelegten Material handelt es sich um den Beginn der Audioaufzeichnung eines Forschungsgespächs. Wir analyisieren das Material hier als Ausdruck eines Falls von Hundehaltung im Hinblick auf Habitus und Deutungsmuster. Pragmatisch ist das Material durch die Situation eines Forschungsgesprächs gerahmt, was impliziert, dass hier eine rollenförmige Sozialbeziehung vorliegt, in der ein Forscher Fragen zu einem vereinbarten Thema stellt und Erzählaufforderungen dazu gibt, und ein (bzw. mehrere) Gesprächsteilnehmer sich darauf eingelassen hat (bzw. haben), diese Fragen zu beantworten und den Aufforderungen nachzukommen.

3.2 Sequenzanalyse[12]

3.2.1 Aufzeichnungsbeginn

#00:00:24-4# HMA: macht sich aus m Staub; \...[13]

Auch wenn wir an dieser Stelle nicht wissen[14], ob der Aufzeichnungsbeginn, dessen Verschriftlichung wir hier vorliegen haben, mit dem Äußerungsbeginn zusammen-

---

12 Eine Sequenzanalyse erschöpft sich nicht darin, einfach das, was zeitlich nacheinander kommt oder im Text hintereinander steht, auch nacheinander der Analyse oder gar schlicht der sequenziellen Lektüre mit assoziativer ‚Deutung' zu unterwerfen. Vielmehr stellt sie ein Verfahren dar, das methodologisch in der konstitutiven Sequenzialität des Handelns mit seiner Selektivität aus regeleröffneten Optionen begründet ist (s. Oevermann 2000: 64–68; vgl. Loer 2010: 330).

13 Die Zahlen zwischen den Doppelkreuzen geben die zeitliche Zählung der Audioaufzeichnung an; HMA ist die Abkürzung eines Pseudonyms; das Semikolon steht für eine leichte Stimmsenkung; „\..." indiziert, dass die Äußerung nach der hier wiedergegebenen Stelle noch weitergeht.

14 Wir folgen hier der Maxime der künstlichen Naivetät (einer Regel der Kunstlehre der Objektiven Hermeneutik), die vorsieht, fallspezifisches Kontextwissen auszublenden, um eine weitestmögliche Explikation fallspezifischer Aspekte zu erzwingen.

fällt[15], ist klar, dass dieser Äußerung eine Eröffnung der Praxis, in der sie fällt, bereits vorausgegangen sein muss. Selbst wenn jemand mit den Worten „Macht sich aus m Staub;" in einen Raum hineinkäme, könnte er dies nur tun, wenn im Prinzip die Praxis bereits eröffnet wäre; ein Hausmeister etwa, der einen Schüler bei Verbotenem beobachtet hat und hineilte, um ihn zur Rede zu stellen, könnte dies zu einem Lehrer sagen, den er ja vermutlich zum wiederholten Male trifft – allerdings bliebe auch da die Begrüßung als Aktualisierung der Eröffnung mindestens nachzuholen, was zeigt, dass die begrüßungslose Rede eine Regelabweichung darstellte. Insofern würde es die Sparsamkeitsregel (vgl. Leber/Oevermann 1994: 228f.) verletzen, wenn wir unterstellten, dass hier eine begrüßungslose Rede vorliegt.

Aus der pragmatischen Rahmung durch ein Forschungsgespräch ergibt sich, dass es sich bei dem Sprecher entweder um den Forscher oder um seinen Gesprächspartner handelt. Damit ist es – wie in dem Hausmeister-Beispiel – offensichtlich die Rede über das Tun von jemand Drittem. Da die Aufzeichnung in die laufende Aussage hineinschneidet, kann die Frage, ob dieser durch den Sprecher genannt wurde oder ob der Sprecher das Subjekt seines Satzes elliptisch ausgelassen hat, hier nicht beantwortet werden.

Die nicht-hochsprachlich alltägliche Redeweise (der zu „m" verkürzte Artikel ‚dem') lässt darauf schließen, dass die Situation des Forschungsgesprächs vom Sprecher nicht als formelle Redesituation gehandhabt wird. Entweder versucht der Forscher hier, eine ungezwungene Atmosphäre zu schaffen, oder der Gesprächspartner verhält sich bereits einer solchen gemäß.

Was bedeutet die Redewendung ‚X macht sich aus dem Staub.'? Hierzu seien folgende Beispielsätze herangezogen: ‚Der Bote macht sich aus dem Staub, bevor er die Antwort auf seine Botschaft erhalten hat.' und: ‚Der Bote macht sich aus dem Staub, nachdem er die Antwort auf seine Botschaft erhalten hat.' Der erste Satz scheint angemessen: Es war zu erwarten, dass der Bote die Antwort mitnimmt; dieser Erwartung hat er zuwidergehandelt. Beim zweiten muss eine im Satz nicht enthaltene Bedingung unterstellt werden: Entweder war aus zusätzlichen Gründen seine Anwesenheit am Ort, an dem er die Antwort empfing, noch erwartet worden, oder er kehrte nicht zu dem Ausgangsort zurück, an dem er als Überbringer der Antwort erwartet wurde. Dass die weitere Anwesenheit noch erwartet wird, ist offensichtlich die Bedingung dafür, dass man ein Weggehen mit der fraglichen Redewendung bezeichnen kann. Derjenige, der sich aus dem Staub macht, verlässt

---

15 Zwar verweist die Zahl der bereits verstrichenen Sekunden (24-4) darauf, dass die Aufnahme bereits lief und die Äußerung folglich ungeschnitten beginnt, aber ein Anhören der Aufnahme macht deutlich, dass erst ab Sek. 24-1 überhaupt etwas (ein Rauschen) zu hören ist.

also einen Ort vor der Zeit. Zudem verlässt er ihn auch unbemerkt – man kann nicht sagen: ‚Mit großem Getöse machte er sich aus dem Staub.' –, und rasch – man kann nicht sagen: ‚Langsam machte er sich aus dem Staub.'[16] Es verweist also auf eine absichtliche Flucht;[17] derjenige, über den die Aussage getroffen wird, muss also ein handlungsfähiges Subjekt sein.

Was ist nun die Erfüllungsbedingung für eine solche Äußerung? Entweder ist derjenige, über den gesprochen wird, abwesend – dann müsste das Sich-aus-dem-Staub-Machen in einer Zeit liegen, die sich von der Gegenwart der Erzählung unterscheidet, aber Selbsterlebtes vergegenwärtigt[18] – oder er ist anwesend und seine Flucht vollzieht sich im Moment der Aussage – dann wäre sie aber ja nicht unbemerkt geblieben; vor allem aber dürfte der Fliehende die Bemerkung nicht hören, denn sonst würde über einen Anwesenden in der dritten Person gesprochen, was einer Verdinglichung gleichkäme. Es muss also hier entweder der Forscher oder der Gesprächspartner eine Bemerkung über einen Dritten machen, dessen Anwesenheit beim Forschungsgespräch erwartet wird, der sich aber unauffällig und rasch entfernt. Das könnte im Prinzip nur ein weiterer Gesprächspartner sein, der sich nach gegebener Zusage dem Gespräch durch Flucht entzieht. Eine Variante davon erscheint als wahrscheinlich: Ein Familienvertreter hat die Zusage zu einem Forschungsgespräch mit der Familie gegeben und ein Kind, das nicht selbst explizit zugesagt hatte, entzieht sich der Zumutung, in die allgemeine Zusage einbegriffen zu werden. Es ist nun auszuschließen, dass der Forscher diese Äußerung tut, da er sonst übergriffig das Verhalten eines seiner Gesprächspartner kommentieren würde.

.../ aber du bleibst hier! \...[19]

Wie leicht zu findende Beispiele zeigen, unterstreicht der adversative Junktor „die Ungleichheit des Gleichartigen" und bringt „einen Kontrast [...] zum Ausdruck" (Weinrich 1993: 813; vgl. dort 813ff.). Hier bleibt die Bezugssituation (Forschungsgespräch) dieselbe, der in ihr Handelnde aber ist ein anderer und verhält sich kontrastiv. Dabei wird hier noch eine vierte Person eingeführt. Das gedankenexperimentell entworfene Szenario der Familie wird wahrscheinlicher: Ein Kind macht sich ‚aus

---

16 Wenn man sagt: ‚Wir sollten uns langsam aus dem Staub machen.', so ist damit gemeint, dass der Zeitpunkt des – dann raschen – Rückzugs sich langsam nähert.
17 Der Duden verweist darauf, dass es eigentlich bedeute, „sich in einer Staubwolke heimlich aus dem Schlachtgetümmel [zu] entfernen" (2001: lemma ‚Staub').
18 Vgl. hierzu die Ausführungen zum historischen Präsens bei Käte Hamburger (1987: 91–101; hier insbes.: 92).
19 „.../" indiziert, dass die Äußerung bereits vor der hier wiedergegebenen Stelle begonnen hat.

dem Staub', ein zweites wird noch rechtzeitig und energisch zum Bleiben und damit zur Teilnahme am Forschungsgespräch aufgefordert.

.../ (4 s Pause) \...

Auffällig ist, dass der Aufgeforderte nicht antwortet; das spricht dafür, dass es sich tatsächlich um eine noch nicht autonome Person handelt, die den Anordnungen stumm Folge leistet. Die Pause ist relativ lang, was durch die potenzielle Peinlichkeit motiviert sein könnte, die dadurch entsteht, dass ein Familienmitglied vor einer fremden Person autoritativ behandelt wird.

.../ nun geh wacker, \...[20]

Mit der auf die Aufforderung zum Bleiben folgenden gegenteiligen Aufforderung zementiert der Sprecher seine Autorität: Nachdem der Angesprochene vier Sekunden lang Gehorsam bewiesen hat, was durch das „nun" markiert wird, wird ihm gnädig Dispens erteilt, der zudem als ermunternde Aufforderung kaschiert wird (i. S. v.: ‚Spring nur munter von dannen...'). Dies könnte eine Korrektur des autoritativen Auftretens sein, zu der der Sprecher sich im Sinne der „kulturelle[n] soziale[n] Erwünschtheit" (Esser 1986: 6) veranlasst fühlt. So könnte etwa ein Vater zu seinem Kind reden, mit dem er die Straße überquert, wobei das Kind noch so klein ist, dass es die Situation – die herannahenden Autos – nicht angemessen einschätzen kann. Ein Bergführer, der eine gefährliche Rinne wegen drohenden Steinschlags rasch unterqueren will, was sein Berggast nicht angemessen einschätzen kann, könnte gleichwohl nicht so reden. Es bedarf also über die sachliche Unvertrautheit mit der Situation hinaus auch der (noch) nicht vollgültigen Autonomie des Aufgeforderten. Die adverbiale Verwendung von ‚wacker' im Sinne von ‚rasch, schnell', mit der gewissermaßen die sachlich angemessen als ‚rasch' bezeichnete Bewegung als persönlich ‚munter' ausgewiesen wird, ist ruhrgebietsspezifisch[21] und damit nicht dem Sprecher zuzurechnen; sie gehört vielmehr zur Sprachkultur, der er angehört, liegt also auf der Ebene der Eröffnungsparameter.[22]

---

20 Das Komma indiziert eine leichte Stimmhebung.
21 Laut telefonischer Auskunft von Robert Damme, Kommission für Mundart- und Namenforschung Westfalens, am 1. April 2015 gibt es Belege für diese Verwendung im Ruhrgebiet in den Kreisen Recklinghausen, Dortmund, teilweise bis Soest reichend, aber sonst in Westfalen klarerweise nicht.
22 Als Eröffnungsparameter werden in der Objektiven Hermeneutik diejenigen Regeln bezeichnet, die für die Praxis, die als Fall untersucht wird, Handlungsoptionen eröffnen.

*.../ geh wacker da rein; (..) \...*²³

Hier erweist sich, dass die Aufforderung zu gehen nicht der Gegensatz zu derjenigen zu bleiben ist, sondern möglicherweise deren Fortführung.²⁴ Das modifiziert das bisherige Ergebnis. Möglicherweise ist der Ort, an dem das Forschungsgespräch stattfinden soll, noch nicht erreicht, es ist der Ort, der durch das Positions-Adverb ‚da' (Weinrich 1993: 557–561) markiert wird. Die ganze Äußerung „geh wacker da rein;" erscheint allerdings nun – vor allem aufgrund der leichten Stimmsenkung – weniger als Aufforderung denn als begleitende Kommentierung eines ablaufenden Geschehens, die dann eher eine Zustimmung ausdrückt: Wenn etwa ein kleines Kind im Begriff ist, von der Straße aus in einen umfriedeten Hof zu treten, und sich unter Umständen noch einmal fragend zu dem begleitenden Erwachsenen umschaut, könnte dieser sich so äußern.

.../ nun geh da rein; (..)

Auch diese Äußerung wird – mit gleicher Intonation – wiederholt; sie erweist sich somit als Bestätigung oder auch Ermunterung des Tuns, womit sie zugleich die eigene Autorität vollzieht sowie das Tun als richtig anerkennt. Im Prinzip ist dies eine typische Handlung für eine Situation primärer Sozialisation, in der der Sozialisand noch der Vergewisserung und Strukturierung seines Tuns bedarf (vgl. Oevermann 1995/96: 18f.), sich aber gleichzeitig als eigenständig Handelnder erweisen muss. Nun ist es sehr unwahrscheinlich, dass ein Forschungsinterview mit so kleinen Kindern gemacht bzw. deren Anwesenheit erwartet wird. Insofern müssen wir die Kommentierung des wohl erwartbaren Weggehens des Kindes als ‚sich aus dem Staub machen' als überschüssige Kommentierung deuten, die (a) die Handlung des Weggehens dem Subjekt als Flucht intentional zuschreibt, wohl wissend, dass dies eine Zuschreibung ist – es sei denn, (b) das erste Kind wäre wesentlich älter als sein verbleibendes Geschwister. Sollte (a) vorliegen, kann aus Anzeichen in der äußeren Realität die Handlung des Weggehens nicht als Flucht gedeutet werden und wir müssen schließen, dass dem Sprecher selbst sich in seiner inneren Realität die Situation als eine Flucht motivierende, unangenehme darstellt; auch bei (b) ist dies naheliegend, handelte es sich doch auch dort um eine Deutung des Weggehens als Flucht. (Er hätte ja z. B. auch sagen können: ‚X will nicht stören.')

Wie kann nun die Deutung dieser Äußerungssequenz zusammengefasst und möglicherweise eine erste Fallstrukturhypothese formuliert werden? Der Sprecher

---

23 Die zwei Punkte in runden Klammern indizieren eine Pause (unter drei Sekunden).
24 Auch wenn es sich um eine Spezifizierung handelt, verweist die Wiederholung der Aufforderung, munter zu gehen, unmittelbar nachdem sie bereits erfolgte, darauf, dass die vierte Person nicht autonom ist.

hat bezüglich der – ja noch nicht eingerichteten – Situation des Forschungsgesprächs ein gewisses Unbehagen, das ihm aber latent bleibt und in seinen Äußerungen indirekt zum Ausdruck kommt. Dabei behandelt er die dritte und vierte Person als zu sozialisierende Kinder, für die er von der von ihnen noch nicht intentional realisierten Bedeutungsstruktur ihres Handelns spezifische Lesarten realisiert und damit ihnen bestimmte Intentionen als ihre eigenen verfügbar macht. Wenn wir nun die explizierten pragmatischen Erfüllungsbedingungen mit dem realen äußeren Kontext vergleichen, den wir aus den Feldnotizen des Forschers beziehen, so sehen wir, dass es sich bei den so behandelten ‚Personen' um zwei Hunde handelt. Aufgrund der Sparsamkeitsregel kann nicht davon ausgegangen werden, dass der Sprecher die Hunde für Personen hält – auch zeigt die Tatsache, dass er über den ‚Fliehenden' spricht, obwohl dieser es hört und damit verdinglicht würde, wenn es sich nicht um ein nicht-personales Objekt handelte, dass der Sprecher sie als Nicht-Personen begreift. Zugleich aber behandelt er sie objektiv gleichwohl als Personen, und zwar als zu sozialisierende Kinder. Dass der Hundehalter sich in einer Situation, die eher eine Orientierung an dem sozial Erwünschten nahelegt, so verhält, zeigt, dass er davon ausgeht, dass sein Handeln sozial anerkannt ist. Hundehaltung – so die sich hier ergebende Fallstrukturhypothese – erweist sich in diesem Fall als durch eine *personalisierende Haltung zum Hund* bestimmt.

3.2.2 Thematisch einschlägige Stelle

Zur genaueren Bestimmung der Fallstrukturhypothese wird im folgenden eine thematisch einschlägige Stelle analysiert.

> #00:00:21-6# F: *Genau es geht eigentlich darum, was für ne Rolle spielt der Hund (') in ihrem {Leben [lachend] (HMA: ja [lachend])} so ähm ja; wie= is er in den Alltag eingebaut, wenn Sie da auch mal erzählen würden, was=*[25]

Der Forscher bestätigt mit „Genau", dass es um eine „Beziehung" geht – so hatte der Gesprächspartner es vorher unbestimmt formuliert; allerdings sieht er angesichts der Unbestimmtheit Erläuterungsbedarf, den er einerseits durch den unmittelbaren Anschluss an das „Genau" als Spezifikation rahmt, andererseits deutet er durch das modifizierende Adverb eine Korrektur an. Die nun formulierte Frage neutra-

---

25 F ist das Kürzel für den Forscher; das Hochkomma in runden Klammern indiziert eine kurze Pause (unter einer Sekunde); auf hier nicht kursiv Gedrucktes bezieht sich der anschließende Kommentar in eckigen Klammern; runde Klammern umschließen kurze Einschübe eines anderen Sprechers; geschweifte Klammern umspannen gleichzeitig Geäußertes; das Gleichheitszeichen indiziert einen schwebenden Tonfall. Die Zeitmarkierung ergibt sich aus der Unterbrechung der Aufnahme zwischen den beiden Sequenzen.

lisiert die Ambivalenz, nimmt die Bedeutung des Verhältnisses als persönliches zurück. Mit „was für ne" anstatt von ‚welche' bleibt die „Rolle" sehr unbestimmt. Bei letzterem wäre nach einer bestimmten Rolle aus einem Set von möglichen gefragt; hier hingegen wird es dem Gesprächspartner überlassen, wie er die Rolle bestimmen will. Die gewählte Formulierung ‚was für eine Rolle spielt der Hund in Ihrem Leben' ist sicher vorformuliert, sodass möglicherweise ein akustisch nicht aufgezeichnetes Ereignis die kurze Pause und dann möglicherweise auch das Lachen der Gesprächspartner motiviert hat. Methodisch ist diese Annahme durchaus angemessen, gibt es doch zwei Textbestandteile, die sich so erklären ließen – wenn etwa der Hund sich in diesem Moment bemerkbar gemacht haben sollte, würde es zum Lachen reizen, wenn man dies deuten würde, als schicke er sich quasi selbst an, eine Antwort auf die Frage zu geben.[26] Im dann Folgenden thematisiert der Forscher den Hund als eine Sache („eingebaut") und hält, indem er nicht eine spezifische Frage stellt, sondern die Fragewörter in der Schwebe lässt, die Antwortmöglichkeit offen.

#00:00:34-0# HMA: ja; \...

Dass Frau Altenburg[27] nun nicht eine konkrete Frage abwartet, sondern direkt ihre Zustimmung gibt – die leichte Stimmsenkung indiziert dies –, zeigt ihre Gesprächsbereitschaft, ja zeigt an, dass sie gern beginnen würde. Somit wäre zu erwarten, dass sie nunmehr eine Erzählung beginnt.

.../ joa; \...

Es erfolgt aber eine weitere Zustimmung, die jedoch, trotz der leichten Stimmsenkung, etwas zögerlicher ausfällt und fast als Konsiderator[28] fungiert. Die erste Zustimmung diente offensichtlich der Beschleunigung, ohne dass ihre inhaltliche Füllung: die Erzählung, bereits zur Verfügung gestanden hätte; dies wird nun in der zweiten Zustimmung realisiert, die Zeit zum Überlegen verschafft.

.../ also ne ganz normale Rolle \...

Der Anschluss mit „also" fasst – sei es als Adverb oder als davon abgeleitete Partikel – immer etwas Vorausgegangenes zusammen, nimmt es erläuternd oder weiterführend auf und schlussfolgert also daraus bzw. baut darauf auf. Da in der im Protokoll

---

26 Auch das nachfolgende kurze Zögern könnte dadurch motiviert sein, dass der Hund sich in dem Moment bemerkbar machte.
27 Pseudonym des – weiblichen – Gesprächspartners.
28 Der Vorschlag, jene Partikeln, die ein Überlegen indizieren, Konsideratoren zu nennen, wurde bereits in einer früheren Arbeit (Loer 1996: 124) gemacht.

repräsentierten äußeren Realität bisher nichts Entsprechendes vorausgegangen ist, muss dies in der inneren Realität der Sprecherin vorliegen. Den Gedanken, den sie nun ausführt, zu fassen, hat sie sich durch die vorausgegangene verzögerte zweite Zustimmung Zeit verschafft. Das Adverb ‚ganz'[29], das das Adjektiv näher bestimmt, kann eine wörtliche Bedeutung haben: ‚Das Essen war ganz furchtbar' heißt, dass das Essen vollständig schlecht war – oder eine gegenteilige: ‚Das Wetter war ganz gut' heißt, dass das Wetter ziemlich gut, aber eben nicht voll und ganz gut war. Einmal kann ‚ganz' einschränkend i. S. v. ‚einigermaßen' und einmal intensivierend i. S. v. ‚vollständig' oder ‚sehr' gebraucht werden; dabei fällt auf, dass es eindeutig positive Adjektive in der Regel einschränkt, eindeutig negative in der Regel intensiviert; zudem scheint es von der Betonung abzuhängen, ob ‚ganz' einschränkend oder intensivierend wirkt: wird ‚ganz' betont, wirkt es intensivierend, wird das Adjektiv betont, wirkt ‚ganz' einschränkend.

Frau Altenburg hat sich, so muss geschlossen werden, nicht eine Erzählung zurechtgelegt, sondern vor Augen geführt, was für eine Rolle ihr Hund in ihrem Leben spielt, und ist zu dem dann ausgesprochenen Schluss gekommen. Mit ‚normal' wird in der Regel etwas bezeichnet, das einem Modell entspricht und von ihm nicht in auffälliger Weise abweicht (vgl. Loer 2008: 169). Allerdings wird es erst dann explizit so bezeichnet, wenn es eine Vermutung der Abweichung gibt. Etwas ungefragt als ‚normal' zu bezeichnen zieht folglich die Vermutung ‚qui s'excuse s'accuse' nach sich. In diesem Sinne drückt sich in der Äußerung von Frau Altenburg aus, dass für sie die Rolle, die ihr Hund in ihrem Leben spielt, einem akzeptierten Modell entspricht. Zugleich betrachtet sie dies aber, zumal sie ‚normal' mit „ganz" einschränkt, als infrage gestellt und ist sich darin folglich nicht völlig sicher. Dies kann man sich verdeutlichen, wenn man es mit der folgenden möglichen Äußerung konfrontiert: ‚Was soll er schon für eine Rolle spielen; er ist halt mein Hund.' Diese Formulierung würde ebenfalls die Normalität der Rolle des Hundes behaupten – aber als selbstverständlich, ohne Skepsis.

.../ *eigentlich, ne, (F: ja)* \\...

In dem nachgestellten Adverb kommt nun diese Skepsis nochmals zum Ausdruck. Wenn wir von jemandem sagen, er sei ‚eigentlich normal', gestehen wir damit zugleich zu, dass er es in (mindestens) einer bestimmten Hinsicht nicht ist. Mit der nachklappenden Frage – „ne," ist ja die Kurzform von „nicht wahr" – fordert Frau Altenburg dann noch das Einverständnis des Forschers ein, das sie auch erhält.

---

29 Für die Diskussion dieser Frage danke ich Regina Loer (Hamburg).

…/ also ich muss sagen (') ja, \…

Es wird nun eine weitere Erläuterung, und zwar hier eine der Aussage, der Hund spiele eine „ganz normale Rolle", eingeleitet. Die Formulierung „ich muss sagen" richtet sich in der Regel gegen eine gegenteilige Erwartung. Sagt man: ‚Ich muss sagen, der Film war gut.', so hatte man wenig erwartet von der Qualität des Films. Das Modalverb drückt einen Zwang aus, der sich daraus ergibt, dass man eine Haltung korrigiert oder sich gegen eine Erwartung stellt und somit eine Rechtfertigungspflicht übernimmt. Für Frau Altenburg spielt der Hund also eine andere Rolle, als man erwarten würde bzw. als sie bisher annahm. Die kurze Pause und das leicht fragende „ja" bringen zudem zum Ausdruck, dass Frau Altenburg sich von dem, was sie ‚sagen muss', gewissermaßen noch selbst überzeugen muss.

…/ im Endeffekt \…

Aber auch nun sagt sie, was sie zu sagen hat, noch nicht direkt, sondern modifiziert es, indem sie es als letztlich erzielten Effekt, als Endergebnis kennzeichnet. Wir sagen ‚Im Endeffekt war es eine gelungene Tagung.', wenn wir am Ende zwischenzeitliche Bedenken überwunden haben bzw. zwischenzeitlich auftretende Momente des Misslingens geringer werten als das Endergebnis.

…/ fast wie \…

Die Abschwächung setzt sich fort: Was immer der „Endeffekt" ist, er stellt kein vollgültiges Ergebnis dar („fast") und kann offensichtlich auch nicht direkt, sondern nur mittels eines Vergleichs („wie") ausgedrückt werden. Nehmen wir den inneren Kontext, also unser aus der bisherigen Analyse stammendes Kontextwissen, hinzu und sehen, dass es ja um die Rolle des Hundes geht, so zeigt sich, dass diese keine ohne weiteres eigenständig bestimmbare ist. Handelte es sich etwa um einen Wachhund, so wäre doch zu erwarten, dass gesagt würde: ‚Der Hund spielt die Rolle des Wächters.' Oder: ‚Der Hund fungiert als Wächter.' Womit könnte er nun stattdessen verglichen werden? ‚Der Hund spielt eine Rolle fast wie…?' Es muss sich um eine uneigentliche Rolle handeln, um etwas, das von seiner Funktion als Hund, welche immer diese sein mag, abweicht oder über seine Funktion als Hund hinausweist.

…/ n Familienmitglied \…

Der Vergleich des Hundes mit einem „Familienmitglied" ist nach der Analyse der Eingangssequenz nicht überraschend. Frau Altenburg hat dort die Hunde ja als Kinder der Familie angesprochen. Aufschlussreich ist die Art und Weise, wie sie diesen Vergleich durchführt: sehr zögerlich, zurückhaltend und gegen angenommene anderweitige Erwartungen. Die erste Strukturhypothese als Ergebnis der obigen Analyse muss nun erweitert werden. Wenn jemand im Bewusstsein, dass es sich *nicht* um die Wirklichkeit handelt, handelt, *als ob* die Welt wirklich so wäre, so bezeichnen wir diese Welt bzw. dieses Handeln als fingiert. Die Hunde werden also als zu sozialisierende Kinder fingiert. Hans Vaihinger hat gezeigt, dass „alle Fiktionen schließlich auf die komparative Apperzeption zurückzuführen" sind (1920: 95; Sperrung i. Orig.)[30], das heißt auf ein vergleichendes urteilendes Erfassen. Frau Altenburg vergleicht also ihr reales Leben mit den Hunden mit den objektiv-realen Möglichkeiten eines Lebens, bei dem die Hunde zu sozialisierende Kinder wären und erfährt es, *als ob* sie diese Möglichkeiten ergreifen könnte.[31]

.../ schon, \...

Das nachgestellte ‚schon' fungiert hier als Adverb, was bedeutet, dass der Hund früher oder in größerem Ausmaß als erwartet zum Familienmitglied wurde (vgl. Weinrich 1993: 579). Da eine solche Erwartung nicht thematisiert wurde, wird sie als generalisierte unterstellt. Dass ein Hund sich zum Familienmitglied entwickelt, wird generell nicht erwartet, muss aber grundsätzlich als Möglichkeit gedacht werden – so wie etwa bei einem Schüler, von dem gesagt wird, er führe sich schon auf wie ein Lehrer, nicht erwartet, aber grundsätzlich für möglich gehalten wird, dass er Lehrer wird, und es wird angezeigt, dass er sich ein entsprechendes Verhalten weitgehend angeeignet hat.[32] Zusammengenommen mit der konstatierten Abschwächung haben wir hier eine interessante Bewegung vorliegen: Frau Altenburg realisiert, dass der Hund für sie eine Rolle spielt, die über die kulturelle Erwartung hinausgeht, was deutlich werden lässt, dass das für sie Selbstverständliche in Spannung zu von ihr geteilten kulturellen Vorstellungen steht. Diese Vorstellungen sind Moment ihrer Selbstdeutung, deren Dissonanz zu ihrem Handeln sich – auch ihr – hier bemerkbar macht. So gerät Frau Altenburg in eine kognitive Dissonanz. Leon Festinger bestimmt in seiner Theorie der kognitiven Dissonanz: „two elements are in a dissonant relation if, considering these two alone, the obverse of one element

---

30 Hier geht es nicht um literarische Fiktionalität, weshalb die Einschränkung, die Käte Hamburger an Vaihingers Bestimmung zu Recht vornimmt, unsere Analyse nicht berührt. Hamburger weist darauf hin, dass Vaihinger die Differenz von fingiert und fiktiv nicht beachtet (1987: 58), und macht deutlich, dass in literarischen Fiktionen „der Schein von Wirklichkeit erzeugt" wird (Hamburger 1987: 59), in dem wir, solange wir etwa lesen, „verweilen, doch nicht so, als ob es eine Wirklichkeit wäre" (Hamburger 1987: 60). In der fingierten Wirklichkeit, hier der des Hundes, jedoch verweilen wir, als ob sie wirklich wäre. Damit ergibt sich eine Wirkmächtigkeit dieser Wirklichkeit.
31 Vgl. zu einer inhaltlich ganz anders gelagerten Als-Ob-Gegenständlichkeit des Hundes: Loer 2016b.
32 Durch die Nachstellung ist ausgeschlossen, dass ‚schon' hier als Abtönungspartikel fungiert und die vorangehende Aussage somit eingeschränkt (vgl. Weinrich 1993: 850) wird.

would follow from the other" (Festinger 1966: 13). Hier ist dies (a) ihr ihr nun bewusst werdendes Handeln[33]: der Hund wird episodisch *als* zu sozialisierendes Kind behandelt und perpetuierend, *als ob* er ein Familienmitglied wäre, und (b) das von ihr geteilte realitätshaltige kulturelle Deutungsmuster, dass Hunde *nicht* Familienmitglieder *sind*.

.../ *ne, (F: hh) also klar, wo ich hingeh geht der Hund hin, (F: ja)* \...

Die Formulierung betont die Enge der Bindung an den Hund.[34] Es zeigt sich die Wirkmächtigkeit der fingierten Wirklichkeit gegenüber dem gleichzeitig präsenten kulturellen Deutungsmuster: Auch wenn Frau Altenburg in ihrer Deutung die Fingiertheit anerkennt, zeigt sich doch in den praktischen Konsequenzen ihres Handelns, dass die fingierte Wirklichkeit wirkmächtig und in diesem Sinne real ist. Es kommt hier also das sogenannte Thomas-Theorem zum Tragen: „If men define situations as real, they are real in their consequences" (Thomas/Thomas 1928: 572; vgl. hierzu Loer 2006: 367–370). Aufschlussreich zu sehen ist dabei, dass „define" nicht im Sinne einer kognitiven, begrifflichen Bestimmung, sondern als ‚eine Haltung zur Welt einnehmen' verstanden werden muss. Frau Altenburgs ‚defining her dog' lässt sich als Haltung explizieren, ihren Hund zu behandeln, als ob er ein reales Familienmitglied wäre. Nachdem in dem direkten Umgang mit den Hunden diese episodisch als zu sozialisierende Kinder behandelt wurden, wird jetzt die Ehepartnerschaft aufgerufen, wie sie in einem oft verwendeten Trauspruch formuliert ist: „Wohin du gehst, dahin gehe auch ich, und wo du bleibst, da bleibe auch ich" (AT, Ruth 1,16). Durch die verdichtende Formulierung (die Ellipse sowohl des Positions-Relativs ‚da' als auch des Adverbs ‚auch') und das Präsens, das ja nicht eine aktuelle Handlung markiert und sich somit hier auf „zeitlos Gültiges" (Weinrich 1993: 214) bezieht, wird die Aussage apodiktisch und so die besondere Enge der Beziehung und ihre Unverbrüchlichkeit deutlich. So setzt sich hier der Habitus: ein Set von (meist unausgesprochenen) Maximen der Lebensführung, denen im Zweifel gefolgt wird (vgl. Loer 1996: 310ff.), gegenüber dem zugleich geteilten kulturellen Deutungsmuster (vgl. Oevermann 2001a u. 2001b) durch.

---

33 Handeln und Wissen treten nicht unmittelbar in einen Gegensatz, sondern als Kognitionen, d. h. erst dann, wenn die Vorstellung des Handelns oder auch seine Begründung dissonant zu zu ihr in relevanter Relation stehenden kognitiven Elementen wird (vgl. hierzu Loer 2007: 141–164).

34 Die detaillierte Darstellung der Analyse (s. Loer in Arbeit) wird hier nun aus Platzgründen durch eine resümierende abgelöst.

…/ *und wenn jemand von vornherein sagt er möchte nicht dass der Hund dann überleg ich mir jetzt zweimal ob ich fahr; (F: ah ja; mmh) ja also wenn ich jetzt irgendwo auf ne Feier geh oder so und jemand sagt von vornherein den Hund will ich nich und ich hab (') niemandn der auf mein_n Hund aufpasst oder (F: mhm) das dauert mir zu lange, dann fahr ich auch nicht;* \…

Eine detaillierte Analyse dieser Äußerungssequenz reichert das Ergebnis noch an, modifiziert es aber nicht; hier sei jetzt nur noch auf die Implikation des letzten Teilsatzes verwiesen. Es wird die Konsequenz ausgesprochen: dass Frau Altenburg nicht zu der Feier geht. Allerdings wird dabei durch das Fokus-Adverb „auch" der Hund dem „ich" gleichgestellt und somit die Partnerbeziehung implizit wieder aktualisiert.

3.3 Formulierung der Fallstrukturhypothese

Wir haben es hier offensichtlich mit einer auf der Habitusebene liegenden engen persönlichen Bindung an den Hund zu tun, in der episodisch eine phantasierte Wirklichkeit (der Hund wird *als* Partner in einer diffusen Sozialbeziehung behandelt) in eine perpetuierende fingierte Wirklichkeit (der Hund wird behandelt, *als ob* er Partner in einer diffusen Sozialbeziehung wäre) eingebettet ist. Dies geht mit einem dazu in Spannung stehenden geteilten realitätshaltigen kulturellen Deutungsmuster: dass Hunde eben Tiere und nicht Personen sind, einher. Nach der Rekonstruktion der Fallstruktur hätten nunmehr ihre weitere Präzisierung und der Versuch ihrer Falsifikation zu erfolgen, was hier nicht dargestellt werden kann. Einschlägige Stellen, d. h. starke Kandidaten für einen Falsifikator, wurden nicht gefunden; die potenziellen Kandidaten führten nicht zu einer Falsifikation. Bis auf weiteres kann die Hypothese über die Fallstruktur von Frau Altenburg also als bestätigt gelten.

3.4 Vorläufige Strukturgeneralisierung

Wie ist die in der rekonstruierten Fallstruktur vorhandene Spannung, die bei Bewusstwerden eine kognitive Dissonanz erzeugt, begrifflich genauer zu fassen? Der Habitus der *phantasierten* Wirklichkeit wäre nur stabilisierbar um den Preis einer pathologischen Realitätsverleugnung; er scheitert an der Erfahrung der Realität des Hundes als Hund und wird zudem durch das realitätshaltige Deutungsmuster unter Druck gesetzt. Der Habitus der *fingierten* Wirklichkeit erscheint so als eine Möglichkeit, das, was die phantasierte Wirklichkeit leisten könnte, zu retten – unter Beibehaltung der Realitätszugewandtheit. Das klingt nach einer echten Kompromissbildung: Da Fälle von echter pathologischer Praxis, in der z. B. Hunde perpetuierend *als* Personen behandelt werden, selten sind[35], muss die fingierte Wirklichkeit als Kompromiss „eines jeden der beiden Teile Rechnung" tragen (Freud 1976: 78) und eigenständig neben der Wirklichkeitsflucht so etwas wie Welterweiterung leisten. Ausgehend von dem hier dargestellten Fall – und weiteren Fällen – lässt sich festhalten, dass *Hunde als Objekte im Modus des Als-Ob ein fingiertes Leben ermöglichen* und dass *Hundehalter sich durch den Hund ein fingiertes Leben schaffen*, ohne dass damit aber das realitätshaltige Deutungsmuster, dass es sich bei Hunden um Tiere handelt, getilgt wäre. Diese Struktur kann inhaltlich ganz unterschiedlich ausgestaltet sein. So finden sich neben der fingierten Familien-[36] oder Partnerbeziehung[37], in der die Tiere behandelt werden, als ob sie Personen wären[38], fingierte lustige Jägerei[39], auch fingierter Adel (Loer 2016b), wobei die Tiere als spezifische Attribute fungieren, mittels derer eine fingierte Wirklichkeit geschaffen wird, fingierte Solidarität[40], fingierte Ordnungshüterschaft (vgl. Gebhardt 1978: 180–197), fingierte Verruchtheit und weiteres. Wenn sich die Strukturgeneralisierung als tragfähig erweisen sollte, so stellt sich eine Reihe von Fragen.

---

35 Selbst unter den extremen – fiktiven, aber realistischen – Fällen in dem Film „Tierische Liebe" (s. Fn. 37).

36 S. z. B. auch Sigmund Freuds Bemerkung, dass ihm der Schäferhund „Wolf […] fast das verlorene Heinele [sc.: einen verstorbenen Enkel] ersetzt" (Sigmund Freud an Jeanne Lampl-de Groot am 22.02.1927, zit. n. Molnar 1994: 85).

37 Vgl. Gebhardt 1978: 171. Ulrich Seidls Film „Tierische Liebe" (1995) macht insbesondere die fingierte Partnerbeziehung, aber auch andere fingierte Lebensgestaltungen in gesteigerter Form sehr anschaulich und führt zu sinnlicher Erkenntnis der hier begrifflich explizierten Fallstruktur. Dank an Andreas Zäh (Alfter) für den Hinweis auf diesen Film.

38 Um nochmals auf Freud zu verweisen: Er markierte das Verenden seiner Hündin in seinem Tagebuch wie den Tod einer Person: „† Jofi an Herzschwäche" (Freud 1996: 379).

39 Vgl. die Empfindung des Ich-Erzählers in Thomas Manns „Idyll" „Herr und Hund", als ihm sein Hund durch Krankheit entzogen ist: „Aber meine Spaziergänge waren fortan, was ungesalzene Speisen dem Gaumen sind; sie gewährten mir nur wenig Vergnügen. Kein stiller Freudensturm herrschte bei meinem Ausgang, kein stolzes Jagdgetümmel um mich her unterwegs. Der Park schien mir öde, ich langweilte mich" (Mann 1990: 594).

40 Eine Gesprächspartnerin, die – nicht ganz legal – einen Straßenhund aus Griechenland ‚gerettet' hat, gibt ihm eine individuierende Geschichte, die Individualität rückprojiziert: „Luna war ein Straßenhund".

4 Fragen und Weiterungen

(a) Warum eignen sich Hunde besonders für die Schaffung einer fingierten Wirklichkeit?

Hierfür ist sicherlich entscheidend, dass Hunde als Angehörige der Art ‚Canis lupus' Rudeltiere, also soziale Wesen sind[41] und dass insofern ihre Reaktion auf menschliche Zuwendung, die die Spezifik ihres Verhalten berücksichtigt (vgl. Lorenz 1975: 31-46), also ein artspezifisches Signal darstellt, sich als Antwort umdeuten lässt. In Anlehnung an eine Formulierung von Sigmund Freud (1990: 102 u. 1991a: 200f.) könnte man von einem sozialen Entgegenkommen für kulturelle Umdeutung sprechen. Zudem wäre der Überlegung von Freud nachzugehen, inwiefern „die Abwesenheit jeglicher Ambivalenz"[42] in der Beziehung zu Hunden im Gegensatz zu der Beziehung zwischen Personen, in denen „Liebe und Haß einander die Waage halten" (1991b: 528), das genannte Entgegenkommen noch steigert. Darüber hinaus ist sicher wichtig, dass Rudel eine klare Sozialstruktur haben,[43] sodass Hunde, wenn der Besitzer entsprechendes ‚Leittier-Verhalten' zeigt, sehr gehorsam sind (vgl. Mann 1990: 541) und – da die „lange gemeinsame Evolution von Hund und Mensch […] zu einem im Tierreich einzigartigen Vermögen der Hunde geführt [hat], menschliche Gestik und Mimik zu erfassen" (Prothmann 2007: 21) und enstprechend darauf zu reagieren[44] – sie sich in den humanen Alltag einfügen.[45] Zudem sind Hunde resp.

---

41 „The dog is a social creature. It prefers the company of people and of other dogs to living alone" (Encyclopædia Britannica 2014: lemma ‚dog').

42 So Anna Freud, eine Äußerung Sigmund Freuds wiedergebend (Molnar 1994: 81). Wo er „die Gründe, weshalb man ein Tier wie [die Chow-Chow-Hündin] Jofi mit so merkwürdiger Tiefe lieben kann", anführt, nennt Freud auch „Zuneigung ohne Ambivalenz" (zit. n. Gebhardt 1978: 64).

43 „H. leben überwiegend sozial, zumindest zeitweise in engeren oder weiteren Familienverbänden oder Rudeln mit festgelegter Rangordnung" (Brockhaus 1997, Bd. 10: 32; vgl. Gebhardt/Haucke 1996: 38f., Gebhardt 1978: 144).

44 „Die evolutionäre Entwicklung des Hundes hat ihn hervorragend […] an das Zusammensein mit dem Menschen angepasst" (Prothmann 2007: 247). Es kann hier nicht diskutiert werden, ob dies angemessen als „Koevolution" (Prothmann 2007: 37) zu bezeichnen ist oder ob nicht Konrad Lorenz' nüchternen Hinweis darauf, dass der „Hund allein unter allen Lebewesen […] seit mindestens 12.000 Jahren auf [entsprechende] Eigenschaften hin gezüchtet worden" ist (zit. n. Gebhardt 1978: 80), die Sache besser trifft.

45 Dass hier rassenspezifische Unterschiede bestehen, zeigt deutlich die Besprechung von hundert Rassen in Gebhardt/Haucke 1996: 71–225; die Autoren machen auch deutlich, dass mit vorhersagbaren Verhaltensunterschieden innerhalb der Rassen je nach Aufzucht und Dressur (oder eben deren Fehlen) zu rechnen ist (etwa: Gebhardt/Haucke: 10).

ihre spezifischen Rassen historisch ‚aufgeladen'[46] und eignen sich entsprechend als Attribute (vgl. Loer 2016b; s. Fn. 9).

(b) Handelt es sich beim Fingieren von Wirklichkeit um Wirklichkeitsflucht?

Gemäß dem in Kapitel 3.4 Ausgeführten müssen wir davon ausgehen, dass zumindest ein Moment von Wirklichkeitsflucht, die bei einem Phantasieren von Wirklichkeit offenkundig wäre, enthalten ist. Wie dies genauer zu fassen ist, ist u. E. noch klärungsbedürftig. Eine Antwort auf die dann wichtige Frage, vor welcher Wirklichkeit geflüchtet wird, hängt wohl mit der Antwort auf die folgende Frage zusammen.

(c) Lässt sich die Zunahme der Hundehaltung vor dem Hintergrund unsere Analyse als Signum eines kulturellen Wandels begreifen?

Julius et al. (2014: 195) sprechen vor dem Hintergrund, „dass moderne Lebenswelten die Entwicklung und Erhaltung sicherer Bindungsbeziehungen erschweren", davon, dass „Tiere eine wichtige, kompensatorische Funktion erfüllen" können. Die in der Kompensation liegende Wirklichkeitsflucht würde so begriffen nur eine Flucht aus der verarmenden Welt darstellen. Dieses Verständnis von – sei es negativ, sei es positiv bewerteter – Kompensation kann aber das Phänomen nur negativ erklären. U. E. stellt stattdessen die Herausforderung einer Welt, in der man zunehmend selbstverantwortlich handeln und konfliktbereit mit anderen Menschen umgehen muss, und die hierbei immer höhere Anforderungen an das Individuum im Sinne seiner autonomen Bewährung (vgl. Oevermann 2009b) stellt, den eigentlichen Auslöser der Fluchtbewegung dar.[47] Träfe dies zu, so wäre die Zunahme der Hundehaltung derselben kulturellen Transformation der modernen Gesellschaften zuzuschreiben wie etwa die Erhöhung der Scheidungsrate.[48] Da eine durchgängig regressive Antwort auf diese Entwicklung unwahrscheinlich ist,[49] bleibt aber dennoch die folgende Frage.

---

46 So etwa der Barsoi und der Deutsche Schäferhund (Gebhardt/Haucke 1996: 80ff. u. 139–145).

47 Für die an dieser Stelle erforderliche Auseinandersetzung mit der Individualisierungstheorie Ulrich Becks (1983), die dieses Moment der „Individuierung als der Bildung der Eigenlogik von Subjektivität" (Oevermann 2009a: 116) gerade nicht zu fassen vermag, ist hier kein Raum.

48 Dazu, dass diese als Indikator für gesteigerte Anforderungen an Partnerschaft und nicht schlicht als Indikator für einen Zerfall des Modells der Partnerschaft genommen werden muss, vgl. Oevermann 2014: 43.

49 Die Begründung für diese Behauptung kann hier nicht gegeben werden.

(d) Ermöglichen Hunde eine Welterweiterung – eine Welterweiterung, die die Bearbeitung der genannten Herausforderung begünstigt?

In der Diskussion des Verhältnisses von Menschen zu Tieren, insbesondere zu Hunden, wird etwa von Vertretern der sogenannten Bindungstheorie[50] immer wieder auf Theodor Geiger verwiesen, der gezeigt habe, dass die Beziehung von Menschen zu Hunden eine ‚gesellige' sei, was dann immer als kulturelle Wechselseitigkeit missverstanden wird. Geiger hingegen geht es um „die Klärung der eminent wichtige[n] Frage, wo und wie ‚Natur und Kultur', das Geschichtslose und Geschichtliche, Gesetzliches und Sinnhaftes sich begegnen und verknüpfen" (Geiger 1931: 284). Dabei sieht er eben sehr wohl die Grenze zwischen Natur und Kultur, allerdings unterscheidet Geiger nicht zwischen kulturellen Mustern bzw. Institutionen und biogrammatisch eingerichteten Verhaltensprogrammen, was sich an seiner Diskussion der ‚personalen Liebe' (Geiger 1931: 290) zeigt. Deshalb kann er dann die Differenz zwischen Tier und Mensch letztlich nur als graduelle begreifen. Sieht man aber, dass kulturelle Muster und Institutionen, im Gegensatz zu biogrammatisch eingerichteten und allenfalls über Parameterbelegung in kriterialen Phasen[51] modifizierbaren Verhaltensprogrammen, Regeln ausbilden und somit Handelnde Regeln folgen, von denen man – im Unterschied zu Naturgesetzen – abweichen kann (vgl. näher hierzu Loer 2008) und die damit auch durch praktische Interventionen veränderbar sind – also mit Geiger gesprochen: Geschichte haben –, so ist klar, dass es sich um eine fundamentale Differenz handelt. Diese sieht Geiger durchaus: „Wenn der Hund ‚Verstand' hat, woran ich nicht zweifle, so hat er ganz gewiß einen völlig anderen Verstand als wir, d.h. ‚die Gesetze der Hundelogik' sind nicht die unseren" (Geiger 1931: 301). Deshalb kommt er auch zu der – von den interessierten Vertretern der Angleichung der Gattung Mensch und nicht-humaner Gattungen geflissentlich übersehenen – Schlussfolgerung:

> Sofern der Mensch mehr und anders ist als ein Tier, ist er dem Tier unbegreiflich und geheimnisvoll. Umgekehrt sucht der naive Mensch tierisches Verhalten menschlich zu begreifen, deutet es also inadäquat (Geiger 1931: 296).

Vielleicht können Erfolge beim Einsatz von Therapiehunden ein brauchbarer Ansatzpunkt für die Klärung der Mensch/Hund-Beziehung sein; die Aufklärung von deren Grundlagen könnte Hinweise für die Beantwortung unserer Frage geben.

---

50 Darunter gibt es Proponenten, die ein praktisches Interesse am Tierschutz bis hin zu ‚Menschenrechten für Tiere' mit der wissenschaftlichen Forschung vermengen.
51 Vgl. hierzu: Lorenz 1968: 142; für die Prägung des Hundes auf den Menschen s. auch Gebhardt 1978: 170.

Eine grobe Durchsicht der Literatur ist ernüchternd. Stellvertretend beziehe ich mich hier auf eine in der Debatte als Standardwerk angesehene Publikation. Dort wird etwa auch die oben erwähnte Bindungstheorie vertreten:

> Da wir *annehmen*, dass Hunde nicht nur durch ‚Bonding' mit ihren menschlichen Partner[n] verbunden sind, sondern ebenfalls spezifische mentale Repräsentationen ausbilden, benutzen wir den Begriff ‚Bindung' auch für die Beziehungen von Hunden […] zum Menschen (Julius et al. 2014: 112; kursiv von mir – T.L.).

Die Annahme wird allerdings nicht begründet und es muss eingestanden werden:

> Ob Bindungen zwischen erwachsenen Hunden und Menschen tatsächlich Analoga zur Bindung im Bowlby'schen Sinn darstellen, bleibt auch deswegen fraglich, weil die experimentellen Untersuchungsmethoden – artbedingt – unterschiedlich bleiben müssen (Julius et al. 2014: 42).

Diese methodische Ausrichtung ist wohl auch dafür verantwortlich, dass vor allem ein Hinweis auf die Oxytocin-Konzentration in den Körpern der Beteiligten als Erklärung auftaucht – obwohl es offensichtlich lediglich eine physiologische Begleiterscheinung ist (vgl. etwa Julius et al. 2014: 97), die selbst noch zu erklären wäre, und es werden neurophysiologische Erklärungen suggeriert (vgl. Julius et al. 2014: 93). Die soziale Konstellation der Situation in der Therapie mit Therapiehunden wird nicht berücksichtigt.[52]

In einem die Forschung referierenden und weiterführenden Werk zur tiergestützten Kindertherapie[53] wird deutlicher auf die Interaktionsbedeutung von Tieren Bezug genommen.[54] So führt die Autorin etwa an, dass beim Hund aufgrund der direkten körperlichen Signale „ambivalente Botschaften" entfallen (Prothmann 2007: 33), was die Bezugnahme insbesondere bei therapiebedürftigen Kindern[55]

---

52 Vgl. Julius et al. 2014: 176; dort, wo behauptet wird, dass „der Hund den Stress der Kinder reduziert und zu ihrer Entspannung" beiträgt (Julius et al. 2014: 68f.), wäre es wichtig, die Bedeutung des Hundes als Moment der sozialen Situation zu bestimmen; nicht ist es der Hund als Hund, der Wirkungen auslöst – ein Deutscher Schäferhund, von einem KZ-Wachmann an der Leine geführt, hat wohl kaum entspannende Wirkung…

53 Prothmann 2007; Dank an Foelke Marten (Coesfeld) für den Hinweis.

54 Allerdings kann auch hier von einer methodisch angemessenen Herleitung der diesbezüglichen Behauptungen nicht die Rede sein. Die Wirkung des Einsatzes von Therapiehunden anhand von Videoprotokollen entsprechender therapeutischer Sitzungen mit rekonstruktiven Verfahren wie der Objektiven Hermeneutik zu untersuchen, stellt ein Desiderat dar.

55 Auf die Differenzierung der verschiedenen Störungsbilder und Therapieformen (Prothmann 2007: 165–216) kann hier nicht eingegangen werden.

erleichtert. Aber auch generell bieten Tiere aufwachsenden Kindern Möglichkeiten der ungebrochenen Aufmerksamkeit und zur ungebrochenen Zuwendung (Prothmann 2007: 42). Dass „Tiere dem Kind das Gefühl bedingungsloser Akzeptanz" vermitteln, weil sie „kindliches Verhalten im Gegensatz zu Menschen nicht [...] bewerten und beurteilen" (Prothmann 207: 47), verstärkt als negativer Aspekt generell das, was wir oben als soziales Entgegenkommen für kulturelle Umdeutung bezeichneten: es befreit im Umgang mit einem Tier von der Konfrontation mit „Erwartungshaltungen" (Prothmann 2007: 173; vgl. auch Röhl in diesem Band). Drücken wir dies soziologisch aus, so entlasten sie vom Bewährungsdruck und erlauben eine Art Probehandeln[56], was in dem positiven Aspekt des sozialen Entgegenkommens gründet, den Elias Canetti so formulierte: „Hunde haben eine Art aufdringlicher Seelenbereitschaft, die verdorrende Menschen erleichtert" (Zucht 1976: 39). Soziologisch formuliert bieten sie sich durch ihr artspezifisches[57] und von Menschen ausgehende Signale artspezifischerweise einbeziehendes Verhalten[58] dem Fingieren einer Wirklichkeit an, beteiligen sich quasi an der Einrichtung dieser fingierten Wirklichkeit, indem sie sie strukturiert ermöglichen, ohne sie spezifisch zu formen – diese Formung erfährt sie durch den Menschen, der auf diese Weise die Frage ‚Wer bin ich?' fingierend beantwortet und sich der für die erfolgreiche Beantwortung erforderlichen Anerkennung sicher sein kann.

Hierher gehört dann auch die häufig als bedeutsame Funktion behauptete und tatsächlich vielfach zu beobachtende Ermöglichung der Kommunikation unter Hundehaltern (Prothmann 2007: 27f.). Erscheint sie zunächst sekundär, sind doch a prima vista in dieser Hinsicht Hunde gegen andere Objekte austauschbar, so sieht man vor dem Hintergrund der rekonstruierten Beziehungsstruktur, dass die Notwendigkeit des Gassi-Gehens nicht lediglich mehr Gelegenheiten zum „Sozialkontakt" (Kurt Kotrschal, zit. n. Posche 2015: 58) eröffnet als etwa die immer erst zu organisierenden Treffen von Oldtimer- oder Modelleisenbahn-Enthusiasten. Vielmehr steht – dies wäre allerdings noch empirisch zu belegen – die Begegnung im Dienste der sozialen Anerkennung der fingierten Wirklichkeit, sie fungiert gewissermaßen analog zur „Evidenzsicherung durch vergemeinschafteten Praxisvollzug" (Oevermann 2003: 344), aber ohne reale Vergemeinschaftung, die ja mithilfe des Hundes fingiert wird.

---

56 Mit hoher Erfolgswahrscheinlichkeit (vgl. Prothmann 2007: 206).
57 Hunde „suchen von sich aus intensiven Kontakt zum Menschen" (Prothmann 2007: 173).
58 Vgl. Prothmann (2007: 121), die aber unangemessen von „interpretieren", gar „Verständnis" spricht.

5 Fazit

Vorbehaltlich der Bestätigung und einer sicher erfolgenden Spezifizierung und Differenzierung der hier vorgelegten empirischen Ergebnisse und der aus ihnen entwickelten theoretischen Explikationen können wir abschließend festhalten, dass Hunde aufgrund der Spezifität ihrer Unterart, die sich durch Evolution und Züchtung herausgebildet hat, sich anbieten, als Objekte im Modus des Als-Ob an der Schaffung einer fingierten Wirklichkeit mitzuwirken. Inwiefern letztlich diese Mitwirkung eine Instrumentalisierung der Natur im Hund im Dienste einer Wirklichkeitsflucht darstellt, die unter dem Signum des humanen Umgangs mit Natur sich zu verbergen trachtet, bemisst sich an eben der Vermenschlichung des Hundes. Erst der Verzicht auf Vermenschlichung wäre ein humaner Umgang mit einer Natur, die aus sich heraus darauf angelegt ist, dem Humanen weit sich zu öffnen. Der Hiatus aber bleibt und nur in seiner Anerkennung: in der Anerkennung des Andersseins auch dieser Natur, eröffnet sich eine Möglichkeit zur Welterweiterung – wie mit einer Wünschelrute.

Literatur

Beck, Ulrich (1983): Jenseits von Stand und Klasse? Soziale Ungleichheiten, gesellschaftliche Individualisierungsprozesse und die Entstehung neuer sozialer Formationen und Identitäten. In: Kreckel, Reinhard (Hrsg.): Soziale Ungleichheiten. Göttingen: Schwartz, 35–74.
Brockhaus (1997): Brockhaus – Die Enzyklopädie in vierundzwanzig Bänden. Leipzig/Mannheim: F.A. Brockhaus.
Brockhaus (2002): Der Brockhaus in Text und Bild. Mannheim: Bibliographisches Institut & F. A. Brockhaus (CD-ROM).
Burzan, Nicole/Hitzler, Ronald (o. J. [2014]): Auf den Hund gekommen. Dortmund („Call for papers" für eine Tagung am 24./25. April 2015 an der Technischen Universität Dortmund. https://mailman.rrz.uni-hamburg.de/pipermail/kv/2014/001906.html (Zugriff: 07.01.2015).
Duden (2001): Deutsches Universalwörterbuch. Mannheim: Bibliographisches Institut & F. A. Brockhaus (CD-ROM).
Encyclopædia Britannica (2014): Encyclopædia Britannica. London: Encyclopaedia Britannica (Ultimate Reference Suite DVD).
Esser, Hartmut (1986): Können Befragte lügen? Zum Konzept des „wahren Wertes" im Rahmen der handlungstheoretischen Erklärung von Situationseinflüssen bei der Befragung. Mannheim. http://nbn-resolving.de/urn:nbn:de:0168-ssoar-66357 (Zugriff: 17.02.2016).
Festinger, Leon (1966 [1957]): A Theory of Cognitive Dissonance. Stanford: Stanford University Press.

Freud, Sigmund (1976 [1907]): Der Wahn und die Träume in W. Jensens »Gradiva«. In: Freud, Sigmund: Werke aus den Jahren 1906-1909. Gesammelte Werke. Chronologisch geordnet, Bd. 7. Frankfurt a. M.: Fischer, 29–125.

Freud, Sigmund (1990 [1910]): Die psychogene Sehstörung in psychoanalytischer Auffassung. In: Freud, Sigmund: Werke aus den Jahren 1909-1913. Gesammelte Werke. Chronologisch geordnet, Bd. 8. Frankfurt a. M.: S. Fischer, 93–102.

Freud, Sigmund (1991a [1905]): Bruchstück einer Hysterie-Analyse. In: Freud, Sigmund: Werke aus den Jahren 1904-1905. Gesammelte Werke. Chronologisch geordnet, Bd. 5. Frankfurt a. M.: S. Fischer, 161–286.

Freud, Sigmund (1991b [1931]): Über die weibliche Sexualität. In: Freud, Sigmund: Werke aus den Jahren 1925-1931. Gesammelte Werke. Chronologisch geordnet, Bd.14. Frankfurt a. M.: S. Fischer, 515–537.

Freud, Sigmund (1996 [1992]): Tagebuch 1929-1939. Kürzeste Chronik (hgg. v. M. Molnar). Basel: Stroemfeld/Roter Stern.

Gebhardt, Heiko (1978): Du armer Hund. Hamburg: Gruner + Jahr.

Gebhardt, Heiko/Haucke, Gert (1996 [1990]): Die Sache mit dem Hund. München: Wilhelm Heyne Verlag.

Geiger, Theodor (1931): Das Tier als geselliges Subjekt. In: Legewie, Heiner/Geiger, Theodor Julius/Wasmann, Erich/Schwiedland, Eugen: Arbeiten zur biologischen Grundlegung der Soziologie, 1. Halbband. Leipzig: C. L. Hirschfeld, 283–307.

Hamburger, Käte (1987 [1957]): Die Logik der Dichtung. München: Klett-Cotta im Deutschen Taschenbuch Verlag.

Julius, Henri/Beetz, Andrea M./Kotrschal, Kurt/Turner, Dennis C./Uvnäs-Moberg, Kerstin (2014): Bindung zu Tieren. Psychologische und neurobiologische Grundlagen tiergestützter Interventionen. Göttingen: Hogrefe.

Leber, Martina/Oevermann, Ulrich (1994): Möglichkeiten der Therapieverlaufs-Analyse in der Objektiven Hermeneutik. Eine exemplarische Analyse der ersten Minuten einer Fokaltherapie aus der Ulmer Textbank (,Der Student'). In: Garz, Detlef/Kraimer, Klaus (Hrsg.): Die Welt als Text. Theorie, Kritik und Praxis der objektiven Hermeneutik. Frankfurt a. M.: Suhrkamp, 383–427.

Loer, Thomas (1996): Halbbildung und Autonomie. Über Struktureigenschaften der Rezeption bildender Kunst. Opladen: Westdeutscher Verlag.

Loer, Thomas (2006): Streit statt Haft und Zwang – objektive Hermeneutik in der Diskussion. Methodologische und konstitutionstheoretische Klärungen, methodische Folgerungen und eine Marginalie zum Thomas-Theorem. In: Sozialer Sinn 7(2), 345–374.

Loer, Thomas (2007): Die Region. Eine Begriffsbestimmung am Fall des Ruhrgebiets. Stuttgart: Lucius & Lucius.

Loer, Thomas (2008): Normen und Normalität. In: Willems, Herbert (Hrsg.): Lehr(er)buch Soziologie. Für die pädagogischen und soziologischen Studiengänge, Bd. 1. Wiesbaden: VS, 165–184.

Loer, Thomas (2010): Videoaufzeichnungen in der interpretativen Sozialforschung. Anmerkungen zu Methodologie und Methode. In: Sozialer Sinn 11(2), 319–352.

Loer, Thomas (2015): Deutungsmuster und Habitus von Hundehaltern und Hundegegnern. Vortrag bei der Tagung „Auf den Hund gekommen" an der Technischen Universität Dortmund, 24. April 2015.

Loer, Thomas (2016a): Die Wirklichkeit der Hundehalter. Exemplarische Darstellung von Ergebnissen einer Forschung zu einem altbekannten, sich ausbreitenden Phänomen.

Vortrag an der BürgerUniversität Coesfeld der Fernuniversität Hagen, 3. Februar 2016 (s. http://www.fernuni-hagen.de/soziologie/lng/mediathek.shtml; in Kürze abrufbar)

Loer, Thomas (2016b): Als ob. Fingierte Souveränität im Bilde – Analyse einer Photographie von August Sander. In: Burkart, Günter/Meyer, Nikolaus (Hrsg.): Die Welt anhalten. Fotografie, Bilder & Sozialforschung. Ein interdisziplinärer Sammelband. Weinheim/ Basel: Beltz Juventa, 301-325.

Loer, Thomas (in Arbeit): Forschungsgespräche analysieren. In: Arbeitshefte Objektive Hermeneutik, Bd. 1. Frankfurt a. M.: Humanities Online.

Lorenz, Konrad (1968 [1935]): Der Kumpan in der Umwelt des Vogels. In: Lorenz, Konrad: Über tierisches und menschliches Verhalten. Aus dem Werdegang der Verhaltenslehre. In: Gesammelte Abhandlungen, Bd. I. München: Piper, 115-282.

Lorenz, Konrad (1975 [1965]): So kam der Mensch auf den Hund. München: Deutscher Taschenbuch Verlag.

Mann, Thomas (1990 [1919]): Herr und Hund. Ein Idyll. In: Mann, Thomas: Erzählungen. Fiorenza. Dichtungen. In: Gesammelte Werke in dreizehn Bänden, Bd. VIII. Frankfurt a. M.: Fischer Taschenbuch, 526-617.

Molnar, Michael (1994): „In hündisch unwandelbarer Anhänglichkeit" – Familie Freud und ihre Hunde. In: Werkblatt 33(2), 80-93.

Oevermann, Ulrich (1983): Zur Sache. Die Bedeutung von Adornos methodologischen Selbstverständnis für die Begründung einer materialen soziologischen Strukturanalyse. In: von Friedeburg, Ludwig (Hrsg.): Adorno-Konferenz. Frankfurt a. M.: Suhrkamp, 234-289

Oevermann, Ulrich (1986): Kontroversen über sinnverstehende Soziologie. Einige wiederkehrende Probleme und Mißverständnisse in der Rezeption der „objektiven Hermeneutik". In: Aufenanger, Stefan/Lenssen, Margrit (Hrsg): Handlung und Sinnstruktur. Bedeutung und Anwendung der objektiven Hermeneutik. München: Kindt, 19-83.

Oevermann, Ulrich (1993): Die objektive Hermeneutik als unverzichtbare methodologische Grundlage für die Analyse von Subjektivität. Zugleich eine Kritik der Tiefenhermeneutik. In: Jung, Thomas/Müller-Doohm, Stefan (Hrsg.): „Wirklichkeit" im Deutungsprozeß. Verstehen und Methoden in den Kultur- und Sozialwissenschaften. Frankfurt a. M.: Suhrkamp, 106-189.

Oevermann, Ulrich (1995/96): Vorlesungen zur Einführung in die soziologische Sozialisationstheorie. Frankfurt a. M. (unveröffentlichtes Vorlesungstranskript; protokolliert und transkribiert von Roland Burkholz).

Oevermann, Ulrich (2000): Die Methode der Fallrekonstruktion in der Grundlagenforschung sowie der klinischen und pädagogischen Praxis. In: Kraimer, Klaus (Hrsg.): Die Fallrekonstruktion. Sinnverstehen in der sozialwissenschaftlichen Forschung. Frankfurt a. M.: Suhrkamp, 58-156.

Oevermann, Ulrich (2001a [1973]): Zur Analyse der Struktur von sozialen Deutungsmustern. In: Sozialer Sinn 2(1), 3-33.

Oevermann, Ulrich (2001b): Die Struktur sozialer Deutungsmuster – Versuch einer Aktualisierung. In: Sozialer Sinn 2(1), 35-81.

Oevermann, Ulrich (2003): Strukturelle Religiosität und ihre Ausprägung unter Bedingungen der vollständigen Säkularisierung des Bewusstseins. In: Gärtner, Christel/Pollack, Detlef/Wohlrab-Sahr, Monika (Hrsg.): Atheismus und religiöse Indifferenz. Opladen: Leske + Budrich, 339-387.

Oevermann, Ulrich (2009a): Die Problematik der Strukturlogik des Arbeitsbündnisses und der Dynamik von Übertragung und Gegenübertragung in einer professionalisierten

Praxis von Sozialarbeit. In: Becker-Lenz, Roland/Busse, Stefan/Ehlert, Gudrun/Müller, Silke (Hrsg.): Professionalität in der Sozialen Arbeit. Wiesbaden: VS, 113–142.

Oevermann, Ulrich (2009b): Biographie, Krisenbewältigung und Bewährung. In: Bartmann, Sylke/Fehlhaber, Axel/Kirsch, Sandra/Lohfeld, Wiebke (Hrsg.): „Natürlich stört das Leben ständig". Perspektiven auf Entwicklung und Erziehung. Wiesbaden: VS, 35–55.

Oevermann, Ulrich (2014): Sozialisationsprozesse als Dynamik der Strukturgesetzlichkeit der ödipalen Triade und als Prozesse der Erzeugung des Neuen durch Krisenbewältigung. In: Garz, Detlef/Zizek, Boris (Hrsg.): Wie wir zu dem werden, was wir sind. Sozialisations-, biographie- und bildungstheoretische Aspekte. Wiesbaden: Springer VS, 15–69.

Posche, Ulrike (2015): Tierische Liebe. In: Stern 12, 54–63.

Prothmann, Anke (2007): Tiergestützte Kinderpsychotherapie. Theorie und Praxis der tiergestützten Psychotherapie bei Kindern und Jugendlichen. Frankfurt a. M. u. a.: Peter Lang.

Thomas, William I./Thomas, Dorothy Swaine (1928): The Child in America. Behavior Problems and Programs. New York: Alfred A. Knopf.

Vaihinger, Hans (1920 [1911]): Die Philosophie des Als Ob. System der theoretischen, praktischen und religiösen Fiktion der Menschheit auf Grund eines idealistischen Positivismus. Leipzig: Felix Meiner.

Verband für das deutsche Hundewesen e. V. (2006): Chronik des deutschen Hundewesens – Eckdaten zur Geschichte des VDH. Dortmund: VDH.

Weinrich, Harald (1993): Textgrammatik der deutschen Sprache. Mannheim u. a.: Dudenverlag.

Wernet, Andreas (2009 [2000]): Einführung in die Interpretationstechnik der Objektiven Hermeneutik. Wiesbaden: VS.

Zucht, Monika (1976): „Der Kumpel, der mit mir lebt". In: Der Spiegel 5, 38–60.

Der Hund zwischen Mensch und Mensch: Vermittler, Dritter, Kyniker

Joachim Landkammer

> *"Nein, ich hasse den Hund gar nicht. Wohl aber eine bestimmte Gattung Mensch, die ihn behandelt wie ein Brigadekommandeur die unterstellte Formation, und die mit ihm herumwirtschaftet, weil auch er aus Deutschland ist."*
>
> Kurt Tucholsky 1922

Die Frage „Warum Hunde?" scheint zunächst auf der Meta-Ebene der Forschung genauso (wenig) brisant und drängend wie auf der Objekt-Ebene des Alltags. Warum man sich mit dem Thema „Hund" überhaupt beschäftigen soll, wird von der Dürftigkeit bzw. Triftigkeit der Gründe abhängen, die jede/r einzelne Hundebesitzer/in für die Haltung ihres/seines/ihrer/seiner Hundes/Hündin anzugeben weiß.[1] Und der offenbar zumindest in der Westhemisphäre zu konstatierende Wechsel vom „functional dog" zum „relational dog"[2] lässt vermuten, dass man keinen präzisen und eindeutigen Grund dafür, einen Hund zu halten, mehr angeben kann und eher in Erklärungsnot gerät, wenn man angeben muss, warum man sich *trotz alldem*, was dagegen spricht (Kosten, Zeitaufwand, Umstände), heute noch ein solches – und gerade *dieses* – Haustier leistet. Man wird sich keiner allzu großen logischen Inkonsistenz schuldig machen, wenn man als Antwort auf dieses „Warum" auch die möglichen Antworten auf die Frage „Wozu" gelten lässt (vgl. Spaemann/Löw 1991), wird man doch mit der Frage-Formel „Wozu Hunde?" auf die Funktion gerade dieses Tiers, seiner spezifischen Leistung und die mit ihm verbundenen Erwartungen und Enttäuschungen abzielen können. Das rechnet damit, dass auch ein nicht-funktionaler Hund noch eine Funktion hat; auch wenn die Ära der

---

1   Ab hier wird keine Geschlechter-Unterscheidung mehr vorgenommen, sondern die weibliche Form ist immer mit gemeint.
2   Vgl. Habig (2015). Die angelsächsische Literatur spricht mittlerweile vom *companion dog* (vgl. etwa Sanders 1990).

„functional dogs" im engeren Sinn vorbei ist, hat ein „relational dog" (oder gerade dieser) identifizierbare Funktionen, und diesen gilt es nachzugehen.

Oft wird dann bei expliziten oder unterstellten, bei lauteren wie verachtenswerten Motiven der Hundehalter angesetzt; dann ist etwa vom Hund als Mittel der Image-Aufwertung, als notwendiger Komponente der Statussymbolik[3], als Partner-Substitut gegen die soziale Einsamkeit oder als Triebabfuhr-Objekt für autoritäre Dominanzbedürfnisse[4] die Rede. Wir wollen hingegen hier der Vermutung nachgehen, dass in der klassischen öffentlichen Erscheinungsform der modernen Hundehaltung, in der „Herr und Hund"-Dyade, das Hunde-Mensch-Gespann durch eine meist hoch-individualisierte Mensch-Tier-Symbiose die „gemeinsame" Interaktion mit der Umwelt optimiert. Das sich als „Ich und mein Hund" konstituierende „Wir" präsentiert sich als eine species-übergreifende Sozialeinheit eigener Geltung, in der dem Hundepartner physische und psychische Handlungsmöglichkeiten zugeschrieben werden, die sich auch der menschliche Symbiosepartner als verbesserte und anders nicht zu generierende Interaktionschancen zurechnet.[5] Der Nicht-Nutzhund fungiert als eine Art organische Sozialprothese des Menschen; er erweitert den Aktions- und Wahrnehmungs-Radius des ihn (in mehr als einem Sinn) „haltenden" Menschen.

Damit können zunächst die durch den Hund geschaffenen zwischenmenschlichen Kommunikationsmöglichkeiten angesprochen sein. Für die Wissenschaftsjournalistin Christina Hucklenbroich (2014), Autorin von *Das Tier und wir*, betrachten in Deutschland von der einschlägigen Industrie geförderte Forschungsprojekte „den Hund als Brücke, die zwischenmenschliche Bindungen erleichtert [...], als ,soziales Schmiermittel'". Immer wieder ist auch die Rede davon, dass „Romanzen zwischen Menschen leicht von Hunden eingefädelt werden" (Garber 1997: 20), und Konsumforscher schätzen Hunde als „social facilitators" (Sanders 1990: 663; vgl. auch Kerasote 2011: 312 über den Hund als „Kuppler erster Güte").

Damit reduziert sich der öffentliche Auftritt des Begleittiers allerdings wieder auf seinen bloß instrumentellen Einsatz im Sinne des sex-appeals, funktional äqui-

---

3   Vgl. zum historischen Beginn der Hundehaltung aus Prestigegründen im Paris des 19. Jahrhunderts: Kete 1994 u. Klein 1995.

4   Vgl. etwa Thomas Manns frühe Erzählung *Tobias Mindernickel* (1898, zit. n. Abramowitz 2001: 110–120); vgl. Bjorklund 1978.

5   Dass in der Mensch-Hund-Beziehung nicht die „Zähmung" des (Wolfs-)Hundes die Grundlage bildet, sondern eine beiderseitig freiwillig eingegangene parasitäre Symbiose, wird durch die evolutionsbiologische These angedeutet, dass der Hund v. a. als Abfall- und Resteverwerter des Menschen in seinen Einflussbereich geraten ist: Der Hund wäre also genauso „auf den Menschen gekommen", wie nach Konrad Lorenz vice versa. Vgl. Irvine 2004.

valent zu attraktiver Bekleidung, zu beliebigen mitgeführten anderen Tieren oder zu nicht-eigenen Hunden (es gibt wohl spezialisierte Hunde-Verleih-Dienste zum Zweck der Kontaktanbahnung, vgl. Garber 1997: 20f.). Damit wächst dem Hund aber nur eine weitere Funktion zu, die sich nur durch ihre (scheinbar) geringere Überlebenswichtigkeit von all seinen anderen historischen Einsatzgebieten wie der Nahrungssuche und dem Personen- und Eigentumsschutz unterscheidet. Der anbandlungsförderliche Ausgangs-Begleithund ist eben nur etwas „süßer", ansprechbarer, berührbarer als sein Herrchen, genauso wie jeder andere in den Dienst des Menschen gestellte Hund jahrtausendelang schneller gelaufen ist und besser gehört, besser gerochen und besser gebissen[6] hat als sein Herr. So eröffnen sich dem menschlichen Hundehalter Handlungs- bzw. Handlungsverhinderungschancen, bei Angriff wie bei Verteidigung, die er ohne den Hund nicht hätte; dessen Fähigkeiten und Leistungen addieren sich zu denen des jeweiligen vom Hund profitierenden Menschen.

Interessanter scheinen jedoch die Konstellationen, die sich *nicht* (oder nur unter Inkaufnahme von wesentlichen Verkürzungen) auf eine solche instrumentelle Verwendung des Hunds als tierisches Mittel zum (allzu) menschlichen Zweck reduzieren lassen. Dass solche Verhältnisse nicht nur möglich, sondern sogar die Norm sind, legen viele apologetische Selbstbeschreibungen der Hundebesitzer nahe; ihre Beschreibungen ihrer Erfahrungen und ihres Umgangs mit ihrem Tier wollen plausibel machen, dass sie – quasi streng kantisch – den Hund „niemals bloß als Mittel, sondern jederzeit zugleich als Zweck an sich selbst" behandeln, was dem Hund einen Freiraum gestattet, in dem er in großem Ausmaß „er selbst sein" kann, damit jedoch eine gemeinsame Erfahrungswelt eröffnet, an der beide

---

6 Dass das Beißen-Können über eine lange Zeit eine sehr erwünschte Fähigkeit des Hundes darstellte, ist eine Tatsache, an die heute die Verteidiger der sogenannten „Kampfhunde" erinnern müssen. So wie deren tendenziöses Gegen-Epithet vom „Kampfschmuser" suggerieren will, dass auch die behördlich-gesetzlich stigmatisierten Listen- oder Aggressionshunde eigentlich nur etwas grobschlächtigere Streicheltiere auf der Suche nach Zärtlichkeit seien, so darf andererseits die Banalität nicht verschwiegen werden, auf die etwa ein Frank Hettwer in einem an Politiker und Minister gerichteten *Offenen Brief* hinweist, den man u. a. auf der Seite der „Kampfschmuser-Vermittlungshilfe", dem „Portal für in Not geratene Listenhunde", findet: „Tatsache ist, dass alle Hunde – gleich welcher Rasse – in der Lage sind, zu beißen. Tatsache ist auch, dass die überwiegende Zahl der Opfer von Beißvorfällen Kinder und Kleinkinder sind, die bereits durch den Biss eines kleinen oder mittelgroßen Hundes massiv geschädigt werden können. Eine Regelung, die 95 % aller Hunde indirekt als ungefährlich deklariert – indem sie 5 % als gefährlich brandmarkt – ist in keiner Weise geeignet, das gesteckte Ziel der Gefahrenabwehr zu erreichen" (http://kampfschmuser-vermittlungshilfe.de/offener-brief-rassewahnsinn/; Zugriff: 16.04.2016).

Partner zu weitgehend gleichen Anteilen partizipieren (oder zumindest dem Menschen das *Gefühl* vermitteln, dass dies möglich sei).⁷ Der erweiterte Aktionsradius eines Menschen „mit Hund" ergibt sich also aus der Vektorensumme der relativ voneinander unabhängigen Bewegungen einer bipolaren Pseudo-Sozialeinheit, die nur scheinbar und nur zum Teil von der scheinbar überlegenen Komponente gesteuert ist (das Scherzwort vom Hund, der seinen Herrn „ausführt", ist ja bereits provinzsatirisches Allgemeingut).

1 Hund und Mensch im (öffentlichen) Raum

Je nach den Umwelten, in denen man sich bewegt, stehen dem Mensch-Tier-Tandem nun verschiedene Interaktionsmöglichkeiten offen; im modernen urbanen Alltag etwa setzen sich Herr wie Hund auf eine jeweils andere, komplementäre Weise einer „zivilen", d. h. nicht per se als feindlich unterstellten, sozialen Umwelt aus. Dem Hund kommt dabei oft eine Rolle als soziales Interface zu: er initiiert, steuert, filtert und organisiert die Beziehungen des Besitzers zu den meisten, vielleicht zu allen Mitmenschen.⁸ Was ihn dazu befähigt, sind weniger seine körperlichen Fähigkeiten (die vor allem für die „instrumentellen" Verwendungsarten wichtig sind) als sein allgemeiner „Charakter", seine „Haltung" und „Einstellung", seine „attitude", vielleicht schlicht das spezifisch „Hündische", jenseits aller Einzeltier- oder Hunderassen-spezifischen Besonderheiten. Um es vorläufig zu umreißen, würde man von einer hybriden Zwischenform der Existenz in stets gebremster Freiheit sprechen können, von allseits begrenzter Offenheit, vielfältig relativierter Autonomie und oft sehr eloquenter Stummheit: ein freilaufendes Lebewesen – immer an der Leine.

In exemplarischer Klarheit wird das von dem Frankfurter Soziologen Karl Otto Hondrich in seinen 1997 erschienen Essays über seinen Hund Charly vorgeführt. Spazierengehen mit Charly impliziert die implizite Aufnahme von Beziehungen zu Passanten:

> Charly bringt mich in Beziehung zu Leuten, ohne dass *sie* es wissen, knüpft er zwischen Leuten und mir eine Beziehung, ohne dass *er* es weiß, knüpft er zwischen Leuten und mir eine Beziehung (Hondrich 2004: 136).

---

7   Vgl. etwa die Formulierung „Dieses Eins-zu-Eins-Verhältnis macht jede Wanderung zu einem intimen Abenteuer der Achtsamkeit" (Kerasote 2011: 111).

8   Dem Hund wird freilich auch die Fähigkeit der Kontaktaufnahme mit transzendenten Wesen zugeschrieben (vgl. Schneider 2007: 155) („Götterwitterung").

Der Hund ist Grund, Gründer und Stifter von sozialen Zusammenhängen: Charly „bringt Beziehungen unter die Menschen", und sei es nur dadurch, dass er in einer zunächst indistinkte Menge von bloßen „Leuten" Differenzen einführt: er „bringt [...] Unterschiede zwischen ihnen [den Menschen] hervor" (Hondrich 2004: 137). Das verdankt der Hund seiner relativen Autonomie als selbstgesteuertes, eigenwilliges Wesen; in Hondrichs Lokal sitzt sein Hund offenbar nicht angeleint bei ihm, sondern „stromert [...] unter anderen Tischen und an anderen Beinen herum" (Hondrich 2004: 136) und instauriert auf diese Weise negative oder positive Beziehungen zu einem nicht direkt involvierten, aber auch nicht abwesenden Herrn: „indem sie ihn streicheln, streicheln sie mich" (Hondrich 2004: 137). Nicht dass hier das Herrchen (anders als die oben genannten Flirtkontaktsuchenden) daran primär interessiert erscheint, es geht ihm eher darum, dass sein Hund – für *sich* und damit für *ihn* – „die Menschen durch ihre unwillkürlichen Beziehungen zu ihm unterscheidbar" macht (Hondrich 2004: 137). Dies fördert zumindest den Unterschied zwischen Menschen mit einem „kritischen" und einem „liebevollen Verhältnis" zu Tieren zutage, einen Unterschied, der durch die allgemeine Moral im Umgang mit Tieren noch nicht ausreichend determiniert ist (Hondrich 2004: 138), den man also, so dürfen wir ergänzen, nur durch die körperliche Begegnung mit einem leibhaftigen Hund herausfinden kann. Und zwar nur dadurch, dass man ihm etwas erlaubt, was sich erwachsene Menschen nicht (mehr) erlauben: eben das „Herumstromern", das Ausleben einer neugierig-entdeckerisch-spielerischen Haltung zur Welt, einer Haltung, die ein naiv-kindliches „unkritisches Verhältnis" zu den Menschen erfordert. Sein Hund, darauf weist Hondrich (2004: 139) explizit hin, kultiviert ein offenbar nachhaltig lern- und erfahrungsresistentes „Vertrauen in die Menschheit". Das mag so nicht für alle Hunde gelten, aber der „ideale" Hund ist sozusagen lebenslang naiv, er kennt keinen Pessimismus und keine Misanthropie; diese Idealerwartung, die jedes anders veranlagte Tier rasch zum „traumatisierten Problemhund" macht, enthält natürlich weniger eine Aussage über den Hund als eine über den Menschen.[9]

Die Unwahrscheinlichkeit dieser „modernen" kynologischen Erwartungshaltung kann ein Vergleich mit dem antiken Hunde-Bild erhellen. Bei Platon taugen Hunde deswegen als Vorbild für die Wächter-Kaste der idealen Polis, weil sie eben gerade *kein* generalisiertes Menschheitsvertrauen haben. „Wunderbar" am Hund sei, dass

---

9 Bezeichnend ist ja auch, dass das Bestehen des amtlichen sogenannten „Wesenstests" für Dienst- oder Listenhunde offenbar die Widerstandsfähigkeit gegen Enttäuschungen dieser geforderten Grund-Naivität voraussetzt; der Hund wird verschiedenen Schreck- und Aggressionssituationen ausgesetzt, auf die er möglichst „unbeirrbar" reagieren muss.

[s]owie es [das Tier] einen Unbekannten sieht, ist es ihm böse, ohne dass jener ihm zuvor irgendetwas zuleide getan hat; wenn aber einen Bekannten, ist es ihm freundlich, wenn er ihm auch niemals irgendetwas Gutes erwiesen hat.[10]

Der platonische Ideal-Hund, der gemäß seiner Wächtervorbild-Tauglichkeit die widersprüchliche Gleichzeitigkeit des „Sanften" und des „Leidenschaftlichen" realisieren muss, *unterscheidet* also immer schon nach der Apriori-Differenz bekannt/fremd, aber er *macht* „keine Unterscheidungen", er kann keine eigenen Unterscheidungen neu fundieren. Während wir heute dazu tendieren würden, eine solche Haltung als dogmatisch xenophob zu denunzieren, und außerdem ja die Frage stellen würden, wie denn ein solch offenbar systematisch lern-resistenter Hund die Fundamental-Unterscheidung bekannt/unbekannt je erlernt haben will, wenn nicht durch das „gute" bzw. „böse" Verhalten der jeweiligen Interaktionspartner, hält Platon gerade diese „herrliche Beschaffenheit seiner Natur" für „wahrhaft philosophisch".[11] Denn offenbar macht es auch einen Weisheits-Liebenden aus, dass er „an nichts anderem einen befreundeten Anblick und einen widerwärtigen unterscheidet, als dass er den einen kennt und der andere ihm unbekannt ist" (Platon 1971: 376 B). Wer „durch Verstehen oder Nichtverstehen das Verwandte und Fremdartige bestimmt", ist ein „Das-Wissen-Liebender" (*philomathès*, Platon 1971: 376 B)[12] in dem Sinne, dass er sich ausschließlich auf sein etabliertes Wissen verlässt und nicht auf ein Halb- oder Nichtwissen vertraut, also etwa auf Intuition, Ahnung, Neugier oder die Fähigkeit zur Navigation im Ungewissen. Mit naiver Weltvertrautheit „herumstromern" dürfen also die platonischen Wachhunde der Republik nicht.[13]

Der (im Platonischen Sinn) unterscheidungs*unfähige*, dafür (im Hondrichschen Sinn) unterscheidungs*stiftende* Hund liefert mit seiner offenen, abstrakten und riskanten Haltung das (auf den Hund „outgesourcte") Komplementärverhalten für die zurückhaltendere, vorsichtigere, zivilisiert-diskrete Einstellung des menschlichen

---

10 Platon, Politeia, 2. Buch, 376 A (Übersetzung Schleiermacher, Platon 1971: 151).

11 Platon 1971: 376 B. Der weitere hier einschlägige Zusammenhang von Platons Epistemologie, die *philosophisches* Erkennen nicht als empirisches Lernen, sondern als Wieder-Entdecken bzw. Wieder-Erinnern ewig-vorgänglicher Ideen-Wahrheiten beschreibt, kann hier nicht weiter ausgeführt werden.

12 Schleiermachers Übersetzung mit „lernbegierig" führt an dieser Stelle gerade in die Irre, weil man damit eine erstrebte Steigerung des aktuellen Wissensvorrats assoziiert, um die es Platon offenbar gerade nicht geht. Im nächsten Satz wird dann auch *philomathès* und *philòsophon* als dasselbe erklärt.

13 Vgl. zur Unterscheidungskompetenz der Hunde zwischen Hellenen und Barbaren auch Schneider (2007: 154).

Partners. Der herumstromernde Hund operiert an der Peripherie des menschlichen Wirkungsfelds und übernimmt dabei typische „periphere" Aufgaben (Grenzsicherung, Grenzauslotung). Mit einer etwas gewagten Analogie zu einem bekannten Theorem der Wissenschaftstheorie könnte man sagen: Der Hund leistet jene problematischen, ausufernden, überschießenden und ungesicherten Erkenntnisvorstöße außerhalb jenes „Schutzgürtels" (*protective belt*), den der Mensch um den *hard core* seiner gefestigten Welt-Einstellung gelegt hat (Lakatos 1977); der Hund umläuft als lebende „Hilfshypothese", als „Theorie mittlerer Reichweite", ein stillstehendes, zumindest weniger bewegliches Zentrum. Er „umstreunt" die jeweilige Umwelt als eine wandelnde ad-hoc-Annahme und sichert damit den inneren Kern gegen den Druck allzu abrupter und traumatischer Neu- und Umorientierung. Der Hund erlaubt dem Mensch-Tier-Tandem daher mehr Flexibilität, Optimismus, Zugewandtheit und Offenheit, als sie sich ein tierloser Mensch leisten könnte. Militärisch formuliert hätte der Hund die strategische Rolle eines vorgeschobenen Kundschafters oder Aufklärers, der beweglicher und wendiger sein kann/muss als die zentral liegenden robusten Verteidigungsdispositive; der avantgardistische Vorposten kann dagegen auch mehr riskieren, er muss sich auch gewisse Fehler erlauben dürfen (es wird vorkommen, dass der Hund „zu weit geht"). Wenn man den Aufenthalt im öffentlichen Raum tatsächlich als Bewegung durch ein tendenziell feindliches oder gefährliches Gelände verstehen will, könnte dem Hund etwa die Rolle eines *Surrogate* im Sinne des gleichnamigen Films von Jonathan Mostow (2009) zukommen: Er wird hinaus- und vorausgeschickt, um sich der verwundbaren äußeren Fremdkontaktzone des Menschen auszusetzen. Die rigide Hundetrainings-Regel, die darauf verweist, dass ein Hund nicht voraus, sondern immer nur „bei Fuß" laufen darf, konterkariert auch hiermit den realen Sinn der Herr-Hund-Symbiose und beschneidet des autoritären, anthropozentrischen Bildes wegen die Möglichkeiten einer funktionalen Mensch-Tier-Einheit, die durch einen flexibel „streunenden" Hund geschaffen werden.

2   Hund und Mensch in der Zeit

Der Hund erweitert auch im zeitlichen Sinn den Wahrnehmungshorizont seines zweibeinigen Partners, weil er meist schneller als dieser in die Zukunft enteilt: Er altert schneller, er nähert sich absehbarer, kurzfristiger seinem Tod – und realisiert dadurch eine bemerkenswerte Asynchronizität inmitten der Parallelität des gleichzeitigen Mensch-Hunde-Lebens.

Während unsere Kinder älter werdend in Beziehung zu uns immer jünger bleiben, werden unsere Tiere älter werdend in Beziehung zu uns immer älter, immer häufiger muss ich besonders am Hang auf Charly warten, immer länger hat er zu schnüffeln, es scheint mir wie ein Vorwand, um sich auszuruhen. Du warst mal jünger als ich, sage ich zu ihm, jetzt bist du älter als ich, aber zwischen uns hat sich nichts geändert (Hondrich 2004: 147f.).

Der abschließende Nachsatz soll offenbar nicht nur versichern, dass die durch das Warten am Hang verursachte längere Ausgehdauer Hondrichs Zuneigung zu seinem Hund nicht schmälern konnte, sondern auch, dass die Beziehung altersunabhängig, quasi zeitlos bleibt, gerade weil Mensch- und Hunde-Biographien nicht parallelisierbar, nicht einmal proportional aufeinander abbildbar sind. Da der Herr den Alterungsprozess des Hundes nicht teilt und ihn nicht am eigenen Leib nachvollziehen kann, „ändert" sich zwischen ihnen paradoxerweise weniger als zwischen Eltern und Kindern, die zwar gemeinsam altern, also keine relative Änderung des Altersunterschieds erleben, aber gerade dadurch jenes absolute Altwerden erfahren, das „alles ändert".[14]

Das bedeutet nicht, dass dem Hundebetrachter menschliche Zeitlichkeit überhaupt nicht in den Blick kommen würde; der ganz ähnliche Befund der Ungleichzeitigkeit der Lebens-Tempi führt bei Silvia Bovenschen zur Einsicht in die allgemeine Mortalität alles Lebendigen, eine Einsicht, in der Hunde allerdings nur als (letztlich substituierbare) Illustrationsobjekte vorkommen, nicht mehr als Lebensabschnittspartner in einer temporären Existenz-Dyade.

> Vielleicht ist mir die Hinfälligkeit und Endlichkeit aller Lebewesen auf dieser Welt an der Hundheit erstmals sinnfällig geworden. [...] Das jedenfalls konnte ich – gleichsam zeitgerafft – ersehen, erleben, erfassen: dass sie, meine Freunde, die Hunde, sehr viel schneller älter wurden als ich. Dass sie viel kürzer leben als der Mensch. Dass sie in diesem kurzen Leben verschiedene Altersstadien durchlaufen, dass also ihr Leben im Ganzen nur eine Zeitspanne umfasst, die für unser eigenes Leben in der Regel lediglich eine kurze Periode ausmacht. – Die Asynchronität unserer jeweiligen Alterungsprozesse, sie hatte ich schmerzhaft wahrgenommen, ganz sicher (Bovenschen 2011: 87f.).

Der Hund exploriert für den Menschen auch die Zeit-Zone des Altwerdens. Der Hund ist auch in seinem Weg in die Zukunft einfach schneller, einen Schritt voran. Auch wenn es zynisch (oder kynisch) klingt: das „Vorlaufen in den Tod" (Heidegger 1993: 305) leisten immer schon die Hunde für uns. Der einzige Grabsteinspruch,

---

14 Vgl. dazu Elias Canetti: „Es ist nicht möglich, älter als andere zu sein, ohne mehr und mehr zum Überlebenden zu werden; es sei denn, man brächte es fertig älter zu werden, nur indem man andere in dieses selbe Alter mitzieht. Wunderbare Vorstellung" (Elias Canetti: Das Geheimherz der Uhr. Aufzeichnungen 1973-1985, zit. n. Macho 2007: 9).

der Egon Erwin Kisch 1928 bei seinem Besuch auf dem noblen Hundefriedhof in Hartsdale, New York (damals *Canine Cemetery*, heute *Hartsdale Pet Cemetery & Crematory*) gefiel – „denn es liegt ein Gedanke darin" – lautete: „Jack as ever preceeds his master a few steps" (Abramowitz 2001: 53).

Der Hunde-Tod wird in der Tat in einigen literarischen Verarbeitungen zum Vor-Bild und Menetekel für menschliche Endlichkeit. Man darf etwa erinnern an den Roman *Disgrace* des südafrikanischen Literaturnobelpreisträgers J. M. Coetzee (1999). In „Schande" bzw. „Ungnade" gefallen sind in dieser in der Postapartheid-Ära spielenden Geschichte nicht nur der Literaturprofessor David Lurie (wegen *sexual harassment*) und seine (vergewaltigte) Tochter, sondern auch die aufgefundenen Straßenhunde, deren Einschläferung und Entsorgung sich Lurie am Ende des Romans zur Aufgabe macht. Die klinische Tötungsaktion wird im englischen Originaltext mit dem deutschen Wort „Lösung" assoziiert, und so werden zugleich die religiösen wie die ideologischen Konnotationen „Erlösung" und „Endlösung" heraufbeschworen.[15] Und als Erlösung, als (allerletzte) Liebestaten für „all those whose term has come", werden diese Einschläferungsmaßnahmen (*sessions of Lösung*) beschrieben, besonders wenn es in der allerletzten Szene um einen verkrüppelten kleinen Hund namens Driepoot geht, den Lurie (und der Lurie) liebgewonnen hat und dessen Tod er, wenn er gewollt hätte, noch eine Woche hätte aufschieben können. Aber er holt ihn dann doch schon – als letzten Kandidaten dieses „Toten-Sonntags" – aus dem Zwinger, trägt ihn auf den Armen liebevoll „like a lamb" in das Behandlungszimmer (einen Raum, „that is not a room but a hole where one leaks out of existence") und „erspart" ihm eben doch die weitere Woche des Weiterlebens. „Are you giving him up?", fragt die Doktorin, die die Todesspritze verabreicht. „Yes, I am giving him up" (Coetzee 1999).

Dieses Aufgeben, das die Hundetötung als eine liebevolle Verabreichung ausführen kann, als ein eigeninitiatives „In-den-Tod-Schicken", ist die Folge der tragisch-pessimistischen Haltung, zu der der Roman bzw. die Romanfigur, deren Leben schon vorher mit einem „Hundeleben" („like a dog") parallelisiert wurde, am Ende kommt. Auf ganzer Linie gescheitert, hat Lurie – vor diesem Hund – schon seine hochfliegenden künstlerischen Ambitionen, seine Liebschaften wie die Hoffnung auf eine tiefere Beziehung zu seiner Tochter aufgeben müssen. Im Zustand der „Ungnade" gibt es keine sinnvollen lebensverlängernden Maßnahmen, es gibt keine hoffnungsfrohe Zukunft, in die man einen neugierig-tatendurstigen Hund

---

15 Vgl. dazu Isenschmid 2003. Auch zu Coetzee, der sich in seinem Werk intensiv mit der Frage nach dem Umgang mit Tieren auseinandersetzt, wäre sehr viel mehr zu sagen. Vgl. zur genannten Episode nur Haraway (2008: 80f.), Ferguson (2004: 388ff.) sowie Gaita (2004: 36 u. 45).

„vorauslaufen" lassen könnte, sondern nur noch einen allerletzten Weg, auf den man ihn, ihn wie alles andere auch „aufgebend", *vorausschicken* kann. Die letzte gute Tat, die man einem sterblichen Tier dann zugute kommen lassen kann, ist eine, auf die man *selbst* nicht mehr hoffen darf: in liebenden Armen zu sterben.

3 Hund und Mensch: zentrisch und exzentrisch positioniert?

Die auch unter normalen Bedingungen gängige Redewendung, dass man dem Hund „unnötiges Leiden ersparen" will, kann auf die Plausibilität eines Reziprozitätverhältnisses vertrauen, in dem der Hund zeit seines Lebens dem Halter selbst einiges „erspart" hat. Der frühere, angeblich schmerzlose Tod scheint ein Gegengeschenk für die lebenslangen Leistungen und „Ersparnisse", die man dem Hund verdankt. Diese bestehen nicht nur in der bereits beschriebenen Erweiterung des Horizonts, sondern auch in der Ermöglichung von kompensatorischen Entwicklungs- und Entfaltungschancen. Der zutraulichen Zugewandtheit des „herumstromernden" Begleit-Hundes kann die ebenso erfahrungsresistente All-Feindschaft von Wachhunden im weiteren Sinn an die Seite gestellt werden, in die sich die spazierengehenden Hunde ja auch zu Hause meist verwandeln. Dort wird ausnahmslos jeder verbellt und ggf. verbissen, der sich dem als eigenem Revier begriffenen Areal auch nur nähert; hier riskiert die notwendige Fehlertoleranz umgekehrt, dass nicht-feindliche Subjekte (d. h. der sprichwörtliche Briefträger) wie feindliche behandelt werden. Offenbar wird hier, wie schon bei Platon, in Carl Schmittscher Alternativlosigkeit schlicht von „Freund" auf „Feind" umgestellt, von „Frieden" auf „Krieg", von „lieb" auf „böse" (*canis hominis lupus*). Worauf es aber nun ankommt, ist, dass die prinzipielle Feindseligkeit seines Hundes die gemeinschaftssuchende Geselligkeit und zwischenmenschliche Aufgeschlossenheit des bürgerlichen (Possessiv-)Individuums kompensiert und ermöglicht: Je schärfer der Hund ist, desto jovialer kann sich der Mensch geben. Die Bissigkeit des Hundes „erspart" dem Menschen das Zubeißen und erlaubt ihm ein zahnlos-zahmes Auftreten. Dies könnte übrigens auch der Sinn der oft zu hörenden Aussage sein: „Mein Hund holt das Beste aus mir heraus": Er übernimmt die animalischen Aufgaben, sodass Herrchen sich in reiner Menschlichkeit üben kann.

Sowohl bei der Bewegung im freien Gelände und in der Öffentlichkeit als auch beim Verhalten innerhalb des eigenen Areals wird vom Hund eine halbwegs verlässliche Verhaltensstabilität in den jeweils für angemessen gehaltenen Erscheinungsformen erwartet. Diese Stabilität ist nur zum Teil anzutrainieren oder durch positive oder negative Sanktionen zu etablieren. Entscheidend ist daher, dass die Fixiertheit, das monomanische und naive Festhalten an dem gewünschten Einstellungsmuster (das ja gern positiv als „Treue", „Charakter", ja als hündische „Ergebenheit" beschrieben wird) auch schlicht aus den Defiziten seiner Animalität resultiert, wie sie nach Helmuth Plessner kontrastiv zu den anthropologischen Bestimmungen des Menschen definiert werden kann. Joachim Fischer beschreibt die laut Plessner den Menschen auszeichnende „exzentrische Positionalität" als eine Form der Grenzrealisierung zur Außen-, Innen- und Mitwelt und unterscheidet kategorial die reflektierte und bewusste Einsicht in die Vermitteltheit und Unterbrechbarkeit des Weltkontakts, die den Menschen auszeichnet, von der defizitären Unbewusstheit aller „untermenschlichen" Lebewesen:

> Subhumane Organismen leben als grenzrealisierende Dinge zwar faktisch im Modus der ‚vermittelten Unmittelbarkeit', aber die Vermitteltheit oder Umweghaftigkeit erscheint ihnen nicht; insofern leben sie erlebend in umwegloser Direktheit (Fischer 2000: 278).

Die „zentrische Positionalität" des Tieres „Hund" erlaubt ihm intentionale Reaktionen auf Außendinge, aber auch eine Form der Grenzrealisierung, in der das Selbst seinen Körper als gegenwärtig, raumhaft ausgedehnt und abgegrenzt von der Umwelt erlebt. „Das Selbst erlebt Äußeres als auf es gerichtet und in seinen erlebten leiblichen Eigenraum übergehend" (Lindemann 2014: 89). Lindemanns Erweiterung der Plessnerschen Theoriefigur will schon auf dieser organischen Stufe der Umweltbeziehung „die Begegnung mit dem Anderen" zulassen und sieht sich darin bestärkt durch die aktuelle Diskussion um die Frage, „ob höhere Wirbeltiere, insbesondere Primaten, ihre Artgenossen in besonderer Weise wahrnehmen" (Lindemann 2014: 91). Jeder Hundehalter wird freilich behaupten, dass man keine Primaten braucht, um zu sehen, dass bestimmte Tiere (nämlich Hunde) „leibliche Selbste" sind, für die es „andere leibliche Selbste gibt, die sich in praktischer Hinsicht für das leibliche Selbst von der dinglichen Gliederung unterscheiden" (Lindemann 2014: 91), und dass eines dieser von Dingen unterschiedenen „Selbste" in sehr exponierter praktischer Hinsicht der Hundebesitzer selbst *ist*. Bei den Primaten, aber auch bei einem von Lindemann ausführlich zitierten Vogelschwarm-Beispiel, wird das Erleben-Können eines anderen, dessen eigene Grenzrealisierung das Selbst indirekt berührt (Lindemann 2014: 92), exemplifiziert durch das Phänomen der taktischen Täuschung, die darauf beruht, „dass ein Selbst die Erwartungen des anderen erwartet und gezielt enttäuscht" (Lindemann 2014: 91, Anm. 4). Jeder Hund erlebt hingegen die „Grenzrealisierung" seines Herrchens ganz wörtlich, indem sein konkretes Umfeld den „Aufforderungscharakter" (Lindemann 2014: 91, Anm. 4) hat, in seinen Grenzen mit denen des Herrn zu koinzidieren bzw. in den Grenzen zu bleiben, die der Herr noch überschauen und kontrollieren kann. Viel einfacher gesagt: Der Hund darf nicht „weglaufen", schon gar nicht sich außer Sicht- und Hörweite aufhalten.

Wie eine „Grenzrealisierung" aussieht, die diese Grenzen überschreitet, mag ebenfalls Hondrichs Charly illustrieren; bei ihm sieht das unerlaubte Sich-Entfernen so aus:

> Weil er nicht ungehorsam sein will, will er so schnell wie möglich weit weg. Ist er weit weg, kann er glauben, dass ich glaube, dass er mich nicht hört. Hört er mich nicht, kann ich ihm nicht böse sein, weil er nicht hört. Um mich nicht böse zu machen, muss er also eine Situation schaffen, in der ich glaube, dass er mich nicht hört, obwohl er mich sehr wohl hört: Deshalb läuft er so schnell wie möglich weg (Hondrich 2010: 95).

Man könnte also sagen: auch der entlaufene Hund ist noch insofern „beim Herrn", als er seinem Weglauf-Trieb auf eine Weise nachgibt, die (scheinbar) nicht in Konflikt mit seinen Gehorsamspflichten gerät. Er ist gar nicht „weg", er ist nur „gerade woanders". Ted Kerasote hat aus dieser Einstellung eine eigene, sich als besonders „progressive" verstehende Hundehaltungs-Lehre und einen Bestseller gemacht; sein „freidenkender" Hund Merle definiert sein Wesen durch die zum Buchtitel erhobene Hundeklappe (*Merle's Door*), die ihm jederzeit freies Gehen und Wiederkommen erlaubt (Kerasote 2011).[16] Die Frage bleibt, ob man angesichts eines solch komplexen und hochgradig „vermittelten" Umgangs mit doppelter Kontingenz, wie ihn der sich listig entfernende Charly an den Tag legt, nicht zumindest bei Herr-Hund-Beziehungen davon ausgehen muss, dass die anthropozentrisch gedachten Limitationen der „zentrischen Positionalität" bereits überschritten sind.[17] Die Aufgabe des Hundes, die Umwelt-Grenzen des Herr-Hunde-Gespanns zu explorieren, auszudehnen, zu sichern und zu verwalten, mutet ihm jedenfalls eine Form der „Grenzrealisierung" zu, die über die des eigenen „Selbsts" weit hinausgeht, weil sie immer auf das andere, das ex-zentrische Selbst des Herrn bezogen bleibt: Grenzöffnungen und Grenzschließungen erfolgen (meist) auf externe Weisung. Was allgemein laut Plessner für „das Tier" stimmen mag – „Das Tier lebt aus seiner Mitte heraus, in

---

16 In dieser Konstellation ergeben sich dann andere Täuschungsmanöver, etwa wenn Merle, in der Erzählung ihres Herrn, tiefe Niedergeschlagenheit mimt, wenn sie nicht auf einen Ausflug mitgenommen wird, aber im nächsten Moment schon von ihm fröhlich durch die Stadt spazierend erwischt wird.

17 Die andere Frage ist natürlich, ob die von den Hundebesitzern gelieferten Beschreibungen auf anthropomorphe „Projektionen" zu reduzieren sind. Kerasote widmet sich der Frage ausführlich (vgl. etwa Kerasote 2011: 108).

seine Mitte herein, aber es lebt nicht als Mitte"[18] – muss beim Hund zumindest durch eine zweite Mitte, den zweiten Brennpunkt der Herr-Hund-Ellipse, ergänzt werden. In der gleichen Sozialtheorie-Tradition ließen sich auch Überlegungen anschließen, die den Hund als einen Repräsentanten der wieder Prominenz gewinnenden Sozialfigur des „Dritten" in den Blick nehmen und ihn eine Zwischenposition in der „Mensch-Mensch-Interaktion" (Hitzler) einnehmen lassen würden. Gesa Lindemann begründet die notwendige Überwindung des dyadischen Kommunikationskonzepts (Parsons, Luhmann, Nassehi) durch die Einführung des „Dritten" ähnlich wie die Erweiterung der eng gefassten „zentrischen Positionalität", nämlich mit der Notwendigkeit, dass das Selbst (*Ego*) zwischen relevanten anderen Selbsten (*Alter Ego*) unterscheiden können muss. Erst die durch den Dritten ermöglichte Objektivierung erlaubt die Bildung einer „Regel der Anerkennung", die es ermöglicht, dass „erwartende und kommunikativ beobachtende Entitäten, die als solche anzuerkennen sind, identifiziert werden können" (Lindemann 2014: 119). Hondrichs Hund wäre jener „Tertius", der durch die Einteilung der Menschen in hundeliebende und -hassende Mitmenschen eine solche Regel der Anerkennung aufstellen lässt. „Diese Regel ist die Lösung des Problems der Kontingenz der Mitwelt, denn sie legt eine Ordnung der Sensibilisierung/Desensibilisierung fest" (Lindemann 2014: 119). Wer sich nicht für seinen Hund interessiert, ist für Hondrich ebenfalls uninteressant. „Durch die Bildung und Anwendung der Regel wird der Übergang von der unbestimmten Mitwelt in eine historisch konkrete Mitwelt zum Ausdruck gebracht" (Lindemann 2014: 119). Hondrich sitzt nicht mehr nur in *irgendeinem* Lokal, sondern in einem durch seinen „herumstromernden" Hund in ein historisch konkretes Ensemble unterschiedlicher Hunde-Begeisterter verwandelten Lokal. In dieser Funktion ist der leiblich anwesende Hund auch nicht substituierbar, etwa dadurch, dass *Ego* oder *Alter* die Tertiusposition als Reflexionsposition übernehmen. In vielen Geschichten sanktioniert und „objektiviert" erst der Hund die mögliche Beziehung zwischen zwei Personen; der Hundebesitzer interagiert nur mit Personen, die auch sein Hund „mag".

Ebenfalls den Anforderungen des Dritten entspricht der Hund, wenn er als „Bote", als medialer Dritter konzipiert wird:

> Er überwindet die Distanz, er führt die einander Fremden und voreinander Ängstlichen durch abgestimmte Botschaften und Berichte zusammen, er macht sie miteinander bekannt. Seine Botschaften standardisieren und typisieren Auftraggeber und Empfänger reziprok füreinander, sodass die Abwesenden anschlussfähig füreinander werden und sind (Fischer 2004: 84).

---

18 Stufen des Organischen (Plessner zit. n. Fischer 2000a: 276).

Oder sie erkennen sich eben als nicht-anschlussfähig (die „voreinander Ängstlichen" werden es noch mehr, aber nun auch mit gutem Grund), wodurch aber ebenfalls eine definitive Art der Beziehung hergestellt ist. Die vom Hund zu überbringenden Botschaften sind zwar maximal „standardisiert" (schnuppern, schwanzwedeln, knurren, bellen), erfüllen aber trotzdem und gerade deswegen eine zuverlässige Botenfunktion, die im Übrigen auch unspezifische Botschaften ohne einen konkreten Vermittlungsauftrag mitteilen lässt. Der auch nachts jeden sich nähernden Fremden „verbellende" bzw. „fortbellende"[19] Hund übermittelt etwa die Botschaft: „Auch wenn ich hier schlafe, habe ich hier jemanden, der wach ist und beißen kann". Oder allgemein:

> Der Dritte konturiert den Auftraggeber, stiftet mit ihm zusammen eine Identität, die keinen Platz für Stimme und Sichtbarkeit des Anderen lässt, der bloß empfängt (Fischer 2004: 84f.).

4 Hund und Herr: funktionale Devianz und simulierte Sanktion

Zur Rolle des Dritten gehört das Zugeständnis einer gewissen Autonomie und Eigenbestimmtheit, auch Eigeninteressiertheit, die heutigen Hunden (als „lachenden Dritten") zumindest temporäre Auszeiten in der (Schein-)Freiheit konzediert. In der Tat fällt auf, mit welcher Genugtuung in Herr-Hund-Beziehungsgeschichten auch Episoden relativer Autonomie des abhängigen Juniorpartners erzählt werden. Der Hund ist nicht durchgängig vorbehaltloser Exekutor des menschlichen Willens, er darf sich kleine Abweichungen und Eigenheiten erlauben. Wenn man für diese dem Hund gestatteten „Umwege" eine ungewöhnliche Illustration an ungewöhnlichem Ort zulassen will, darf man auf eine kleine skizzenhafte graphische Notation von Paul Klee hinweisen: Während seines Unterrichts am Bauhaus 1921 beginnt er den Unterricht in „Bildnerischer Formlehre" mit dem elementaren Darstellungsmittel des sich bewegenden Punkts, der eine Linie zieht; er unterscheidet dann die „befristete" Linie mit geraden Abschnitten von der „freien", „ungebundenen" Linie mit Umwegen und veranschaulicht diese als menschliche Wegstrecken: die freie Linie sei „sozusagen ein Spaziergang um seiner selbst willen", während man bei der geraden Linie „eher von einem Geschäftsgang reden" würde. In der zweiten

---

19 Vgl. Wilhelm Müller/Franz Schubert (1827): Die Winterreise: Im Dorfe (D 911, 17).

Sitzung kommt er auf die „Begleitformen oder Ersatzformen zu der in sich ruhenden Linie" zurück, die

> teils [...] absolut convergierenden Charakters, oder (3) effectiv convergierender Natur [sind], unter Wahrung der Selbständigkeit der begleitenden Linie. Etwa dem Gang eines Menschen mit seinem freilaufenden Hund vergleichbar.[20]

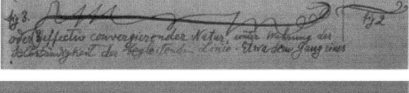

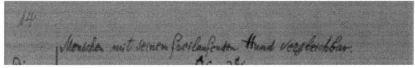

Abb. 1 und 2 Ausschnitte aus Paul Klees Beiträgen zur bildnerischen Formlehre. Quelle: Zentrum Paul Klee, Bern, Bildarchiv

Wenn man fast hundert Jahre später, längst gewöhnt an die heutige GPS-gestützte Wegstrecken-Visualisierung, auf diese einfache Zeichnung schaut, wird man nicht umhin können, hier eine elementare „Ästhetik des freilaufenden Hundes" zu erkennen, die den simplen Parallelen eines gehorsam Bei-Fuß trottenden Hundes weit überlegen ist.

Die Vermutung bleibt allerdings, dass auch diese temporären Partial-Devianzen als letztlich förderlich für die effiziente Betreuung jener gemeinsamen Grenze des Mensch-Hund-Tandems angesehen werden. Gerade um der „effectiven Konvergenz" willen *darf* der Hund keine „starre Prothese" bilden, keine rigide Verlängerung des menschlichen Willens, kein völlig abhängiges, leicht kontrolliertes Wesen. Das äußert sich u. a. darin, dass die Gehorsamsverweigerung, die „Ungezogenheit",

---

20 Paul Klee: Beiträge zur bildnerischen Formlehre. Vorträge im Wintersemester 1921/22, Einträge vom 14.11.1921 und 28.11.1921. Facsimile und Transkription im Internet einsehbar unter http://www.kleegestaltungslehre.zpk.org/ee/ZPK/BF/2012/01/01/001/ und ff. (Zugriff 16.04.2016) Man vergleiche damit den englischen Ausdruck „beeline" für die „direkte Luftlinie", der ironisch die „dogline" als längere Variante gegenübergestellt wird.

mitunter zumindest heimlich geduldet und bejaht wird, weil sie jene Flexibilität in der „Erfüllung der Hunde-Pflichten" subtil verspricht, die gleichwohl in der offiziellen Stellenbeschreibung des Hundes eigentlich nicht vorgesehen, weil zu riskant ist. Hondrich thematisiert das als „Entwertung der Erziehung" und konstatiert lapidar: „Meistens kommt er nicht" (sc.: wenn man ihn ruft, Hondrich 2004: 144). Das erfüllt den eigentlich düpierten Hundehalter aber gerade mit Genugtuung: „Was mich entzückt, ist sein [Charlys] Eigensinn und seine Schlauheit, dass er mich überlistet, genieße ich" (Hondrich 2004: 144f.); Ungehorsam wird nur mit „zärtlichem Geschimpfe" geahndet, der Besitzer fühlt „Stolz, dass er mich überlistet hatte" (Hondrich 2004: 146). Ähnliche Gemütslagen werden auch von anderen Hundehaltern geschildert.[21]

Mit den Beschreibungsversuchen „Schlauheit" und „List" wird jene oben genannte Exzentrizität des zentrisch positionierten Tieres benannt: ein aufflackerndes Residuum von nicht-gezähmter Triebhaftigkeit wird interpretiert als „Eigenwille", biologische Heteronomie wird zum individualisierenden Autonomie-Beweis idealisiert. Hondrich bietet hingegen dafür folgende Erklärung an:

> Dass ihre Tiere sich ihnen anvertrauen und unterordnen, genießen die Menschen umso mehr, als sie merken, dass Hund und Katze der Selbstbestimmung durchaus fähig sind, in den Aufsässigkeiten und Eigenwegen ihrer Tiere erkennen die Menschen ihren eigenen Hang zur Selbstbestimmung (2004: 146).

Denn Hundebesitzer freuen sich angeblich nur „mit schlechtem Gewissen" über den Verzicht der Tiere auf Selbstbestimmung (Nicht-Hundebesitzer sehen das meistens anders), sie schauen diesem Kampf des Hundes (zwischen seinen Instinkten und seinem Gehorsam) zugleich genussvoll zu – und zwar besonders „die Selbstbestimmung liebenden modernen antiautoritären Menschen"; sie genießen nämlich auch die „Selbstbestimmungsbestrebungen der Tiere" (Hondrich 2004: 146).

Eine von der Kritischen Theorie inspirierte Perspektive würde freilich einwenden: die Hundehalter „genießen" perverserweise auch das jeweilige *Scheitern* dieser Selbstbestimmungsbestrebungen. Man bestraft den Hund, man zwingt ihn zum Verzicht, gerade weil man den Freiheitsdrang zwar „erkennt" (wie Hondrich sagt), aber nicht *anerkennt*, also dessen Befriedigung sich selbst genauso wenig gönnt wie dem eigenen Hund. Man „genießt" in der Niederlage des (dann eben doch) *fremd*bestimmten Hundes die eigene tägliche Niederlage als fremdbestimmt

---

21 Vgl. etwa John Grogans Bestseller über sein Leben „mit dem schlimmsten Hund der Welt"; die deutsche Version übersetzt bezeichnenderweise das „worst dog" des Originals mit „der frechste Hund" (vgl. Grogan 2006). Vgl. auch http://www.johngroganbooks.com/marley/index.html (Zugriff: 16.04.2016).

lebender Mensch (was praktisch den Tatbestand des Sadismus erfüllen würde). Man exekutiert also am Hund das universale Fremdbestimmungsverdikt der Gesellschaft. Hondrich spricht bezeichnenderweise von der Beobachtung eines „*Kampfs* um Selbstbestimmung": Aber im Fall des Hundes ist es ja ein Kampf mit gewissem Ausgang, mit a priori feststehenden Verlierer-Gewinner-Rollen, sodass das Ausmaß des Widerstands nur das Ausmaß der Dominanzlust steigert.

Oder, anders: Die Hundehalter „genießen" die Einsicht, dass auch der unbändigste Freiheitstrieb doch immer wieder heim ins Körbchen führt. Der heimische Fressnapf ist und bleibt eben dann doch das stärkste Argument gegen jede ausartende „Selbstbestimmung". Diesen Zusammenhang kennt der zivilisierte Mensch (z.B. der Ex-68er im Staatsdienst mit Rentenanspruch) nur allzu gut, seine Beobachtung und Bestätigung in der „Natur" kann er nur genießen. Das limitierte Ausleben gewisser Freiheitsgrade ist daher nicht nur funktional für die Grenzbestimmung, sondern auch für die Partiallust der Auto-Projektion: Man identifiziert sich mit dem „freien", „free-thinking" (Kerasote 2011) und quasi-wilden Tier, aber auch mit dessen unweigerlicher, alltäglich wiederholter Zähmung.

Insofern erleichtert der Hund das bürgerlich gezähmte Leben: Unbotmäßigkeit und Ungehorsam werden an die stillschweigend gutgeheißenen Eskapaden des Hundes delegiert, sodass der eigene Konformismus auf der öffentlichen Vorderbühne umso tolerabler scheint. Hondrichs „Publikum" seiner – scheiternden – Hunde-Erziehungsmaßnahmen teilt sich in „erzürnte Erzieher und frohlockende Freigeister" (2014: 140); man darf annehmen, dass sich diese Teilung als quasi-schizophrene Mentaldisposition in jedem Einzelnen wiederfindet. Horst Stern hat schon vor vielen Jahren unseriöse Hundehalter als Heuchler denunziert:

> Erheiternd sind die schimpfenden Erziehungsversuche, die solche Hundefreunde dann an ihren missratenen Tieren vornehmen, lautstark zwar, aber nutzlos und von Anfang an auch nur gedacht als Alibifunktion: ‚Seht doch, ihr hundefeindlichen Nachbarn, was ich alles versuche, damit das arme Tier euch endlich gefällt!' In Wahrheit stehen sie nicht selten mit den Unarten ihrer Hunde im geheimen, schadenfrohen Bunde: Nach der öffentlichen Schimpfe gibt es, hinter der wieder verschlossenen Tür, ein Stück Zucker (1974: 116).

Auch hier wird deutlich, dass der Hund in einer triadischen Beziehungsrelation steht und als Dritter eben auch eine „Umkippfigur" darstellt. „Der Dritte als Medium ist Schuld [sic], er ist konstitutionell der Sündenbock" (Fischer 2004: 85). Was nicht ausschließt, dass er auch als Sündenbock noch eine *message* zu überbringen hat: „Der geschlagene Hund pisst an die Säulen des Tempels".[22]

5 Der Mensch als Hund: Kyniker *unter* sich

Man darf die heimliche Solidarität störrischer Hundebesitzer mit ihren störrischen Hunden aber auch als eine subversive Grundhaltung anerkennen, in der das antike Erbe des Kynismus überlebt.[23] Wie es die spätgriechische Philosophenschule mit der Akzeptanz des Schimpfnamens vorgemacht hat, rehabilitiert und valorisiert die Umwertung des verachteten Tiers dessen ultimative Widerständigkeit gegen die gängigen zivilisatorischen Normen. Dazu prädestiniert den Hund zunächst seine unkorrumpierbare Genügsamkeit, sein „Parasitismus"[24]: Er kann sehr gut vom Weggeworfenen und Aufgefundenen leben. Das begründet auch seine konstitutive Faulheit: Der Hund kann sich seinen Schlaf und seine Melancholie leisten, weil er weiß, dass er immer etwas zu fressen findet. Erst wenn der Hund sich der „Wissenschaft" nähert, wie in Kafkas „Forschungen eines Hundes", wird die Frage, „wovon sich die Hundeschaft nährt" (Kafka 1922, zit. n. Abramowitz 2001: 201) zu einer Obsession, die das Selbstverständliche hinterfragt. Der Hund ist außerdem tendenziell ein Kyniker aufgrund jener indiskreten Schamlosigkeit, zu der ihn sein grenzüberschreitendes, leicht übergriffiges Grenzgängertum veranlasst. Der Hund steckt die Nase in „Dinge", deren Berührung tabu ist, und inszeniert so eine unkeusche öffentliche Körperlichkeit (auch durch seine Ausscheidungsaktivitäten), wie sie auch die anstößigen Anekdoten um Diogenes von Sinope belegen. Dessen „grobianische Aufklärung" (Sloterdijk 1983: 205) läuft auf einen bodennahen, erdverbundenen Materialismus hinaus, der keine Sprache, sondern nur einen Körper braucht. „Der griechische Kynismus entdeckt den animalischen Menschenkörper und seine Gesten als Argumente; er entwickelt einen pantomimischen Materialismus" (Sloterdijk 1983: 207). Für viele Hundehalter ist der Ausdruck des Hundekörpers

---

22 So der Titel eines Gedichtbands des Schweizer Schriftstellers Beat Brechbühl (*1939) von 1972.
23 Vgl. zum Folgenden v. a. Sloterdijk (1983: 203–214).
24 „Parasit sein heißt: bei jemandem speisen" (Serres 1987: 17). Der *com-panion* kommt vom Teilen des Brotes: „cum pane" (Haraway 2008: 322).

Kommunikation und Argumentation genug, und die Narrative ihrer Hundebeziehung enthalten zahlreiche „nicht-platonische Dialoge" (Sloterdijk 1983: 205).[25] Der kynische Hund ist unempfänglich für idealistische Moral und sonstige Einschüchterungsversuche, er bleibt prinzipiell misstrauisch und wachsam; wie der Kyniker lässt er sich nicht von Autoritäten und sonstigen wohlmeinenden „Menschenfreunden" einschüchtern: prinzipiell alles und jeder wird verbellt. Denn er „durchschaut" die Menschen: „Schon in den Augen der heiligen Hunde trug der König keine neuen Kleider, sondern war nackt" (Schneider 2007: 166). Überhaupt kennt ein Hund keine höhere Macht: „Geh mir aus der Sonne". So spricht jemand, der für die Sicherung der Außengrenzen, für den Überblick über die Situation, für die Klärung von Rückzugs- und Fluchtmöglichkeiten zuständig ist, nicht für solche Unwägbarkeiten wie Innerlichkeit, Gemüt oder rituellen Respekt. Der Kyniker verweigert, wie jeder „sture" Hund, jegliches Lernen, Bildung, flexibles Respondieren.[26] Man kann Hunde dressieren, aber nicht wirklich „ausbilden".

Hunde realisieren damit exemplarisch eine politische Verweigerungshaltung, die in der sich auflösenden athenischen Demokratie am Anfang der europäischen Mobilmachung Schule gemacht hat. Gerade vor diesem Hintergrund könnte der triftigste Vorwurf, den man heutiger Hundehaltung machen kann, der sein, dass sie zynischerweise Hunden kaum mehr erlaubt, *kynisch* zu sein.

Literatur

Abramowitz, Elga (Hrsg.) (2001): Hunde wie wir. Geschichten über den besten Freund des Menschen. Berlin: Aufbau.
Bjorklund, Beth (1978): Thomas Mann's „Tobias Mindernickel" in Light of Sartre's „Being-for-Others". In: Studies in 20th Century Literature 2(2), 103–112.
Bovenschen, Silvia (2011): Älter werden. Notizen, 5. Aufl. Frankfurt a. M.: S. Fischer.
Coetzee, John Maxwell (1999): Disgrace. London: Secker & Warburg.

---

25 Vgl. etwa Kerasote (2011: 22 u. ö.); vgl. dort auch S. 58 den Verweis auf Francis Galtons Einsicht von 1883: „The animal which above all others is a companion to man is the dog, and we observe how readily their proceedings are intelligible to each other. Every whine or bark of the dog, each of his fawning, savage, or timorous movements is the exact counterpart of what would have been the man's behaviour, had he felt similar emotions"(Galton 2001: 187).

26 Die mangelnde Bereitschaft zur Unterordnung wird im aktuellen feministischen Hunde-Diskurs hervorgehoben. „‚To bitch' means to complain or, more productively, to critique" (McHugh 2012: 618f.).

Ferguson, Kennan (2004): I ♥ My Dog. In: Political Theory 32(3), 373–395.
Fischer, Joachim (2000): Exzentrische Positionalität. Plessners Grundkategorie der Philosophischen Anthropologie. In: Deutsche Zeitschrift für Philosophie 48(2), 265–288.
Fischer, Joachim (2004): Figuren und Funktionen der Tertiarität. Zur Sozialtheorie der Medien. In: Michael, Joachim/Schäffauer, Markus Klaus (Hrsg.): Massenmedien und Alterität, Frankfurt a. M.: Vervuert, 78–86.
Gaita, Raimond (2004): The Philosopher's Dog. Friendships with Animals. London: Routledge.
Galton, Francis (2001): Inquiries into human Faculty and its Development (1883). http://galton.org/books/human-faculty/text/html/galton-1883-human-faculty1.html (Zugriff: 16.04.2016).
Garber, Marjorie (1997): Die Liebe zum Hund. Beschreibung eines Gefühls, 2. Aufl. Frankfurt a. M.: S. Fischer.
Grogan, John (2006): Marley and Me: Love and Life with the World's Worst Dog. New York: William Morrow.
Habig, Christofer (2015): Hund als Passion. Vortrag im Rahmen der Tagung „Auf den Hund gekommen" (April 2015 an der TU Dortmund).
Haraway, Donna J. (2008): When Species meet (Posthumanities Vol. 3). Minneapolis: University of Minnesota Press.
Heidegger, Martin (1993): Sein und Zeit, 17. Aufl. Tübingen: Niemeyer.
Hondrich, Karl Otto (2004 [1997]): Charly. In: Hondrich, Karl Otto: Liebe in Zeiten der Weltgesellschaft. Frankfurt a. M.: Suhrkamp, 136–148.
Hondrich, Karl Otto (2010): Charly, Tiger und ich. In: Merkur 64(2), 95–105.
Hucklenbroich, Christina (2014): Das Tier und wir. Einblicke in eine komplexe Freundschaft. München: Blessing.
Isenschmid, Andreas (2003): Coetzee und das Jüngste Gericht. In seiner neuen essayistischen Erzählung „Lessons" übt der Nobelpreisträger eine abgründige Kulturkritik. In: DIE ZEIT (16.10.2003). http://www.zeit.de/2003/43/L-Coetzee/ (Zugriff: 16.04.2016).
Irvine, Leslie (2004): If you tame me. Understanding Our Connection with Animals. Philadelphia: Temple University Press.
Kerasote, Ted (2011): Merles Tür. Lektionen von einem freidenkenden Hund. Berlin: tieger.
Kete, Kathleen (1994): The Beast in the Boudoir. Petkeeping in Nineteenth-century Paris. Berkeley: University of California Press.
Klein, Richard (1995): The Power of Pets. America's obsession with the cute and cuddly. In: The New Republic, July 10. https://newrepublic.com/article/90872/dog-cat-pet-america (Zugriff: 16.04.2016).
Lakatos, Imre (1977): The Methodology of Scientific Research Programmes. In: Philosophical Papers 1 (hgg. v. J. Worrall und G. Currie). Cambridge: Cambridge University Press.
Lindemann, Gesa (2014): Weltzugänge. Die mehrdimensionale Ordnung des Sozialen. Weilerswist: Velbrück.
Macho, Thomas (2007): Jedermanns Tod (Kunst als Trauerarbeit). Festspiel-Dialoge. http://www.w-k.sbg.ac.at/fileadmin/Media/arts_and_festival_culture/macho_jedermann_070708.pdf (Zugriff: 16.04.2016).
McHugh, Susan (2012): Bitch, Bitch, Bitch: Personal Criticism, Feminist Theory, and Dog-writing. In: Hypatia 27(3), 616–635.
Platon (1971): Werke in acht Bänden (hgg. v. G. Eigler), Bd. 4. Darmstadt: Wissenschaftliche Buchgesellschaft.

Sanders, Clinton R. (1990): The Animal „Other": Self Definition, Social Identity and Companion Animals. In: Advances in Consumer Research 17(1), 662–668.

Schneider, Manfred (2007): Der Hund als Emblem. In: von der Heiden, Anne/ Vogl, Joseph (Hrsg.): Politische Zoologie. Zürich/Berlin: diaphanes, 149–176.

Serres, Michel (1987): Der Parasit. Frankfurt a. M.: Suhrkamp.

Spaemann, Robert/Löw, Reinhard (1991): Die Frage Wozu? Geschichte und Wiederentdeckung des teleologischen Denkens, 3. Aufl. München: Piper.

Sloterdijk, Peter (1983): Kritik der zynischen Vernunft, Bd. 1. Frankfurt a. M.: Suhrkamp.

Stern, Horst (1974 [1971]): Bemerkungen über Hunde. Reinbek b. Hbg.: Rowohlt.

Tucholsky, Kurt (unter dem Pseudonym Ignaz Wrobel) (1922): Der Hund als Untergebener. In: Die Weltbühne, Nr. 22, 562. http://www.zeno.org/Literatur/M/Tucholsky,+Kurt/Werke/1922/Der+Hund+als+Untergebener (Zugriff: 16.04.2016).

Hunde als Korrelate des Erlebens
Einige phänomenologiebasierte Überlegungen

Ronald Hitzler

> *„Ein Hund*
> *der stirbt*
> *und der weiß*
> *dass er stirbt*
> *wie ein Hund*
> *und der sagen kann*
> *dass er weiß*
> *dass er stirbt*
> *wie ein Hund*
> *ist ein Mensch."*
>
> Erich Fried (1964)

1   Der beste Freund

Augenscheinlich „verabscheuen" bzw. „hassen" manche Menschen Hunde im Allgemeinen oder im Speziellen. Jedenfalls mögen sie sie *nicht*. Andere Menschen hingegen „verstehen" bzw. „lieben" Hunde.[1] Jedenfalls *mögen* sie sie – entweder ganz bestimmte Hunde oder Hunde schlechthin. Diese schlicht polarisierende Typisierung ist sozusagen die erste Augenfälligkeit, wenn man sich – nicht etwa im modischen Trend sogenannter „transhumaner Soziologie" (vgl. z. B. Uzarewicz 2011), sondern im dezidiert konventionellen Sinne der Rekonstruktion von Aspekten *menschlicher* Wirklichkeitskonstruktionen – sozialwissenschaftlich mit Hunden befasst. Allein schon in den Begegnungen von hundeaffinen und hundeaversen, insbesondere von hundehaltenden und hundlosen Menschen mit (anderen) Hunden

---

1   „Ob der Hund den Menschen zurückliebt, können wir soziologisch nicht beantworten" (Nicole Burzan im WDR-Interview „Liebt mein Hund mich wirklich?" mit Conny Crumbach, gesendet am 08.05.2015; http://www1.wdr.de/wissen/hund-mensch-interview-100.html; Zugriff: 20.03.2016).

und deren Besitzern stecken mithin soziale Konflikte, die zwar literarisch vielfältig bearbeitet, sozialwissenschaftlich aber noch nicht einmal ansatzweise beantwortet sind. Allerdings geht es nun auch *mir* in dieser Präambel zum Thema „Hunde als Korrelate des Erlebens" bzw. vereinfacht: zum Erleben von Hunden keineswegs vor allem darum, solcherart und vielerlei daraus erwachsende Konfliktlinien zwischen Menschen nachzuzeichnen oder mehr oder weniger ‚probate' bzw. ‚legitime' (ebenso wie illegitime und auch illegale) Arten und Weisen, mit Hunden umzugehen, zu thematisieren. Vielmehr geht es mir insbesondere um Hunde als Elementen der Lebenswelt *schlechthin*, als Elementen also unseres Welterlebens *insgesamt* bzw. als Korrelaten des Erlebens (vgl. Hitzler 2005), die Relevanzsetzungen des erlebenden Subjekts *verändern*.

Dass der Hund der beste Freund des Menschen sei, ist bekanntlich ein gern mit ‚herzergreifenden' Geschichten garniertes Credo von Hundeliebhabern – das selbst das „Bauschan-Idyll" des ja eher unterkühlt formulierenden und kaum zu Anthropomorphisierungen neigenden Thomas Mann einfärbt (vgl. Mann 1981). Auch die kaum noch registrierbare Flut von Ratgeberliteratur und die diversen Periodika für Hundefreunde (in Deutschland sind derzeit mehr als ein Dutzend Hundemagazine auf dem Markt) repetieren diesen anthropomorphisierenden Mythos nachgerade gebetsmühlenartig. Allerdings ist die Antwort auf die Frage, ob überhaupt und wenn, dann mit welchen Vorbehalten und Einschränkungen, der Hund als sozialer Akteur in einem sozusagen menschenanalogen Sinne zu gelten hat, allen Animal-Ethiken zum Trotz[2], anhaltend strittig – unter Fachleuten der diversen, einschlägig befassten Disziplinen ebenso wie unter den Menschen ‚auf der Straße' bzw. im Internet, ja selbst unter Hundeliebhabern (vgl. Katcher/Beck 1983). Alltäglich auf- und nachweisen lässt sich viel eher, dass *der Mensch der beste Freund des Hundes* ist. Denn ohne den Menschen gäbe es den Hund zwar wohl als zoologische Gattung (canis), nicht aber als den Hund, wie wir ihn kennen und den wir in aller Regel meinen, nämlich als Haushund (canis familiaris). Und dem ganz entsprechend liegen auch Anfang und Ende des Lebens des einzelnen Hundes weithin ebenso in der Hand des Menschen wie die Qualität dessen, was der Hund zwischen Geburt und Tod durchlebt.

---

2 In den in die aktuell allenthalben diskutierten, massiv etwa durch Donna Haraways „Companion Species Manifesto" (2003) angestoßenen Human-Animal Studies eingelassenen rezenten Tierethiken, die sich der Frage nach dem menschlichen Umgang mit nichtmenschlichen Lebewesen widmen, werden Positionen prominent vertreten, die von der Aufforderung zur imaginativen Einfühlung in Tiere über die Einforderung von parlamentarischer Repräsentanz der Tiere durch menschliche Für-Sprecher bis hin zu auf Peter Singers „Animal Liberation" (2015) gestützte Forderungen, Tiere als Inhaber von Menschen- bzw. Bürgerrechten anzuerkennen (vgl. Donaldson/Kymlicka 2013), reichen.

Wie unterschiedlich der Mensch diese Qualität eines Hundelebens gestalten kann, lässt sich schon erkennen, wenn man Auguste Comtes *Kategorisierung der Tiere* (die ich bei Claude Lévi-Strauss 2014: 203ff. gefunden habe) auf den Hund anwendet: Comte teilt die Tiere ein in erstens solche, die mit dem Menschen zusammenleben, die ihn begleiten und die ihm helfen. Diese Idee entspricht am ehesten dem in unserer Kultur gepflegten Hundemythos. Dass Comte empfiehlt, die pflanzenfressenden Tiere in Fleischfresser umzuwandeln, um ihr intellektuelles Niveau zu heben, liegt allerdings wohl nicht mehr so ganz im Trend der gegenwärtigen Vegetarisierungseuphorie, die längst auch vor der Umerziehung zum pflanzlich ernährten Hund nicht mehr Halt macht. Comtes zweite Kategorie umfasst die Tiere, die der Mensch schützt und züchtet, um sich von ihnen zu ernähren. Comte zufolge sind diese Tiere durch den Menschen so verändert worden, dass sie „Nahrungslaboratorien" sind. Den Hund, dem wir ja seit Jahrhunderten einen (mehr oder weniger merkwürdigen) Eigennamen geben (vgl. Wanner 1951), zu *essen* (vgl. Ramminger in diesem Band), ist in *unserer* Kultur allerdings fast so stark tabuisiert, wie Sex mit ihm zu haben (vgl. dazu „Domian"[3]). Weiter verbreitet als Hundeesser sind Menschen, die den Hund in Comtes dritte Kategorie einordnen: in die Tiere, die für den Menschen (in irgendeiner Weise) gefährlich sind. Hundebesitzer treffen ja nachgerade bei jedem Spaziergang auf Menschen, die sich vor dem Hund fürchten. Leider sind mir zu Comtes Vorschlag, solche Tiere zu töten, nur die ‚Anleitungen' auf der Internet-Seite „gegenhund.org", diverse Debatten in Internet-Foren sowie einige Elaborate im Stil der satirischen Verdikte in der Online-Zeitschrift „Kot und Köter" bekannt. Hingegen kenne ich keine empirische Studie, in der untersucht worden wäre, was hundephobische Menschen von diesem Vorschlag halten, wenn es darum geht, ihn tatsächlich *praktisch* umzusetzen.

Jedenfalls scheint der Hund in der Regel weit abhängiger vom Menschen zu sein als der Mensch vom Hund – auch wenn neuerdings immer öfter von einer „Koevolution" von Mensch und Hund die Rede ist (vgl. z. B. Kotrschal 2014). Dementsprechend hängt der Hund sich an den, von dem er abhängt. Und folglich begegnen wir ihm auch ständig. Das heißt, der Hund ist ein gewohntes Element unseres Welterlebens – nicht nur, wenn wir uns einen halten, sondern zumindest auch dann, wenn wir uns hundlos in öffentlichen Räumen bewegen. Was das erstens theoretisch-methodologisch und was das zweitens methodisch-empirisch heißt, versuche ich im Weiteren zu skizzieren.

---

3 https://www.youtube.com/watch?v=EH-6Byfvm8Q (Zugriff: 02.03.2016).

2 Was macht den Hund zum Hund?

In seinem Erinnerungsbuch „Nie geschaute Welten" schildert Jakob von Uexküll (1957: 36) anekdotisch einen Auftritt seines Freundes Alexander Graf Keyserling, bei dem dieser zur vergnüglichen Irritation einer Damengesellschaft zwar namentlich identifizierbare Hundeindividuen und auch deren Rassezugehörigkeiten als alltäglich erfahrbar deklariert, nicht jedoch die Gattung „Hund": „Ein Hund ist überhaupt kein lebendes Wesen, sondern nur eine menschliche Einteilungsregel. Und sind Sie je auf Ihren Spaziergängen einer Regel oder einem Paragraphen begegnet?"

M. E. hat Keyserling damit recht und unrecht zugleich: Anschaulich gegeben, also Korrelat meines Erlebens, ist mir natürlich niemals ‚ein Hund', sondern stets ein konkretes Etwas mit konkreten Eigenschaften in einem konkreten situativen Zusammenhang: identifiziert von mir als dieses spezifische Etwas qua Verhalten, Aussehen, Geruch, Geräuschemission, relativer Positionierung usw. – möglicherweise eben auch infolge meiner Kenntnisse von dessen Lebensumständen und Lebensgeschichte. Gleichwohl sehe ich in diesem konkret gegebenen Etwas zumindest *auch* einen Hund, meistens zunächst einmal und bis auf Weiteres sogar *nur* einen Hund bzw. etwas, von dem ich – aufgrund typischer, also sozusagen mir meinem Wissensvorrat entsprechend phänomenal gegebener Merkmale – zunächst einmal *vermute*, es sei ein Hund.

Nicht etwa zoologisch, sondern erkenntnistheoretisch stellt sich damit die Frage, was einen Hund eigentlich zu einem Hund macht, was also die wesentlichen – bzw. strukturellen – Qualitäten sind, aufgrund derer etwas – in Abgrenzung zu allem anderen Wahrnehm- und Vorstellbaren – als „Hund" gilt. Denn

> in der Terminologie Husserls […] erfährt das, was in der tatsächlichen Wahrnehmung eines Gegenstandes erfahren wird, eine apperzeptive Übertragung auf jeden ähnlichen Gegenstand, der nur als ein Typ wahrgenommen wird. Meine Erwartung dieser typischen Konformität mit anderen Gegenständen wird in tatsächlicher Erfahrung bestätigt oder nicht (Schütz 2010: 337).

Aber: „Welche Typenstruktur ich wähle, wird von der thematischen Relevanz bestimmt, die dieser Gegenstand für mich hat" (Schütz 2003: 336). D. h. z. B.,

> ich kann meinen Hund Fido in seinem typischen Verhalten als gesund und krank, als Individuum, als deutschen Schäferhund, als typischen Hund im Allgemeinen, als Säugetier, als Lebewesen, als Ding der Außenwelt, als ‚Etwas überhaupt' präprädikativ typisierend erfassen (Schütz 2003: 335f.).

Verallgemeinernd ausgedrückt genügen mir für pragmatische Belange des Alltags doxische Vergewisserungen darüber, es in einem konkreten Etwas mit einem Hund zu tun zu haben:

> Angenommen, ich hätte bisher nie einen irischen Setter gesehen. Begegnet mir aber einer, so weiß ich, dass es ein Tier und insbesondere ein Hund ist, der all die vertrauten Züge und das typische Verhalten eines Hundes zeigt […]. Ich mag vernünftigerweise fragen: ‚Was ist das für ein Hund?' Diese Frage setzt voraus, dass die Unähnlichkeit dieses besonderen Hundes mit allen anderen mir bekannten Hundearten hervorsteht und fragwürdig wird, und zwar allein in Bezug auf die Ähnlichkeit, die ihn mit meinen fraglosen Erfahrungen von typischen Hunden verbindet (Schütz 2010: 336f.).

Diese doxischen Vergewisserungen gelingen also – situativ mehr oder weniger zufriedenstellend – im Rückgriff auf als „typisch" Sedimentiertes: Etwas sieht aus wie ein Hund, es riecht, hört sich an, verhält sich wie ein Hund und so weiter. Diese doxischen Vergewisserungen gelingen – wiederum situativ mehr oder weniger zufriedenstellend – aber auch dadurch, dass ich einfach jemanden frage, den ich im Hinblick auf meine Fragen als auskunftsbefähigt und auskunftsbereit ansehe – zumeist also wohl jemanden, zu dem ein mir bekannter oder unbekannter Hund zu gehören scheint. Und diese doxischen Vergewisserungen gelingen schließlich auch durch konkretes Wiedererkennen: *Dieses* konkrete Etwas ist in meinem Wissensvorrat bereits, situativ hinlänglich zweifelsfrei, sedimentiert – nicht nur als Hund oder als eine bestimmte Art von Hund, sondern als *dieser* Hund. Und was dieser Hund „mit anderen Hunden gemein hat, ist für mich (möglicherweise – R.H.) belanglos. Ich erblicke in ihm meinen Freund und Begleiter Rover […]" (Schütz 2010: 337).

3 Moralische und juristische Angelegenheiten

Die Attribuierung des mit dem Namen „Rover" versehenen konkreten Hundes als „meinen Freund und Begleiter" ist natürlich eine einseitige Deklaration von Alfred Schütz, bei der – aller Hundeliebhaberei zum Trotz – ausgesprochen zweifelhaft bleibt, ob sie eine Entsprechung in „Rovers" Wahrnehmung von Schütz hat, denn

> Haustiere werden von uns im Haus gehalten, sie ‚*leben*' *mit uns*. Aber wir leben nicht mit ihnen, wenn Leben besagt: *Sein* in der Weise des Tieres. Gleichwohl sind wir mit ihnen. Dieses Mitsein ist aber auch kein *Mitexistieren*, sofern ein Hund nicht existiert, sondern nur lebt. Dieses Mitsein mit den Tieren ist so, dass wir die Tiere in unserer Welt sich bewegen lassen. Wir sagen: Der Hund liegt unter dem Tisch, er springt die Treppe hinauf. Aber der Hund – verhält er sich zu einem Tisch als Tisch,

zur Treppe als Treppe? Und doch geht er mit uns die Treppe hinauf. Er frisst mit uns – nein, wir fressen nicht. Er isst mit uns – nein, er isst nicht. Und doch mit uns! Ein Mitgehen, eine Versetztheit – und doch nicht (Heidegger 1983: 308).

Unbeschadet solcher Vorbehalte wird spätestens als Individuum mit dem Namen „Rover" ein Hund als *sein* – fiktiver – Hund für Schütz zu einem sozialmoralisch relevanten Anderen.

In seinem Konzept der Universalprojektion, das seinem eigenen Bekunden zufolge die Schützsche Konstitutionstheorie so stark tangiert, dass er darauf verzichtet hat, es in die „Strukturen der Lebenswelt" zu integrieren, klärt Thomas Luckmann (1980 u. 2008) nun schlechthin, wie Menschen schlechthin Etwas zu etwas sozialmoralisch Relevantem und damit in irgendeinem Sinne – zumindest im Sinne des ‚Als-ob' (vgl. Loer in diesem Band) – zu einem alter ego machen.[4] Die aus dem Konzept der Universalprojektion resultierende generelle *soziologische* Frage hat Luckmann ja selber im Verweis auf den Schützschen Pragmatismus angedeutet. Mit genuin gesellschaftstheoretischen Implikationen aber kritisiert bekanntlich vor allem Gesa Lindemann (2002 u. 2009) die wesentlich *transzendentalphänomenologisch* bestimmten „Grenzen der Sozialwelt". Sie fragt von einer ihres Erachtens spezifisch *modernen* „conditio sine qua non" des Sozialen, nämlich vom *lebenden Menschen* aus, danach, wo und wie dementsprechend die Grenzen des Sozialen heutzutage gezogen werden. Und sie kommt auf vier augenfällige Grenzmarkierungen (das von ihr so genannte „anthropologische Quadrat"): Sozusagen diachron grenzen wir in der Moderne das Leben ab gegen das Noch-nicht-Leben hier und das Nicht-mehr-Leben da; sozusagen synchron grenzen wir den Menschen ab gegen die Maschine auf der einen Seite und gegen das Tier auf der anderen Seite.[5]

---

4 Subjektiv kann ego allem und jedem die Qualität(en) attestieren, ein alter ego zu sein. *Inter*subjektiv als zwei egos erfahrbar werden Individuen durch intersubjektiv wahrnehmbaren Austausch, durch Kommunikation. Sozial relevant werden solche kommunikativen Konstruktionen von Personen durch den „Dritten", den vor allem Gesa Lindemann (2006a u. 2006b) wieder in die Diskussion eingebracht hat (vgl. auch Fischer 2008).

5 Damit kolportiere ich ebenso wenig etwas Neues wie mit dem Hinweis, dass keineswegs nur Gesa Lindemann daran arbeitet, die kommunikativen *Konstruktionen* dieser Grenzen und ihrer gewollten ebenso wie ihrer in Kauf genommenen vollzugspraktischen Konsequenzen zu rekonstruieren. Vielmehr werden diese Grenzen in einer ganzen Reihe von Disziplinen ausgelotet, und auch einige Wissenssoziologinnen und Wissenssoziologen sind dabei, diese ehedem als substanziell begründet, mittlerweile als arbiträr angesehenen Grenzziehungen zu erkunden und zu befragen (z. B. Bonnemann 2008; Keller et al. 2007; Knoblauch et al. 2002; Schetsche 2004; Schneider 1999).

Auf dem letztgenannten dieser ‚synchronen' Grenzgebiete, dem von Mensch und Tier, habe ich im Hinblick auf hundebezogene Erlebensqualitäten in Jean-Paul Sartres fragmentarischem Spätwerk „Entwürfe für eine Moralphilosophie" eine plausible Begründung dafür gefunden, warum bzw. in welchem Sinne manche Menschen ihren Hund *lieben*. Laut Sartre tun sie das, weil sie sich einreden können, vom Hund so geliebt zu werden, wie sie sind bzw. wie sie wahrgenommen werden wollen, denn

> der Mensch fühlt sich bestätigt, wenn er sich mit einem Hof begrenzter Freiheiten umgibt, die gezwungen sind, ihn so widerzuspiegeln wie die Leibniz'schen Monaden Gott widerspiegeln (Sartre 2005: 560).

D. h., so wie sein Gott dem (Christen-)Menschen die Freiheit gibt, *damit* dieser sich dafür entscheiden soll, ihn zu lieben, projiziert der Tierfreund Liebesfähigkeit in seinen Hund hinein.

In ‚Alltagsweisheit' übersetzt bedeutet das, dass es allemal besser sei, von einem Hund wie ein Mensch behandelt zu werden, als von einem Menschen wie ein Hund. Dieses ‚Besser' setzt allerdings (stillschweigend) die Annahme voraus, dass der bzw. zumindest *mein* Hund Eigenschaften hat, aufgrund derer er *handeln* (und mithin auf irgendeine Art und Weise ‚mich' gut be-handeln) kann. Und es setzt außerdem (stillschweigend) voraus, dass Menschen Eigenschaften haben, aufgrund derer ihr Handeln auch dann für ‚mich' relevant ist, wenn es ‚mir' nicht gefällt. Kurz: Sartre zufolge ist Mensch (als Liebhaber) und Hund (als Liebgehabter) eine Moralgeschichte, die – jedenfalls zunächst einmal – auf *Doxa* basiert (zu den moralischen Dilemmata der Mensch-Tier-Beziehung vgl. Herzog 2012; zum epistemologisch eingeschränkten Subjektstatus von Tieren vgl. Brandt 2009): Ich liebe den Hund in dem Maße, wie sein Verhalten mir zu glauben erlaubt, er liebe mich bedingungslos (er vergöttere mich sozusagen).

Der subjekttheoretisch relevante Punkt dabei ist, dass ich dem Hund – mehr oder auch weniger überlegt und explizit – kognitive und/oder emotionale Intentionen unterstelle, die den meinen ähnlich sind. Hundeliebhabern wird der Befund, dass – im Unterschied zu Menschen – Hunde in geschlossenen Umwelten leben, dementsprechend wohl kaum als plausibel erscheinen.[6] Denn unbeschadet dessen,

---

6   Auch aus neutraler Position betrachtet wirkt heute etwas antiquiert, wie ungebrochen Peter L. Berger und Thomas Luckmann im expliziten Rekurs auf die zeitgenössische Ethologie konstatieren: „Ungeachtet eines individuellen Spielraumes der Lernfähigkeit und Speicherungsmöglichkeit für Gelerntes haben der einzelne Hund oder das einzelne Pferd zu einer gemeinsamen Umwelt aller Artgenossen weitgehend fixierte Beziehungen. [...] In diesem Sinne leben alle nichtmenschlichen Lebewesen in geschlossenen Welten, deren Strukturen durch die biologische Ausrüstung jeder Spezies im Voraus bestimmt

dass wir Luckmann zufolge prinzipiell *allem* – zumindest für uns selber glaubhaft – die Qualität zuschreiben können, ein sozialmoralisch relevanter Anderer zu sein, scheint der – wie konsistent auch immer konstituierte – Andere gegenüber lediglich ander*em* die Eigenschaft zu haben, unser Erleben ‚einzufärben'. In der existentialistischen Lesart von Jean-Paul Sartre (1991: 457–538) färbt er – als der uns gegenüber souveräne „Blick" – vor allem unser Selbst-Erleben. Eben diese Funktion scheint der *als* sozialmoralisch relevanter Anderer konstituierte Hund für manche Menschen zu haben (vgl. Gugutzer/Holterman in diesem Band).

Aber auch wer dem Hund *nicht* den Status zuspricht, ein sozialmoralisch relevanter Anderer zu sein, begreift ihn typischerweise wohl kaum nur als organischen Apparat, sondern als sensorisch zentral gesteuertes, d. h. sozusagen qua eigenem Antrieb verhaltensvariables Lebewesen in dem Sinne, in dem Helmuth Plessner (1981: 136) auf eine entsprechende Deutung von Jakob von Uexküll verweist: „Wenn der Hund läuft, so bewegt das Tier die Beine – wenn der Seeigel läuft, so bewegen die Beine das Tier." Der Hund reagiert also nicht ‚dezentral' mechanisch, sondern eben ‚integriert' organisch. D. h., auch wenn er ‚eigentlich' unter Kontrolle steht, ist das, was er tut, nur bedingt kontrollierbar. Gleichwohl betrachten und behandeln wir ihn nicht als autonomen Akteur, denn in Gesellschaften wie der unseren ist jemand (zuvörderst der Hundehalter) haftungsrechtlich verantwortlich für den Hund bzw. für das, was er tut. Rechtlich gesehen ist der Hund denn auch ein „Gegenstand"; gleichwohl ist er in aller Regel aber, auch juristisch, doch nicht einfach ein Ding unter Dingen (vgl. Reichertz in diesem Band). Und das impliziert nun irritierenderweise einerseits, dass man den Hund nicht quälen darf, andererseits aber, dass man ihn im Bedarfsfall kujonieren und im Extremfall sogar töten oder töten lassen muss.

Die potenzielle Gefährlichkeit des Hundes ebenso wie die Sorge, es könnte ihm etwas zustoßen, führt nicht selten dazu, dass die Intensität der Liebe zum Hund hochgradig damit korreliert, die Bewegungsfreiheit des Hundes stark einzuschränken und dergestalt ein permanentes ‚Steuerungsproblem' bewältigen zu müssen. Der sogenannte „Leinenzwang" bindet nicht nur den Hund an den ihn ausführenden Menschen, sondern eben auch den Menschen an den von ihm ausgeführten Hund – und evoziert bei Leuten, die dem ‚Gespann' zuschauen, mitunter ironische Kommentare dazu, wer hier nun eigentlich mit wem „Gassi" gehe. Auch solche Gespanne ändern aber nichts daran, dass der Mensch den Hund an die Leine nimmt und nicht der Hund den Menschen. Und auch dort, wo kein „Leinenzwang" gilt oder wo ein

---

sind" (Berger/Luckmann 1969: 49f). Aber die neueste biologische Verhaltensforschung wiederum bestätigt die Theorie grundlegender Differenz zwischen Mensch und Hund durchaus (vgl. Coppinger/Feinstein 2015).

geltender ignoriert wird, verändert diese ambivalent begründete Notwendigkeit, den Hund selber und zugleich andere (Hunde, Menschen und andere Lebewesen) vor dem Hund zu behüten, zwar – in empirisch noch zu rekonstruierender Intensität – das Welterleben derer, die intendiertermaßen mit dem Hund zugange sind, ebenso wie das derer, die ihm (ungewollt) begegnen. Gleichwohl ändert sich das Verhältnis von Mensch und Hund dadurch weder augenscheinlich noch rechtlich, weder dem subjektiv gemeinten Sinn noch der sozial objektivierten Bedeutung nach.

Für den Menschen bringt die Präsenz des Hundes prinzipiell Vergnügen, Ablenkung und Entspannung ebenso mit sich, wie sie zu Peinlichkeiten, Verlegenheiten und Sanktionen führt. Die Präsenz des Hundes löst (potenziell) Probleme und sie bereitet (potenziell) Probleme. Sie wirkt sich auf das Wohnen, auf die zeitliche Strukturierung des Alltags, auf Sozialbeziehungen und auf Reisepläne aus. Und so weiter. Ob positiv oder negativ gefärbt: Nicht nur der Hund selber ist ein Korrelat des Erlebens, sondern auch andere bzw. im Extremfall *die* anderen Korrelate des Erlebens werden durch die Präsenz des Hundes modifiziert. Der Hund wird typischerweise zum Mediator zwischen Erleben und Erlebtem. Das heißt, gleichviel welche Haltung oder Rolle man gegenüber einem Hund einnimmt: die subjektiven Relevanzstrukturen orientieren sich daran, dass der Hund, wenn er ‚da' (was zumindest für den Halter durchaus nicht heißt: in Sichtweite) ist, sich nicht (wirklich) ignorieren lässt.

4 Forschungsinteressen

Was ich hier skizziert habe, das sind lediglich erste Überlegungen zu unsystematischen Impressionen eines Menschen, der auf die Frage „Hast Du jetzt einen Hund?" gern sarkastisch antwortet, dass der Hund doch wohl eher ihn habe. Denn er ist nicht von sich aus auf den Hund gekommen, hat also weder sich den konkreten Hund („Eddy") ausgesucht, noch überhaupt mit einem Hund leben wollen. Ganz im Gegenteil: Bis vor wenigen Jahren hat er sich seine Hundeaversion als aus einer Allergie resultierend erklärt. Dann ist der Hund zwar nicht von selber, aber immerhin als (für sie gewichtiger) Teil des Lebens der Frau über ihn gekommen. Und längst mag er (meistens – und vor allem bei schönem Wetter) auch diesen Teil und versucht, sich ein wenig „Hundeverstand" anzueignen, weil der Hund, seit er ihm paradoxerweise freiwillig auferlegt ist, nachgerade unentwegt seine Relevanzhierarchien tangiert und ihm vor allem zum Katalysator von Ungleichheitserlebnissen und zum – positiv wie negativ – andauernden Stressfaktor geworden ist. Was aber will man als lebensweltanalytischer Ethnograph mehr, als solcherlei irritierende Übergangserfahrungen zu machen?

Nun, man will Zeit und Geld, um – wesentlich – mehr und verlässlichere Daten generieren zu können als die, die bei der alltäglichen (genauer: wochenendlichen) Praxis beiläufig an- und abfallen. Meine ethnographische Arbeit resultiert oft daraus, dass ich von einem Thema – sei es gewollt oder ungewollt – existenziell affiziert bin (vgl. Hitzler 2015). Und jetzt ist es eben der Hund, der mich affiziert. Dass ich aber zwar nicht den Hund, aber dass ich immerhin – noch (?) – die Hundefreunde *und* die Hundefeinde, die, die „Dogs" lesen, *und* die, die „Kot & Köter" abonnieren, verstehen kann, betrachte ich dabei als einen vorteilhaften biographischen Umstand. Diese Ambivalenz zu nutzen und in *systematischen* ethnographischen Erkundungen und phänomenologisch-hermeneutischen Deutungen der dabei generierten Daten zu operationalisieren, betrachte ich zumindest als eine der mich dezidierter interessierenden Forschungsoptionen.[7]

Wichtig sein dürften dabei ggf. zum Beispiel intensive Studien dazu, wie Menschen mit Hunden (inter-)agieren a) in häuslichen Kontexten, b) in öffentlichen Räumen, c) in „Problemräumen" (wie Restaurants, Läden, Bussen usw.). Vorab differenzieren lässt sich dabei wohl zumindest zwischen Menschen, a) die für Hunde verantwortlich sind, b) die Hunde begleiten und c) die Hunden begegnen. Ob auch Faktoren wie Alter, Geschlecht, Wohngegend usw. beobachtungsrelevant sind, wird im Zuge der Feldarbeit zu erkunden sein. Geplant sind ggf. jedenfalls strukturierte Untersuchungen zu Zusammenhängen zwischen Welterleben schlechthin und Haltung von, Umgang mit und Einstellungen zu Hunden. Eines der zentralen Machbarkeitsprobleme meines ethnographischen Zugangs dabei ist immer wieder

---

7   Zur besseren Nachvollziehbarkeit dessen, was damit gemeint ist, skizziere ich kurz das Konzept dieser Idee: Zusätzlich zu dem, was Ethnographen gemeinhin machen, nämlich: das Geschehen zu beobachten, Dokumente zu beschaffen und mit den Leuten zu reden – lassen sich durch Teilnahme Daten einer besonderen Qualität gewinnen, die *nicht* über andere Datengenerierungsverfahren zugänglich sind: Daten des *eigenen* subjektiven Erlebens. Für die Arbeit *im* Feld bedeutet das, sich in möglichst Vieles existenziell zu involvieren (bzw. involvieren zu lassen), in verschiedene Rollen zu schlüpfen, mit zu tun, was zu tun je ‚üblich' ist, und dabei nicht nur andere, sondern auch sich selbst zu beobachten: beim Teilnehmen ebenso wie beim Beobachten. Beobachtende Teilnahme bedeutet also, dass wir in das soziale Feld, das wir untersuchen, möglichst *intensiv* hineingehen und – bis hinein in sprachliche und habituelle Gewohnheiten – versuchen, den Menschen, die wir untersuchen, möglichst ähnlich zu werden. Das gelingt natürlich – aus vielerlei Gründen – nicht immer und schon gar nicht immer gleich gut. In dem Maße aber, wie es gelingt, erlangen wir Daten darüber, wie man und was man in kleinen sozialen Lebens-Welten tatsächlich *erlebt*, Daten darüber also, was hier wichtig, problematisch, angenehm, interessant, langweilig usw. ist.

die Klärung der Position(en) des Beobachters in den zu erfassenden Situationen (vgl. Dechmann 1978; Lüders 2000). Das grundlegendere, vor dem Hintergrund und ggf. auch gegen zeitgeistige Theorie- und Moral-Moden zu klärende Problem ist das, was John Bradshaw (2013: 160) im Kontext der Frage aufgeworfen hat, ob Hunde den menschlichen entsprechende Gefühle haben. Bradshaw schreibt, viele Wissenschaftler betrachteten „Hundebesitzer als irregeleitet [...], während die Wissenschaft in den Augen der Hundebesitzer kaum noch Berührungspunkte mit der alltäglichen Realität der Hundehaltung hat." *Beide* Probleme lassen sich m. E. aber lösen – durch mehrperspektivische beobachtende *Teilnahme* im Verein mit eidetischen Beschreibungen und hermeneutischen Interpretationen.[8]

Literatur

Berger, Peter L./Luckmann, Thomas (1969): Die gesellschaftliche Konstruktion der Wirklichkeit. Frankfurt a.M: S. Fischer.
Bonnemann, Jens (2008): Wege der Vermittlung zwischen Faktizität und Freiheit. In: Raab, Jürgen/Pfadenhauer, Michaela/Stegmaier, Peter/Dreher, Jochen/Schnettler, Bernt (Hrsg.): Phänomenologie und Soziologie. Wiesbaden: VS, 199–209.
Bradshaw, John (2013): Hundeverstand. Nerdlen/Daun: Kynos.
Brandt, Reinhard (2009): Können Tiere denken? Frankfurt a. M.: Suhrkamp.
Coppinger, Raymond/Feinstein, Mark (2015): How Dogs Work. Chicago: The University of Chicago Press.
Dechmann, Manfred D. (1978): Teilnahme und Beobachtung als soziologisches Basisverhalten. Bern: Haupt.
Donaldson, Sue/Kymlicka, Will (2013): Zoopolis. Eine politische Theorie der Tierrechte. Berlin: Suhrkamp.

---

8   Dieser Anspruch bildet sozusagen den methodologisch-methodischen Kern der insbesondere von Anne Honer entwickelten lebensweltlichen bzw. lebensweltanalytischen Ethnographie, deren Basis „eben der Erwerb der praktischen Mitgliedschaft an dem Geschehen, das erforscht werden soll, und damit der Gewinn einer existentiellen Innensicht" ist (Honer 1993: 44). Genutzt werden sollen also auch die *Erfahrungen*, die der Forscher im Feld macht. Als Ethnograph beansprucht deshalb auch der Mundanphänomenologe, *empirisch* zu arbeiten. Allerdings besteht das spezifisch ‚Andere' an *phänomenologischer* Empirie darin, dass hierbei der Forscher – erkenntnistheoretisch begründet *exklusiv* – ansetzt bei seinen eigenen, subjektiven Erfahrungen. Was immer an interpretativen Operationen auf welches Erkenntnisinteresse hin dann auch vollzogen wird, die alleinige, weil allein *evidente* Datenbasis sind (und bleiben) die eigenen, subjektiven Erfahrungen (vgl. Honer/Hitzler 2015).

Fischer, Joachim (2008): Tertiarität. Die Sozialtheorie des „Dritten" als Grundlegung der Kultur- und Sozialwissenschaften. In: Raab, Jürgen/Pfadenhauer, Michaela/Stegmaier, Peter/Dreher, Jochen/Schnettler, Bernt (Hrsg.): Phänomenologie und Soziologie. Wiesbaden: VS, 121–130.

Fried, Erich (1964): Definition. In: Fried, Erich: Warngedichte. München: Hanser.

Haraway, Donna (2003): The Companion Species Manifesto. Dogs, People, and Significant Otherness. Chicago: Prickly Paradigm Press.

Heidegger, Martin (1983): Die Grundbegriffe der Metaphysik: Welt, Endlichkeit, Einsamkeit. Frankfurt a. M.: Klostermann.

Herzog, Hal (2012): Wir streicheln und wir essen sie. München: Hanser.

Hitzler, Ronald (2005): Die Beschreibung der Struktur der Korrelate des Erlebens. Zum (möglichen) Stellenwert der Phänomenologie in der Soziologie. In: Schimank, Uwe/ Greshoff, Rainer (Hrsg.): Was erklärt die Soziologie? Berlin: LIT, 230–240.

Hitzler, Ronald (2015): „…wie man in es hineingeht". Zur Konstitution und Konstruktion von Feldern bei existenzieller Affiziertheit. In: Poferl, Angelika/Reichertz, Jo (Hrsg.): Wege ins Feld. Methodologische Aspekte des Feldzugangs. Essen: Oldib, 72–90.

Honer, Anne (1993): Lebensweltliche Ethnographie. Wiesbaden: DUV.

Honer, Anne/Hitzler, Ronald (2015): Life-World-Analytical Ethnography: A Phenomenology-Based Research Approach. In: Journal of Contemporary Ethnography (Special Issue Article), 44(5), 544–562. DOI: 10.1177/0891241615588589 (Zugriff: 08.06.2015).

Katcher, Aaron H./Beck, Alan M. (Hrsg.) (1983): New Perspectives in Our Lives with Companion Animals. Philadelphia: University of Pennsylvania Press.

Keller, Reiner/Viehöver, Willy/Wehling, Peter/Lau, Christoph (2007): Zwischen Biologisierung des Sozialen und neuer Biosozialität: Dynamiken der biopolitischen Grenzüberschreitung. In: Berliner Journal für Soziologie 17(4), 547–567.

Knoblauch, Hubert/Raab, Jürgen/Schnettler, Bernt (2002): Wissen und Gesellschaft. In: Luckmann, Thomas: Wissen und Gesellschaft. Konstanz: UVK, 9–39.

Kotrschal, Kurt (2014): Wolf – Hund – Mensch: Die Geschichte einer jahrtausendealten Beziehung. München Piper.

Lévi-Strauss, Claude (2014): Die kluge Lektion des Rinderwahnsinns. In: Lévi-Strauss, Claude: Wir sind alle Kannibalen. Berlin: Suhrkamp, 199–212.

Lindemann, Gesa (2002): Die Grenzen des Sozialen. München: Fink.

Lindemann, Gesa (2006a): Die dritte Person – Das konstitutive Minimum der Sozialtheorie. In: Krüger, Hans-Peter/Lindemann, Gesa (Hrsg.): Philosophische Anthropologie im 21. Jahrhundert. Berlin: Akademie, 125–145.

Lindemann, Gesa (2006b): Das Soziale von seinen Grenzen her denken. Weilerswist: Velbrück.

Lindemann, Gesa (2009): Gesellschaftliche Grenzregime und soziale Differenzierung. In: Zeitschrift für Soziologie 38(2), 94–112.

Luckmann, Thomas (1980): Über die Grenzen der Sozialwelt. In: Luckmann, Thomas: Lebenswelt und Gesellschaft. Paderborn: Schöningh, 56–92.

Luckmann, Thomas (2008): Konstitution, Konstruktion: Phänomenologie, Sozialwissenschaft. In: Raab, Jürgen/Pfadenhauer, Michaela/Stegmaier, Peter/Dreher, Jochen/Schnettler, Bernt (Hrsg.): Phänomenologie und Soziologie. Wiesbaden: VS, 33–40.

Lüders, Christian (2000): Beobachten im Feld und Ethnographie. In: Flick, Uwe/Kardorff, Ernst von/Steinke, Ines (Hrsg.): Qualitative Forschung. Ein Handbuch. Reinbek: Rowohlt, 384–401.

Mann, Thomas (1981): Herr und Hund. In: Mann, Thomas: Späte Erzählungen. Frankfurt a. M.: S. Fischer, 7–100.
Plessner, Helmuth (1981): Die Stufen des Organischen und der Mensch (Gesammelte Schriften IV). Frankfurt a. M.: Suhrkamp.
Sartre, Jean-Paul (1991): Das Sein und das Nichts. Reinbek b. Hbg.: Rowohlt.
Sartre, Jean-Paul (2005): Entwürfe für eine Moralphilosophie. Reinbek b. Hbg.: Rowohlt.
Schetsche, Michael (2004) (Hrsg.): Der maximal Fremde. Würzburg: Ergon.
Schneider, Werner (1999): „So tot wie nötig – so lebendig wie möglich!" Sterben und Tod in der fortgeschrittenen Moderne. Münster: LIT.
Schütz, Alfred (2003): Strukturen der Lebenswelt. In: Schütz, Alfred: Theorie der Lebenswelt 1 (ASW V.1). Konstanz: UVK, 325–348.
Schütz, Alfred (2010): Wissenschaftliche Interpretation und Alltagsverständnis menschlichen Handelns. In: Schütz, Alfred: Zur Methodologie der Sozialwissenschaften (ASW IV). Konstanz: UVK, 329–400.
Singer, Peter (2015): Animal Liberation. Die Befreiung der Tiere. Erlangen: Harald Fischer.
von Uexküll, Jakob (1957): Graf Alexander Keyserling oder Die Umwelt des Weisen. In: von Uexküll, Jakob: Nie geschaute Welten: Die Umwelten meiner Freunde. München: List, 35–43.
Uzarewicz, Michael (2011): Der Leib und die Grenzen der Gesellschaft: Eine neophänomenologische Soziologie des Transhumanen. Stuttgart: Lucius & Lucius.
Wanner, Hans (1951): Hundenamen aus dem Anfang des 16. Jahrhunderts. In: Beiträge zur Sprachwissenschaft und Volkskunde. Festschrift für Ernst Ochs zum 60. Geburtstag (hgg. v. K. F. Müller). Lahr: Schauenburg, 219–223.

Der Dackelblick
Phänomenologie einer besonderen Hund-Mensch-Vergemeinschaftung

Robert Gugutzer und Natascha Holterman

Für Pippa

Zu den weltweit bekanntesten Hunderassen zählt zweifelsohne der Dackel. Ein Dackel im öffentlichen Raum wird namentlich erkannt, und das sogar von Menschen, denen Hunde gleichgültig sind. Dass der Dackel so bekannt und vergleichsweise beliebt[1] ist, hat vermutlich mit zwei charakteristischen Merkmalen dieser Rasse zu tun: Einen Dackel erkennt man zum einen an seiner *Gestalt*, die durch kurze, krumme

---

1 Nicht nur in Deutschland dürfte die hohe Popularität des Dackels mit den Olympischen Sommerspielen 1972 in München zu tun haben. Das auf eine Idee des Präsidenten des Olympischen Komitees und Dackelbesitzers Willy Daume zurückgehende und von dem Grafikdesigner Otl Aicher entworfene Maskottchen „Waldi" sorgte für einen weltweiten Dackelboom – und dies bereits vor den Olympischen Spielen. So zitiert DER SPIEGEL vom 24.01.1972 eine Züchterin des Internationalen Dackel-Clubs Gergweis mit den Worten: „[…] ‚plötzlich [kamen] Zuschriften von weiß Gott woher', von ‚Leuten, die einfach nach der Olympiade einen Dackel mitnehmen wollen' – etwa Italiens Alfa-Romeo-Manager Chiambretto oder eine japanische Sportler-Equipe, die einen Kurzhaar als Maskottchen wünschte; ein Amerikaner aus Ozark in Alabama bestellte begeistert ein Exemplar in Langhaar" (http://www.spiegel.de/spiegel/print/d-43019990.html; Zugriff: 04.12.2015).

Beine und einem unverhältnismäßig langen Körper – manche nennen ihn etwas despektierlich „wurstähnlich" – charakterisiert ist.[2] Zum anderen ist der Dackel für seinen *Blick* bekannt. In der deutschen Sprache gibt es bezeichnenderweise den Dackelblick, nicht jedoch den Mops-, Pudel-, Boxer- oder Schäferhundblick. Am Blick des Dackels scheint etwas Besonderes zu sein, anders lässt sich dieses diskursive Alleinstellungsmerkmal kaum erklären. Hinzu kommt, dass der Dackelblick eine Eigenart nicht nur dieser Hunderasse ist, sondern auch des einen oder anderen Menschen. Manchen Männern sagt man jedenfalls nach, sie würden gegenüber Frauen – zumeist aus strategischen Gründen – einen Dackelblick aufsetzen.[3] Der empirische Wahrheitsgehalt dieser Zuschreibung muss hier nicht interessieren. Wichtig ist allein der Sachverhalt, dass dem Dackelblick, ob von Vier- oder Zweibeinern, augenscheinlich eine beachtliche soziale Wirkmächtigkeit innewohnt. Ihr auf die Spur zu kommen, ist ein Ziel dieses Beitrags.

Über die Besonderheit des Dackelblicks hinaus will der Text die grundsätzliche soziale Bedeutung des Blicks für die Hund-Mensch-Interaktion herausarbeiten. Diese zeichnet sich gegenüber der Mensch-Mensch-Interaktion ja dadurch aus, dass Sprache für sie nicht (so) wesentlich ist. Mindestens so wichtig wie Worte sind für die Kommunikation zwischen Hund und Mensch nichtsprachliche Zeichen, die gesehen und gehört werden. Dem Blick kommt dabei eine herausragende Bedeutung zu. Hund und Mensch verständigen sich mit Blicken, weil bzw. wenn sie sich beobachten, was Hunde, im Unterschied zu den meisten Menschen, permanent und sehr genau tun. Nicht zuletzt aufgrund dieser Asymmetrie in der Beobachtungsgenauigkeit misslingt die Verständigung zwischen Hund und Mensch immer wieder. Dessen ungeachtet ist der Blickkontakt ein basales Medium der Vergemeinschaftung von Hund und Mensch. Im Blickkontakt zwischen Mensch und Hund konstituiert sich performativ deren soziale Beziehung. Vor diesem Hintergrund lautet die zentrale *These* des vorliegenden Beitrags: Am Dackelblick zeigt sich exemplarisch, dass in den Grenzen des Sozialen nicht allein menschliche Akteure wohnen, sondern ebenso Hunde und andere (Haus-)Tiere.[4] Hunde gilt es deshalb als dem Menschen formal

---

2   Aufgrund seiner besonderen Körperform ist der Dackel im englischsprachigen Raum weniger unter seinem korrekten Namen „Teckel" oder „Dachshund" bekannt, als vielmehr unter Namen wie „Sausage Dog" oder „Wiener Dog".

3   Das weibliche Pendant zum männlichen Dackelblick sind die sogenannten Rehaugen. Frauen mit Rehaugen wirken schüchtern, sensibel, verletzlich, schutzbedürftig und bezirzen damit – bewusst oder unbewusst – Männer, deren Beschützerinstinkt dadurch angesprochen wird.

4   Die transhumane (neophänomenologische) Soziologie integriert nicht nur Menschen und Tiere in den Bereich des Sozialen, sondern ebenso Dinge und „Halbdinge" (Schmitz

gleichwertige soziale Akteure anzuerkennen und Soziologie dementsprechend als *transhumane Soziologie* zu entwerfen.

Zur Begründung dieser These wird zunächst unter Bezugnahme auf Georg Simmels „Soziologie der Sinne" die vergemeinschaftende Funktion des Blicks allgemein erläutert (1). Dem folgt eine phänomenologische Präzisierung der Simmelschen Argumentation, die über Simmel (und alle anderen soziologischen Blickanalysen) hinausgeht, indem sie auch den Blick von Tieren, insbesondere Hunden, thematisiert (2). Auf dieser Grundlage wird anschließend eine Phänomenologie des Dackelblicks präsentiert, in deren Mittelpunkt der *Dackelblick als doppelbödige leiblich-affektive Nötigung* steht (3). Der Text endet mit einem kurzen Fazit und dem Plädoyer für eine transhumane Soziologie (4).

1 Der Blick als ursprüngliche Quelle von Sozialität

Soziologie gilt gemeinhin als die Wissenschaft vom Sozialen. Darauf würden sich wohl die meisten Soziologinnen und Soziologen verständigen. Was allerdings das „Soziale" auszeichnet, ist eine durchaus strittige Frage in der Soziologie. Als Minimalkonsens ließe sich vielleicht festhalten: Das Soziale ist durch das sinnhafte und symbolische (vor allem sprachliche) Zusammenwirken von Menschen und die daraus resultierenden Ordnungen gekennzeichnet. Eine solche Auffassung vom Sozialen provoziert jedoch mindestens zwei Folgefragen: Welche Relevanz haben (a) *nichtsprachliche Phänomene* sowie (b) *nichtmenschliche Akteure* für die Konstruktion sozialer Wirklichkeit? Konkret: Wo ist (a) der Ort des *Körpers* (inkl. Leib und Sinne) sowie (b) von *Tieren* (und Dingen) in der Soziologie?

Gut einhundert Jahre vor dem Aufkommen des „body turn" (Gugutzer 2006) in der Soziologie Ende des 20. Jahrhunderts hatte sich bereits Georg Simmel der ersten Teilfrage angenommen. In seinem berühmten „Exkurs über die Soziologie der Sinne" wies Simmel darauf hin, dass unter den Sinnen das Auge bzw. der Blick eine herausragende Bedeutung habe:

> Unter den einzelnen Sinnesorganen ist das Auge auf eine völlig einzigartige soziologische Leistung angelegt: auf die Verknüpfung und Wechselwirkung der Individuen, die in dem gegenseitigen Sich-Anblicken liegt. Vielleicht ist dies die unmittelbarste und reinste Wechselbeziehung, die überhaupt besteht (Simmel 1992: 723).

1978: 128ff. u. 155ff.), etwa Stimmen, Melodien, Pfiffe, den Wind und den Blick (vgl. dazu Gugutzer 2015b; Uzarewicz 2011).

In Simmels prozessualem Verständnis von Gesellschaft als „Wechselwirkung" oder „Wechselbeziehung" menschlicher Individuen hat der Blickaustausch einen besonderen Stellenwert nicht nur gegenüber den anderen Sinnen, sondern auch hinsichtlich der Konstituierung von Sozialität: *Im „Sich-Anblicken" zeigt sich Gesellschaft in seiner „unmittelbarsten" und „reinsten" Form.* Noch vor jeder subjektiven Sinnsetzung oder dem kommunikativen Gebrauch von Symbolen realisiert sich Sozialität im Blickkontakt – und zwar auf leiblicher Ebene. Die fundamental soziale Dimension dieser spezifischen Variante „leiblicher Kommunikation" (Schmitz 2011: 29–53; s. u. Kap. 2) erklärt sich dabei über die Reziprozität des Sehens, durch die sich der Blick etwa vom Hören unterscheidet[5]: Im Blickkontakt nimmt Ego nicht nur Alter wahr, sondern unweigerlich auch Alter Ego. Die Antlitze von Ego und Alter stellen wechselseitig füreinander Ausdrucksfelder dar, die sich für jeden der beiden zu einem sinnlichen Eindruck verdichten.

> Man kann nicht durch das Auge nehmen, ohne zugleich zu geben. Das Auge entschleiert dem Andern [sic] die Seele, die ihn zu entschleiern sucht. Indem dies ersichtlich nur bei unmittelbarem Blick von Auge in Auge stattfindet, ist hier die vollkommenste Gegenseitigkeit im ganzen Bereich menschlicher Beziehungen hergestellt (Simmel 1992: 724).

Dass diese Form „vollkommenster Gegenseitigkeit" typischerweise von kurzer Dauer ist, da sie jederzeit und einseitig aufgekündigt werden kann, indem einer der beiden Interaktionspartner wegblickt, ändert nichts an dem grundsätzlichen Sachverhalt, dass Sozialität im Sich-Anblicken performativ hergestellt wird. Der Blickaustausch ist damit nicht lediglich ein Mittel der Vergesellschaftung, sondern er *ist* die Vergesellschaftung in situ. So augenblickhaft und damit fragil die blickend konstituierte Sozialität ist, so wirkmächtig kann sie gleichwohl in ihren Folgen sein. Ein eiskalter, strafender oder tötender Blick hat trotz seiner kurzen Dauer nicht selten eine übersituative Bedeutung, wie auch ein verzweifelter, begehrender oder liebender Blick den Moment des Sich-Anblickens transzendieren und einen langfristigen Effekt haben kann. Auch dass eine beschämte Person ihren Blick gen Boden richtet, um dem Blick des (nicht notwendigerweise anwesenden) Anderen nicht standhalten zu müssen, verweist auf die soziale und transsituative Kraft des Blicks.

Simmels hier notwendig knapp skizzierte Überlegungen zur sozialen Relevanz des Blicks sind für die weiteren Ausführungen bedeutsam, weil sie verdeutlichen, dass und inwiefern der *Blick als ursprüngliche Quelle von Sozialität* zu verstehen ist. Das

---

5   Im Gegensatz zum Auge als dem sozialen Sinnesorgan per se ist Simmel zufolge „das Ohr das schlechthin egoistische Organ […], das nur nimmt, aber nicht gibt" (Simmel 1992: 730).

entscheidende Kriterium hierfür ist die unmittelbar-wechselseitige, sinnlich-leibliche Evidenz des Blicks. Kritisch anzumerken ist zu Simmels Ausführungen, dass er – wie auch alle anderen soziologischen Ansätze und Studien zum Blick[6] – die vergemeinschaftende Funktion des Blicks auf Menschen beschränkt. Dass dies sachlich unangemessen ist, wird die folgende phänomenologische Präzisierung der Simmelschen Argumentation zeigen.

2 Der Blick als leibliche Regung und wechselseitige Einleibung

Was in Simmels Exkurs zur Soziologie des Blicks (und der anderen Sinne) angelegt ist, ist in den Arbeiten von Jean-Paul Sartre und Hermann Schmitz umfassender und phänomenologisch gründlicher behandelt worden. Sartre wie Schmitz haben detailliert herausgearbeitet, wodurch der Blick zu einer ursprünglichen Quelle der „Du-Evidenz" (Sartre 1991: 457–538) bzw. der „Partnerfindung" (Schmitz 1980: 31ff.) wird. Als empirisches Kriterium für die Gewissheit, dass der Andere ein Anderer-für-mich ist, ein echtes Gegenüber, das mich angeht (wodurch ich mir meiner gewahr werde), nennen beide Autoren das *leiblich-affektive Betroffensein*: Sartre hebt die subjektive Empfindung von Angst und Scham hervor, Schmitz allen voran das

---

6 Neben Simmel zählen sicherlich Erving Goffmans Arbeiten zum Blick (vgl. vor allem Goffman 1971a: 84-111) zu den bekanntesten innerhalb der Soziologie. Goffmans Fokus lag auf der Beschreibung der Strukturen und Regeln des Blickkontakts innerhalb „zentrierter Interaktionen", als Medium der Aufrechterhaltung der „Interaktionsordnung" (vgl. Goffman 1994) und als wichtiges Mittel „interpersoneller Rituale" (vgl. Goffman 1971b). Anknüpfend an Simmel und Goffman hat jüngst Karl Lenz (2016) die alltagsmoralische Bedeutung von Blicken, insbesondere ihren sozial verpflichtenden Charakter untersucht; im selben Sinne hat auch Robert Hettlage (2016: 33–37) die moralischen „Wahrnehmungspflichten" und „Wahrnehmungsgrenzen" des Blicks thematisiert. Jean-Claude Kaufmann (1994) wiederum hat in seiner berühmten Studie über „Frauenkörper – Männerblicke" die soziale Relevanz des Blicks für die Herstellung der Geschlechterordnung analysiert, Stefan Hirschauer (1999) die Probleme, die der Blick beim Fahrstuhlfahren mit sich bringt, wie Gilbert Norden (1987) jene, die in der Sauna auftreten – in beiden Fällen ist das soziale Thema vor allem die „Blickvermeidung". Zur Soziologie des Blicks ließe sich außerdem Foucaults Beschreibung des „Panoptismus" als eine institutionalisierte Form des verinnerlichten Blicks zählen (vgl. Foucault 1976), die, wie auch Norbert Elias' Analyse der Psychogenese im europäischen Zivilisationsprozess (vgl. Elias 1976), auf ein selbstkontrolliertes und -diszipliniertes Verhalten hinausläuft, das selbst dann gezeigt wird, wenn niemand anwesend ist, der seinen leibhaftigen Blick auf einen richten würde.

Fasziniert- oder Gefesseltsein vom Blick des Anderen. Im Folgenden stützen wir uns auf die Überlegungen von Schmitz, da dessen Intersubjektivitätstheorie des Blicks zum einen stärker als jene Sartres die Wechselseitigkeit des Blicks betont, zum anderen nicht auf Menschen beschränkt ist, sondern auch Tiere und sogar Dinge[7] integriert bzw. zu integrieren erlaubt.

Schmitz definiert den Blick als „leibliche Regung" (Schmitz 1969: 378):

> Als leibliche Regung begegnet und ergreift [...] der fremde Blick; er liefert eine vielleicht einzigartige Gelegenheit dazu, eine leibliche Regung nicht nur am eigenen Leib zu spüren, sondern optisch als Phänomen vor Augen zu haben.

Seine personale und auch soziale Relevanz erhält der Blick jedoch nicht primär deshalb, weil Ego ihn „vor Augen" hat, er das Gesichtsfeld von Alter sieht, sondern weil Ego den Blick von Alter *an sich spürt*. Der Blickkontakt ist ein spürbarer Kontakt, eine Berührung des Anderen, die nahegeht. Dass der Blick ein explizit leibliches und kein körperliches Phänomen ist[8], zeigt sich zudem daran, dass der Blick des Anderen kaum in seinen körperlichen Bestandteilen wahrgenommen wird (Augengröße, -farbe, Distanz zwischen den Augen, auf- oder niedergeschlagene Augenlider, etc.), stattdessen als undifferenzierter, ganzheitlicher (Sinnes-) Eindruck. Wer von einem Blick gefangengenommen ist, ist meist nicht imstande, die körperlichen Bestandteile des fremden Blicks zu beschreiben. In Schmitz' Worten: Der Blick des Anderen wird nicht „konstellationistisch", als Summe klar identifizierbarer körperlicher Einzelheiten wahrgenommen, sondern als „impressive Situation", die ein „vielsagender Eindruck" (Schmitz 2005: 53) ist. Der Blick des Anderen beeindruckt – mal mehr, mal weniger –, und was er zu sagen hat, ist zumindest häufig nicht eindeutig.[9]

Wenngleich der Blick eine leibliche Regung ist, die der Einzelne an sich wahrnimmt, ist er keine bloß individuelle Angelegenheit. Wie bereits Simmel deutlich gemacht hat, ist der Blick vielmehr ein fundamental soziales Ereignis. Im neophänomenologischen Verständnis basiert die blickende Fundierung von Sozialität auf der „wechselseitigen Einleibung" (Schmitz 1980: 23ff.) von Ego und Alter. „Wechselseitige

---

7   Ein Beispiel dafür wäre das Gefesseltsein von „z. B. Statuen, Gemälden, Photographien" (Schmitz 1969: 380, Fn. 835) oder von einer Fußballübertragung auf einer Großbildleinwand (vgl. Gugutzer 2015a).

8   Zur neophänomenologischen Unterscheidung von (spürbar-spürendem) Leib und (sicht- und tastbarem) Körper siehe Gugutzer (2012: 45ff. u. 2015c: Kap. II) und Lindemann (2016).

9   Darin besteht sein Reiz: Flirten etwa wäre ziemlich langweilig, stünde von Beginn an fest, was der Blick des Anderen genau zu bedeuten hat.

Einleibung ist die Urform der Du-Evidenz, es mit einem anderen Bewussthaber zu tun zu haben" (Schmitz in Schmitz/Sohst 2005: 31). Wechselseitige Einleibung ist die „Urform des Zusammenseins von Bewussthabern (Subjekten), auch schon präpersonal" (Schmitz in Schmitz/Sohst 2005: 30), und da Tiere „präpersonale" Wesen sind, ist damit gesagt, dass wechselseitige Einleibung gleichermaßen die Urform von Sozialität unter Tieren wie auch zwischen Menschen und Tieren ist.

Die Bedingung der Möglichkeit wechselseitiger Einleibung ist die *dialogische räumliche Struktur des Leibes*, deren grundlegendes Kategorienpaar „Enge und Weite" (Schmitz 1965: 73–89) ist. Das leibliche Befinden bewegt sich nach Schmitz immer zwischen Enge und Weite, zum Teil mehr zur Enge hin, etwa im Schreck, der Angst oder Wut, zum Teil mehr zur Weite hin, beispielsweise beim Einschlafen oder entspannten Dösen in der Sonne. Die dialogische Struktur des Leibes ermöglicht wechselseitige Einleibung – synonym spricht Schmitz von „leiblicher Kommunikation" (Schmitz 1978: 85–109) – etwa in der Hinsicht, dass Egos engend empfundene Wut in die weitend empfundene Ruhe von Alter einhakt und diese vollständig beseitigt, sodass auch Alter wütend wird, oder aber in der umgekehrten Weise, dass die ruhige Ausstrahlung von Alter die Wut Egos neutralisiert und diesen besänftigt. Wechselseitige Einleibung[10] setzt zwei leibliche Akteure voraus, die jedoch, wie gesagt, nicht notwendigerweise zwei Menschen sein müssen. Hier geht die Neue Phänomenologie über die Soziologie hinaus. Der Austausch von Blicken ist ein besonders eindrückliches Beispiel für leibliche Kommunikation zwischen Mensch und Tier.

Wenn Mensch und Hund einander anblicken, treten sie in einen leiblichen Dialog, der keineswegs harmonisch verlaufen muss, im Gegenteil. Es wäre ein großes Missverständnis, würde die im Blick vollzogene wechselseitige Einleibung als konfliktfreie Kommunikation verstanden werden. Im phänomenologischen Sinne handelt es sich hier vielmehr um einen leiblichen Widerstreit, um eine „antagonistische" Form leiblicher Kommunikation. Daher spricht Schmitz auch von einem „Ringkampf der Blicke", welcher „nicht an irgend einer herrschsüchtigen Absicht [liegt], sondern an der Struktur des Leibes, die den sich begegnenden Blicken als unteilbar ausgedehnten leiblichen Richtungen […] eingeprägt ist" (Schmitz 1990: 136). Der Austausch von Blicken ist ein auf leiblichem Terrain ausgetragener Machtkampf, einerlei, ob ihn die Beteiligten führen wollen oder nicht. Blicke tauchen leiblich ineinander ein und zählen deshalb „zu den am Tiefsten eingreifenden Auseinandersetzungen" sowohl „unter Menschen und Tieren" (Schmitz 1969: 381) als auch zwischen Mensch

---

10 In dem genannten Beispiel handelt es sich in der Terminologie von Schmitz um „antagonistische Einleibung". Davon unterscheidet er als zweite Variante wechselseitiger Einleibung die „solidarische Einleibung". Siehe dazu z. B. Schmitz (2011: 32ff.).

und Tier. Kennzeichnend für diesen Kampf der Blicke ist, dass die Positionen des Machthabenden und des Unterlegenen hin und her wechseln. Der strenge (harte) Blick des Hundebesitzers kann dazu führen, dass sein Hund wegblickt und sich trollt, doch womöglich gelingt es dem Hund mithilfe eines betroffenen (weichen) Blicks, seinen Herren gleich wieder milde zu stimmen. Bemerkenswert ist dabei, dass der leibliche Machtkampf mit der sozialen Position der darin Involvierten nicht notwendigerweise zusammenhängt. Obwohl der Hund gegenüber dem Menschen die sozial niedrigere Position einnimmt (bzw. einnehmen sollte), ist er durchaus imstande, den leiblichen Machtkampf zu gewinnen. Der Grund hierfür ist, dass die zwischenleibliche Kommunikation basaler ist als die symbolisch-sprachliche Kommunikation, und auf leiblicher Ebene sind Hund und Mensch gleichrangig.

3   Phänomenologie des Dackelblicks

> *„Die genaueste Vorstellung von der Machtlosigkeit des Menschen haben zweifellos Gott und der Dackel."*
>
> Georges Mikes

Was hat nun aber der Dackelblick, das andere Hundeblicke nicht haben? Um das Phänomen[11] Dackelblick zu verstehen, ist es zunächst notwendig, zwischen dem mimischen Ausdruck und dem leiblichen Eindruck des Dackelblicks analytisch zu trennen.

Der *mimische Ausdruck* des Dackelblicks ist das Ergebnis eines komplexen Zusammenspiels aus Augen, Augenbrauen, Stirn und Kopfhaltung (vgl. Abb. 1)[12].

---

11   Ein Phänomen nach Schmitz „ist für jemand zu einer Zeit ein Sachverhalt, dem der Betreffende dann den Glauben, dass es sich um eine Tatsache handelt, nicht im Ernst verweigern kann. Ein Phänomen ist also doppelt relativ, auf einen Menschen und für eine Frist" (Schmitz 2002: 21). Hinsichtlich des Phänomens Dackelblick folgt daraus zum einen, dass es den Dackelblick für die Autoren dieses Beitrags tatsächlich gibt, zum anderen, dass der Dackelblick ‚als solcher' nicht existiert. Die hier vorgenommene phänomenologische Analyse des Dackelblicks ist keine „Wesensschau" (Husserl). Ihr Ziel ist eine möglichst genaue, intersubjektiv nachvollziehbare Beschreibung struktureller Merkmale des Dackelblicks, die sich im wissenschaftlichen Diskurs zu bewähren hat, und dies gerade vor dem Hintergrund des Wissens, dass sie je nach Person, Zeit und Kultur anders ausfallen kann.

12   Wir danken den Mitgliedern der beiden Facebook-Gruppen „Rauhaardackel" und „Kurzhaardackel", die uns auf unsere Anfrage hin mehr als 200 Fotos zum Dackelblick schickten. Vier von ihnen haben wir für diesen Beitrag ausgewählt.

Der Dackelblick

Beim idealtypischen Dackelblick liegt der Kopf des Dackels flach und gerade auf einem Untergrund auf, der lange und schmale Nasenrücken zeigt nach vorne. Sofern der Kopf nicht flach aufliegt, ist er leicht gesenkt. Die schwarze Pupille und die braune Iris sind vereint zu einem dunkelbraunen, glänzenden Kreis, der ungefähr zu vier Fünfteln zu sehen ist; das letzte Fünftel ist am oberen Rand vom Augenlid verdeckt. Dadurch erscheint unterhalb, zum Teil auch seitlich von Pupille und Iris, ein halbrunder, sichelmondähnlicher weißer Streifen, wodurch der Eindruck eines ‚von unten nach oben' gerichteten Blicks entsteht. Die beiden Augenbrauen, die sich farblich von der sie umgebenden Fellfarbe abheben (vor allem beim Kurzhaardackel) oder aber durch üppige Behaarung (beim Rauhaardackel) hervorstechen, sind leicht nach oben gezogen. Die Stirn wirkt dadurch wie in Falten gelegt.

Abb. 1
Mimischer Ausdruck
des Dackelblicks
(Imme vom Teckeltraum,
Foto: Dagmar Schmidt)

Dem charakteristischen mimischen Ausdruck des Dackelblicks korrespondiert ein gleichermaßen typischer *leiblicher Eindruck* beim Angeblickten. Den affektiven Mittelpunkt des Dackelblicks bilden das dunkle Braun von Pupille und Iris im Zusammenspiel mit dem sichelmondförmigen Weiß, welches das Braun sanft umschließt. Die leiblich-affektive Resonanz, die der Dackelblick beim Menschen erzeugt, hat entscheidend mit Farbe und Form der Augen des Dackels zu tun. Braun ist eine warme, weiche Farbe, anders als blau oder grün, die eher kalte und harte Farben sind. Warm und weich (wie auch hart und kalt) sind in den Worten von Schmitz „synästhetische Charaktere", die als „Brücken leiblicher Kommunikation" fungieren (Schmitz 2005: 176ff.), hier als Brücke der Dackel-Mensch-Kommunikation. Die braunen, warmen und weichen Augen des Dackels[13], deren Wärme und Weichheit durch den harten Kontrast zu dem Weiß, in das sie eingebettet sind, noch unterstrichen wird, sind nicht in einem physikalischen Sinne warm und weich, sondern in einem leiblichen Sinne für den Menschen, der davon beeindruckt ist. Aufgrund ihrer halbrunden Form ist zudem die Linie des Weißen weich; eine gerade Linie würde härter, scharfkantiger wirken. Als ganzheitlicher Eindruck lösen das Braune, Weiße und Kreis- beziehungsweise Halbrunde der Dackelaugen in Kombination mit den beweglichen Augenbrauen und Stirnfalten beim menschlichen Betrachter ein leiblich-affektives Betroffensein aus, das dieser bedeutungsgleich als warm, weich, sanft, rührend etc. bewertet. Diese zumeist unwillentliche und unwillkürliche affektive Stellungnahme, die der Dackelblick beim Menschen provoziert, wird mehrheitlich als angenehm empfunden und daher dem Dackel hoch angerechnet.

Phänomenologisch lässt sich die leiblich-affektive Provokation des Dackelblicks als *Nötigung* beschreiben. Der Dackelblick nötigt das von ihm getroffene menschliche Individuum zu einer leiblich-affektiven Reaktion, und das zum Teil gerade dann, wenn es gar nicht reagieren wollte. Wer seinem Dackel gegenüber hart bleiben möchte, weil dieser etwas ausgefressen hat, kann die Erfahrung machen, dass er von seinem Vorhaben Abstand nimmt, weil ihn der Blick seines Dackels erweicht. In der leiblichen Kommunikation siegt das Weiche nicht selten über das Harte. In Schmitzscher Terminologie könnte man hier von einer „exigenten Nötigung" (Schmitz 2012: 16) sprechen: Der menschliche Akteur kann sich der leiblich ausgedrückten Forderung seines Hundes zwar grundsätzlich entziehen, typischerweise jedoch nur „zwiespältig, halbherzig, befangen, unsicher, nicht in voller Übereinstimmung mit sich" (Schmitz 2012: 16). Dem Dackelblick zu widerstehen, ist möglich, allerdings beim Hundebesitzer häufig mit einem unguten Gefühl verknüpft, das zum Beispiel ‚sagt', dass man vielleicht doch etwas arg streng mit seinem Hund war, weil dessen Vergehen ja eigentlich gar nicht so schlimm gewesen sei.

Das Verständnis vom Dackelblick als einseitiger exigenter Nötigung macht darauf aufmerksam, dass in der „gemeinsamen Situation" (Schmitz 1980: 43-74) von

---

13 Braun sind auch die Rehaugen, die eingangs als weibliches Pendant zum männlichen Dackelblick bezeichnet wurden. Dass der ihnen zugeschriebene Effekt derselbe ist wie jener des Dackelblicks, nämlich treu, sanft, unschuldig zu blicken, bestätigt den synästhetischen Charakter der Farbe braun, als warm und weich wahrgenommen zu werden.

Hund und Mensch *Normen* wirken, die das Empfinden und womöglich auch das Verhalten der Beteiligten beeinflussen. Im neophänomenologischen Verständnis ist eine Norm „ein Programm für möglichen Gehorsam" und ein Programm wiederum „eine Richtlinie für die Eigenführung" (Schmitz 2012: 11) eines Subjekts. Der Dackelblick hat zweifelsohne das Potenzial, als ein „Programm für möglichen Gehorsam" seines menschlichen Interaktionspartners zu fungieren. Der Dackelblick kann den Effekt einer „Richtlinie für die Eigenführung" seines menschlichen Interaktionspartners haben, (vermutlich) ohne dass der Dackel dies intendiert. Allein aufgrund der Tatsache, dass der Dackelblick in das leiblich-affektive Befinden seines menschlichen Gegenübers eindringt, sich ihm aufdrängt, ihn ergreift, kann es dem Dackel gelingen, sein Gegenüber zu einem ihm genehmen Verhalten zu bewegen.

Der Mensch kann sich dieser Nötigung zum „möglichen Gehorsam" natürlich widersetzen. Mitunter aber äußert sich die Nötigung als regelrechter *Appell*, als „empfehlende oder befehlende Mitteilung" (Schmitz 2012: 13f.), dieses oder jenes zu tun oder zu lassen, dem sich der Betroffene schwer entziehen kann. Auch hier ist selbstverständlich nicht vorausgesetzt, dass die Mitteilung bewusst, reflektiert oder gar sprachlich geäußert werden müsste. Entscheidend ist vielmehr, dass der Appell für den Empfänger den Charakter einer massiven Empfehlung oder eines Befehls hat, und dies gelingt auf leiblicher Ebene nicht minder als auf verbaler. Der Dackelblick hat einen Appellcharakter und ist damit sozial wirkmächtig, obwohl er präreflexiver und präverbaler Art ist, da er dem Menschen als leiblich empfundene Verhaltensaufforderung entgegentritt.

Neben der exigenten, gelegentlich appellartigen leiblich-affektiven Nötigung des Dackelblicks besitzt dieser noch eine weitere Eigenart, die für seine besondere Stellung unter den Hundeblicken womöglich die größte Rolle spielt: seine *Doppelbödigkeit*. Der Dackelblick ist nämlich eine mehrdeutige Angelegenheit: Einerseits beeindruckt seine Sanftmut, andererseits schimmert dahinter das Schelmische des Dackels durch; einerseits rührt seine Treuherzigkeit, andererseits erahnt man dahinter das Schlawinerhafte des Dackels. Inwiefern diese Doppelbödigkeit des Dackelblicks ein universelles Phänomen oder aber ein kulturelles Konstrukt ist, kann hier nicht entschieden werden. Allerdings scheint das für die Wahrnehmung des Dackelblicks wichtige Dackelimage kulturübergreifend dasselbe zu sein: Der Dackel gilt – bedingt durch seine ursprüngliche Aufgabe, den Dachs in seinem Bau aufzuspüren, wozu er allein unter der Erde eigenständig Entscheidungen treffen muss – gemeinhin als gleichermaßen mutig wie eigensinnig. Das Besondere ist dabei, dass der Eigensinn des Dackels nicht nur (selbst unter Nichtdackelbesitzern) bekannt ist, sondern ihm nachgesehen, ja, geradezu wertgeschätzt wird.[14] Ein Dackel darf ungehorsam und frech sein, das macht seinen Charme aus.

Losgelöst von dieser Wertung heißt das, dass ein allgemein bekannter öffentlicher Diskurs über das Wesen des Dackels existiert, demzufolge der Dackel eigenwillig, mutig, frech *ist*. Dieser Diskurs wiederum ist dafür verantwortlich, dass der Dackelblick nicht nur vordergründig, sondern auch hintergründig erlebt wird. Genauer gesagt bedingt erst der diskursive Kontext die Wahrnehmung der Kehrseite des Dackelblicks: Während die Vorderseite (treuer, sanftmütiger Blick etc.) unmittelbar leiblich ergreift, ist die Kehrseite (durchtriebener Blick etc.) nur als „vermittelte Unmittelbarkeit" (Plessner 1975: 321) erfahrbar, eben über das Wissen, dass der Dackel eigenwillig etc. ist. Ob dem wirklich so ist oder ob das Wissen vielleicht nur ein Glauben ist, ist unerheblich. Entscheidend ist, dass ohne die im Diskurs transportierten Vorstellungsmuster über das Wesen des Dackels die Doppelbödigkeit des Dackelblicks nicht existierte.

Mit der Beschreibung des *Dackelblicks als doppelbödiger leiblich-affektiver Nötigung* ist das allgemeine Strukturmerkmal dieses Phänomens benannt. Es lässt sich weiter konkretisieren, indem der Dackelblick typologisch differenziert wird. Drei Dackelblick-Typen sind besonders augenfällig: Der *treuherzig-durchtriebene*, der *arglos-schuldbewusste* und der *verzweifelt-theatralische* Blick.

(a) „Ich bin ganz lieb!" – Der treuherzig-durchtriebene Blick

Der Dackelblick verdankt seine große Bekanntheit und Sympathie vermutlich zuallererst seiner Wahrnehmung als *treuherzig*. Der Dackelblick berührt den Menschen, weil er so unschuldig wirkt, als könne der so Dreinblickende keiner Fliege etwas zuleide tun. Der Dackel erscheint als Bravheit in Person, sein Blick sagt: „Ich bin ganz lieb!" (vgl. Abb. 2).

---

14 Die Witze über die mangelnde Bereitschaft des Dackels, den Wünschen und Befehlen seines Besitzers Folge zu leisten, sind Legende. Der Beliebtheit des Dackels tut seine Eigenwilligkeit keinen Abbruch, im Gegenteil. Wenn Passanten einem Dackelbesitzer begegnen, der gerade seinen Hund ruft, kommt es vor, dass sie ihre Beobachtung schmunzelnd mit der Frage kommentieren: „Kommst du, oder kommst du nicht?" Die Frage gilt weder dem Dackel noch seinem Besitzer, sondern zitiert zum einen das im öffentlichen Diskurs vorherrschende Dackelbild und dient der Selbstbestätigung des Kommentierenden, Bescheid zu wissen, wie der Dackel so ist. Zum anderen schwingt in der Frage immer auch ein gewisser Respekt gegenüber dem Dackel mit, dass er sich dem Willen seines Herrn nicht prinzipiell beugt. Der Ungehorsam des Dackels erntet Anerkennung, seine Frechheit macht ihn beliebt. Auf keine andere Hunderasse trifft das in der Form zu.

Abb. 2
Der treuherzig-
durchtriebene Blick
(Falko vom Hümmling,
Foto: Stephanie
Eckmann)

Die leibliche Weite dieses weichen, warmen, sanftmütigen Blicks erreicht den Menschen und löst bei diesem ein entsprechendes Empfinden aus. Das gelingt am einfachsten, wenn der Mensch eine leibliche Offenheit in die Situation mit einbringt, in die der treuherzige Dackelblick bestärkend einhaken kann. Aber auch im Falle einer krisenhaften Situation, zum Beispiel wenn der Mensch seinem Dackel böse ist, gelingt es dem treuherzigen Dackelblick regelmäßig, die leiblich-affektive Enge seines Menschen (Ärger, Wut) zu beseitigen und ihn zu besänftigen. „Ich bin ganz lieb!" ist somit keine neutrale oder gar defensive leiblich-affektive Mitteilung, sondern vielmehr eine offensive, wirkungsvolle Kundgabe.

Der treuherzige Dackelblick nötigt den davon Ge- und Betroffenen zu einer emotionalen Reaktion, ist aber zugleich – was auch für die beiden anderen Blicktypen gilt – selbst eine Reaktion. Dies gilt für den Dackelblick generell: Der Dackel zeigt seinen Dackelblick keineswegs andauernd, sondern situationsbedingt. Der Dackelblick ist die körperlich-leibliche Antwort des Dackels auf eine ihn leiblich-affektiv betreffende Situation – der treuherzige Dackelblick etwa als beschwichtigende Antwort auf das Erbostsein des Menschen.

Die situative Bedingtheit des Dackelblicks ist der zentrale Grund für seine Doppelbödigkeit. Frei nach Goffman (1971b: 8f.) könnte man sagen: Nicht die

Psychologie des Hundes bedingt sein situatives Ausdrucksverhalten und ist daher von soziologischem Interesse, sondern die Situation beeinflusst die Leiblichkeit des Hundes und seinen mimischen Ausdruck. ‚Hinter' der Treuherzigkeit verbirgt sich daher etwas, das zum Vorschein kommt, sobald es nicht mehr notwendig ist, „ganz lieb" zu sein. Diese Kehrseite der Treuherzigkeit lässt sich als *Durchtriebenheit* bezeichnen. „Ich kann zwar ganz lieb sein, aber ich habe es auch faustdick hinter den Ohren!" lautet entsprechend die vollständige Mitteilung dieses Dackelblicks. Ehe man es sich versieht, hat der gerade noch so treuherzig dreinblickende und daliegende Dackel den Käse vom Wohnzimmertisch stibitzt. Die Durchtriebenheit situativ zu erkennen, gelingt wohl nur Dackelbesitzern, die aufgrund wiederholter Primärerfahrungen zu dem Wissen gelangt sind, dass es diese Kehrseite des treuherzigen Blicks eben auch gibt. Der Dackelblick ‚an sich' ist also nicht durchtrieben, ihm wird diese Bedeutung von Menschen mit dem entsprechenden Dackelwissen verliehen. (Das gilt selbstredend auch für alle anderen Adjektivierungen des Dackelblicks.)

(b) „Ich war's nicht!" – Der arglos-schuldbewusste Blick

Gemeinsame Situationen im Sinne von Schmitz enthalten „Programme" (Normen, Regeln, Wünsche, Erwartungen etc.) und zum Teil „Probleme" (Schwierigkeiten, Krisen).[15] Hinsichtlich der gemeinsamen Situation von Dackel und Mensch heißt das zum Beispiel, dass der Mensch – mal mehr, mal weniger (konsequent) – die Regeln des Zusammenlebens setzt, die der Dackel zu befolgen hat. Der Mensch teilt seinem Dackel explizite Ge- und Verbote sowie implizite Erwartungen und Wünsche mit. Manche dieser Programme befolgt bzw. erfüllt der Dackel, andere nicht. Ist Letzteres der Fall, wird die gemeinsame Situation von Dackel und Mensch problematisch. Der Dackel reagiert darauf typischerweise mit einem *arglos-schuldbewussten* Blick, mit dem er zu sagen scheint: „Ich war's nicht!" (vgl. Abb. 3).

---

15 Eine Situation ist nach Schmitz charakterisiert „durch Ganzheit (d.h. Zusammenhalt in sich und Abgehobenheit nach außen [sic]), ferner eine integrierende Bedeutsamkeit aus Sachverhalten, Programmen und Problemen und eine Binnendiffusion dieser Bedeutsamkeit in der Weise, dass die in ihr enthaltenen Bedeutungen (d.h. Sachverhalte, Programme, Probleme) nicht sämtlich – im präpersonalen Erleben überhaupt nicht – einzeln sind" (Schmitz 2005: 22). Zum Vergleich von Schmitz' Situationsbegriff mit jenem Goffmans siehe Gugutzer (2015a).

Abb. 3
Der arglos-
schuldbewusste Blick
(Baptiste von der
steinernen Furt,
Foto: Tanja Joerke)

Ob der Dackel seinen vordergründig arglosen Blick absichtsvoll zeigt oder nicht, kann niemand wissen, ist soziologisch aber auch irrelevant. Relevant ist vielmehr, dass die leibliche Kommunikation zwischen Dackel und Mensch durch diesen Blick beeinflusst wird. Das dürfte jedenfalls dann der Fall sein, wenn der leiblich auf den Menschen gerichtete Blick diesen im wörtlichen Sinne beeindruckt und er von dem Dackelblick berührt wird. Dann nämlich, wenn der Mensch von der in dem Blick zum Ausdruck gebrachten Unschuld seines Dackels spürbar ergriffen ist, wird er diesem zumindest eher zugestehen wollen, dass er seine Tat ohne Arg verübt hat, als wenn dieses Ergriffensein fehlte. Und selbst wenn der Mensch seinem Dackel den arglosen Blick nicht ‚abnimmt', weil er weiß, dass sein Hund einen Regelverstoß begangen hat, kann die leiblich-affektive Nötigung des Blicks stark genug sein, den Menschen zu einem nachsichtigeren Verhalten zu bewegen.

Der arglose Dackelblick ist somit die mimisch ausgedrückte Antwort des Dackels auf ein situatives Problem. Der mit dem Blick getätigte Ausruf „Ich war's nicht!" ist ein Appell des Dackels, sein Mensch möge ihm das bitte glauben. Der tatsächliche Sachverhalt ist aber ein anderer: Der Dackel war es (was immer „es" ist) sehr wohl. Der erfahrene Dackelbesitzer erkennt die Doppelbödigkeit dieses problembedingten Blicks und sieht darin ein Schuldbewusstsein seines Dackels. Dass der Mensch „das Schuldbewusstsein sieht", heißt nicht, dass der Dackel eines hat. Wer kann das schon wissen? Der Mensch interpretiert den Dackelblick als schuldbewusst, weil er dank des ihm bekannten Dackeldiskurses weiß, dass der Dackel ein Meister der Täuschung ist. Erst das Wissen, dass der Dackel die Gabe des So-tun-als-ob besitzt, ermöglicht die hintergründige Wahrnehmung des vordergründig arglos-unschuldigen Blicks. „Ich war's nicht!" ist daher nur die gekürzte

Mitteilung dieses Typus Dackelblick, vollständig lautet sie: „Hoffentlich glaubt mir mein Mensch, dass ich es nicht war!"

(c) „Tu' mir das nicht an!" – Der verzweifelt-theatralische Blick

Das Talent des Dackels zum So-tun-als-ob zeigt dieser nicht nur in Situationen, in denen er für das situationsimmanente Problem verantwortlich ist, sondern ebenso in Situationen, in denen er mit einem für ihn problematischen Verhalten seines Menschen konfrontiert wird. Solche Situationen treten beispielsweise auf, wenn sich seine Menschen anschicken, die Wohnung zu verlassen und ihn allein zurückzulassen, wenn ein gemeinsamer Spaziergang zu einem für den Dackel unverständlich frühen Zeitpunkt beendet wird oder wenn der Napf nicht geleert werden darf, weil der Mensch erst noch ein Foto machen möchte. In Krisensituationen wie diesen beweist der Dackel, dass er, so der herrschende Diskurs, ein großer Schauspieler ist. Den Beweis hierfür erbringt er mithilfe seines mimischen Ausdrucks und seines Blick, dessen Wirkung dem verzweifelten Ausruf entspricht: „Tu' mir das nicht an!" (vgl. Abb. 4).

Abb. 4
Der verzweifelt-theatralische Blick
(Piet von den Dombergspatzen, Foto: Sabrina Knape)

Der programmatische Gehalt von Situationen, die der Dackel mit einem *verzweifelt-theatralischen* Blick kommentiert, ist durch die Verletzung einer Soll-Norm gekennzeichnet. Der Mensch soll nicht gehen, der Spaziergang soll nicht schon zu Ende sein, der Mensch soll mich essen lassen, aber der Mensch missachtet diese Wünsche[16], worauf der Dackel mit einem leidenden Blick reagiert. Das bedeutet, der Dackel bringt Erwartungen und Wünsche in die gemeinsame Situation mit seinem Menschen ein, die enttäuscht werden können. Da der Dackel seine Enttäuschung nicht sprachlich artikulieren kann, tut er dies leiblich – mit seinem Blick. Sein verzweifelter Blick ist dabei eine starke Waffe, mit der schon mancher Dackelbesitzer niedergestreckt wurde. Wenn der Dackel die leibliche Kommunikation mit seinem Menschen mithilfe eines Blicks bestreitet, der zum Ausdruck bringt, dass es ihm hundeelend geht, ergibt sich manch ein Dackelbesitzer gern freiwillig. Die leibliche Macht des verzweifelten Dackelblicks ist enorm, ihr nicht zu erliegen fast nur jenen möglich, die einen harten, abweisenden Leibpanzer tragen.

Im Unterschied dazu kann dem durch wiederholte leibliche Machtkämpfe dieser Art gestählten Dackelbesitzer die Parade auf diesen leiblichen Angriff gelingen, weil er weiß, dass es sich bei dem Blickverhalten seines Dackels um ein „interpersonales Ritual" (Goffman 1971a: 185) handelt, das er nicht allzu ernst zu nehmen braucht. Sein Dackel wirft sich immer auf den Rücken, wenn er beabsichtigt, die Wohnung zu verlassen, und schaut dabei immer, als sei er der weltärmste Hund. Vertraut sowohl mit dem immer gleich ablaufenden Abschiedsritual als auch mit dem Dackeldiskurs weiß der Dackelbesitzer, dass sein Hund zur Übertreibung und zum Pathos neigt, und ist daher gegen diese leiblich-affektiven Angriffe (vielleicht) immunisiert. Die Verzweiflung ist eben nur die vordergründige Botschaft dieses Blicks, die theatralische Überzeichnung sein Hintergrund. Die leiblich-affektive Nötigung des verzweifelt-theatralischen Dackelblicks relativiert sich, wenn man weiß, dass sie heißt: „Tu mir das nicht an!' ist die Rolle, die ich perfekt spielen kann!"

---

16 So wie Normen ein Programm für möglichen Gehorsam sind (s. o.), ist ein Wunsch „ein Programm, das dem Subjekt ein Wünschen zumutet, d. h. eine Verstrickung des affektiven Betroffenseins in den erwünschten (den Wunsch fundierenden) Sachverhalt in der Weise, dass [sic] dessen Realisierung dem Wunsch lustvoll nahegeht, Vereitelung solcher Realisierung aber leidvoll" (Schmitz 1990: 323).

4 Ein kurzes Fazit: Für eine transhumane Soziologie

Der Beitrag hatte das Ziel, mittels einer Phänomenologie des Dackelblicks die soziale Wirkmächtigkeit dieses besonderen, letztlich aber auch jedes anderen Hundeblicks zu verdeutlichen. Die Eigenart des Dackelblicks, eine doppelbödige leiblich-affektive Nötigung zu sein, unterscheidet ihn von anderen Hundeblicken. Allen Hundeblicken gemein ist, die basale Quelle der Vergemeinschaftung von Hund und Mensch zu sein. Als theoretische Grundlage dienten hier zum einen Simmels Argument, dass das Sich-Anblicken die unmittelbarste und reinste Wechselbeziehung ist, zum anderen Schmitz' Ausführungen zur wechselseitigen Einleibung als Urform von Sozialität zwischen Menschen und Tieren. Empirisch evident wird die im Blickkontakt hergestellte soziale Beziehung durch das leiblich-affektive Betroffensein vom Blick des Anderen: In der spürbaren Wahrnehmung des Hundeblicks konstituiert sich Sozialität. Mensch und Hund gehören damit nicht zwei verschiedenen, sondern einer gemeinsamen sozialen Welt an.

Konsequent weitergedacht heißt das, dass die Soziologie ihr traditionell humanwissenschaftliches Selbstverständnis hinter sich zu lassen hat. Wenn Soziologie die Wissenschaft vom Sozialen ist und es offensichtlich ist, dass Hunde und Menschen allein über den Austausch von Blicken soziale Beziehungen eingehen, ist es unabdingbar, Soziologie als *transhumane Soziologie* zu entwerfen. Sozialität auf das Zusammenwirken von Akteuren zu begrenzen, die subjektiv sinnhaft, rational und sprachkompetent handeln, also auf Menschen[17], ist eine unsachgemäße Verkürzung. Weil leibliche Kommunikation die hierfür hinreichende Bedingung ist, fallen auch Tiere – vor allem Haustiere – in den Bereich des Sozialen. Der Hund als das älteste Haustier des Menschen dürfte dabei eine privilegierte Position einnehmen. Darauf deutet allein die lateinische Herkunft des Wortes „sozial" hin: „socius" im Sinne von „Gefährte", „Verbündeter" oder „Kamerad" ist der Hund seit langem für sehr viele Menschen – und dies vielleicht gerade deshalb, weil das Verbindende dieser transhumanen sozialen Beziehung nicht Vernunft und Sprache sind, sondern Leib und Gefühl.

---

17 Man müsste konkretisieren: Menschen ab einem gewissen Alter, denn Säuglinge erfüllen diese Kriterien noch nicht, weshalb sie in der Soziologie bezeichnenderweise, aber auch ungerechtfertigterweise, kaum eine Rolle spielen.

Literatur

Elias, Norbert (1976): Über den Prozess der Zivilisation, Bd. I u. II. Frankfurt a. M.: Suhrkamp.
Foucault, Michel (1976): Überwachen und Strafen. Die Geburt des Gefängnisses. Frankfurt a. M.: Suhrkamp.
Goffman, Erving (1971a): Verhalten in sozialen Situationen. Strukturen und Regeln der Interaktion im öffentlichen Raum. Gütersloh: Bertelsmann.
Goffman, Erving (1971b): Interaktionsrituale. Über Verhalten in direkter Kommunikation. Frankfurt a. M.: Suhrkamp.
Goffman, Erving (1994): Die Interaktionsordnung. In: Goffmann, Erving: Interaktion und Geschlecht. Frankfurt a. M./New York: Campus, 50–104.
Gugutzer, Robert (Hrsg.) (2006): body turn. Perspektiven der Soziologie des Körpers und des Sports. Bielefeld: transcript.
Gugutzer, Robert (2012): Verkörperungen des Sozialen. Neophänomenologische Grundlagen und soziologische Analysen. Bielefeld: transcript.
Gugutzer, Robert (2015a): Public Viewing. Ein sportiv gerahmtes kollektivleibliches Situationsritual. In: Robert Gugutzer/Michael Staack (Hrsg.): Körper und Ritual. Sozial- und kulturwissenschaftliche Zugänge und Analysen. Wiesbaden: Springer VS, 71–96.
Gugutzer, Robert (2015b): Leibliche Interaktion mit Dingen, Sachen und Halbdingen. Zur Entgrenzung des Sozialen (nicht nur) im Sport. In: Göbel, Hannah K. /Prinz, Sophia (Hrsg.): Die Sinnlichkeit des Sozialen. Wahrnehmung und materielle Kultur. Bielefeld: transcript, 105–122.
Gugutzer, Robert (2015c): Soziologie des Körpers, 5. vollst. überarb. Aufl. Bielefeld: transcript.
Hettlage, Robert (2016): Alltagsmoralen. Die Sinne und das pflichtgemäße Handeln. In: Hettlage, Robert/Bellebaum, Alfred (Hrsg.): Alltagsmoralen. Die kulturelle Beeinflussung der Sinne. Wiesbaden: Springer VS, 13–61.
Hirschauer, Stefan (1999): Die Praxis des Fahrstuhls und die Minimierung der Anwesenheit. Eine Fahrstuhlfahrt. In: Soziale Welt 50(3), 221–246.
Kaufmann, Jean-Claude (1994): Frauenkörper – Männerblicke. Soziologie des Oben-ohne. Konstanz: UVK.
Lenz, Karl (2016): Zur Alltagsmoral der Blicke. In: Hettlage, Robert/Bellebaum, Alfred (Hrsg.): Alltagsmoralen. Die kulturelle Beeinflussung der Sinne. Wiesbaden: Springer VS, 85–120.
Lindemann, Gesa (2016): Leiblichkeit und Körper. In: Gugutzer, Robert/Klein, Gabriele/Meuser, Michael (Hrsg.): Handbuch Körpersoziologie, Bd. I. Wiesbaden: Springer VS, 57–66.
N.N. (1972): Furchtbar fruchtbar. Olympia-Maskottchen Waldi, den Münchens Olympia-Manager für ein „typisch deutsches Tier" halten, hat einen weltweiten Dackel-Boom ausgelöst. http://www.spiegel.de/spiegel/print/d-43019990.html (Zugriff: 04.12.2015).
Norden, Gilbert (1987): „Saunakultur" in Österreich. Zur Soziologie der Sauna und des Saunabesuchs. Wien/Graz: Boehlau.
Plessner, Helmuth (1975): Die Stufen des Organischen und der Mensch. Berlin/New York: de Gruyter.
Sartre, Jean-Paul (1991): Das Sein und das Nichts. Versuch einer phänomenologischen Ontologie. Reinbek b. Hbg.: Rowohlt.
Schmitz, Hermann (1965): System der Philosophie, Bd. 2, Teil 1: Der Leib. Bonn: Bouvier.
Schmitz, Hermann (1969): System der Philosophie, Bd. 3, Teil 2: Der Gefühlsraum. Bonn: Bouvier.

Schmitz, Hermann (1978): System der Philosophie, Bd. 3, Teil 5: Die Wahrnehmung. Bonn: Bouvier.

Schmitz, Hermann (1980): System der Philosophie, Bd. 5: Die Aufhebung der Gegenwart. Bonn: Bouvier.

Schmitz, Hermann (1990): Der unerschöpfliche Gegenstand. Grundzüge der Philosophie. Bonn: Bouvier.

Schmitz, Hermann (2002): Was ist ein Phänomen? In: Schmitz, Hermann/Marx, Gabriele/Moldzio, Andrea (Hrsg.): Begriffene Erfahrung. Beiträge zu einer antireduktionistischen Phänomenologie. Rostock: Koch, 13–22.

Schmitz, Hermann (2005): Situationen und Konstellationen. Wider die Ideologie der totalen Vernetzung. Freiburg/München: Karl Alber.

Schmitz, Hermann (2011): Der Leib. Berlin/Boston: de Gruyter.

Schmitz, Hermann (2012): Das Reich der Normen. Freiburg/München: Karl Alber.

Schmitz, Hermann/Sohst, Wolfgang (2005): Hermann Schmitz im Dialog. Neun neugierige und kritische Fragen an die Neue Phänomenologie. Berlin: xenomoi.

Simmel, Georg (1992): Exkurs über die Soziologie der Sinne. In: Simmel, Georg: Soziologie. Untersuchungen über die Formen der Vergesellschaftung. Frankfurt a. M.: Suhrkamp, 722–742.

Uzarewicz, Michael (2011): Der Leib und die Grenzen der Gesellschaft. Eine neophänomenologische Soziologie des Transhumanen. Stuttgart: Lucius & Lucius.

Das Tier, das also ich *nicht* bin[1]
Kultursoziologische und kulturhistorische Annotationen zu einer sozialen Archäologie über das ‚Idyll von Herr und Hund'

Ehrhardt Cremers

> *Das Tier muss streben, den Schmerz los zu sein,*
> *der Mensch kann sich entschließen, ihn zu behalten.*[2]
> *Sie [die Griechen der Antike] sind, was wir waren;*
> *sie sind, was wir wieder werden sollen.*[3]

Zueignung

Die nachfolgenden Überlegungen werden es – aus Gründen, die wohl in der Natur der Sache liegen – an der sonst gebotenen wissenschaftlichen Neutralität mangeln lassen, denn das *Objekt* meiner wissenschaftlichen Neugier wird im gegenständlichen Konnex zugleich repräsentiert von einem *einzigartigen Subjekt* seiner Gattung. Und mehr noch ist dieses Subjekt ein lebendiges, zur Familie und zum Haus gehörendes *Individuum*, das zumeist auf den Namen *Lotte* hört.[4] Ohne gleich mit der unbedingten Autorität einer *Dialektik von Herr und Knecht* jede Diskussion darüber, ob Hunden überhaupt eine Individualität eigen sein kann, die Spitze zu nehmen, entstehen aber bereits in der Reflexion des eigenen Tuns tatsächlich so dann und wann berechtigte Selbstzweifel darüber, *wer* in der Idylle unseres Zusammenlebens

---

1 Der Titel steht natürlich bewusst in direktem Bezug zu Derrida 2010.
2 Schiller (2004a: 471)
3 Schiller (2004c: 695)
4 Gelegentlich ist bei *Lotte* auch schon mal eine angeborene oder sozialisatorisch erworbene kognitive Leistungsreduktion zu beobachten, die sich in ihrer Symptomatik als eine ausgeprägte *Hörschwäche* bemerkbar macht. Die Inaussichtstellung und Verabreichung motivations- und leistungssteigernder Hausmittelchen in Form von käuflich zu erwerbenden ‚Futterergänzungsmitteln' hilft allerdings in den allermeisten Fällen, die auftretenden Symptome in kürzester Zeit wieder verschwinden zu lassen. Und so wird dann auch dem Autor nicht gänzlich die Illusion genommen, mit einem stets folgsamen und braven Hund in der Welt unterwegs zu sein.

Abb. 1 Lotte 2015

wohl eigentlich *wen* zu erziehen gedachte und *wer* im Wesentlichen die Algorithmen von den bedingten und unbedingten Reflexen (Iwan Pawlow) implementiert und *wer* sie verfestigt hat. *Lottes* gewisser Erfolg, sich in meiner Person den auf ihre Bedürfnisse und ihren Geschmack perfekt abgestimmten Futterautomaten, privaten Animateur und Fitnesstrainer, stets wachsamen Bodyguard und stellvertretenden Deuter für alle Lebenslagen geschaffen zu haben, ist allerdings empirisch nicht einfach zu widerlegen. Aber das weiß der Mensch ja alles auch vorher...

1   Der in soziologischer Absicht beobachtete Hund

Die im Folgenden als eine *existenzielle Hypothese*[5] untersuchte literarisch erzählte *Idylle von Herr und Hund* schließt unmittelbar an die in diesem Band zentrale Problemstellung an, erklärend verstehen zu wollen, warum im 21. Jahrhundert immer noch und immer mehr *Menschen auf den Hund kommen*. In einer ersten Näherung begreife ich den Hund als eine *kulturelle Ressource* des Menschen. Kulturelle Ressourcen gehören im meinem Verständnis originär zur Lebenspraxis von Individuen, Gemeinschaften und Gesellschaften.[6] *Kultur* erscheint und definiert sich ja in der Lebenspraxis nicht über einen der vielen Begriffe und Schemata von Kultur, sondern als ein infiniter Prozess[7] materialer kultureller Praxen, in dem sich

---

5   Ich verwende diesen Begriff nicht im traditionellen Sinne der empirischen Psychologie, in der existenzielle Hypothesen als nicht falsifizierbare Aussagen schematisiert werden, sondern in einem Hans-Georg Soeffner (2010) folgenden – allerdings nicht auf das Regelwerk einer sozialen Grammatik einschränkenden – Sinne. Als originäre Instanzen beziehen sich in meinem Verstande *existenzielle Hypothesen* nicht – wie bei Soeffner – auf die Oberflächenstruktur(en) sozialen Handelns, sondern in ihnen wird – als genuines Element der Lebenswelt – die *paradigmatische Geschichte* (Voegelin 2005) material und beschreibbar.

6   Kulturelle Ressourcen können entweder materieller (Medien, Informationen etc.) oder immaterieller (Ideen, Ideologien etc.) Natur sein. In der Individuation einzelner Werke der Kunst, der Poesie, des Tanzes und der Musik vereinen sie in ihrer jeweiligen Gegenständlichkeit beides. Schlussendlich erweist sich aber der Begriff *Kultur* in seiner Wirkungsmächtigkeit selbst auch als eine solche Ressource.

7   Infinit ist dieser Prozess, da er keinen ersichtlichen Anfang und kein absehbares Ende hat.

das, was dann das Kulturelle an der jeweiligen Praxis sein soll, wiederum durch die gegenständliche Praxis selbst so benennt und durch seine – im Sinne Michail Bachtins – *chronotopische*, unverwechselbar singuläre Gebundenheit bestimmbar und unterscheidbar wird. Kulturelle Ressourcen sind demnach individuell oder in einer Gesellschaft und Gemeinschaft erkannte, als erschließ- und ausbeutbar vermutete und mit dem Status der Relevanz versehene *offene Möglichkeiten*, die man ergreifen kann – oder auch nicht.

Die originäre Form, in der sich das soziale Kosmion von *Mensch und Hund* als kulturelle Ressource beobachten lässt, vollzieht sich als Ereignis der sozialen Begegnung in den verschiedensten Situationen. Hier zeigt sich bereits auf den ersten Blick, dass in den Gründen und Motiven, warum der Mensch gerade *auf den Hund kommt*, eine reflexive – soziologisch überformte – *Typologie* vorausgesetzt werden kann; phänomenologisch gewendet: vorausgesetzt werden muss. Eine soziale Typologie, in der der Hund dann in seinem engen Beziehungsgeflecht zum Menschen jeweils als ein *spezifisches Medium* objektiviert, versachlicht und schließlich funktional instrumentalisiert wird. Die Einspeisung in einen einregulierten und kapitalistisch organisierten Markt hat auch in der *sozialen Ökonomie* zur weiteren Voraussetzung, dem Hund den Status einer Ware zukommen zu lassen. Hier reicht das Spektrum dann von Ware für die pharmazeutische Industrie bis hin zum stetig wachsenden Markt für Hundenahrung, Spielzeug und Bekleidung usf. In dieser reflexiven Typologie einer sozialen Ökonomie erscheint der Hund gegenständlich als *Medium sozialer Intervention* (Blindenhund, Rettungshund oder als Waffe usf.), als *mediatisierter Fetisch* (Kampfhund, lebendiges Surrogat, Accessoire usf.) oder aber – wie soeben in der Zueignung beschrieben – als ein ebenso *selbständig unselbständiges* wie *einzigartiges Wesen* mit einem ihm zugestandenen eigenen Willen und einer ihm – bereits durch die Namensgebung – verliehenen und kenntlich gemachten Identität.

Aber so wesentlich diese typologische und ethnographische Rahmung für das erklärende Verstehen des Augenscheinlichen (der Hund als ...) auch sein mag, trifft sie doch nur den Teil dieses sozialen Wechselverhältnisses, der sich im öffentlichen Raum als eine jeweilige Episode ereignet. Dazuhin ist dieses Wechselverhältnis auch nur dort – im methodischen Zweck einer sich stets selbst generierenden Empirie – beobachtbar und objektivierbar. Der eigentlich wesentliche Teil dieses Verhältnisses ereignet sich aber als das Nicht-Empirische; ereignet sich als ein Wahrnehmen, Denken, Empfinden und Handeln, das zwischen Mensch und Hund sich abspielt und das zugleich dem voyeuristisch geschulten Blick der Soziologin und des Soziologen gänzlich entzogen bleibt. Und hier bleibt nur – abseits der rein subjektiven Selbsterfahrung – ein radikaler Wechsel der symbolischen Form, um den *invisiblen* Teil dieses Verhältnisses sichtbar werden zu lassen. Jenseits des Versuches einer theoretischen Annäherung und jenseits des soziologisch empirisch Auszuforschenden lässt sich m. E. ein solcher Zugang zum Invisiblen in der literarischen Beobachtung und Beschreibung der *Idylle von Herr und Hund* finden, und zwar ohne in einen stets drohenden *Psychologismus* zu verfallen und ohne sich auf die höchst unsichere Methode der *Introspektion* berufen zu müssen.

Die Diskussion darüber, wie wirklich die Fiktion ist, außer Acht lassend, gilt für Literatur und Soziologie gleichermaßen, dass sie aus der Perspektive einer kulturgeschichtlichen Ortung zu den Medien der Selbst- und Fremdbeobachtung einer Sozialität gehören[8], die in der Unerlässlichkeit einer kontinuierlichen Observanz des Eigenen und des Fremden ihren zweckmäßigen Grund finden. Mit der Inauguration der neuzeitlichen Wissenschaft – und deren fortschreitenden arbeitsteiligen Spezialisierungen in den entstehenden Fachdisziplinen – lösen die Wissenschaften Religion, Literatur und Kunst als zentrales Beobachtungsmedium des Gesellschaftlichen, Gemeinschaftlichen und Individuellen zwar nicht gänzlich ab, verändern aber – im Autonomieanspruch einer als bürgerlich, proletarisch oder avantgardistisch sich gebenden kunstwollenden Komplementärwelt – entscheidend die Blickrichtung auf das jeweils material Beobachtete. Die Erkenntnisse der noch jungen *Wissenschaft von der Gesellschaft* wirken hier zugleich als Akzelerator und Katalysator. Sie beschleunigen oder verlangsamen – im Rhythmus des Zeitgeistes – einen für die Entwicklung von Literatur entscheidenden Prozess, in dem die *Soziologisierung des Literarischen* (Realismus, Naturalismus, Neue Sachlichkeit usf.) und eine *Literarisierung des Gesellschaftlichen* (in Stoff und Sujet) in der europäischen Kultur Hand in Hand gehen.

---

8 Neben den Medien der *Beobachtung* bilden in archaischen wie modernen Sozialitätsformationen die Medien der *Ordnung*, des *Tausches*, der *Verständigung*, der *Transzendenz* sowie die Medien *Instrumentalis* (Techniken zur Manipulation der Umwelt) ein Tableau grundlegender sozialer *Strukturen*, die die gemeinsame Ordnung eines Gemeinschaftlichen stiften, stabilisieren, gleichzeitig aber auch katalysieren und dynamisieren. In protosoziologischer Absicht bilden sie die Grundelemente einer *Ontologie der Lebenswelt*, die aber – anders als bei Schütz/Luckmann – in meinem Verständnis die *Strukturen der Lebenswelt* nicht aus einer *egologischen* Perspektive rekonstruieren will, sondern die sich an der Methode der *eidetischen Reduktion und Variation* im Sinne Husserls orientiert.

2 Was das epistemische vom literarischen Beobachten unterscheidet

Die Eigenlogik eines im Literarischen zu explorierenden und zu beschreibenden Beobachtungswissens bricht sich in der kritischen Distanz der – gleichfalls ihrer Eigenlogik folgenden – wissenschaftlichen Reflexion. Dieser Bruch bedingt sich dabei, im Nexus des hier Gegenständlichen, nicht im Gegensatz von *Fiktionalität* und *Realität*, sondern gründet einzig im radikalen Wechsel der symbolischen *Form*.[9]
Menschen sprechen, fühlen, handeln und bei Gelegenheit denken sie auch. Und was die Tiere tun, wissen wir nicht. Und weil wir es – dieser frühen Einsicht Wilhelm von Humboldts (2003) folgend – im strengen Sinne eben nicht wissen können, sind alle behaupteten Verhaltensweisen der Tiere – gerade wenn sie als Merkmale und Anzeichen einer grenzrealisierenden Distinktion zwischen den Lebensformen erkannt und benannt sein wollen – allein menschlichen Ursprungs. Dass wir es nicht wissen, ist dabei wohl eine eher gewöhnliche und intellektuell wenig anspruchsvolle Tatsache; wesentlich interessanter und nicht a limine zu entscheiden ist die Frage danach, warum wir es nicht wissen können. Eine erste Orientierung unseres *Nichtwissen* findet sich darin, dass alle Abgrenzungsversuche, eine existentielle oder strukturelle Differenz zwischen Mensch und Tier schlüssig zu formulieren, entweder an den apodiktischen Maßstäben einer erkenntniskritischen Vernunft oder aber an den diskreten Einsprüchen des empirisch bereits Ausgeforschten gescheitert sind. Geist, Sprache, Intelligenz, Empfindung usf. haben sich als vermutete Anzeichen und Indizien dieser Differenz letztlich in allen wechselvollen Variationen als gänzlich untauglich erwiesen, eine epistemologisch durable Taxonomie von Klassifikationen und positionalen Hierarchien der Gattungen überzeugend zu formulieren. So ist – ad exemplum – die Frage danach, ob Tiere eine Sprache haben, allein davon abhängig zu machen, welche Kriterien als notwendig erachtet werden, um in der Mannigfaltigkeit lautlich vernehmbarer Artikulationen rhythmisch sich wiederholende Muster als eine gestimmte generative Architektonik zu erkennen; und diese ihrerseits als in Lexik und Grammatik designte und geschichtete *Sprache* anzuerkennen. Letztlich aber gilt es auch hierin

---

9 Nichts kann der Einbildungskraft des Dichters in den geschilderten Figuren, Orten und Zeiten unerlaubt und fremd sein, solange der darstellende lógos die strengen Prinzipien der Form nicht verletzt. Lassen sich – wie zu zeigen sein wird – für die Frage, warum der Mensch auf den Hund kommt, eine Kette guter Gründe – einer so evident wie der andere – und eine Reihe von gleich plausiblen Motiven anführen, muss – so wesentlich sie auch ist – die Frage: *warum der Hund auf den Menschen* kommt, als unentscheidbar zurückgewiesen werden. Es sei denn, man behauptet – nicht gänzlich unbegründet – eine Identität beider Fragen.

zu bedenken, dass alle – experimentell im Labor erzeugten – Tiersprachen immer menschliche Sprachen sind und bleiben; jede den Tieren zugemutete Verhaltensgrammatik und jedes – an die Struktur menschlicher Sprachen angeglichene – Vermögen von Symbolisierungsleistungen geht vom Menschen aus und kehrt als vermeintlich *objektivierter Sinn* allein nur zu diesem zurück.

Sicher aber ist: Tiere sprechen nicht, und wie Humboldt in seiner Erklärung dazu treffend bemerkt: *Vermutlich, weil sie uns nichts zu sagen haben*. Ein Hund, Schaf oder Fisch ‚versteht' – ohne kognitiv eine Übersetzungsleistung erbringen zu müssen – an jedem Ort der Welt das gestische Zeigen und lautliche Äußern seiner Artgenossen. Aus der Sicht unserer Gattung beobachtet, leben Tiere also in jener prä-babylonischen Zeit, in der auch für den Menschen galt, in der adamitischen Welt ohne *Sprache* zu leben.[10] Erst nach Babylon dokumentiert *Sprache* (bzw. dokumentieren *Sprachen*) nicht nur – vermöge ganz unterschiedlicher heiliger und alltäglicher Symbolisierungs- und Synthetisierungsleistungen – die Vielfalt polyphoner kultureller Welten, sondern in der strafzumessenden Urteilsbegründung Jahwes ist zugleich die wirkungsmächtige *Konkurrenz der Kulturen* begründet, sich in und mit der je eigenen Sprache behaupten zu müssen.

Die hier besprochenen Betrachtungen argumentieren also jenseits der üblichen kulturgeschichtlichen und kulturphilosophischen Diskurslinien; d. h. sie schließen weder an die philosophiegeschichtliche Tradition René Descartes an, in der die Vorstellung vom Tier als *seelenloser Automat und Maschine* begründet ist, noch ist ihr Referenzpunkt die von Michel de Montaigne inaugurierte – und u. a. von Jeremy Bentham, David Hume, Immanuel Kant, John Locke fortgeführte – These einer erkenntnistheoretisch, ethisch oder juristisch zu legitimierenden Sonderstellung des Tieres. Es gilt also, im Grundsätzlichen allererst eine Position zu finden und zu orten, von der aus sich ein Zugang zum Phänomen – als dem Von-sich-selbst-her-Zeigenden – in der Form eines gegenständlichen Befragens und Sagens ebenso phänomenologisch sinnhaft wie kultursoziologisch sinnvoll erschließen könnte. Wenn überhaupt diese Schwierigkeit, einen wissenschaftlich angemessenen Anfang zu finden, bewältigt sein will, dann findet sich dieser eben nur schwerlich in dem,

---

10 Ich habe jüngst an anderer Stelle (Cremers 2015: 98ff.) deutlich zu machen versucht, wie in der metaphorischen Bildlichkeit das für die Genese der menschlichen Gattung prägende Ereignis von Babylon (1. Mose [Genesis] 11, 7–9) das *Eigene* und das *Fremde* allererst konstituiert. Erst das hörbar anders klingende Stimmen in seiner Selbständ- lichkeit als ein – ebenso konzertantes wie konzertiertes – fremdes Sprechen zu erkennen, markiert ein Bewusstsein des je eigenen Sprechens als grenzrealisierende Differenz im Modus jenes *tertium comparationis*, das wir bis heute *die Sprache* heißen, und das als Grundsätzlichkeit möglicher Übersetzbarkeit der Sprachen untereinander notwendig vorausgesetzt werden muss.

was als Rudiment und Fragment einer *beobachtenden Teilnahme* (Ronald Hitzler) quasi *subsymbolisch* und *vorprädikativ* in den eigenen dispersen Bewusstseinsbildern als Erfahrung sedimentiert ist. Erst wenn es gelänge, diese geronnenen Bilder in einem streng methodisch kontrollierten Verhältnis von *Beobachtungssprache* einerseits und *Beschreibungssprache* andererseits zu übersetzen und aufzuschreiben, würde das in der eigenen Erfahrung reflexiv Beobachtete zu einem diskursfähigen Gegenstand des soziologischen Interesses werden können.[11]

Abb. 2 Wir müssen draußen bleiben

Wenn Tiere also ausschließlich als der *sozialen Welt des Menschen* zugehörig gedacht werden, zeigt sich darin auch die implizite Abgrenzung der von mir vertretenen Auffassung gegen die kulturtheoretischen Positionen der philosophischen Anthropologie, in denen der *Mensch-Tier-Dualismus* für die Frage nach dem *Was-Sein*

---

11 Wir müssen also die generativen Transformationsregeln angeben können, die in ihrer Anwendung eine Translation des in der *Beobachtungssprache* extrahierten vorprädikativen Bildbewusstseins möglich machen. Wir müssen auch angeben können, wie diese Beobachtungssprache – wenn sie denn je überhaupt existieren könnte – ihrerseits in einer methodisch kontrollierten und damit überprüfbaren Beschreibungsmatrix als Transkriptsprache übernommen werden kann.

des Menschen konstitutiv zu sein hat. Diese Implikation ist durchaus gewollt; denn ein dort sichtbar montierter – für universalisierbar erachteter – Begriff vom *Menschen* und seiner *Natur* bleibt letztlich ein Signifikant ohne bzw. beliebig wählbarer Signifikat(e); allerdings mit der unübersehbaren Folge, dass in dieser unterstellten biologischen, zoologischen und naturalistischen *Universalität* die Pluralität von Individuen, Ethnien, Gemeinschaften und Gesellschaften nicht nur gänzlich annulliert ist, sondern an die Stelle der beobachtbaren Individuation und Mannigfaltigkeit des Sozialen das Surrogat einer macht- wie herrschaftsfreien und geschichtslosen Sphäre tritt, in der sich die unterstellte Disharmonie von Natur und Kultur des Menschen in einer eigentümlichen Entelechie und Metamorphose als *Zwang zur Kultur* aufhebt. Für den Determinismus, „von Natur ein Kulturwesen" zu sein (Gehlen 1993: 88), hat der in der philosophischen Anthropologie als universal geargwöhnte Mensch allerdings einen unverhältnismäßig hohen Preis zu zahlen; denn in dieser finalen Vorausnahme wird bereitwillig die *Idealität seiner Freiheit* (Cassirer 2007: 345) der *reinen Sinnlichkeit* eines bloßen – irgendwie mit seiner Natur im Widerspruch stehenden – kulturellen Lebendigseins geopfert. Der so lediglich geahnte *Allerweltsmensch* schwebt dann tatsächlich nur noch ort- und zeitlos „zwischen den Tieren als Tier und Nichttier" (Plessner 2001: 169). Diese *Schwebeposition* macht ihn empfänglich für jedwedes *machtpolitische Kalkül*, das ihm einen Ausweg und Ausstieg aus dieser natürlich-kulturellen Dürftigkeit verspricht; so wie auch jede religiös motivierte Verheißung – so albern oder absurd sie auch sein mag – dann auf exzessiven Zuspruch und Zulauf hoffen kann, wenn sie die transzendente Erlösung aus diesem *Daseinsvakuum* eines rein sinnlichen Weltzuganges und Welterlebens als eine ganz merkwürdige Art von *Daseinsvor-* und *-nachsorge* entsprechend zu nähren weiß.

3 Vom literarischen Ursprung der Idylle von *Herr und Hund*

Die hier zur Rede gestellte *Idylle von Herr und Hund* verweist uns nicht nur auf eine – von archäologischen Artefakten gut belegte – mehr als 8000-jährige gemeinsame Vergangenheit von Mensch und Hund, sondern auf eine gleichfalls in einer Zeit vor der Zeit liegende Tradition des Erzählens von gemeinsam bewohnten Geschichten.[12]

---

12 So finden sich erste literarische Spuren – als Binnenepisoden – bereits im *Gilgamesch* Epos, das es bis in das 3. Jahrtausend v. Chr. zurückzudatieren gilt, Episoden aller-

Den literarischen Gipfel des Erzählten allerdings erreicht dieses Sujet zweifelsohne aber erst mit Thomas Manns Idylle[13] *Herr und Hund*, die 1918 entstanden und 1919 zuerst veröffentlicht worden ist.

Abb. 3 Der Herr und sein Hund

In der nur von diesem Autor zu erreichenden Lebendigkeit und filigranen Leichtigkeit, alltäglich Beobachtetes im lyrischen Wort angemessen beschreiben zu können, gelingt ihm auch hier die Schilderung der Geschichte, in die sein Hühnerhundmischling *Bauschan* und der auktoriale Erzähler der Geschehnisse als eine *idyllische Einheit* verstrickt sind. In auffallender Distanz zu einer – durch geschäftiges Treiben

---

dings, die eine Struktur der Einbindung des Verhältnisses von Mensch und Hund in eine kosmologische oder gesellschaftliche Ordnung nurmehr erahnen lassen. So trägt beispielsweise keiner der vielen dort in Szene gesetzten Hunde einen eigenen Namen, der ihn von allen anderen auftauchenden Individuen allererst unterscheidbar machen würde.

13 Ich konnotiere diesen Begriff hier und im Folgenden als die – in der griechischen Poesie und Mythologie entstandene – narrative Darstellung und literarisch-topisch umgesetzte ästhetisierte Montage eines *Ideals*. In der Moderne wird aus diesem überörtlich und überzeitlich geltenden Ideal der Antike die Darstellung eines zeit- und ortsgebundenen Ideals, das durch die soziale Wirklichkeit des jeweiligen Zeitalters gebrochen und in dieses originär kunstwollend oder alltagsweltlich nachahmend eingepasst ist.

bestimmten – Welt seines schriftstellerischen Lebens weicht im Erzählten die kühle Sachlichkeit der etablierten, akribisch geordneten und organisierten bürgerlich konservativen Lebensführung einer nahezu *schwärmerischen Passion*, die aber auf jeglichen Beigeschmack des Pastoralen, Banalen oder Simplifizierenden verzichtet und die an keiner Stelle ernstlich droht, dem dräuenden Reiz des Kitschigen zu erliegen. Erst als bewusst gewordene *Passion* vermag – ganz im Sinne des Dichters – das Erlebte zum Erlebnis, die hinzunehmende Gegebenheit zum Kairos, das Ereignis zum Präsenten, das Widerfahrene zur Erfahrung und das bloße Geschehen zum Stoff einer berichtenswerten Geschichte zu werden, um schließlich aber erst in der narrativen Form der *Idylle* seine eigentliche Bestimmung zu finden.

Aber bei Thomas Mann wird nicht Bewährtes avantgardistisch renoviert und modernisiert, auch nicht die Antike im Spiegel der Moderne aufhübschend nachgeahmt oder gar trivial kopiert, sondern das ebenso Bewährte wie Bewahrte wird bei ihm zum verdichteten Muster und zur überzeitlichen Norm, die es in der Souveränität des auktorialen Erzählstils konsequent wie dialektisch voranzutreiben gilt. Das Idyll von *Herr und Hund* ereignet sich 1918 – und eben längst nicht mehr in den homerischen Hallen und Gefilden, in denen ungezügelt ausgelebte Leidenschaften in tragischer oder komischer Weise dargestellt werden, sondern es zeigt sich verlagert in die zivile, trotz des Krieges und seiner schwerwiegenden Folgen saturierte Alltäglichkeit eines ästhetisierten *bürgerlichen Vernunftheroismus*[14], der *sich als gesitteter* und *rationaler* unter Beweis zu stellen hat und den es – seiner Zeit entsprechend – überdies *urban* zu kolorieren gilt.

Für den weiteren Fortgang meiner Argumentation ist es allerdings unerlässlich, an dieser Stelle die namentliche Reihe prominenter Hunde um *Krambambuli* zu ergänzen, dessen Lebens- und Erlebnisgeschichte in der gleichnamigen – 1884 erschienenen – Novelle Marie von Ebner-Eschenbachs als eine *unerhörte Begebenheit* (Goethe) geschildert wird und die uns Rezipienten zum Zeugen vom Hörensagen werden lässt, wie der menschliche lógos – in der nur ihm eigenen Hybris – das kre-

---

14 Mit dem Begriff des *bürgerlichen Vernunftheroismus* benenne ich eine am *Idealismus*, *Historismus* und der *Aufklärung* des 18. und 19. Jahrhunderts geschulte – alt-europäisch präfigurierte – weltanschauliche Denktradition und Geisteshaltung, die einer *Dialektik der Aufklärung* (Horkheimer/Adorno) zeitgeschichtlich vorgelagert ist. Vorzugsweise kann der bürgerliche Vernunftheroismus sich auf die programmatischen Schriften Immanuel Kants *Was ist Aufklärung?* und *Zum ewigen Frieden* berufen. Heroisch zeigt sich diese Vernunft, weil sie sich gegen alle pragmatischen und empirischen Widerstände und Einreden der sogenannten *Macht des Faktischen* standhaft zur Wehr zu setzen weiß. Ein ebenso an der aufgeklärten Vernunft orientierter *Heroismus* findet sich – literarisch umgesetzt – in der von Karl Marx begründeten proletarischen Revolutionstheorie des Klassenkampfes, der in den Romanen der Neuen Sachlichkeit in den 1920er Jahren seine – literarisch nicht immer überzeugende – Klimax erreicht.

atürliche *pathos* nicht nur zulässt, sondern es allererst erzeugt.[15] Ebner-Eschenbach verweist in der literarischen Fiktion *Krambambuli* somit auf die andere Form der *Passion*, die die reine Passivität eines *Ausgeliefert-Seins* beschreibt und bedeutet, und zwar in der Erscheinung eines Leidens, das Jacques Derrida (2010: 31) im Grundsätzlichen als *Tierpassion* bezeichnet.[16] Gemeint damit ist, dass die Duldung der *Auslieferung an den Anderen* hier eben nicht einem triebhaft geprägten Vermögen folgt und auch keiner eingeborenen Fähigkeit des stets willig wollenden Hundes entspringt, sondern seinen Ursprung hat in einem – vom Menschen zugewiesenen – Wesen, dem *Offenheit* und *Verletzlichkeit* zugleich eigen sein sollen:

> Zwei volle Monate brauchte es, bevor Krambambuli, halb totgeprügelt, nach jedem Fluchtversuche mit dem Stachelhalsband an die Kette gelegt, endlich begriff, wohin er jetzt gehöre. Dann aber, als seine Unterwerfung vollständig geworden war, was für ein Hund wurde er da! Keine Zunge schildert, kein Wort ermisst die Höhe der Vollendung, die er erreichte, nicht nur in der Ausübung seines Berufes, sondern auch im täglichen Leben als eifriger Diener, guter Kamerad und treuer Freund und Hüter. „Dem fehlt nur die Sprache", heißt es von andern intelligenten Hunden – dem Krambambuli fehlte sie nicht; sein Herr zum mindesten pflog lange Unterredungen mit ihm (Ebner-Eschenbach 1961: 205).

Wie bereits oben angedeutet, zeigt Thomas Mann – so wie ich ihn lese – demgegenüber die entgegengesetzte Form der *Passion* und gewinnt in der von ihm geschilderten Idylle dem dialektischen Prinzip von *Herr und Knecht* eine ganz neue Qualität ab, indem er das dem reinen *lógos* folgende Vernunftprinzip Hegels erweitert um die gemeinsame *Lust am Spiel* der menschlichen und kreatürlichen *Leidenschaft*. Beide, Herr und Hund, finden sich – ansonsten für den jeweils anderen in ihrem Für-sich-Sein eine einsame Monade – wieder in diesem Spiel in einer gemeinsam gestifteten, synchronisierten Gegenwart. Diese Gegenwart zeitigt freilich die *paradoxe Sphäre* einer sich wechselseitig bedingenden *abhängigen Unabhängigkeit*; denn dieses Spiel kennt als einzig geltende, kulturell geprägte Regel nur diese: *den anderen sein zu lassen*. Eine Regel, die alles Bemühen um eine Substantiierung der Begriffe *Alte-*

---

15 Wie die 1940 entstandene melodramatische Verfilmung des Stoffes anschaulich macht, bedarf es nicht einer allzu großen Einbildungskraft, jenseits des Textes von Ebner-Eschenbach hierin eine moralisch rührende Erhabenheit *Krambambulis* zu erkennen, auf deren Grundlage eine überzeugende Tier-Ethik sich leicht für den Fall in den Text hineindeuten ließe, liest man die ganze Novelle als eine literarische Antwort auf die – im Hinblick auf das Wesen der Tiere – von Jeremy Bentham (1823: 236) gestellte Frage: „The question is not, Can they reason?, nor Can they talk? but, *Can they suffer?*"

16 Ich werde diesen grundlegenden Gedanken Jacques Derridas in meinen Thesen aufgreifen und ihn allerdings in einer – anders als von Derrida gedachten – Richtung weiter verfolgen.

rität und *Intersubjektivität* akademisch werden lässt und die damit verbundenen philosophischen Spekulationen und soziologischen Theorieanstrengungen *im Spiel selbst* wirkungsmächtig außer Vollzug setzt, denn: „Im menschlichen Spiel ereignet sich eine Ekstase des Daseins zur Welt."[17] Gleichwohl entspricht diese Ekstase hier nicht vollends einem gänzlich *ungezügelten* Rausch, der sich – vernunft- und verstandeslos – hemmungslos Bahn bricht und wie besessen auslebt[18], sondern ist zu verstehen als eine durch den *bürgerlichen Vernunftheroismus gezügelte Leidenschaft*.

Die in ihrer literarischen Essenz charakterisierten Texte Manns und Ebner-Eschenbachs machen in eindrücklicher Weise anschaulich, dass das jeweils auf dem Spiel stehende *pathos* entweder in Gestalt eines emphatieerzeugenden Leidens oder einer entlastenden, lustvollen Leidenschaft angezeigt ist. Der reinen *Passivität eines geduldeten pathos* steht dann – ebenso pathetisch – die reine Lust am Spiel mit der *befreiten Unfreiheit* gegenüber.[19] Aber die in der Idylle gewonnene Freiheit des Dichters und seines Hundes ist nicht von Dauer, wie auch das von Menschen zugefügte und geduldete Elend Krambambulis nicht endlos währt. Wie aber lässt sich dann – so bleibt zu fragen – die raumzeitlich begrenzte und an den Einzelfall gebundene Passion auf einen Begriff bringen, der sowohl die eine Seite (*gezügelte Leidenschaft*) sinnadäquat erfasst als auch die andere Seite (*zu duldendes Leiden*) in einen – ebenso sinnmachenden – überzeitlichen und überindividuellen Konnex bringt?

Ich benenne diese Koinzidenz, das Zusammenfallen dieser Gegensätze, als die *Ur-Passibilität*, die das Verhältnis von Mensch und Tier transzendental – also als Bedingung der Möglichkeit – einer idealiter vom Menschen geschaffenen, gemeinsam bewohnten *Lebenswelt* erkennt. Realiter und materialiter zeigt sich

---

17 Eugen Fink (2010: 214). Ich kann nicht auf die Nähe Finks zur ästhetischen Theorie Schillers eingehen; aber sie ist unübersehbar: „Denn, um es endlich auf einmal herauszusagen, der Mensch spielt nur, wo er in voller Bedeutung des Worts Mensch ist, und er ist nur da ganz Mensch, wo er spielt. Dieser Satz, der in diesem Augenblicke vielleicht paradox erscheint, wird eine große und tiefe Bedeutung erhalten, wenn wir erst dahin gekommen sein werden, ihn auf den doppelten Ernst der Pflicht und des Schicksals anzuwenden; er wird, ich verspreche es Ihnen, das ganze Gebäude der ästhetischen Kunst und der noch schwierigern Lebenskunst tragen" (Schiller 2004b: 617).

18 Denn dies widerspräche nicht nur der Regel des Spiels, sondern würde darüber hinaus das Wesen des Spieles verfehlen.

19 „Im Spiel ‚transzendiert' der Mensch sich selbst, übersteigt er die Festlegungen, mit denen er sich umgeben und in denen er sich ‚verwirklicht' hat, macht er die unwiderruflichen Entscheidungen seiner Freiheit gleichsam widerrufbar, entspringt er sich selber, taucht er aus jeder fixierten Situation in den Lebensgrund urquellender Möglichkeiten – kann er immer von neuem beginnen und die Last seiner Lebensgeschichte abwerfen" (Fink 2010: 214).

diese Ur-Passibilität in ihrer Phänomenalität als *Passion* und dokumentiert sich als ein – in adamitische Zeiten[20] zurückreichendes – einseitig orientiertes und ebenso einseitig bestimmtes *Machtverhältnis* menschlicher Dominanz. Nun ist aber mit der Ur-Passibilität, die ja Derrida zufolge als *Tierpassion* – den Hund einschließend – das *logozentrische* Verhältnis des Menschen zu *allen* Tieren ausmacht, noch keinesfalls entschieden, was denn für die menschliche Gattung *unseres* Kulturkreises gerade dieses Tier – gegenüber allen anderen Gattungen – zum *geselligen Solitär* werden lässt. Anders gesagt: Die Ur-Passibilität des Hundes zeigt – von sich selbst her – eine wesentliche Differenz zu der eines Zirkusaffen oder einer Laborratte.

Meine These dazu ist, dass die *Ur-Passibilität* des Hundes korrespondiert mit einem weiteren Konstituens seines Wesens, das ihn von anderen Gattungen unterscheidbar macht und die ich als ein zugeschriebenes *Prärogativ* seiner Existenzweise abhandle. Es ist die – aus der über alle Zeiten hinweg wirkenden Erfahrung – abgeleitete *Potenz* seiner *prinzipiellen Ur-Sozialibität*. Auf den archaischen Charakter dieser Urform weist uns bereits Platon in der *politeia* hin. Dort dient ihm der Hund als philosophisches Vorbild des *Wächters*, da es im Wesen des Hundes liegt, von Natur aus die Fähigkeit zu besitzen, zwischen dem Verwandten (dem Eigenen) und dem Fremden zu unterscheiden.[21]

In ihrer lebensweltlichen Fundierung zeigen sich diese Urformen im Status einer *existenziellen Hypothese*, die als anzurufende Instanz letztlich nicht nur darüber zu entscheiden hat, was den Hund im Eigentlichen zum Hund macht, sondern zudem darüber hinaus befinden soll, was zu geschehen hat, wenn sich im Verhalten die existenzielle Hypothese von den archaischen Urformen nicht bewahrheitet. Überaus deutlich wird dies – auch jenseits der als Spezialdiskurs geführten Debatte über die Haltung von sogenannten Kampfhunden – wenn die dem *Normalhund* zugeschriebene Ur-Soziabilität – ex negativo – in einem als abweichendes Verhalten aufgefassten Agieren sich in ihr Gegenteil verkehrt und wenn die zugemutete Ur-Passibilität des Hundes in einen aktiven – als aggressiv gedeuteten – physischen Widerstand umschlägt.[22]

Dies wiederum verweist uns aber gleichzeitig auf den Sinn und die Bedeutung der existenziellen Hypothese hinsichtlich der gegenständlich archaischen Urfor-

---

20 1. Gen., 2, 19–20. Dazu auch: Derrida (2010: 36ff.)
21 Siehe dazu: Bühler/Rieger (2006: 136).
22 Das Erschrecken des Öffentlichen über das Erscheinen von *Problemhunden* stellt den Konsens einer friedlichen Koexistenz nicht nur in Frage, sondern ruft sogleich eine andere existenzielle Hypothese auf den Plan: die Urangst des Menschen vor dem unberechenbar animalisch Bösen; und nicht nur Derrida würde dem hinzufügen: letzten Endes also die Angst vor sich selbst.

men: In beiden ist nämlich zugleich die vom Menschen für unerlässlich vermeinte *stete Präsenz und Verfügbarkeit des Hundes* angezeigt. Im Falle der Ur-Passibilität als Generalklausel für jedwede *Legitimation* der getroffenen Entscheidung, in welcher Gestalt die Passion erscheint und sich ereignet; und im Falle der Ur-Soziabilität zeigt sich die stete Präsenz und Verfügbarkeit als eine von Mensch und Hund gleichermaßen zu erbringende *Integrationsleistung* in eine wie auch immer definierte assoziierte Sozialität. *Legitimation* und *Integration* sind also auch hier die ordnungsstiftenden und -stabilisierenden sozialen Funktionen, die die Evidenz der existenziellen Hypothese von den archaischen Formen in einem ersten Schritt deutlich macht.

## 4	Der archetypisch-homerische Hund

Ein Dokument, das den – im Sinne der paradigmatischen Eigengeschichte – archaischen Charakter dieser existenziellen Hypothese belegen kann, ist registriert und angezeigt im Wissensarchiv der antiken Dichtung, denn bereits in der homerischen Odyssee lässt sich eine solche – auf die paradigmatische Geschichte gerichtete – Urszene zu den archaischen Formen der Ur-Passibilität und Ur-Soziabilität des Hundes finden, die in der Idylle von Herr und Hund nicht nur vorauszusetzen sind, sondern unmittelbar auf die Konstituenzien ihres Wesens verweisen.

Diese Urszene ist die kleine – scheinbar am Rande liegende – Episode, in der beschrieben ist, wie Odysseus als Bettler verkleidet und von allen unerkannt seinem alten Hund Argos begegnet. Sie findet sich im 17. Gesang und wird hier in der von Wolfgang Schadewaldt (Homer 2008: 305) besorgten – und sorgfältig in eine Prosafassung gebrachten – Übersetzung wiedergegeben:

> So sprachen sie [Odysseus und der Sauhirt Eumaios] dergleichen miteinander. Da richtete ein Hund, der dort lag, den Kopf auf und die Ohren: Argos, der Hund des duldemütigen Odysseus. Den hatte er einst selbst gezogen, hatte aber nichts von ihm gehabt, sondern war vorher in die heilige Ilios davongefahren. Ihn hatten die jungen Männer früher oftmals zur Jagd geführt auf wilde Ziegen und auf Hirsche und auf Hasen: da aber lag er verwahrlost, während der Herr entfernt war, in vielem Mist, der dort in Menge vor den Türen von Maultieren und Rindern aufgehäuft war, dass ihn die Knechte des Odysseus wegführten, um das große Königsgut da zu düngen. Dort lag der Hund Argos, über und über bedeckt mit Hundeläusen. Da wedelte er, als er den Odysseus nahe bei sich stehen sah, mit dem Schwanz und legte die beiden Ohren an. Doch vermochte er nicht mehr, zu seinem Herrn heranzukommen. Der aber blickte zur Seite und wischte sich eine Träne ab und verbarg es leicht und fragte ihn gleich mit dem Worte:

„Eumaios, wahrhaftig, zum Erstaunen, dass dieser Hund da auf dem Mist liegt! Schön ist er von Gestalt, doch erkenne ich dieses nicht genau: ob er auch schnell im Lauf war bei diesem Aussehen, oder nur so wie die Tischhunde der Männer sin und nur des Glanzes wegen halten sie die Herren."

Die visualisierende Transposition verlagert das Geschehen an einen Ort, der im gattungspoetischen Sinne zunächst gar nicht recht zum Bild von der Idylle passen will. Erzählt wird nicht von einem anheimelnden *locus amoenus*, der uns in seiner natürlichen Schönheit anspricht und zum Verweilen reizt. Homer arbeitet aber auch nicht mit dem entgegensetzten rhetorischen Mittel des passenden Gegenstücks zum Topos vom locus amoenus: dem Topos vom *locus terribilis*. Zwar wird ein alter, verlauster Hund auf einem Misthaufen zum symbolischen Zentralplatz der Darstellung einer ebenso verwahrlosten Umwelt, die – durch die anwesenden Freier der Penelope verursacht – einen heruntergewirtschafteten Königshof zeigt. Trotzdem aber ist vom Erzähler wohl nicht daran gedacht, bei den Zuhörenden (Lesern) Schrecken zu verbreiten, denn diese emotionale Inbesitznahme und Ergriffenheit würde ihn ja vom Wesentlichen des eigentlich Berichtenswerten ablenken. Von daher ist hier ein eher *getragener* Ort erzählt, – damit aber noch lange nicht ein *tragischer*, der uns als Hörer (Leser) des Geschehens zweifellos ob seiner Erhabenheit rührt, uns aber – vielleicht aufgrund der distanzschaffenden Fiktionalität – *in persona* unberührt lässt.[23]

Den literarischen Nukleus dieser Episode bestimmt in meiner Deutung etwas anderes und folgt nicht dem, was wir auf den ersten Blick – an der literaturwissenschaftlichen Exegese orientiert – versucht sind, in den Text hineinzulesen oder – ganz wie man will – aus ihm herauszulesen: Weder ist hier Argos in einer besonderen Weise seines ihm eignenden Wesen beschrieben als „der Musterfall eines treuen Hundes" (Köhnken 2006: 65ff.), noch zeigt sich Argos – in einem eigenwilligen Verständnis von Humanität und eines eigentümlichen Menschenbildes – melodramatisch als der „bessere Mensch" (Köhnken 2006: 65ff.). Im Tenor dieser Deutungsbemühungen scheint allerdings bei den Interpreten Konsens darüber zu herrschen, dass in der Figuration von Argos und Odysseus beide den gesetzmäßigen Determinanten einer eingeborenen *inneren Natur* folgen. Damit aber werden sie

---

23 Allerdings würde Aristoteles (2011: 123) in der Poetik eine gänzlich andere – vermutlich treffendere – Begründung anführen: Die geschilderte Situation ist nicht an sich tragisch zu nennen, weil eine für das Wesen des Tragischen entscheidende Voraussetzung nicht thematisiert ist, die *harmatia* (Fehltritt). Gemeint damit ist eine von Odysseus (oder Argos?) begangene Verfehlung, die den tragischen Helden vom Glück ins Unglück stürzen lässt und als *peripetie* (Glückswechsel) den Umschlag der Handlung in ihr Gegenteil bewirkt.

zu Opfern von philosophischen oder kulturanthropologischen Erklärungsmustern gemacht, die – in simplifizierender Weise – hier die *Natur* gegen die *Kultur* ausspielen. Bleibt man aber textnah, sind in den Protagonisten eben nicht zwei bedauernswerte Geschöpfe dargestellt, die sich – das eine mit seiner *Weltarmut* kämpfend, das andere an *Instinktarmut* leidend – nach vielen Jahren der Trennung nunmehr in einer befremdlich wirkenden *Solidargemeinschaft der Hoffnungslosen* wiederfinden, sondern vom Rhapsoden geschildert ist – so meine These – eine nur *symbiotisch* zu nennende *Idylle heroischer Humanität*. Hier wird eben kein wechselseitiges Erkennen von verloren Geglaubtem poetisch geformt und thematisiert, ist mithin – im Sinne klassischer Tragödiendichtung – keine *anagnorisis*, keine dramatisch auf reine Wirkung bedachte Wiedererkennung, denn diese Idylle bildet in der Gestalt eines autonomen und souveränen Kosmions eine gemeinsame *Sphäre*, innerhalb derer der – als *Tierpassion* angezeigte und eingeschriebene – Konflikt zwischen *animalitas* und *humanitas* offensichtlich wird. Die Lösung dieses Konfliktes in der Harmonie und Einheit des singulären Kosmions bedarf von daher auch keines behauptenden Sprechens im Sinne eines direkten Ansprechens, sondern es bedarf nur eines Zeigens – eines Zeigens, innerhalb dessen Odysseus genauso wenig wie Argos die Zeichen deuten muss, um sie zu verstehen.

Die gemeinsame Sphäre lässt – was leider allzu häufig in den literaturwissenschaftlichen Interpretationen übersehen und außer Acht gelassen wird – eine isolierte Betrachtung von Odysseus oder Argos nicht zu, denn dieses in der Sphäre sich ereignende idyllische Kosmion kann – und das zeigt der raumzeitliche Abstand von zwanzig Jahren, der zwischen den Begegnungen liegt – allein durch den *Tod des Hundes* aufgelöst werden.[24] Der *Tod des Argos*, der dem Homer (2008: 306) – aufgrund der Selbstverständlichkeit des Ereignisses – nur einige Zeilen wert ist[25], erscheint auch hier – bar jeder melodramatischen Übersteigerung[26] – als die stets

---

24 Auch Marie von Ebner-Eschenbach beschreibt ja eindringlich, dass auch der Wechsel des Besitzers keine Auflösung des Kosmions bedeutet. Aus diesem Grunde ist auch der Tod Krambambulis nur folgerichtig und konsequent.

25 „Den Argos aber ergriff das Schicksal des schwarzen Todes sogleich, als er den Odysseus gesehen hatte im zwanzigsten Jahre."

26 Solche Deutungsversuche sind natürlich die Grundlage für die filmische Umsetzung, wie wir sie vor allem aus einschlägigen Hollywood-Inszenierungen kennen. Als nahezu idealtypische Inszenierung ist der 2009 von Lasse Hallström gedrehte und mit Richard Gere in der menschlichen Hauptrolle besetzte Film *Hachiko – Eine wunderbare Freundschaft* zu nennen. Allerdings gilt es zu bedenken, dass die begehrenswerte Rolle vom besseren Menschen nicht nur von Hunden oder anderen Tieren gespielt werden kann. Aliens (ET), Maschinen (Terminator) oder Monster (Frankenstein) sind ebenfalls bestens geeignet, diesen Part zu übernehmen.

einzige Möglichkeit, die Sphäre zu verschließen, das Kosmion aufzulösen und den Menschen weiterleben zu lassen. Und so ist auch die – verstohlen aus dem Auge gewischte – Träne des Odysseus nicht nur ein *allegorisch* zu verstehender Hinweis auf die *Wahrhaftigkeit* und Authentizität des gegenwärtigen Gefühls, sondern symbolisiert im gleichen Atemzug ein vorwegnehmendes Ahnen des Kommenden. Der Tod des Argos wie auch die Träne des Odysseus zerstören dabei nicht die *kosmische Harmonie*, sondern erweisen der *heroischen Humanität* allererst die ihr gebührende *erhabene* Referenz.

Die Ur-Passibilität Argos' zeigt sich dann anschaulich in dem von Homer geschilderten Leid, das ihm seine Umwelt – in Gestalt der Dienerinnen – zumutet und das er als Passion duldend erträgt.[27] Bereits hier gilt also, was Giorgio Agamben (2003: 86) mit Fug und Recht für die Neuzeit feststellt, dass nämlich die *integrale Humanisierung des Tieres* koinzidiert mit einer *integralen Animalisierung des Menschen*. Ausgenommen davon aber ist und bleibt die *Idylle von Herr und Hund*, denn die kaum mehr sichtbare Ur-Sozialbilität Argos' lebt – im wahrsten Sinne des Wortes – erst in der Anwesenheit der Idylle wieder auf. Der existenziellen Hypothese entsprechend sind die Ur-Passibilität und Ur-Sozialbilität des Hundes also bereits bei Homer als Konstituenzien dieser Idylle benannt. Sie dokumentieren in ihrer Überzeitlichkeit das überindividuell Archaische in der sozialen Beziehung des Menschen zum Hund und der kreatürlichen Beziehung des Hundes zum Menschen. Was demgegenüber den Bedingungen und Veränderungen des sozialen Wandels unterworfen ist, das sind die weltanschaulichen Grundlagen, welche jeweils das Idyllische selbst ausmachen und in der Jeweiligkeit der eigenen Zeit repräsentieren. Die Vorstellungswelt der Antike lässt diese idyllische Form nur als eine *heroische Humanität* zu. In der Weltanschauung des bürgerlichen Zeitalters wird daraus dann ein *konservativ intellektueller* oder *proletarisch kämpferischer*, auf jeden Fall aber aufgeklärter *Vernunftheroismus*. – Und es mag schon sein, dass die vielen Gründe, warum auch der moderne Mensch auf den Hund kommt, in einem zwischen diesen beiden Polen liegenden Vakuum zu suchen und zu finden sind.

Was aber bleibt, das ist die Einsicht, dass wir wohl nie erfahren werden, woran Argos denn nun den Odysseus eigentlich erkannt hat. Aber letzten Endes lässt uns ja nicht nur Homer in dieser Sache – sicherlich nicht einmal zu Unrecht – unwissend und unaufgeklärt zurück.

---

27 „Doch jetzt liegt er im Elend, und sein Herr ist fern von der Heimat zugrunde gegangen. und die achtlosen Weiber pflegen ihn nicht" (Homer 2008: 305).

Literatur

Agamben, Giorgio (2003): Das Offene. Der Mensch und das Tier. Aus dem Italienischen von D. Giuriato. Frankfurt a. M.: Suhrkamp.

Aristoteles (2011): Poetik. Werke in deutscher Übersetzung (übersetzt u. hgg. v. A. Schmitt, E. Grumach u. H. Flashar), 2., durchges. und erg. Aufl. Berlin: Akademie Verlag Berlin.

Bentham, Jeremy (1823): Introduction to the Principles of Morals and Legislation. Vol. II. A New Edition Corrected by the Author. London: Pickering.

Bühler, Benjamin/Rieger, Stefan (2006): Vom Übertier. Ein Bestiarium des Wissens. Frankfurt a. M.: Suhrkamp.

Cassirer, Ernst (2007): Versuch über den Menschen. Einführung in eine Philosophie der Kultur. 2., verb. Aufl. Hamburg: Meiner.

Cremers, Ehrhardt (2015): „Spricht die Seele, so spricht ach! schon die Seele nicht mehr." Über die Schwierigkeit, die Lebenspraxis im Sprechen des Menschen aufzufinden. In: Hitzler, Ronald (Hrsg.): Hermeneutik als Lebenspraxis. Ein Vorschlag von Hans-Georg Soeffner. Weinheim/Basel: Beltz Juventa, 94–106.

Derrida, Jacques (2010): Das Tier, das ich also bin. Wien: Passagen.

Ebner-Eschenbach, Marie von (1961): Krambambuli. Gesammelte Werke, Bd. 1. München: Nymphenburger Verlagshandlung.

Fink, Eugen (2010): Spiel als Weltsymbol. Gesamtausgabe (hgg. v. S. Grätzel), Bd. 7. Orig.-Ausg. Freiburg/München: Alber.

Gehlen, Arnold (1993): Der Mensch, seine Natur und seine Stellung in der Welt. Textkritische Edition (hgg. v. K.-S. Rehberg), Bd. 3 der Gesamtausgabe. Frankfurt a. M.: Klostermann.

Homer (2008): Die Odyssee (übersetzt v. W. Schadewaldt). Reinbek b. Hbg.: Rowohlt.

Köhnken, Adolf (2006): Darstellungsziele und Erzählstrategien in antiken Texten. Berlin: de Gruyter.

Mann, Thomas (2005 [1919]): Herr und Hund. Ein Idyll. Frankfurt a. M.: S. Fischer.

Plessner, Helmuth (2001): Politik – Anthropologie – Philosophie. Aufsätze und Vorträge (hgg. v. H.-U. Lessing u. S. Giammusso). München: Fink.

Schiller, Friedrich (2004a): Über Anmut und Würde. In: Schiller, Friedrich: Sämtliche Werke. Erzählungen. Theoretische Schriften (hgg. v. W. Riedel). München: C. Hanser, 433–488.

Schiller, Friedrich (2004b): Über die ästhetische Erziehung des Menschen in einer Reihe von Briefen. In: Schiller, Friedrich: Sämtliche Werke. Erzählungen. Theoretische Schriften (hgg v. W. Riedel). München: C. Hanser, 570–669.

Schiller, Friedrich (2004c): Über naive und sentimentalische Dichtung. In: Schiller, Friedrich: Sämtliche Werke. Erzählungen. Theoretische Schriften (hgg. v. W. Riedel). München: C. Hanser, 694–780.

Soeffner, Hans-Georg (2010): Basso Continuo. Vom Sinn der Ästhetik – Funktionale Zweckfreiheit. In: Soeffner, Hans-Georg: Symbolische Formung. Eine Soziologie des Symbols und des Rituals. Weilerswist: Velbrück, 209–224.

Voegelin, Eric (2005): Israel und die Offenbarung. Die Geburt der Geschichte (hgg. v. F. Hartenstein u. J. Jeremias). München: W. Fink.

Von Humboldt, Wilhelm (2003): Über die Verschiedenheit des menschlichen Sprachbaues und ihren Einfluss auf die geistige Entwicklung des Menschengeschlechts. Über die Sprache. Wiesbaden: Fourier.

Autorinnen und Autoren

Benkel, Thorsten, Dr. phil., Akademischer Rat für Soziologie an der Universität Passau.
E-Mail: Thorsten.Benkel@uni-passau.de

Burzan, Nicole, Dr. rer. soc., Universitätsprofessorin für Soziologie an der Fakultät Erziehungswissenschaft, Psychologie und Soziologie der Technischen Universität Dortmund; weitere Informationen unter http://lehrgebiet-soziologie.fk12.tu-dortmund.de.
E-Mail: Nicole.Burzan@tu-dortmund.de

Cremers, Erhardt, Dr. phil., seit seiner Pensionierung zum Wintersemester 2015/2016 Lehrbeauftragter am Institut für Soziologie der Technischen Universität Dresden.
E-Mail: ehrhardt.cremers@tu-dresden.de

Geese, Natalie, M.A., Doktorandin im Bereich Soziologie und Politik der Rehabilitation, Disability Studies an der Universität zu Köln; weitere Informationen unter https://www.hf.uni-koeln.de/37775.
E-Mail: natalie.geese@googlemail.com

Gugutzer, Robert, Dr. phil., Universitätsprofessor für Sozialwissenschaften des Sports am Fachbereich Psychologie und Sportwissenschaften der Goethe-Universität Frankfurt a. M.; weitere Informationen unter https://www.uni-frankfurt.de/53066419/10_Gugutzer.
E-Mail: gugutzer@sport.uni-frankfurt.de

Hahmann, Julia, Dr. phil., wissenschaftliche Mitarbeiterin am Institut für Gerontologie der Universität Vechta; weitere Informationen unter http://www.uni-vechta. de/gerontologie/mitarbeiter-innen/wiss-mitarbeiter-innen/dr-julia-hahmann.
E-Mail: julia.hahmann@uni-vechta.de

Hitzler, Ronald, Dr. rer. pol., Universitätsprofessor und Inhaber des Lehrstuhls für Allgemeine Soziologie an der Fakultät Erziehungswissenschaft, Psychologie und Soziologie der Technischen Universität Dortmund; weitere Informationen unter www.hitzler-soziologie.de.
E-Mail: ronald@hitzler-soziologie.de

Holterman, Natascha, Diplom Pädagogin, IT-Beraterin.
E-Mail: nholterman@web.de

Künemund, Harald, Dr. phil. habil., Universitätsprofessor für Forschungsmethoden am Institut für Gerontologie der Universität Vechta; weitere Informationen unter http://www.uni-vechta.de/gerontologie/mitarbeiter-innen/kuenemund.
E-Mail: harald.kuenemund@uni-vechta.de

Landkammer, Joachim, Dr. phil., wissenschaftlicher Mitarbeiter am Lehrstuhl für Kunsttheorie und inszenatorische Praxis an der Zeppelin Universität Friedrichshafen; weitere Informationen unter https://www.zu.de/info-wAssets/koepfe/dokumente/pdf/Curriculum-Vitae_Joachim-Landkammer.pdf.
E-Mail: joachim.landkammer@zu.de

Lehmann, Maren, Dr. phil., Universitätsprofessorin und Inhaberin des Lehrstuhls für Soziologische Theorie an der Zeppelin Universität Friedrichshafen; weitere Informationen unter www.zu.de/lehmann.
E-Mail: maren.lehmann@zu.de

Loer, Thomas, Dr. phil, habilitierter Soziologe, freiberuflich tätig in Forschung, Lehre (Universität Witten/Herdecke; International Psychoanalytic University, Berlin) und Beratung; weitere Informationen unter http://independent.academia. edu/ThomasLoer.
E-Mail: thomas.loer@udo.edu

Meitzler, Matthias, M.A., wissenschaftlicher Mitarbeiter am Kulturwissenschaftlichen Institut Essen; weitere Informationen unter http://www.kwi-nrw.de/home/profil-mmeitzler.html.
E-Mail: matthias.meitzler@uni-due.de

Nabhan, Muna, Dr. phil., M.Sc. Psychologie. Systemische Therapeutin und Hundetrainerin; weitere Informationen unter http://www.toelenundpartner.com.
E-Mail: munanabhan@web.de

Rackow, Katja, Dipl.-Soz., Lehrkraft für besondere Aufgaben im Institut für Gerontologie der Universität Vechta; weitere Informationen unter http://www.uni-vechta.de/gerontologie/mitarbeiter-innen/wiss-mitarbeiter-innen/katja-rackow.
E-Mail: Katja.Rackow@uni-vechta.de

Ramminger, Britta, PD Dr. habil., Privatdozentin für Vor- und Frühgeschichtliche Archäologie der Universität Hamburg; weitere Informationen unter https://www.fbkultur.uni-hamburg.de/vfg/personen/ramminger.html.
E-Mail: Britta.Ramminger@uni-hamburg.de

Reichertz, Jo, Dr. phil., war bis Anfang 2015 Universitätsprofessor für Kommunikationswissenschaft an der Universität Duisburg-Essen. Seit April 2015 ist er Senior Fellow am Kulturwissenschaftlichen Institut Essen (KWI) und leitet dort den Projektbereich „Kulturen der Kommunikation"; weitere Informationen unter http://www.kwi-nrw.de/home/profil-jreichertz.html.
E-Mail: Jo.Reichertz@t-online.de

Röhl, Tobias, Dr. phil., Wissenschaftlicher Mitarbeiter am Arbeitsbereich Wissen, Bildung, Qualitative Methoden des Instituts für Soziologie der Johannes Gutenberg-Universität Mainz; weitere Informationen unter http://www.blogs.uni-mainz.de/fb02-wibiq/dr-tobias-roehl/.
E-Mail: tobias.roehl@uni-mainz.de

Schnickmann, Heiko, Umwelthistoriker, Institut für Tiergeschichtsforschung, Wuppertal; weitere Informationen unter http://www.itigefo.de/Institut/index.html.
E-Mail: schnickmann@itigefo.de

Druck: KN Digital Printforce GmbH · Schockenriedstraße 37 · 70565 Stuttgart